五南文庫 053

愛彌兒（下）

盧梭（J. J. Rousseau）◎著
李平漚◎譯

五南文庫 053

愛彌兒(下)

作　者　盧梭(J. J. Rousseau)
譯　者　李平漚(86.6)
發 行 人　楊榮川
總 編 輯　王翠華
主　編　陳念祖
責任編輯　李敏華
封面設計　盧盈良

出　版　五南圖書出版股份有限公司
地　址　106台北市和平東路二段339號4F
電　話　（02）2705-5066
傳　真　（02）2709-4875
劃撥帳號　01068953
戶　名　五南圖書出版股份有限公司
網　址　http://www.wunan.com.tw/
電子郵件　wunan@wunan.com.tw
法律顧問　元貞聯合法律事務所 張澤平律師
出版日期　2012年10月初版一刷
定　價　新台幣380元

國家圖書館出版品預行編目資料

愛彌兒 / 盧梭著; 李平漚譯.
--初版.--臺北市: 五南, 2012.10

冊; 公分.

ISBN 978-957-11-6811-1 (上冊；平裝).--

ISBN 978-957-11-6812-8 (下冊；平裝)

1.教育

520.146　　101016363

目次〔愛彌兒—含（上）（下）〕

信仰自由

一個薩瓦省的牧師記述

我的孩子，別指望我給你講什麼淵博的學問或艱深的道理。我不是一個大哲學家，而且也不想做大哲學家。但是我多少有些常識，而且始終愛眞理。我不想和你爭論，更不打算說服你，我只向你把我心中樸樸實實的思想陳述出來就行了。你一邊聽我談話，一邊也問問你自己的心，我要求於你的，就是這一點。如果我錯了，我也錯得很誠實，因此，只要不因爲我錯了就說我犯了罪，就可以了。如果你也誠實的話，即使是錯了，也不會造成多大的危害。如果我的想法是對的，那是因爲我們有共同的理性，我們同樣有傾聽理性呼聲的願望。你爲什麼不像我這樣想呢？

我生在一個貧苦的農家，我的出身注定我是要幹莊稼活兒的；但是，人們認爲，如果我去做牧師，以這門職業糊口的話，也許要好一點，因此就想了一個辦法，使我能夠去學牧師。當然，無論是我的父母或我自己都很少想到要以此去尋求美好、眞實和有用的學問，我們所想到的只是一個人爲了得到牧師的職位所需要的知識。別人要我學什麼，我就學什麼；別人要我說什麼，我就說什麼；我照人家的意思去做，於是我就做了牧師。但是，我不久就意識到，在答應我自己不做俗人的時候，我許下了我不能遵守的諾言。

人們告訴我們說，良心是偏見的產物，然而我從經驗中知道，良心始終是不顧一切人爲的法則而順從自然秩序的。要想禁止我們做這樣或做那樣，完全是徒然的；只要我們所做的事是井然有序的自然所允許的，尤其是它所安排的，則我們就不會受到隱隱的良心苛責。啊，我的好孩子，現在大自然還沒有來啓發你的官能，願你長久地停留在這幸福的狀態，因爲在這種狀態下，自然的呼聲就是天眞無邪的聲音。你要記住，在它還沒有教你以前，你提前去做，遠比抗拒它的教導更違反它的意旨；因此，爲了能夠在屈服於邪惡的時候而不犯罪，就必須首先學會抵抗邪惡。

從我的少年時候起，我就把婚姻看作是第一個最神聖的自然制度。由於放棄了結婚的權利，所以我決心不褻瀆婚姻的神聖；因爲，不管我受了什麼樣的教育和讀了什麼樣的書，我始終過著有規律的簡單生活，所以在我的心靈中還保持著原始的智慧光輝：世俗的說法沒有使它們遭受蒙蔽，貧窮生活使我遠遠地離開了罪惡詭辯的引誘。

正因爲有了這個決心，我才遭到了毀滅；我對婚姻的尊重曝露了我的過失，做了醜事便要受應得的懲罰：我被禁閉，又被革除了職務。我之所以遭遇這樣的禍害，是因爲我猶豫狐疑，而不是因爲我不能自制；根據人們對我可羞的事情提出的責難來看，我有理由相信，犯的過失愈大，反而愈能逃避懲罰。

一點點這樣的經驗就可以使一個有頭腦的人產生很多的思想。由於種種悲觀的看法打破了我對正義、誠實和做人的種種義務的觀念，因而我每天都要拋棄一些我已經接受的思想；我心中餘留的思想已不足以形成一個完整的體系，所以我逐漸地對明顯的原理也感到有些模糊，以致最後弄得我不知道應該怎樣想法才好，落到了你現在的這種境地。所不同的是：我的懷疑是由於年歲愈益增長的結果，它是經過許多困難之後才產生的，因此也是最不容易打破的。

我心性不定，抱著笛卡爾[21]認爲爲了追求眞理所必須抱有的那種懷疑。這種狀態是不堪持久的，它使人痛苦不安，除非有罪惡的傾向和懶惰的心靈，是不願意這樣下去的。我的心尚未敗壞到竟然樂於處在這種狀態；一個人如果愛他自身更甚於愛他的財富的話，就能保持他運用思想的習慣。

我在心中默默地沈思人類悲慘的命運，我看見它們漂浮在人的偏見的海洋上，沒有舵，沒有羅盤，隨他們的暴風似的欲念東吹西打，而它們唯一的領航人又缺乏經驗，既不識航線，甚至從什麼地方來，到什麼地方去，也不知道。我對自己說：「我愛眞理，我追求它，可是我找不到它，請給我指出它在哪裡，我要緊緊地跟隨它，它爲什麼要躲躲閃閃地不讓一個崇敬它的急切的心看見它呢？」

雖然我常常遭遇巨大的痛苦，但我的生活從來沒有像在這段混亂不安的時期中這樣的悶悶不樂。在這段期間裡，我對這也懷疑，對那也懷疑；經過長久的沈思默想之後，我所得到的不過是一些模模糊糊不能肯定的東西，對我存在的原因和盡我職責的方式的矛盾看法。

要怎樣才能成爲一個既要固執一說，又要誠實的懷疑論者呢？這我不明白。這樣的哲學家，也許是從來沒有過，如果有的話，也是人類當中最不幸的人。如果對我們應當知道的事物表示懷疑，對人的心靈是有強烈戕害的。它不能長久地忍受這種戕害，它在不知不覺中要做出這樣或那樣的決定，它寧可受

---

[21] 笛卡爾（一五九六—一六五〇），傑出的法國二元論哲學家、數學家和自然科學家。笛卡爾認為，為了達到真理，一個人必須在一生中有一次把他以前所抱的種種看法通通拋棄，重新取得一套有系統的知識。

到欺騙，而不願意對什麼都不相信。

使我倍加為難的是：我是由一個武斷一切、不容許任何懷疑的教會養大的，因此，只要否定了一點，就會使我否定其餘的一切東西，同時，由於我不能接受那樣多荒謬的決斷，所以連那些不荒謬的決斷我也通通摒棄了。當人們要我完全相信的時候，反而使我什麼都不相信，使我不知道怎樣辦才好。

我請教許多哲學家，我閱讀他們的著作，我研究他們的各種看法，我發現他們都是很驕傲、武斷、自以為是的，即使在他們所謂的懷疑論中，他們也說他們無一不知，說他們不願意追根究底，說他們要彼此嘲笑；最後這一點，所有的哲學家都是具有的，所以我覺得，這一點也就是他們唯一說得正確的地方。他們得意洋洋地攻擊別人，然而他們卻沒有自衛的能力。如果衡量一下他們所說的道理，他們的道理都是有害於人的；如果問他們贊成哪一個人的說法，每一個人就說他贊成他自己；他們是為了爭論才湊合在一起，所以聽他們的那一套說法，是不可能解除我疑惑的。

我想，看法之所以如此的千差萬別，人的智力不足是第一個原因，其次是由於驕傲的心理。我們沒有衡量這個龐大機器的尺度，我們無法計算它的功能；我們既不知道它最重要的法則，也不知道它最後的目的；我們不瞭解我們自己，我們不懂得我們的天性和我們的能動的本原；我們連人是一個簡單的存在還是一個複合的存在也不曉得；我們周圍都是一些奧妙莫測的神祕東西，它們超過了我們所能感知的範圍；我們以為我們具有認識它們的智力，然而我們所具有的只不過是想像力。每一個人在走過這想像的世界的時候，都要開闢一條他自認為是平坦的道路，然而沒有一個人知道他那條道路是不是能達到目標。我們希望瞭解一切，尋個究竟。只有一件事情我們不願意做，那就是：承認我們對無法瞭解的事情是十分的無知。我們寧可碰碰運氣，寧可相信不眞實的東西，也不願意承認我們當中沒有一個人能夠理解眞實的東西。在造物主讓我們去爭論的一個無邊無際的大整體中，我們只是一個渺小的分子，所以企圖斷定它是什麼樣子和我們和它的關係，完全是妄想。

即使哲學家們有發現眞理的能力，但他們當中哪一個人對眞理又感到過興趣呢？每一個人都知道他那一套說法並不比別人的說法更有依據，但是每一個人都硬說他的說法是對的，因爲那是他自己的。在看出眞僞之後，就拋棄自己的荒謬論點而採納別人所說的眞理，這樣的人在他們當中是一個也沒有的。哪裡找得到一個哲學家能夠爲了自己的榮譽而不欺騙人類呢？哪裡去找在內心深處沒有顯揚名聲打算的哲學家呢？只要能出人頭地，只要能勝過和他相爭論的人，他哪裡管你眞理不眞理？最重要的是要跟別人的看法不同。在信仰宗教的人當中，他是無神論者，而在無神論者當中，他又是信仰宗教的人。

經過這樣的思考之後，我得到的第一個收穫是瞭解到：要把我探討的對象限制在同我有直接關係的東西，而對其他的一切則應當不聞不問，除了必須知道的事物以外，即使對有些事物有所懷疑，也用不著操我的心。

我還瞭解到，哲學家們不僅沒有解除我不必要的懷疑，反而使那些糾纏在我心中的懷疑成倍地增加，一個也得不到解決。所以我只好去找另外一個導師，我對自己說：「請教內心的光明，它使我所走的歧路不至於像哲學家使我走的歧路多，或者，至少我的錯誤是我自己的，而且，依照我自己的幻想去做，即使墮落，也不會像聽信他們的胡言亂語那樣墮落得厲害。」

於是，我捫心自問地把我出生以來一個接一個地影響過我的種種看法回想了一下，我發現，儘管它們當中沒有哪一個是明確到能夠直接令人信服的地步，但它們具有或多或少的可能性，因之我們的內心才對它們表示不同程度的贊成或不贊成。根據這一點，我把所有一切不同的觀念做了一個毫無偏見的比較，我發現，第一個最為共通的觀念也就是最簡單和最合理的觀念，只要把它列在最後面，就可以取得大家一致的贊同。我們設想所有古代和現代的哲學家對力量、偶然、命運、必然、原子、有生命的世界、活的物質以及各種各樣的唯物主義說法是透徹地先做了一番離奇古怪的研究，而在他們之後，著名的克拉克[22]終於揭示了生命的主宰和萬物的施予者，從而擦亮了世人的眼睛。這一套新的說法是這樣的偉大、這樣的安慰人心、這樣的崇高、這樣的適合於培養心靈和奠定道德基礎，而且同時又是這樣的動人心弦、這樣的光輝燦爛、這樣的簡單，難怪它會得到人人的佩服和讚賞，而且在我看來，它雖然也包含人類心靈不可理解的東西，但不像其他各種說法所包含的荒唐東西那麼多！我對自己說：「它們都同樣有不可解決的疑難，因為人的心靈太狹窄，不能把所有的疑難都加以解決，所以不能拿疑難來說明我們否定這個或那個說法的理由；但是它們所依據的直接證據卻有極大的差別！」上面這個說法既然把一切都解釋清楚了，同時只有它所有的疑難不如其他說法的疑難多，我們豈不是可以選擇這個說法嗎？

由於我把我心中對眞理所懷抱的愛作為我的全部哲學，由於我採用了一個既簡單容易又可以使我撇開空洞論點的法則作為唯一的方法，因此我按照這個法則又檢驗了我所知道的知識，我決定把我不能不眞心實意地接受的種種知識看作是不言而喻的，把同它們似乎是有必然聯繫的知識則看作是眞實的；至

[22] 克拉克（一六七五—一七二九），英國唯心論哲學家，著有《論證神的存在和屬性》一書。

於其餘的知識，我對它們則保持懷疑，既不否定也不接受，既然它們沒有實用的價值，就用不著花我的心思去研究它們。

但是，我是怎樣一個人呢？我有什麼權利去評判事物呢？是什麼東西在決定我作出這樣或那樣的判斷呢？如果它們是由於我所接受的印象硬要我非那樣判斷不可的話，則我進行的這番探討就是徒然浪費精力；要麼就徹底探討，否則就不去管它們，讓它們自行得出一個結果。因此必須首先把我的目光轉向我自己，以便瞭解我要採用的工具，瞭解我把它用起來有多大的把握。

我存在著，我有感官，我通過我的感官而有所感受。這就是打動我的心弦使我不能不接受的第一個眞理。我對我的存在是不是有一個特有的感覺，或者說，我是不是只通過我的感覺就能感到我的存在？這就是我直到現在還無法解決的第一個懷疑。因爲，由於我或者是直接地，或者是通過記憶而繼續不斷地受到感覺的影響，我怎麼就能知道「我」的感覺是不是獨立於這些感覺之外的，是不是不受它們的影響呢？

我的感覺既能使我感知我的存在，可見它們是在我的身內進行的；不過它們產生的原因是在我的身外，因爲不論我接受與否，它們都要影響我，而且，它們的產生或消滅全都不由我作主。這樣一來，我就清清楚楚地認識到我身內的感覺和它們產生的原因（即我身外的客體）並不是同一個東西。

因此，不僅存在著我，而且還存在著其他的實體，即我感覺的對象；即使這些對象不過是一些觀念，這些觀念也並不就是「我」。

我把我所感覺到的在我身外對我的感官發生作用的東西都稱爲「物質」；在我看來，物質的一切分子都將結合成單個單個的實體，所以我把物質的分子稱爲「物體」。這樣一來，我認爲唯心論者和唯物論者之間的一切爭論都是沒有什麼意義的，他們所說的物體的表像和實際之間的區別完全是想像的。

現在，我對宇宙的存在也像對我自己的存在一樣，是深信不疑的。此後，我要進一步思考我感覺的對象；當我發現我有能力把它們加以比較的時候，我覺察到我賦有一種活的力量，而以前我是不知道我有這種力量的。

知覺，就是感覺；比較，就是判斷；判斷和感覺不是一回事情。透過感覺，我覺得物體是一個個孤立分散地呈現在我眼前的，其情形也像它們在大自然中的情形一樣；通過比較，我就把它們挪動了一下，可以說是移動了它們的位置，我把它們一個一個地疊起來，以便說出它們的異同，同時再概括地說出它們的關係。依我看來，能動的或聰慧的生物的辨別能力是能夠使「存在」這個詞具有一種意義的。我在那僅有感覺的生物中是沒有找到過這種能夠進行比較和判斷的智力的，我在它們的天性中也沒有發現過這種智力。這種被動的生物可以分別地感覺每一種客體，甚至能感覺出由兩個物體合成的整體，但是，由於它沒有能力把客體一個一個地疊起來，所以它就無法把它們加以比較，它就無法對它們進行判斷。

在同一時間內看見兩種物體，這並不等於就發現了它們的關係或判明了它們的差異；看到幾個互不相連的物體，也不等於數清了它們的數目。我可以在同一個時刻具有一根長棍子和一根短棍子的觀念，雖然我沒有把它們加以比較，也不是經過判斷而看出這根棍子比那根棍子短，正如我一下就看完了我整個的一隻手，而沒有計算有多少手指一樣⑮。「長一點、短一點」這類比較的觀念，以及「一、二等等」數目的觀念當然不是感覺，雖然我只能夠在有所感覺的時候才能產生這些觀念。

有人告訴我們說，有感覺的生物能夠藉各種感覺之間的差異把它們互相加以區分，這種說法是需要解釋一下的。當感覺是互不相同的時候，有感覺的生物是可以憑它們的差異而區別它們；當它們是互相近似的時候，有感覺的生物之所以能夠區分它們，是因爲它覺察到它們是互相獨立的。否則，在同時發生的一種感覺中，它怎樣去區別兩個相等的事物呢？它必然要把那兩種東西混淆起來，看作是同一個東西，特別是按照有一種說法來看更是這樣，因爲這種說法認爲空間的表像感覺是沒有外延的。

當我們發現兩種需要加以比較的感覺的時候，我們已經有它們的印象了，對每一個客體都有所感覺，對兩個客體都有所感覺，但不能因此就說我們已經感覺到它們的關係。如果對這種關係的判斷只是一種感覺，而且唯一無二地是得之於客觀對象的本身，則我們的判斷就不會出錯誤，因爲我所感知的是我有所感覺的東西，所以絕對不會有差錯。

那麼，我爲什麼會搞錯這兩根棍子的關係，特別是搞不清楚它們是不是相像呢？例如，當短棍子只有長棍子的四分之一那麼長的時候，我爲什麼會以爲它有長棍子的三分之一那麼長呢？形象（即感覺）爲什麼同標本（即事物）不相符合呢？這是因爲進行判斷的時候，我是主動的，而進行比較的時候，

⑮ 拉．孔達明先生告訴我們說，有一種民族的人計數只能計到三。這個民族的人雖然有手，但常常看見他們的手指也不知道把數目數到五。

我的活動出了錯誤，我的理解力在判斷關係的時候，又把它的錯誤和顯示客觀事物的眞實感覺混淆起來了。

除此以外，我認爲，如果你曾經想過的話，還有一點是一定會使你感到驚奇的，那就是：如果我們在運用我們的感官方面完全是消極的，那麼，它們之間就不可能互通聲氣，我們就無法認識到我們所摸到的物體和我們所看到的物體是同一個東西。我們要麼就一點兒也感覺不到我們身外的任何東西，要麼就會感覺到是五種可以感知的實體，而沒有任何辦法可以辨別出來它們原來是同一個東西。

我心靈中所具有的這種歸納和比較我的感覺的能力，不管別人給它一個這樣或那樣的名稱，不管別人稱它爲「注意」也好，或者稱它爲「沈思」也好，或者稱它爲「反省」也好，或者愛怎樣稱它就怎樣稱它，它始終是存在於我身上而不存在於事物的身上，而且，儘管是只有在事物給我以印象的時候，我才能產生這種能力，但能夠產生它的，唯獨我自己。我有所感覺或沒有感覺，雖不由我作主，但我可以或多或少地自由判斷我所感覺的東西。

所以，我不只是一個消極被動的有感覺的生物，而是一個主動的有智慧的生物；不管哲學家們對這一點怎樣說，我都要以我能夠思想而感到榮耀。我只知道眞理是存在於事物中而不存在於我對事物進行判斷的思想中，我只知道在我對事物所作的判斷中，「我」的成分愈少，則我愈是接近眞理。因此，我之所以採取多憑感覺而少憑理智這個準則，正是因爲理智本身告訴過我，這個準則是正確的。

現在，可以說我對我自己已經是深有信心，所以我要開始觀看我身外的事物，我膽顫心驚地發現我被投入了這個巨大的宇宙之中，迷迷茫茫不識路徑，宛如淹沒在一望無邊的生物的海洋裡，既不知道它們是什麼樣子†，也不知道它們之間以及它們和我有哪種關係。我研究它們，觀察它們；而我想到應該拿來同它們加以比較的第一個對象，就是我自己。

所有一切我通過感官發現的東西都是物質，而我就根據這一點，從可以感知的性質中去推論物質所具有的根本特性，因爲是這些特性使我發現物質的，而且這些特性是同物質分不開的。我看見它時而運動，時而靜止⑯；我由此斷定無論靜止或運動，對物質來說都不是非有不可的本質；而運動由於是一個動作，所以是靜止狀態已經不存在了的原因的結果。因此，在沒有什麼東西對物質發生作用的時候，它是一點也不動的；正是因爲這個緣故，它才對靜止或運動都是無可無不可的，但是，它的自然狀態是處於靜止的。

我發現物體有兩種運動，即：因他物的影響而發生的運動和自發的或隨意的運動。在第一種運動中，動因是存在於運動的物體之外，而在第二種運動中，動因是存在於運動的物體之內。然而我並不因此就認爲像鐘錶這類東西的運動是自發的，因爲，如果沒有外界的東西使發條對鐘錶起作用的話，它就休想開動機器和轉動指標。同樣，我也不同意人家所說的液體的運動是自發的，更不同意說什麼使液體

---

† 在其他版本作：「……既不知道它們從絕對的意義說來是什麼樣子，也不知道它們之間……」

⑯ 這種靜止只可以說是相對的；但是，既然我們是或多或少地在運動狀態中看到的，所以我們可以很清楚地想像出兩個極端之一，即靜止；我們可以把它想像得這樣的清楚，以至我們竟把相對的靜止看成是絕對的靜止；如果說可以把物質設想為靜止的，那麼，說運動是物質的本質就不對了。

產生流動性的火是自發運動的⑰。

你也許會問我，動物的運動是不是自發的；我告訴你，這我不曉得，不過，用類推的方法看來，可以說它是自發的。你也許還要問我，怎麼會知道有一些運動是自發的；我告訴你，我之所以知道有這種運動，是因爲我感覺到了它。我想運動我的胳臂，我就可以運動它，這裡除我的意志以外，就不需要任何其他直接的原因。誰要是想提出一個什麼理由來使我不相信我身上的這種感覺的話，也是辦不到的，它比一切證據都更爲顯明；要不然，你就給我證明一下我不存在。

如果在人的活動中沒有任何自發性，如果世界上發生的事情也通通沒有任何自發性，那麼，我們就更難想像出它們的種種運動的第一個原因。我個人的看法是這樣的：物質的自然狀態是靜止的，它本身是沒有任何活動力的，當我看見一個運動著的物體的時候，我馬上就會設想它要麼是一個有生命的物體，要麼它是因爲其他物體的影響才運動的。我心裡是根本不承認無機物可以自行運動或使他物運動的。

然而這個肉眼可以看見的宇宙是物質，是分散而無生命的⑱物質，就其整體來說，它並不像一個有

⑰ 化學家認為燃素或火的原素是分散的、不動的，在它所組成的化合物中是停滯不動的，一直要等到有了外因，才能把它放散出來，使它聚集在一起，開始運動，變化成火。

⑱ 我曾經花了許多工夫，企圖想像出一個活的分子的樣子，但是沒有想像出來。要是說沒有感官的物質有感覺，這種概念在我看來是不可理解和自相矛盾的。為了要決定是採取或是否定這種概念，就必須首先瞭解它；我承認，我還沒有做到這一點。

生命的物體那樣各部分是連在一起、有組織、有共同感覺的，比如我們雖然是這個整體的分子，但是我們也毫不覺得是在這個整體之中。這個宇宙是運動著的，而且在它井然有序、快慢均勻的運動中，是受著固定不變法則的約束的，它沒有我們在人和動物的自發運動中所見到的那種自由。所以，這個世界並不是一個能自行運動的巨大動物，由此可見，在它的運動中，必然有我尙未發現的某種外在的原因；然而內心的信念使我覺得這個原因是這樣的明顯，以致我不能不在看到太陽運行的時候，設想有一種力量在推它，不能不在地球旋轉的時候，我簡直覺得看見了那隻轉動它的手。

如果我對一些普遍的法則，還沒有看出它們同物質的主要關係，就硬要接受的話，我有什麼心得呢？這些法則既然不是眞實的存在，不是實體，所以它們必然有我所不知道的另外一種基礎。經驗和研究使我們認識到運動的法則；這些法則能確定結果，然而不能表明其原因；它們不足以解釋世界上的森羅萬象和宇宙的運行。笛卡爾用幾個骰子構成天和地，但是他不能使骰子動起來；如果不借助旋轉運動的話，他也無法使它的離心力發生作用的。牛頓發現了萬有引力定律，但是，單單用這個引力，是馬上會使宇宙縮成一塊不動的東西的，因此在這個定律之外，他還要加上一種推力才能說明天體的曲線。請笛卡爾告訴我們，是什麼物理的法則在使他的旋渦體旋轉；請牛頓給我們指出，是誰的手把行星投到它們軌道的切線上。

運動的第一原因不存在於物質內部，物質接受運動和傳送運動，然而它不產生運動。我愈是對自然力的作用和反作用的互相影響進行觀察，我愈是認爲，我們必須一個結果接著一個結果地追溯到某種意志中去尋找第一原因；因爲，如果是假設一連串數不清的原因的話，那就等於假設沒有任何的原因。總之，所有一切不是因爲另外一個運動而產生的運動，是只能來自一個自發的、自由的動作的；沒有生命的物體雖在運動，但不是在活動，沒有哪一個眞正的活動是沒有意志的。這就是我的第一個原理。我相信，有一個意志在使宇宙運動，使自然具有生命。這是我的第一個定理，或者說我的第一個信條。

一個意志怎樣產生物質的和有形的活動呢？這我不知道，但是我在我本身中體驗到它產生了這種運動。我想做什麼，我就可以做什麼；我想移動我的身體，我的身體就移動起來；但是，誰要是說一個沒有生命的靜止物體能自行活動或產生運動的話，那是不可理解的，而且也是從來沒有見過的。我是通過意志的活動而不是通過意志的性質去認識意志的。我把這種意志看作動因；但是，要是把物質想像爲運動的產生者的話，那就等於是想像沒有原因的結果，就等於是沒有想像。

要我想像我的意志是怎樣運動我的身體的，也像要我想像我的感覺是怎樣影響我的心靈一樣，是不可能的。我甚至不知道在這兩個神祕的事物中，爲什麼有一個顯得比另一個易於解釋。至於我，不論是在被動或是在主動的時候，我都認爲，兩種實體的聯合法是絕對不可理解的。然而，奇怪的是，人們正是因爲不可理解才把兩種實體混合起來，好像在性質上這樣不同的兩種運動按一個單獨的主體比按兩個主體更好解釋似的。

不錯，我所設的定理是很模糊的，然而它終究說出了一個道理，而且也沒有任何同理性和經驗相背馳的地方。我們對於唯物論也能這樣說嗎？如果說運動是物質的本質，那麼，它就同物質是不可分的，它在物質中始終保持同樣的程度，在物質的每一個部分中始終是那個樣子，它不可傳導，它既不能增加也不能減少，而且，我們根本就不能設想有任何靜止的物質，這幾點難道還不明白？如果有人告訴我說，運動並不是物質不可或缺的，然而是必然的，我認爲，這個人是企圖換一個說法來騙我，這種說法即使含有更多的意義，也是很容易駁斥的。因爲，要是物質的運動來自物質的本身，則它是物質的本質；要是它來自外在的原因，則只有在動因對物質發生作用的時候，物質才必然運動：談到這裡，我們又回到第一個難題了。

普遍和抽象的觀念是人們產生大錯誤的根源，形而上學的囈語從來沒有使人發現過一個眞理，它使哲學充滿了許多的謬論，只要我們剝去那些謬論的華麗辭藻，我們馬上就會覺得有了那些謬論是很可羞的。請你告訴我，我的朋友，當別人向你談論什麼擴及於整個大自然中的盲目力量的時候，他是不是給你的心靈帶來了眞實的觀念。他們以爲用「宇宙力」、「必然的運動」這一類含糊的字眼就可以闡明什麼東西，其實他們什麼也沒有闡明。所謂運動，也就是從一個地方移到另一個地方的意思；沒有哪一種運動是沒有方向的，因爲一個單獨的個體是不可能同時向四面八方運動的。所以，我們要問物質必然向什麼方向運動呢？構成物體的物質，其運動是不是快慢均勻的，換句話說，每一個原子是不是有它自己的運動？按照第一個觀念，整個宇宙必然形成一個不可分割的硬塊；按照第二個觀念，它就會成爲一種稀散而不凝合的流體，即使兩個原子要結合起來也是絕不可能的。整個物質的共同運動朝什麼方向？它是按直線運動還是繞圓周運動？是向上還是向下？是向左還是向右？如果物質的每一個分子有它特殊的方向，那麼，所有這些方向和差別的原因何在？如果物質的每一個原子或分子只能夠繞著它自己的中心旋轉，那麼，任何一個原子或分子都無法脫離它的原位，從而就不可能有傳導運動，何況這種圓周形運動也需要遵循一個確定的方向。憑抽象的辦法說物質在運動，這無異是在說毫無意義的廢話；如果認爲它有既定的運動，那就需要假設一個決定這種運動的原因。特殊的事例愈舉得多，我就愈需解釋一些新的原因，以至永遠也找不到一個指揮它們的共同動因。我不僅不能想像在原素的偶然聯合中有什麼秩序，而且不能想像其中有什麼鬥爭，所以，在我看來，宇宙的混亂比之宇宙的諧和更難想像。我知道，世界的結構是人的心靈所不能理解的；但是，只要一個人想把它解釋一番，那就需要講出一些人們能理解的東西。

如果運動著的物質給我表明存在著一種意志，那麼，按一定法則而運動的物質就表明存在著一種智慧，這是我的第二個信條。進行活動、比較和選擇，是一個能動的和有思想的實體動作；這個實體是存在著的。「你看見它存在於什麼地方？」你這樣問我。不僅存在於旋轉的天上，而且還存在在照射我們的太陽中；不僅在我自己的身上存在，而且在那隻吃草的羊身上，在那隻飛翔的鳥兒身上，在那塊掉落的石頭上，在風刮走的那片樹葉上，都存在著。

儘管我不知道這個世界的目的，我也能判斷它的秩序，因爲，我只需在各部分之間加以比較，研究一下它們的配合和關係，看一看它們怎樣協同動作，我就能判斷其秩序了。我不知道這個宇宙爲什麼會存在，但是我時時在觀察它怎樣變遷，我不斷地注意它所有的緊密聯繫，因爲，正是通過這種聯繫，組成宇宙的各個實體才能互相幫助。我宛如一個人第一次看見打開了錶殼的錶一樣，雖然不懂得機器的用途，也沒有看見表面，但仍然在那裡不斷地讚美它構造的精緻。我將說：「我不明白它有什麼用處；但是我發現每一個零件都做得恰恰配合另一個零件；我佩服那個工人製作的精良，我深深相信，所有這些齒輪之所以這樣協同一致地轉動，是爲了一個共同的目的，不過這個目的我無法看出來罷了。」

讓我們把各種各樣特殊的目的、方法和關係拿來比較一下，然後再傾聽內在情感的聲音，哪一個健全的心靈會拒絕它的證據呢？沒有先入之見的眼睛難道還看不出顯然存在的宇宙秩序表達了至高的智慧？任你怎樣詭辯，也不能使人們看不出萬物的和諧，也不能使人們看不出每一個部分爲了保存其他部分而進行的緊密配合！你愛怎樣給我講化合和偶然，就隨你怎樣講，但是，如果你不能使我信服，即使把我說得啞口無言，又有什麼用呢？我的自發情感始終要駁斥你，這是我控制不住的，你能消除我這種情感嗎？如果有機體在取得固定的形狀以前，是以各種各樣的方式偶然結合起來的，如果它先有胃而未同時有嘴，先有腳而未同時有頭，先有手而未同時有胳臂，先有各種不能自行維持其自身的不完備的器官，那麼，爲什麼這種殘缺不全的東西我們一個也沒有看見過呢？爲什麼大自然竟訂出一些它不能首先服從的法則呢？說事物在可能產生的時候便產生，這我是一點也不覺得奇怪的，說困難的事情多做幾次就能做成，這我也是同意的。但是，如果有人來告訴我說，把鉛字隨隨便便一扔，就能作出一部完整的《伊尼依特》，我認爲，即使只走兩、三步路去對證這個謊言，也是不值得的。也許有人會向我說：「你對進行的次數略而未提。」但是，必須假設多少次這樣的進行才能使化合成爲事實呢？在我看來，我認爲只有一次，所以我敢說，在無限次中也不會出現一次由於偶然而產生結果的事情。此外，化合和偶合只能產生跟化合原素性質相同的產物，組織和生命絕不是由一個原子的噴射而產生的，化學家在製造化合物的時候，絕不能使那些化合物在坩堝裡有所感覺和思想⑲。

⑲ 要不是有憑有據的話，誰還相信人類竟荒唐到這樣的地步呢？阿馬圖斯·路西塔努斯硬說他看見朱利馬

我在讀紐文提特㉓的著作的時候，很感驚異，而且幾乎生氣了。這個人怎麼會想到寫一本書就能闡明那些顯示造物主大智大慧的自然界奇觀呢？他那本書即使同地球一樣厚，也未必能透透徹徹地論述其主題；要是描繪細節的話，就會漏掉最大的奇觀——萬物的和諧。單拿有機物的產生這個問題來說，就是人類智慧探究不完的深淵；而大自然爲了使不同的物種不致混淆而安置在它們之間的不可逾越的障礙，就最明確不過地表明瞭它的意圖。它不滿足於秩序的建立，它還要採取一定的方法使任何東西都不能擾亂這個秩序。

在宇宙中，每一個存在都可以在某一方面被看作是所有一切其他存在的共同中心，它們排列在它的周圍，以便彼此互爲目的和手段。人的心靈對不計其數的關係感到迷茫，然而這些關係的本身卻沒有一個是混亂不清的。要做多麼多荒唐的假設，才能從偶然運動物質的盲目結構中演繹這種諧和的現象啊！有些人否認在這巨大的整體的各部分關係中顯現的意圖是統一的，但是，儘管他們使用了抽象、對等、普遍原則和象徵的辭彙，也掩飾不住他們是在亂吹牛皮；不論他們怎樣說，我要是不設想有一種智慧在

斯．卡米路斯—據說他是第二個普羅米修斯—用煉金術在一個玻璃杯子裡煉出了一個指頭那樣長的小人兒。帕臘塞耳斯在《物性論》一書中還描述了製造這種小人兒的方法，並且說曾經用化學方法製造過侏儒、半人半羊的牧畜神、半人半獸的森林神和半神半人的女神。我看，要想證實這些事實的可能性，除了硬說有機物可以抵抗火的溫度，硬說它的分子在反射爐中也能保持其生命以外，便沒有其他的辦法。

㉓ 紐文提特，荷蘭醫學家。盧梭在這裡所指的是紐文提特於一七一六年發表的《論自然界的奇觀顯示了神的存在》一書。

安排萬物的系統，就不可能想像它怎麼會這樣有條不紊，秩序井然。要我相信被動的和死的物質能產生活的和有感覺的生物，要我相信偶然的機會能產生有智慧的生物，要我相信沒有思想的東西能產生有思想的生物，是不可能的。

所以，我認為世界是由一個有力量和有智慧的意志統治著的，我看見它，或者說我感覺到了它，我是應該知道它的。但是，這個世界是無始無終的呢，還是由誰創造的？萬物是獨一無二地只有一個本原呢還是有兩個或幾個本原？它們的性質是怎樣的？這些我都不知道，它們同我有什麼關係？所以，只有在這些知識對我有意義的時候，我才努力去尋求它們；而在此以前，我是不願意思考什麼空洞問題的，因為它們將擾亂我的心靈，既無助於我的為人，而且還超過了我的理解能力。

你要記住的是，我不是在傳播我的見解，我只是把它陳述出來。不管物質是無始無終，還是創造的，不管它的本原是不是消極的或是根本沒有本原，總之整體是一個，而且表現了一種獨特的智慧，因為我發現這個系統中的東西沒有一個不是經過安排的，不是為了達到共同的目的：在既定的秩序中保存這個整體。這個有思想和能力的存在，這個能自行活動的存在，這個推動宇宙和安排萬物的存在，不管它是誰，我都稱它為「上帝」。我在這個詞中歸納了我所有的「智慧」、「能力」和「意志」這些觀念，此外還使它具有「仁慈」這個觀念，因為這個觀念是前面幾種觀念的必然結果；但是，不能夠因此就說我對我以這個詞稱呼的存在知道得很清楚；它躲躲藏藏地不讓我的感官和智力發現它，我愈去想它，便愈感到迷惑；我的確知道它是存在的，而且知道它是獨立存在的。我知道我的存在是依附於它的存在，而且就我所知道的一切事物來說，也同樣是依附於它的存在。我在它創造的萬物中，到處都看見上帝，我覺得它在我的心中，我發現它在我的周圍，但是，當我想就它本身來思考它的時候，當我想尋找它在什麼地方，想知道它是什麼樣子，想知道它是什麼東西構成的時候，它就逃避我，我迷迷茫茫的心靈便什麼也看不到了。

由於我深深知道我的能力不足，所以，除非對上帝和我的關係有所感受，使我不能不推論上帝的性質時，我是絕不論述他的性質的。要推論他的性質，那是很斗膽的事情；一個聰明的人必須如臨深淵似地謹慎從事，必須知道他沒有深入探討這個問題的能力，因爲，有辱上帝的事情，不是心中不想他，而是把他想像錯了。

在他的屬性中，我發現我可以通過一些屬性去設想他的存在，發現了這點之後，我又回頭來觀察我自己，我要弄清楚我在他所治理，而我也有能力加以研究的事物的秩序中占據什麼位置。我發現，由於我屬於人類，所以無可爭辯地占據第一個位置，因爲，由於我具有意志和能夠使用實現我的意志的工具，所以我有更多的力量影響我周圍的物體，可以隨我的便或是利用或是避免它們的活動，而它們當中則沒有哪一個能夠單單憑身體的衝動，就可以不管我願不願意都要影響我；同時，由於我具有智慧，所以只有我才能夠對一切事物進行考察。在這個世界上，除了人以外，哪一種生物能夠認識一切其他的生物，能夠估計和預料它們的運動和後果，能夠把共同的存在的意識和它自己的存在意識連在一起呢？如果說只有我才能夠把一切事物同我聯繫起來，那麼，又有什麼理由笑我，認爲一切都是爲我而做的呢？

因此，人的確是他所居住的地球上的主宰†；因爲，他不僅能馴服一切動物，不僅能通過他的勤勞而布置適合於生存的境界，而且在地球上只有他才知道怎樣布置這種境界，只有他才能夠通過思索而占有他不能達到的星球。請告訴我，地球上還有什麼動物會使用火和觀賞太陽。怎麼！我既然能觀察和認識一切生物和它們的關係，能意識什麼叫秩序、美和道德，能思索這個宇宙和摸著那統治這個宇宙的手，能喜愛善良和做善良的行爲，我還會把自己看作野獸！卑賤的人啊，是你糟糕的哲學把你弄得同野獸一個樣子，否則，你想敗壞自己也是敗壞不了的，因爲你的天才將揭露你所說的那些原理的荒謬，你仁慈的心將戳穿你所講的那種教條的虛僞，而且，甚至在你濫用你的才能的時候，你也會在不知不覺中看出你的才能是很優秀的。

至於我，我是不支援任何一種說法的；我，一個樸實的人，既不抱狂熱的朋黨之見，也沒有做哪一派人首領的野心，我對上帝給我安排的位置感到滿意；除了上帝之外，我認爲再也沒有比人類更高級的了；如果要我在各種生物的行列中選擇我的位置的話，我除了選擇做人以外，還能選擇別的嗎？

有了這個想法，我不僅沒有因此就覺得驕傲，反而深深地爲之感動；因爲這種地位並不是由我選擇的，它不能算作是一個尚未生存到世界上來的人的功勞。當我看出我的地位這樣優越的時候，怎能不慶幸我自己占有這個光榮的地位，怎能不頌揚那把我安置在這個地位的手呢？自從我這樣回顧自己以後，就在我心中對人類的創造者產生了一種感恩和祝福之情，而且，由於有了這種情感，遂使我對慈悲的上

† 在其他版本作：「……是自然的主宰，至少在地球上……」

帝懷著最崇高的敬意。我崇拜他至高無上的能力，我感激他的恩惠。我不需要別人教我這樣崇拜，這是我的天性教我這樣做的。我既然愛我自己，難道不自然而然地對保護我們的人表示尊敬，對造福我們的人表示愛戴嗎？

不過，當我以後爲了認識我個人在人類中的地位，而研究人類的各種等級†和占據那些等級的人的時候，我怎麼又迷惑起來了呢？多麼奇怪的景象，我以前見到的秩序在哪裡？我發現，大自然是那樣的和諧，那樣的勻稱，而人類則是那樣的混亂，那樣的沒有秩序！萬物是這樣的彼此配合、步調一致，而人類則紛紛擾擾、無有甯時！所有的動物都很快樂，只有它們的君王才是那樣的悲慘！啊，智慧呀，你的規律在哪裡？啊，上帝呀，你就是這樣治理世界的嗎？慈愛的神，你的能力用到什麼地方去了？我發現這個地球上充滿了罪惡。

我親愛的朋友，你相不相信正是由於這些悲觀的看法和明顯的矛盾，才在我的心靈中形成了我以前一直沒有尋找到關於靈魂的崇高觀念？當我思索人的天性的時候，我認爲我在人的天性中發現了兩個截然不同的本原，其中一個本原促使人去研究永恆的眞理，去愛正義和美德，進入智者怡然沈思的知識領域；而另一個本原則使人故步自封，受自己的感官奴役，受欲念的奴役；而欲念是感官的指使者，正是由於它們才妨礙著他接受第一個本原對他的種種啓示††。當我覺得我受著兩種矛盾運動的牽制和衝擊的

† 在其他版本作：「……而研究人類的經濟、各種等級和……」

†† 在其他版本作：「……妨礙著他接受第一個本原向他所啓示的高尚和偉大的事物。」

時候，我便對自己說：「不，人的感受不是單獨一方面的；我有意志，我又可以不行使我的意志，我既覺得我受到奴役，同時又覺得我很自由；我知道什麼是善，並且喜歡善，然而我又在做惡事；當我聽從理智的時候，我便能夠積極有爲，當我受到欲念支配的時候，我的行爲便消極被動；當我屈服的時候，我最感到痛苦的是，我明知我有抵抗的能力，但是我沒有抵抗。」

年輕人啊，你要深信不疑地聽我的話，因爲我始終是誠誠懇懇地說的。如果說良心是偏見的產物，我當然是錯了，而公認的是非也就沒有了；但是，如果承認愛自己甚於愛一切是人的一種自然的傾向，如果承認最基本的正義感是人生而有之的，如果承認這些的話，誰要是再說人是一個簡單的生物，那就請他解釋一下這些矛盾，他解釋清楚了，我就承認只有一種實體。

你要注意的是，「實體」這個詞我一般是用來指賦有某種原始性質的存在的，不包括任何特殊的和第二性的變異。因此，如果說我們所知道的一切原始的性質能夠結合成一個存在，我們就應當承認只有一種實體；但如果說有些性質是互相排斥的，那麼，有多少種互相排斥的性質，便有多少種不同的實體。這一點，你可以思考一下；至於我，不論洛克怎樣說，我只消認識到物質是延伸的和可以分割的，我就可以相信它是不能思想的；如果哪一個哲學家來告訴我說樹木有感覺和岩石有思想[20]，不管他的論

---

⑳在我看來，當代的哲學家固然是沒有說石頭有思想，但他們反過來說人沒有思想。他們認為大自然中全都是有感覺的存在，而一個人和一塊石頭之間的區別只是在於：一個人是有感覺活動的有感覺的存在，而石頭則是沒有感覺活動的有感覺的存在。但是，如果所有的物質都真有感覺，那麼，我在什麼地

證多麼巧妙，都休想迷惑我，這樣的人，我不能不把他看作是一個懷有惡意的詭辯學家，因爲他寧可說石頭有感覺，也不願意說人有靈魂。

假定有這樣一個聾子，因爲他的耳朵從來沒有聽見過聲音，便否認聲音的存在。我在他眼前放一個絃樂器，再悄悄地用另外一個樂器使它發出諧音，這時候，聾子看見弦在顫動，我對他說：「這是聲音在使弦顫動。」「不是，」他回答道，「弦之所以顫動，其原因在於它的本身，所有一切物體都有這種顫動的性質。」「那麼，」我又說道，「請你使其他的物體也這樣地顫動給我看一看，或者，至少給我

方去尋找有感覺的單位或單獨的自我呢？它是在物質的每一個分子中呢？還是在分子的聚合體中？我是不是要把這個單位同樣地歸入液體和固體，歸入混合物和元素？你也許會說，大自然是由個體組成的。但是，這些個體是什麼呢？這塊石頭是一個個體還是個體的結合呢？它是單獨的一個有感覺的存在呢，還是它含有多少粒沙便含有多少個有感覺的存在？如果說每一個基本的原子都是一個有感覺的存在，那麼，我怎樣才能理解兩個存在之間賴以互相感觸，從而使兩個「我」混而為一的內在聯繫呢？引力也許是大自然的一個法則，這個法則的奧妙何在，我們還不知道；但我們至少可以想像引力在按質量的多少而發生作用的時候，同物質的延伸和可分性是一點也不矛盾的。你是不是認為感覺也是這樣的呢？可感覺的部分是延伸的，但是有感覺的存在則是不可分割的一個整體；它是不能夠劃分的，它要麼就是一個完整的整體，否則就根本不存在，所以，有感覺的存在不是一個物質的東西。我不知道我們的唯物主義者是怎樣理解它的，但是，我覺得，有些難題既然使他們否定了思想，那麼，這些難題也將使他們否定感覺。我不知道他們走了第一步之後為什麼不走第二步，走這一步要花他們多少氣力呢？他們既然相信它們沒有思想，他們又怎麼敢斷定它們有感覺呢？

解釋一下這根弦顫動的原因。」「我做不到；」聾子又回答道，「不過，這是因為我想像不出這根弦是怎樣顫動的，我既然是一點點概念都沒有，我為什麼一定要用你所謂的聲音來解釋它呢？這無異乎是要我對一件模糊不清的事實，用更加模糊不清的原因去解釋。要麼你就使我對你所說的聲音有所感覺，否則我就要認為它根本不存在。」

我愈是對思想和人的心靈性質進行思考，我便愈是認為唯物主義者的那番理論和這個聾子的理論是相像的。事實上，他們是聽不到內在聲音的，這種聲音以毫不含糊的語句向他們說道：「機器是根本不會思想的，也沒有哪一種運動或外貌能夠產生思想；在你的身上有某種東西在力圖掙斷那些束縛它的紐帶：空間是不能做你的尺度的，整個宇宙也不夠大，不能容納你；你的感情，你的欲望，你的焦慮，甚至你的驕傲，都另外有一個本原，這個本原是獨立於你覺得把你束縛在其中的狹小的身軀的。」

沒有哪一種物質的存在其本身是能動的，而我則是能動的。人們徒然地同我爭論這一點，因為這是我感覺得到的，這種感覺對我的影響，比和它相爭鬥的理性對我的影響更強烈，我有一個身體，其他的物體對它發生作用，而它也對其他的物體發生作用，這種相互作用是無可懷疑的；但是我的意志是不受我的感官影響的，我可以贊同也可以反對，我可以屈服也可以戰勝，我內心清楚地意識到我什麼時候是在想做什麼就做什麼，什麼時候是在完全聽從我的欲念支配。我時刻都有意志的能力，但不一定時刻都有貫徹意志的能力。當我迷惑於各種引誘的時候，我就按照外界事物對我的刺激行事。當我責備我這個弱點的時候，我所服從的是我的意志；我之所以成為奴隸，是由於我的罪惡，我之所以自由，是由於我的良心懺悔；只有在我自甘墮落，最後阻礙了靈魂的聲音戰勝肉體的本能傾向的時候，我心中才會消失這種自由的感覺。

我只是通過對我自己意志的認識而瞭解意志的，至於說智力，我對它的認識還不十分清楚。如果你問我是什麼原因在決定我的意志，我就要進一步問是什麼原因在決定我的判斷，因爲這兩個原因顯然是一個；如果你已經明白人在進行判斷的時候是主動的，知道他的智力無非就是比較和判斷的能力，那麼，你就可以懂得我們之所以說他自由，也就是說他具有類似的能力，即由智力中演化出來的能力；他判斷正確了，他就選擇善；他判斷錯誤了，他就選擇惡。那麼，是什麼原因在決定他的意志呢？是他的判斷。是什麼原因在決定他的判斷呢？是他的智力，是他的判斷的能力；決定的原因存在於他的自身。除此以外我就不知道了。

當然，我雖然是自由的，但不能自由到竟不希求我自己的幸福，不能自由到竟願意自己受到損害；不過，即使我這樣做，我的自由也在於我只能希求適合於我的東西，或者在沒有他人的影響下，我估計是適合於我的東西。能不能因爲我只能作爲我而不能作爲另外一個人，便說我不自由呢？

一切行動的本原在於一個自由的存在有其意志，除此以外，就再也找不到其他的解釋了。沒有意義的詞，不是「自由」這個詞而是「必然」這個詞，要設想某種行爲，某種結果，不是由能動的本原產生的，那等於是在設想沒有原因的結果，等於是在惡性循環中打圈子。無論是根本就沒有原動力的存在，或是一切原動力都沒有任何的前因，總之，凡是眞正的意志便不能不具有自由。因此，人在他的行動中是自由的，而且在自由行動中是受到一種無形實體的刺激的，這是我的第三個信條。根據這三個信條，你就可以很容易地推論其餘，因此，我就不再一一地講了。

既然人是主動和自由的，他就能按他自己的意願行事；他一切的自由行爲都不能算作是上帝有系統地安排，不能由上帝替他擔負責任。上帝絕不希望有人濫用他賦予人的自由去做壞事，但是他並不阻止人去做壞事，其原因或者是由於這樣柔弱的人所做的壞事在他看來算不得什麼，或者是由於他要阻止的話，就不能不妨礙人的自由，就不能不因爲損害人的天性而做出更大的壞事。上帝使人自由，以便使人透過選擇而爲善棄惡。上帝使人能正確地利用他賦予人的才能而做出這樣的選擇；但是，他對人的力量施加了極其嚴格的限制，以致即使人濫用他給予的自由也不能擾亂整體秩序。人做了壞事，就自受它的惡果，對世界上的萬物並無影響，而且，儘管人類遇到了人所做的壞事，也無礙於它的生存。要是抱怨上帝不禁止人類作惡的話，就等於是抱怨他使人類具有優良的天性，抱怨他使人類具有使其行爲高尚的道德，抱怨他使人類具有修持美德的權利。最大的快樂就是對自己感到滿足，正是因爲應得到這種滿足，所以我們才生在這個世界上，才賦有自由，才受到各種欲念的引誘和良心的約束。還要求上帝的力量爲我們做些什麼呢？他會不會使我們的天性中產生矛盾，會不會獎勵那些不能爲惡的人去爲善呢？怎麼！爲了防止人變成壞人，難道就要限制他只能按他的本能行事，而且成爲一個畜牲嗎？不，我的靈魂的神靈，我絕不責難你按你的形象來創造我的靈魂，使我能像你那樣自由、善良和快樂！

我們之所以落得這樣可憐和邪惡，正是由於濫用了我們的才能。我們的悲傷、我們的憂慮和我們的痛苦，都是由我們自己引起的。精神上的痛苦無可爭辯地是我們自己造成的，而身體上的痛苦，要不是因爲我們的邪惡使我們感到這種痛苦的話，是算不了一回事情的。大自然之所以使我們感覺到我們的需要，難道不是爲了保持我們的生存嗎？身體上的痛苦豈不是機器出了毛病的信號，叫我們更加小心嗎？

死亡……壞人不是在毒害他們自己的生命和我們的生命嗎？誰願意始終是這樣生活呢？死亡就是解除我們所作的罪惡的良藥；大自然不希望我們始終是這樣遭受痛苦的。在蒙蒙昧昧樸實無知的狀態中生活的人，所遇到的痛苦是多麼少啊！他們幾乎沒有患過什麼病，沒有起過什麼欲念，他們既預料不到也意識不到他們的死亡；當他們意識到死的時候，他們的苦痛將使他們希望死去，這時候，在他們看來死亡就不是一件痛苦的事情了。如果我們滿足於我們現在這個樣子，我們對我們的命運就沒有什麼可抱怨的；我們為了尋求一種空想的幸福，結果卻使我們遭遇了千百種眞正的災難。誰要是遇到一點點痛苦就不能忍受的話，他肯定是要遭到更大的痛苦的。當一個人由於生活沒有節制而搞壞他的身體的時候，他就想用醫藥使他恢復健康；在他所感到的痛苦之外，又加上他所懼怕的痛苦；對死亡加以預料，必然使我們對死亡感到恐怖，從而加速死亡的來臨；我們愈想逃避它，我們愈覺得它在我們的身旁；因此，我們這一生是嚇死的，而且在死的時候，還把我們因違背自然而造成的罪惡歸咎於自然。

人啊，別再問是誰作的惡了，作惡的人就是你自己。除了你自己所作的和所受的罪惡以外，世間就沒有其他的惡事了，而這兩種罪惡都來源於你的自身。普遍的災禍只有在秩序混亂的時候才能發生，我認為萬物是有一個毫不紊亂的秩序的。個別的災禍只存在於遭遇這種惡事的人的感覺裡，但人之所以有這種感覺，不是由大自然賜予的，而是由人自己造成的。任何一個人，只要他不常常想到痛苦，不瞻前顧後，他就不會感覺到什麼痛苦。只要我們不讓我們的罪孽日益發展，只要我們不為非作惡，只要不出自人為，那一切就會好起來的。

哪裡是一切都好，哪裡就沒有不正義的事情。正義和善是分不開的，換句話說，善是一種無窮無盡的力量和一切有感覺的存在不可或缺的自愛之心的必然結果。無所不能的人可以說是把他的存在延及於萬物的存在。創造和保存是能力的永無止境的工作，它對現時不存在的事物是不發生作用的；上帝不是已死的人的上帝，他毀滅和爲害於人，就會損害他自己。無所不能的人是只希望爲善的[21]。可見，凡是因爲有極大的能力而成爲至善的人，必然是極正義的人；否則他本身就會自相矛盾，因爲，我們所謂的「善」，就是由於愛秩序而創造秩序的行爲，我們所謂的「正義」，就是由於愛秩序而保存秩序的行爲。

人們說，上帝對他所創造的生物沒有欠付任何東西。我則認爲，他還欠付他在賦予他們生命的時候所答應他們的一切東西。使他們具有善的觀念，而且使他們感覺到對善的需要，這就等於是許下了要把善給予他們的諾言。我愈捫心自問，我愈領會到刻劃在我靈魂中的這句話：「行事正義，你就可以得福。」然而，把現在的事情拿來一看，卻不像這句話所說的樣子；壞人是命運亨達，而正義的人一直是受到壓迫。你看，當我們這樣一直等待，以致我們的希望終成泡影的時候，我們的內心是多麼的憤怒！良心終於反叛，對上帝發出怨言，它沈痛地喊道：「祢欺騙了我！」

「我欺騙你，這句話眞說得魯莽！是誰教你這樣說的？你的靈魂被毀滅了嗎？你已經不繼續存在了

[21] 古代的人把至高的神稱為「至善的至大」，這種稱法是很對的；但是，如果稱為「至大的至善」，那就更準確了，因為，既然他的善是來之於他的力，可見他之所以能夠為善，正是由於他是很偉大的。

嗎？啊，布魯土斯㉔！我的兒子！在結束你高貴的生命的時候，不要給它蒙上了污點；不要讓你的光榮和希望都隨著你的身體遺棄在菲利普斯的戰場。當你即將獲得你自己的美德的報償的時候，你爲什麼要說『美德是一點價值都沒有的』呢？你以爲你就要死了，不，你要活下去的，正是在這個時候，我才履行我應許你的一切諾言。」

也許，人們根據那些沒有耐心的人的怨言就說，在他們應得上帝的報償以前，上帝就應該報償他們，他必須預先支付他們的美德的價值。啊！我們首先要爲人善良，然後才能得福。在獲得勝利以前，我們不能強索獎勵；在工作以前，我們不能硬討工資。普盧塔克說：「在神聖的競技中得勝的人，並不是一進入運動場就算是勝利了，他們必須跑完了他們的路程之後，才能把榮冠戴在自己的頭上。」㉒如果靈魂是無形的，那麼，在身體死亡之後，它也能繼續存在的；如果它比身體存在得久遠，那就證明上帝是無可懷疑的。即使沒有其他的證據，我單單拿這個世界上壞人得意和好人受壓的情形來看，也能深深相信靈魂是無形的。在宇宙萬般諧和的情景中，出現了一種這樣刺目的不調和現象，使我竭力要尋出一個答案來。我要對自己說：「就我們而論，並非一切都是同生命一起結束的，在死了的時候，

㉔ 布魯土斯（西元前八五—前四二），羅馬共和黨的首領，陰謀暗殺凱撒的主要分子。西元前四十二年，布魯土斯被安東尼和屋大維追至菲利普斯，自殺而死；據普盧塔克說，布魯土斯在臨死的時候，曾痛苦地叫喊說：「美德是一點價值都沒有的！」

㉒ 論文《我們按照伊壁鳩魯的說法去做是不能快樂地生活的》第五十九節。

一切都要回到原來的秩序。」的確，也許我自己要問到這樣一個疑難：「當一個人所有可以感覺得到的形骸都消滅之後，這個人到哪裡去了？」當我瞭解到有兩種實體的時候，這個問題在我看來就不難解決了。答案很簡單：在我的肉體活著的時候，由於我只是通過我的感官去認識事物，因此，所有一切不觸及感官的東西都逃脫了我的注意。當肉體和靈魂的結合一瓦解之後，我想，肉體就消滅了，而靈魂則能保存。肉體的消滅爲什麼會導致靈魂的消滅呢？恰恰相反，由於兩者的性質極不相同，所以結合在一起的時候，它們倒是猛烈地互相衝突；而結合一旦告終的時候，它們都各自返回天然的狀態：有活力的能動的實體收回了它以往用去推動那沒有生命的被動的實體力量。唉！我從我所作的罪惡中清楚地體會到這個道理，一個人在一生中只不過是活了他生命的一半，要等到肉體死亡的時候，他才開始過靈魂的生活。

但是，靈魂的生活是什麼樣子的呢？靈魂是不是由於它的性質而永不死亡呢？這我不知道。我有限的智力想像不出無限的東西；一切無限的東西，我是無法想像的。我對它們是加以否定還是肯定？我對我無法想像的東西講得出什麼道理來？我相信，靈魂在肉體死亡之後還能活足夠的時候以保持秩序，不過，誰知道它能不能永久持續呢？我往往能夠理解肉體是怎樣由於各部分的分離而消滅的，但是我無法想像一個進行思想的存在也這樣地毀滅；由於我想像不出它怎麼能夠死亡，所以我就假定它是不死的。既然這個假定能夠給我以安慰，而且沒有什麼不合理的地方，我爲什麼不敢接受它呢？

我意識到我的靈魂，我通過我的感覺和思想而認識它，我雖然不知道它的本質，但是我知道它是存在著的。我不能推論我現在還沒有的觀念，我所知道的是，我只能透過記憶而延長「我」，爲了要眞實地是同一個我，我必須記住我曾經是怎樣存在過。除非我同時記住我的感覺，從而也記住我所做的事情，否則在我死以後，我就無法回憶我的一生；我毫不懷疑，這樣的回憶將有一天使好人感到慶幸，使壞人感到痛苦。在這個世界上，有千百種強烈的欲念淹沒了內在的情感，瞞過了良心的責備。道德的實踐給人帶來了委屈和羞辱，因而使人感覺不到道德的美。但是，一旦我們擺脫了肉體和感官使我們產生的幻覺，從而喜悅地看到至高的存在和以他爲源泉的永恆眞理，一旦秩序的美觸動了我們的整個靈魂，使我們誠懇地把我們已經做過的事情和應當做的事情加以比較，這時候，良心的呼聲才又發揮它的力量和權威；這時候，由於對自己感到滿意而產生的純潔歡樂，由於墮落而產生的痛苦悔恨，將透過難以遏制的情感而看出每個人給自己預先安排的命運。我的朋友，你不要問我幸福和痛苦還有沒有其他的根源；這我是不知道的；我所設想的那個根源就足以使我對今生感到安慰，而且使我希望從它那裡得到來生。我的意思並不是說善良的必將得到報償，因爲，一個優秀的人物除了按自然而生活以外，還希望得到什麼更好的報償呢？但是我認爲他們必然會感到快樂，因爲他們的上帝，一切正義的神，既然使他們有感覺，其目的就不是爲了叫他們感受痛苦，而且，由於他們在這個世界上沒有濫用他們的自由，他們就沒有被他們的過失弄錯他們的歸宿，因此，他們今生雖然遭受了苦難，他們來生是會得到補償的。我這個看法，不是依據人的功績而是依據善的觀念得出來的，因爲我覺得這種觀念同神的本質是分不開的。我必須指出：秩序的法則爲萬物所遵守，上帝始終是忠於他自己的㉓。

㉓ 主啊，榮耀不要歸於我們，不要歸於我們，

你也不要問我壞人所受的痛苦是不是無止境的，是不是由於上帝的慈悲而判他們永受折磨，這些我也是不知道的，我也沒有想弄清這些無用問題的好奇心。壞人的結果怎樣，和我有什麼關係？我對他們的命運是毫不關心的。我不大相信對壞人判處的痛苦是永無終止的。如果最高的正義之神要報復的話，他就要在今生報復。世上的各民族啊，你們和你們的過錯就是他的使臣。他利用你們的災難去懲罰那些釀成災難的罪人。在你們表面上極其隆盛的時候，兇惡的欲念給你們的罪惡帶來的懲罰，表現在你們欲念難填的心在遭受妒忌、貪婪和野心的腐蝕。何必到來生去找地獄呢？它就在這個世界上的壞人的心裡。

我們頃刻間的需要在什麼時候沒有了，我們瘋狂的欲望在什麼時候停止了，我們的欲念和罪惡也就結束了。純潔的心靈能沾染什麼邪惡呢？既然沒有什麼需要，他們爲什麼會成爲壞人呢？如果他們不讓他們的感官變得很粗俗，他們就會把他們的快樂寄託於對人生的沈思，一心一意地嚮往善良；一個人只要不繼續壞下去，他哪裡會永久痛苦呢？以上是我初步的想法，不過還沒有花工夫去作出結論。啊，仁慈的上帝，不論祢的旨意如何，我都是很尊重的。如果祢要永久地懲罰壞人，我就在祢公正的裁判之前拋棄我這不充分的道理；但是，如果隨著時間的推移可以讓這些可憐的人消除他們心中的悔恨，如果他

榮耀要歸於你自己，要歸在你的名下，
神啊，祢使我們再生！
（《詩篇》第一百一十五篇）

們的罪孽也有終止的時候，如果我們有一天大家都可同樣地得到平安，那麼，我也將爲此而讚頌祢。壞人不也是我的弟兄嗎？我也受了多少次引誘去學他們的樣子！只要他們擺脫了他們痛苦的境地，他們也就可以失去同痛苦相伴隨的惡意。願他們也像我這樣快樂，他們的快樂不僅不引起我的妒忌，反而使我更感到快樂。

我正是這樣按上帝的業績去默想上帝，通過在祂的屬性中，我應當知道的那些屬性去研究祂的，所以我才終於逐漸地把我起初對這個無限的存在所有的不完全的和有限的觀念加以擴大和發展。但是，這個觀念如果愈崇高，它就愈同人的理性不相配稱。隨著我在精神上愈來愈接近那永恆的光明，它的光輝就使我頭昏眼花，感到惶惑，使我不得不拋棄那些曾經幫助我去想像它的世俗觀念。上帝已不再是有形的和可以感覺的了，那統治世界的最高智慧並不就是世界的本身，我徒然花費我的心思去想像祂不可想像的本質。當我想到是祂把生命和活力賦予那能動的活的實體去統禦有生命的形體時，當我聽到人家說我的靈魂是神靈的，說上帝是一個神靈的時候，我就憎惡這種褻瀆神的本質的說法，因爲這種說法好像認爲上帝跟我的靈魂是屬於同一個性質，好像認爲上帝並不是唯一的絕對的存在，不是唯一能夠眞正活動、感覺、思想和行使自己意志的存在，好像我們的思想、感覺、活力、意志、自由和生命不是得之於祂的。我們之所以自由，正是因爲祂希望我們自由；祂那無法解釋的實體對於我們的靈魂，就像我們的靈魂對於我們的肉體是一樣的。祂是否創造了物質、身體、靈魂和世界，我可不知道。創造的觀念在我是模糊的，是我的智力所不能理解的；不過，我既然能想像祂，我就可以相信祂：我知道是祂創造了宇宙和一切存在的東西，我知道所有一切都是祂所做的和安排的。毫無疑問，上帝是永恆的，然而我的心靈能不能理解永恆的觀念呢？我爲什麼要拿一些我不知道其意義的詞來迷惑自己呢？我所想像的是：先有上帝，而後有萬物，萬物能存在多麼久，祂就能存在多麼久，而且，即使將來有一天所有一切都消滅了，祂也能繼續存在的。要說什麼一個我無法想像的存在賦予其祂的存在以生命，這在我是模糊而不能理解的，但是，如果說「存在」和「虛無」是二而一的話，也顯然是矛盾的，也明明是荒謬的。

上帝是聰明的，但祂聰明到什麼程度呢？人在推理的時候是聰明的，而最高的智慧則不需要進行推理；它不要什麼前提，也不要什麼結論，甚至連命題都不要；它純粹是直覺的，它既能認識已經存在的事物，也同樣能認識可能存在的事物；正如所有的地方在它看來只是一點，所有的時間在它看來只是一瞬間一樣，所有的眞理在它看來也只是一個單獨的概念。人的力量要通過工具才能發揮作用，而神的力量則能自行發揮作用。上帝是萬能的，因爲祂能行使意志；祂的意志就是祂的力量。上帝是善良的，這是再明顯不過的了：人的善良表現在對同胞的愛，上帝的善良表現在對秩序的愛，因爲祂正是通過秩序來維持一切的存在和使每一個部分和整體聯在一起的。上帝是公正的，這我是深信不疑的，這是祂的善良的結果；人類不公正的行爲是人造成的而不是祂造成的；道德的混亂，在哲學家看來是上帝不存在的明證，但在我看來恰恰表明了上帝是存在的。人的公正表現在給予每一個人應得的東西；而上帝的公正表現在要求每一個人對祂給予的東西付出其代價。

我對這些屬性是毫無絕對觀念的，而我所以能夠陸續發現它們，是由於必然的結果，是由於我好好地運用了我的理智。不過，我雖然承認這些屬性，但是我並不懂得這些屬性，所以實際上是等於沒有承認任何東西的。即使我對自己說，上帝是這個樣子，我感覺到祂，體驗到祂，這也是徒然的，因爲我並沒有更好地理解到上帝怎麼會是這個樣子。

總之，我愈沈思祂的無限的本質，我便愈不理解這個本質；但是，它確實是存在的，我知道這一點就夠了，因爲我愈不理解它，我反而愈崇敬它。我謙卑地向祂說：「萬物之主啊，我之所以能夠存在，是因爲祢存在；我這樣不斷地對祢思索，爲的是使我明白我的根本。要想最恰當地運用我的理性，最好的辦法莫過於使它聽從祢的旨意：我的心靈之所以這樣喜悅，我柔弱的體質之所以這樣可愛，正是因爲我感受到了祢的偉大。」

可以感知的客觀事物給我以印象，內在的感覺使我能夠按照我天賦的智慧去判斷事物的原因；我根據這些印象和內在的感覺推出了我必須瞭解的重大眞理之後，我就要從其中找出哪些準則可以用來指導我的行爲，哪些規律我必須遵循，才能按照使我降生在這個世界上來的神的意圖去完成我在世上的使命。由於我始終是按照我自己的方法去做，所以我這些規律並不是從高深的哲學中引申出來的，而是在我的內心深處發現的，因爲大自然已經用不可磨滅的字跡把它們寫在那裡了。我想做什麼，我只問我自己：所有一切我覺得是好的，那就一定是好的；所有一切我覺得是壞的，那就一定是壞的；良心是最善於替我們決疑解惑的；所以，除非是爲了同良心刁難，我們是用不著那種詭譎的論辯的。應當首先關心的是自己；然而內心的聲音一再告訴我們說，損人利己的行爲是錯誤的！我們以爲這樣是按照自然的驅使，而實際上我們是在違抗自然；我們一方面聽從它對我們感官的指導，而另一方面卻輕視它對我們良心的指導；主動的存在在服從它，而被動的存在卻在命令它。良心是靈魂的聲音，欲念是肉體的聲音。這兩種聲音往往是互相矛盾的，這不是很奇怪的嗎？我們應該聽從哪一個聲音呢？理性欺騙我們的時候是太多了，我們有充分的權利對它表示懷疑；良心從來沒有欺騙過我們，它是人類眞正的嚮導；它對於靈魂來說，就像本能對於肉體一樣㉔；按良心去做，就等於是服從自然，就用不著害怕迷失方向。說到這裡，我的恩人看見我要打斷他的話頭，馬上就接著說這一點很重要，叫我等他進一步把它解釋清楚。

㉔ 現今的哲學只講它能夠加以解釋的東西，所以避而不談這被稱為「本能」的奧秘能力，這種能力，無需任何經驗，似乎就能指導動物達到某種目的。在當代最博學的哲學家中，有一個就認為本能不過是一種缺少思想內容的習慣，然而是經過思考之後才獲得的習慣；按照他對這種習慣獲得的過程所作的解釋來看，我們就一定會得出小孩子比成年人思考的時間多的結論。這種說法真是夠奇怪的，所以不值得加以研究。這裡，暫不討論這個問題，我先問一問：我的狗雖然根本不吃鼴鼠，但一心要同鼴鼠打架，它這種急切的心情應該叫什麼名稱；它有時守候一個鼴鼠竟守候幾個小時，它這種耐心又該叫什麼名稱；雖然我從來沒有訓練過它捕捉鼴鼠，也從來沒有告訴過它哪裡有鼴鼠，但它能那樣巧妙地捕捉鼴鼠，它們剛從地裡鑽出來，它就能捉住它們，把它們拋得遠遠的，然後把它們咬死在那裡，它這種巧妙的辦法又該叫什麼名稱。我還要問一個更重要的問題：當我第一次嚇唬這隻狗的時候，它為什麼要躺在地上，拳起四隻腳，做出一種最能使我心軟的乞憐樣子，而且，如果我不動心，還是要打它的話，它為什麼還一直保持那個樣子呢？怎麼！我的這條狗還小得很，只不過剛剛才出生不久，難道它就已經有道德觀念了嗎？它也懂得什麼叫仁慈和寬大嗎？它從哪裡學來的知識，知道這樣子隨我擺布，就可以緩和我的怒氣呢？世界上所有的狗在這種情況下差不多都是這樣做的，我在這裡所講的，每一個人都是可以實地去試驗一下的。那些極其輕蔑本能的哲學家，能不能單單拿感覺的作用和我們通過感覺而獲得的經驗來解釋這個事實，他們能不能以每一個明理的人都認為滿意的方式來解釋一下呢？如果可以的話，我就沒有什麼話可說了，我就再也不談什麼本能了。

我們的行爲之所以合乎道德，在於我們本身具有判斷的能力。如果善就是善，那麼，在我們的內心深處也應當好像在我們的行爲中一樣，把善看作是善，而行爲正義的第一個報償就是我們意識到我們做了正義的事情。如果說道德的善同我們人的天性是一致的，則一個人只有爲人善良才能達到身心兩健的地步。如果它們不是一致的，如果人生來就是壞人，那麼，他不敗壞他的天性，他就不能停止作惡，而他所具有的善就將成爲一種違反天性的病根。如果人生來是爲了要像狼吞噬動物那樣殘害他的同類，則一個人如果爲人仁慈的話，反而是敗壞天性了，正如豺狼一發慈悲，反而是失去狼性了；這樣一來，我們就必然要悔恨我們做了合乎道德的事情了。

年輕的朋友啊！現在再回頭來談一談我們自己，讓我們放棄個人的利害，看一看我們的傾向將把我們帶到什麼地方。是他人的痛苦還是他人的快樂最能打動我們的心弦？是對人行善還是對人行惡最能使我們感到快樂，而且在事後給我們留下最美好的印象？你看戲的時候，最關心的是戲中的哪一種人？你喜不喜歡看作奸犯科的事？當你看到犯罪的人受到懲罰，你流不流眼淚？人們說：「除了我們的利益以外，其他一切對我們都沒有什麼關係。」然而，恰恰相反，正是溫存的友情和仁慈的心在我們遭受痛苦的時候能安慰我們；而且，甚至在我們歡樂的時候，如果沒有人同我們分享歡樂的話，我們也會感到孤寂和苦悶。如果人的心中沒有一點道德，那麼，他怎麼會對英雄的行爲那樣崇敬，怎麼會對偉大的人物那樣愛慕？這種道德的熱情和我們的個人利益有什麼關係呢？我們爲什麼願意做自殺的卡托而不願意做勝利的凱撒呢？剝奪了我們心中對美的愛，也就剝奪了人生的樂趣。一個人的邪欲如果在他狹隘的心中窒息了這種優美的情感，一個人如果由於只想到自己，因而只愛他本人的話，他就再也感覺不到什麼叫快樂了，他冰冷的心再也不會被高興的事情打動了，他的眼睛再也不會流出熱情的眼淚了，他對任何東西都不喜歡了；這可憐的人既沒有什麼感覺，也沒有什麼生氣，他已經是死了。

但是，不論這個世界上的壞人多麼地多，像這樣除了個人的利益之外，對一切公正善良的事情都無動於衷的死屍般的人還是很少的。不公正的事情只因使人能得到好處，所以人們才喜歡去做，除此以外，誰都是希望無辜的人能夠獲得保障。當我們在大街小巷看到兇暴和不公正的事情時，我們的心中馬上就會激起一陣憤怒，使我們去保護受壓迫的人；不過，我們受到了一種強制義務的約束，法律不允許我們行使我們保護無辜者的權利。當我們看到慷慨仁慈的行爲時，我們將產生多麼敬慕之心啊！誰不在心中想道：「我也要這樣做呢？」兩千年前的某一個人是好或是壞，當然是對我們沒有多大的關係，然而我們對古代的歷史仍然是那樣地感到關心，好像它們都是在我們這個時代發生的一樣。卡提利納[25]的罪行同我有什麼關係？是不是我怕做他的犧牲品呢？我爲什麼把他看作跟我同時代的人，對他感到那樣的恐怖呢？我們之所以恨壞人，並不僅僅是因爲他們損害了我們，而且是因爲他們很壞。我們不僅希望我們自己幸福，而且也希望他人幸福；當別人的幸福無損於我們的幸福時，它便會增加我們的幸福。所以，一個人不管願意或不願意，都會對不幸的人表示同情；當我們看到他們的苦難的時候，我們也爲之感到痛苦。即使最壞的人也不會完全喪失這種傾向，因此，他們往往使他們的行爲自相矛盾。搶劫行人

[25] 卡提利納（西元前一〇八－前六二），羅馬貴族，在西元前六十三年企圖發動政變，推翻羅馬共和國，結果被以西塞羅為首的共和主義者擊敗。

的匪徒見到赤身裸體的窮人也還拿衣服給他穿；最殘忍的殺人者見到暈倒的人也會把他扶起來。

我們說悔恨的呼聲在暗暗懲罰那些隱藏的罪行，將很快地揭露它們的眞情。唉！我們當中誰不知道這種聲音是令人不愉快的呢？我們是根據經驗說這種話的，我們想扼殺這種使我們極其痛苦的酷烈感覺。我們服從自然，我們就能認識到它對我們是多麼溫和，只要我們聽從了它的呼聲，我們就會發現自己做自己行爲的見證是多麼愉快。壞人常常是提心吊膽的，而他一快樂，他就會得意忘形；他帶著焦急的目光環視他的四周，想找到一個供他取樂的目標；他不挖苦人和取笑人，他就感到憂鬱，他唯一的快樂就是嘲笑他人。反之，好人的內心是十分恬靜的，他的笑不是惡意的笑而是快樂的笑，因爲他自身就是快樂的源泉；無論他是獨自一個人還是在衆人當中，他都是同樣的高興；他不是從他周圍的人的身上取得他的快樂；相反地，他要把他的快樂傳給他們。

看一看世界上的各民族，並瀏覽古今的歷史：在許多不合乎人情的怪誕禮拜形式中，在千差萬別的風俗和習慣中，你到處都可以發現相同的公正和誠實的觀念，到處都可以發現相同的道德原則，到處都可以發現相同的善惡觀。古代的邪教產生了一些在世間可能被當作罪大惡極的人來懲治的醜惡的神，這些神所描述的最大的快樂是罪惡，是欲念。但是，邪惡即使具備了神威，也徒然從上天降臨人間，因爲道德的本能是不讓它進入人類的心中。人們雖然讚賞丘比特的放蕩，然而對芝諾克拉底的克制仍然是十分欽佩的；貞潔的盧克萊修敬拜無恥的維納斯，勇敢的羅馬人供奉恐懼的神，他祈求那殺害父親的神保佑，而自己卻一聲不響地死在自己的父親手裡。最可鄙的神竟受到最偉大的人的膜拜。聖潔的自然的呼聲，勝過了神的呼聲，所以在世上才受到尊重，它好像把一切罪惡和罪人都驅逐到天上去了。

因此，在我們的靈魂深處生來就有一種正義和道德的原則；儘管我們有自己的準則，但我們在判斷我們和他人的行爲是好或是壞的時候，都要以這個原則爲依據，所以我把這個原則稱爲良心。

我到處都聽見一些所謂的智者在鬧鬧嚷嚷地議論這句話，他們都異口同聲地說這是幼稚的錯誤，是教育的偏見！在人的心靈中只蘊藏著由經驗得來的東西，而我們完全是根據我們獲得的觀念去判斷其他的事物。他們做得太過分了，這些所有各個民族都普遍承認的東西，他們也敢否認；爲了反駁人類的這個一致的看法，他們暗中去尋找了一些既難於理解，而且只有他們才知道的例外情形；好像一切自然的傾向都因一個民族的敗壞而全部被抹殺掉了，好像整個人類都因出現了窮兇極惡的人而不能再存在了。多疑的蒙台涅要那樣辛辛苦苦地到世界的一個角落去發掘一種違背正義觀念的習慣，有什麼用處呢？他爲什麼要相信最不可靠的旅行家而不相信最有聲名的著述家的話呢？世界上的各個民族，儘管在其他方面各有不同，但在這一點上，大家都共同歸納了這樣一個一致的看法，所以，能不能單憑我們無法理解的地區原因所形成的一些奇怪的習慣，就可以把這個看法完全推翻呢？啊，蒙台涅，你自己誇你爲人坦率，說的都是眞理，要是一個哲學家眞能坦率地說實在話，那就請你老實地告訴我，在這個世界上，哪一個地方的人把遵守自己的信念，把爲人慈善和慷慨，看作是罪惡，而且，在那個地方，好人是受到輕視，而不忠不信的人反而受人的尊敬。

人們說，每一個人都是爲了他個人的利益才贊助公衆福利的。那麼，爲什麼好人要損自己而利大衆呢？難道說犧牲生命也爲的是自己的利益嗎？毫無疑問，每一個人都要爲自己的利益而行動，但如果不談道德問題的話，是可以用私利去解釋壞人的行爲的，這樣一解釋，別人就不會再進一步問個究竟了。

這種哲學是太可怕了，因爲它將使人畏首畏尾地不敢去作善良的行爲，它將使人拿卑劣的意圖和不良的動機去解釋善良的行爲，它將使人不能不誣衊蘇格拉底和詆毀雷居魯斯。這樣的看法即使在我們中間有所滋長，自然的呼聲和理性的呼聲也會不斷地對它們進行反駁，絕不讓任何一個抱這種看法的人找到一個相信這種看法的藉口。

我不打算在這裡討論形而上學，因爲它超出了我和你的理解能力，所以討論一陣實際上也得不到什麼結果。我已經向你說過，我並不是想同你講什麼哲學，而是想幫助你去問問你自己的心。當舉世的哲學家都說我錯了的時候，只要你覺得我講得很對，那就再好不過了。

爲此，我只要使你能夠辨別我們從外界獲得的觀念跟我們的自然情感有什麼不同就夠了，因爲，我們必然是先有感覺，而後才能認識；由於我們的求善避惡並不是學來的，而是大自然使我們具有這樣一個意志，所以，我們好善厭惡之心也猶如我們的自愛一樣，是天生的。良心的作用並不是判斷，而是感覺：儘管我們所有的觀念都得自外界，但是衡量這些觀念的情感卻存在於我們本身，只有通過它們，我們才能知道我們和我們應當追求或躲避的事物之間存在著哪些利弊。

對我們來說，存在就是感覺；我們的感覺力無可爭辯地是先於我們的智力而發展的，我們先有感覺，而後有觀念[25]。不管我們的存在是什麼原因，但它爲了保持我們，便使我們具備了適合於我們天性

㉕在某些方面，觀念就是感覺，感覺就是觀念。這兩個詞都適用於我們所說的一切知覺，既適用於知覺的客體，也適用於受客體影響的我們本身；但是，要確定用哪一個詞更為適合，那就要看我們所受的影響

的情感；至少，這些情感是天生的，這一點誰也不能否認。就個人來說，這些情感就是對自己的愛、對痛苦的憂慮、對死亡的恐懼和對幸福的嚮往。但是，如果我們可以毫無疑問地肯定說人天生就是合群的，或者至少是可以變成合群的，那麼，我們就可以斷定他一定是通過跟他的同類息息相連的固有情感才成爲合群的，因爲，如果單有物質上的需要，這種需要就必然使人類互相分散而不互相聚集。良心之所以能激勵人，正是因爲存在著這樣一種根據對自己和對同類的雙重關係而形成的一系列道德。知道善，並不等於愛善；人並不是生來就知道善的，但是，一旦他的理智使他認識到了善，他的良心就會使他愛善；我們的這種情感是得自天賦的。

因此，我的朋友，我並不認爲我們不能把良心的直接本原解釋爲我們天性的結果，它是獨立於理智的。要說是不能夠這樣解釋的話，還不如說是不需要這樣解釋，因爲，有些人雖然否認一切人類所公認的這個本原，但卻無法證明它不存在，他們只能夠硬說沒有這個本原罷了；而我們之斷言它的存在，也像他們一樣是有很好的根據的，何況我們還有內心的證據，何況良心的呼聲也在爲它自己辯護。如果判斷的光芒使我們眼花繚亂，把我們要看的東西弄得模糊不清，那就等我們微弱的目光恢復過來，變得銳利的時候再看；這時候，我們在理智的光輝之下，馬上就可以看出哪些東西在大自然最初把它們擺在我們面前的時候是什麼樣子；說得更確切一點，那就是：我們一定要保持天眞，少弄玄虛；我們必須具備

的次序了。當我們首先想到客體，然後才回想到我們的時候，這就是觀念；反之，當我們首先注意於我們得到的印象，然後才回想到造成這種印象的客體的時候，這就是感覺。

的情感，應當以我們內心最初經驗的那些情感爲限，因爲，只要我們的潛心研究不使我們走入歧途，就始終會重新使我們恢復這些情感的。

良心呀！良心！你是聖潔的本能，永不消逝的天國的聲音。是你在妥妥當當地引導一個雖然是蒙昧無知然而是聰明和自由的人，是你在不差不錯地判斷善惡，使人形同上帝！是你使人的天性善良和行爲合乎道德。沒有你，我就感覺不到我身上有優於禽獸的地方；沒有你，我就只能按我沒有條理的見解和沒有準繩的理智，可悲地做了一樁錯事又做一樁錯事。

感謝老天，我們才擺脫了這種可怕的哲學的玄虛，我們沒有淵博的學問也能做人，我們才無須浪費我們一生的時間去研究倫理，因爲我們已經以最低的代價找到了一個最可靠的嚮導指引我們走出這浩大的偏見迷津。但是，單單存在著這樣一個嚮導是不夠的，我們還需要認識它和跟隨它。既然它向所有的人心都發出了呼聲，那麼，爲什麼只有極少的人才能聽見呢？唉！這是因爲它向我們講的是自然的語言，而我們所經歷的一切事物已經使我們把這種語言全都忘記了。良心是靦腆的，它喜歡幽靜；世人一吵鬧就會使它害怕。有人認爲它產生於偏見，其實偏見是它最兇惡的敵人；它一遇到偏見，它就要躲避，或者就緘默不語；它們鬧鬧嚷嚷的聲音壓倒了它的聲音，使人們不能聽到；偏執的想法竟敢冒稱良心，而且以良心的名義陷人於罪行。它因爲受到人們的誤解而感到沮喪；它不再呼喚我們，也不再回答我們；由於我們長期地對它表示輕蔑，因此，我們當初花了多少氣力把它趕走，現在也要花多少氣力才把它召得回來。

在進行探索的時候，我有多少次由於內心的冷淡而感到厭倦！有多少次悲傷和煩惱把它們的毒汁傾入了我最初的沈思，使我覺得我所沈思的東西是毫無根據的！我貧弱的心對眞理的愛好也是那樣地缺乏熱情。我對自己說：「我爲什麼要辛辛苦苦地去尋找那並不存在的東西呢？道德上的善全屬子虛，最快樂的事情莫過於官能的享受。」我們一旦喪失了使靈魂快樂的欣賞能力，是多麼難於恢復啊！要是從來就沒有過這種能力的話，要想具備，那就更加困難了！如果一個人竟可憐到沒有做過一件使他回憶起來對自己感到滿意，而且覺得沒有白活一生的事情，那麼，這個人可以說是缺乏認識自己的能力；而且，由於他意識不到什麼德行最適合於他的天性，因此他只好一直做一個壞人，感到無窮的痛苦。不過，你相不相信在全世界能夠找到一個人，竟墮落到心中從來沒有發生過爲善的想望呢？這種想望是這樣的自然和愉快，以致不可能永久地阻止它的產生；而且，只要它留下了一次快樂的回憶，就足以使它不斷地呈現在我們的心中。不幸的是，這種想望在起初是很難滿足的，一個人可以找得到千百種理由來違背他心中的傾向；不必要的謹愼把他緊緊地束縛在「自我」的範圍內，要越過這個範圍，是必須要有巨大的勇氣的。爲善之樂就是對善舉的獎勵，一個人要配得上這個獎勵，才能獲得這個獎勵。再也沒有什麼東西比道德更可愛的了，但是，爲了要發現它的可愛，就必須照它去實踐。當我們想擁抱它的時候，它開始就會像神話中變幻無定的海神，幻化出千百種可怕的形象，只有緊緊抱著它不放的人，才能最後看出它本來的樣子。

如果沒有新的光明照亮我的心，如果眞理雖使我能夠確定我的主張，但不能保證我的行爲，不能使我表裡一致，那麼，我便會由於受到傾向公共利益的自然情感和只顧自己利益的理智的不斷衝擊，終生在這二者取一的綿亙道路上徘徊，喜歡善，卻偏偏作惡，常常同自己的心發生矛盾。有些人想單單拿理智來建立道德，這是不可能的，因爲這樣做，哪裡有堅實的基礎呢？他們說，道德就是對秩序的愛。但是，能不能夠或者應不應該把這種愛置於我對我自己的幸福的愛之上呢？我倒是希望他們給我舉出一個又明白又充實的理由，說明一個人寧願這樣做的原因。實際上，他們所謂的原則，不過是一種文字的遊戲；因爲，我也可以說，罪惡也是對秩序的愛，不過這種秩序的意義是不同罷了。哪裡有情感和智慧，哪裡就有某種道德的秩序。不同的是：好人是先衆人而後自己，而壞人則是先自己而後衆人。壞人以自己爲一切事物的圓心，而好人則要量一量他所有的半徑，守著他所有的圓周。所以，他要按共同的圓心（即上帝）來定他的地位，他要按所有的同心圓（即上帝創造的人）來定他的地位。如果上帝不存在的話，那就只有壞人才懂得道理了；至於好人，不過是一些傻瓜了。

啊，我的孩子！當你覺察到人類思想的空虛，嘗到了欲念的苦味，終於發現那光明的道路，發現那一生辛勤的代價，發現那以爲是絕無希望的幸福源泉離你是如此之近的時候，你有一天就會感覺到你放下了多麼大的一個重擔啊！按自然法則應盡的一切義務，差不多已經被人類不公正的行爲把它們從我的心中抹掉了，而現在永恆的正義又重新把它們刻在我的心中，它把這些義務加在我的身上，而且要看著我去一一地履行。我意識到我是那至高的上帝所創造的，是祂的工具；凡是幸福的事情，祂就希望，祂就去做，祂要透過我的意志和祂的意志的結合以及我自由的正確運用而創造我的幸福。我遵循祂所建立的秩序，我深深相信我有一天會喜愛這個秩序，從中找到我的幸福；因爲，還有什麼事情比感覺到自己在一個至善至美的體系中有一定的地位更幸福呢？我受到了痛苦的折磨，但是，由於我想到它轉瞬就會過去，想到它是來自我身外的一個物體，所以我耐心地忍受著。如果我在沒有見證的時候做了一個良好的行爲，我知道也是有人看見的，我把我今生的行爲看作是我來生的保證。當我遇到不公平的事情時，我對自己說，治理萬物的公正上帝會補償我所受到的損失；我身體上的需要和我生活上的貧困，使我認爲我能夠忍受死亡的來臨。這樣一來，在我臨終的時候，我要掙脫的束縛反而會少些。

我的靈魂爲什麼會受制於我的感官，被我的肉體所束縛，而受它的奴役和折磨呢？這我不知道；我是不是聽從了上帝的勸告呢？我不敢冒失地說，我只能夠小心謹慎地做一些揣測。我對自己說，如果人的精神一直是那樣的自由和純潔，那麼，當他發現這個秩序早已建立，而且即使加以擾亂也對他毫無關係的時候，他就對這個秩序表示喜愛和遵循，這能算什麼功勞呢？當然，他可以獲得幸福，但是，他的幸福還不能達到最高的程度，還缺乏道德的光輝和自我的公平見證；他至多不過是像天使那樣，然而一個有德行的人當然是比天使好得多。既然他的靈魂被一些既牢固又奇異的鎖鍊束縛於一個可以死亡的身體，因此，由於想保存身體，就勢必促使他的靈魂處處都想到他自己，使他的利益和他的靈魂所能認識和喜愛的整體秩序相矛盾；要是在這個時候，他能正確地運用他的自由，那才能算作他的功勞和報酬，如果他的自由能抵抗塵世的欲念和遵循其最初意志，那才能替他準備無窮的幸福。

即使在我們今生所處的卑賤境地中，我們固有的傾向也是正直的，而我們的罪惡都來自我們自身，所以我們怎麼能埋怨我們受到了它們的折磨呢？我們爲什麼要拿我們造成的痛苦和我們所武裝的敵人來責備上帝呢？啊！只要我們不使人流於放縱，他就不難成爲一個好人，他就可以快樂地生活，而沒有什麼良心不安的地方。凡是那些說自己是迫不得已才去犯罪的人，不僅是作了惡，而且又撒了謊。他們怎麼不明白他們所嘆息的弱點是他們自己造成的？怎麼不明白他們當初的墮落是起源於他們的意志？怎麼不明白由於他們自己願意受引誘，所以到了最後想要抵抗也抵抗不了，只好投降它們呢？毫無疑問，到了這個時候已經是不由他們不做壞人和意志薄弱的人了，可是當初他們是能夠決定自己不做壞人和意志薄弱的人的。唉！如果在我們的習慣尚未形成，在我們的精神剛剛開始活躍的時候，我們爲了使它能夠鑑別它不應該知道的事物，就使它瞭解它應該知道的事物；如果我們不是爲了炫耀於人，而是爲了按照我們的天性變成聰明和善良的人，是爲了使我們在恪盡天職的時候感到快樂，而誠懇地希望我們自己受到教育，那麼，即使在今天，我們也能多麼容易地控制我們自己和我們的欲念啊！這種教育，在我們看來也許覺得是很令人厭煩和辛苦的，因爲，當我們想受這種教育的時候，我們已經是被罪惡所敗壞，已經是受到欲念的奴役了。在我們還沒有分清善惡以前，我們就定了一個判斷和估價的標準，並且在以後就拿這個錯誤的尺度去衡量一切事物，因此對任何事物都不能給予正確的評價。

在人生中有這樣一個年齡，到了這個年齡，心雖然是自由的，但已經是迫切不安地渴望得到他尚不瞭解的幸福了，它帶著一種好奇的想法去尋求這種幸福；由於它受到感官的迷惑，最後竟使他把他的目光傾注於它的幻象，以爲是把它找到了，其實那裡並沒有他所尋求的幸福。就我的經驗來說，這種幻象是持續了很長時期的。唉！我認出它們的時候，已經是太晚了，已經不能夠把它們徹底地摧毀了；只要產生這種幻象的肉體還存在，這些幻象就一直要延續下去。不過，它們再也不能夠引誘我了，再也不能夠毀壞我了；我已經看出了它們的眞正的樣子，我雖然在追隨它們，但是在輕蔑它們；我不僅不把它們看作我幸福的目標，反而把它們看成爲達到幸福的障礙。我渴望這樣的時刻趕快到來：那時候，由於擺脫了肉體的束縛，我將成爲一個不自相衝突和分裂的「我」；那時候，我只需依靠我自己就能取得我的幸福；不久之後，我從今生就可以成爲這樣的人了，因爲現在我已經覺得一切痛苦都無足掛齒，已經覺得這個生命差不多是同我的存在沒有關係，已經覺得要取得眞正的幸福，完全取決於我自己。

爲了儘先使我能成爲這樣一種幸福、堅強和自由的人，我十分莊嚴地沈思，以磨練我自己。我對這個宇宙的秩序靜靜地思索，其目的不是爲了用虛假的學說去解釋它，而是爲了不斷地對它表示讚美，爲了對那個聰明的創造者表示崇敬，因爲祂使人覺得祂在這個宇宙中無所不在。我同祂交談，我使我所有一切的能力都浸染了祂神聖的精華，我蒙受著祂的恩惠，我感謝祂和祂的賜予；可是我並不對祂有所祈求。我對祂還有什麼要求呢？要求祂爲我去改變事物的進程，要求祂顯現有利於我的奇蹟嗎？我，既然是應當愛祂用祂的智慧所建立、用祂的力量所維繫的秩序，勝於愛一切的東西，難道說還希望祂爲了我就把這個秩序弄得一團混亂嗎？不，這種冒失的祈求應當受到懲罰而不能受到應許。我也不再向祂要求爲善的能力，我爲什麼還要向祂索取祂已經給了我的東西呢？祂不是已經給我以良心去愛善，給我以理智去認識善，給我以自由去選擇善嗎？如果我做了壞事，我是找不到任何藉口的；我只能說我做壞事，是因爲我願意做壞事。如果要求祂改變我的意志，這無異乎是要求祂去做祂要求我做的事情，無異乎是要求祂替我幹活，而我去領取工資；對我自己的命運不滿意，就等於是不想做人，就等於不要我而要其他的東西，就等於是希望秩序混亂和災禍來臨。正義和眞理的源泉，慈愛的上帝啊！由於我信賴祢，所以我心中最盼望的是祢的意志得到實現。當我把我的意志和祢的意志聯合起來的時候，我就能夠做祢所做的事情，我就能夠領受祢的善意；我深信我已經預先享受到了最大的幸福——善良行爲的獎勵。

在對我自己的正當懷疑中，我向祂要求的唯一一件事情，說得確切一點，我等待祂裁判的唯一的一件事情，就是：如果我走入了歧途，犯了一個有害於我的錯誤，我就請求祂糾正我的錯誤。爲了誠懇地做人，我不相信我是絕對沒有錯誤的；當我以爲我的看法是最正確的時候，也許我這些看法恰恰就是很荒謬的；因爲，哪一個人不硬說他的看法對呢？可是有多少人是樣樣都看得準呢？幻象雖然是來自我的本身，但它也休想陷我於錯誤，因爲，單單依靠上帝，就可以把它消除。爲了達到眞理，我能夠做的事情我都做了；不過，眞理之源是太高了，如果我沒有力量再向前行進，能怪我錯了嗎？這時候，它就應當走到我的身邊了。

那善良的牧師熱情地說完了這一番話，他很激動，我也很激動。我好像聽到了聖明的奧菲士[26]在唱他最美妙的讚歌，在教導人們要敬拜神靈。雖然我覺得可以向他提出許多相反的意見，但是我一個也沒有提，其原因並不是由於這些意見有欠穩妥，而是由於它們將令人感到迷惑，何況我內心的傾向是贊同他哩。他是本著他的良心向我述說的，因此我的良心也好像在叫我要相信他告訴我的這些話。

「你剛才向我闡述的這些見解，」我向他說道，「在我看來是很新穎的，但是，它們之所以顯得新穎，與其說是由於它們闡明了你以爲你相信的東西，倒不如說是它們表述了你承認你不知道的東西。我覺得它們講的是一神論，即自然的宗教；這種宗教，基督徒企圖把它同無神論（即不信教的主張）混爲一談，其實這兩者的宗教觀點是截然相反的。不過，就我目前的信仰程度來看，我要接受你的看法，

[26] 奧菲士，希臘神話中的詩人和音樂家，據說是阿波羅和司史詩的女神卡里奧珀的兒子；他所吟誦的詩歌能感動木石，使野獸也聽得入迷。

就必須提高而不是降低；我發現，除非我也像你這樣聰明，否則要恰好達到你現在的程度是很困難的。爲了至少要像你這樣的至誠，我想商諸我自己的心。根據你的事例來看，我應當憑我內在的情感來指導我的行爲；而你親自告訴過我，在長時期迫使它沈默不語之後，要把它招回來，那就不是一朝一夕可以辦得到的。我將把你所說的話牢記在心，加以深思。如果在深思之後，我也像你這樣深信無疑的話，你便是最後一位向我傳布宗教的使者，而我終生將做你的門徒。因此，請你繼續教導我；我應當知道的東西，你只向我講了一半。請你再向我講一講神的啓示，講一講《聖經》，講一講我從小時候起就迷惑不解的艱深教理；因爲我既不能理解它們，也不能相信它們，不知道是應該接受，還是拒絕接受。」

「好，我的孩子，」他一邊擁抱我，一邊說道，「我把我所想的東西全都告訴你，我絕不把我心裡的話只向你透露一半；不過，要我對你毫不保留，那就需要你向我表示你願意聽我。到現在爲止，我向你所講的只不過是我認爲對你有用的東西，只不過是我深深相信的東西。我往後要談到的東西，那就完全不同了；我發現它簡直是令人迷惑，神祕難解；我不能不對它表示懷疑和輕蔑。我只好懷著戰慄的心情決定講一講；我向你所講的，與其說是我的看法，不如說是我的懷疑。如果你自己有更堅定的看法，我倒要猶豫一下是不是要把我的看法告訴你；不過，就你目前的情況來說，你像我這樣思想是有好處的[26]。此外，你應當把我所講的這些話訴諸理智的判斷，因爲我不知道我是不是錯了。要一個人在發表議論的時候常常採取斷然的語氣，那是很困難的；不過，請你記住：我在這裡所斷言的，完全是我的懷

㉖ 這句話，我認為是這位善良的牧師說給大家聽的。

疑的理由。請你自己去尋找眞理，我只能說我對你完全是一片眞誠。

「你認為我所講的只是對自然宗教的信仰，然而奇怪的是，我們還需要有另外的信仰啊！我從什麼地方看出有這種需要呢？在按照上帝賦予我心靈的光明和祂啓發我內心的情感而奉承上帝的時候，我怎麼會犯什麼錯誤呢？既然有實證的教義，我是否就能夠從中推論出某些純潔的道德和對人有用、對上帝增光的教義呢？沒有這種教義，從正確運用我的能力中是推論不出什麼的。為了上帝的榮耀，為了社會的幸福和我自己的利益，請告訴我，除了完成自然法則的天職以外，還有哪些天職；同時再告訴我，一種新的信仰既然不是由於我所崇奉的宗教產生的，那麼，你從這種新的信仰中可以領會到哪些道德呢？我們對上帝深刻的觀念，完全是來自理性的。你看一看那自然的景象，聽一聽那內心的呼聲。上帝豈不是把一切都擺在我們的眼前，把一切都告訴了我們的良心，把一切都交給我們去判斷了嗎？還有什麼東西需要由人來告訴我們呢？由人來啓示，是一定會貶低上帝的，因為他們將把人的欲念說成是祂的欲念。我認為，狹隘的教義不僅不能闡明偉大的存在觀念，反而把這種觀念弄得漆黑一團；不僅不使它們高貴，反而使它們遭到毀傷；不僅給上帝蒙上了許多不可思議的神祕，而且還製造了無數荒謬的矛盾，使人變得十分驕傲、偏執和殘酷；不僅不能在世上建立安寧，反而釀成人間的燒殺。我自己雖然在自問這一切有什麼用處，但是得不到回答。我在其中看到的，儘是世人的罪惡和人類的痛苦。

「有人告訴我說，需要有一種啓示來教育世人按上帝喜歡的方式去敬拜上帝，他們拿他們所制訂的各種各樣稀奇古怪的禮拜形式來證明這一點，然而他們不明白，禮拜形式之所以千奇百怪，正是由於啓示的荒唐。只要各國人民想利用上帝說話，那麼，每一個國家的人都可以叫上帝按他們自己的方式說他們自己想說的話。如果大家都只傾聽上帝向人的內心所說的話，那麼，在這個世界上從今以後便只有一種宗教了。」

「敬拜的形式應當是一致的；這一點我很贊同，不過，這一點是不是就重要到非要借神所有的一切權能來規定不可呢？我們不能把宗教的儀式和宗教的本身混淆起來。上帝所要求的敬拜，是心中的敬拜，只要這種敬拜是至誠的，那就是一致的了。在心目中想像上帝對牧師所穿的衣服的樣子，對他說話時候的措辭，對他在祭壇上所做的姿勢，對他的各種跪拜樣子，都感到極大興趣的話，那簡直是空想得發了瘋。唉！我的朋友，即使你多麼高大就多麼筆直地站著，你和地面也是很接近的。上帝所希望的，是受到人們精神上眞實的敬仰，這是一切宗教、一切國家和一切民族都應有的一個天職。至於外表的形式，即使是爲了井然有序而應該一致的話，那也純粹是一個規矩上的問題，根本就用不著什麼啓示的。」

「我開始並不是從這些問題著手思考的。由於教育的偏見和常常使人想超出其本分的危險的自私心把我迷惑著了，不能使我微弱的思想達到那至高的存在，因此，我竭力想把祂降低到我這個地位。我企圖想縮短祂在祂的天性和我的天性之間留下的無限遠的距離。我希望和祂更直接地心靈相交，希望得到更特別的教導；由於我不願意爲了在同胞當中使自己得到特殊的恩典就把上帝看得同人一個樣子，所以我想獲得一些超自然的光；我希望獲得一種獨有的信仰，我希望上帝把祂向別人沒有講過的話都告訴我，換句話說，我希望別人不能像我這樣聽到祂的聲音。」

「由於我把我所得出的論點看作一切信神的人爲了取得更清楚的信仰而應當共同具備的出發點，因此，我從自然宗教的教義中所找到的只是整個宗教的原理。我心裡思考過這個世界上的各種教派，思考過它們互相攻擊，說對方是胡言亂語；我問：『到底是哪一個教派好呢？』每一派都回答說：『我這一個教派好，只有我和我這一派人的想法才對，其他各派都錯了。』『你怎樣知道你這一派好呢？』『因為上帝這樣說過[27]。』『誰告訴你上帝這樣說過？』『我的牧師，他知道得很清楚。我的牧師教我這樣信仰，我就這樣信仰；他向我保證說，所有一切同他的說法不一樣的人都在撒謊，所以我就不聽他們的

---

[27]「一位善良和聰明的牧師說：『所有的人都說他所擁護和信仰的教派（大家都用的是這個莫名其妙的詞）不是人的，也不是任何生物的，而是上帝的。』

「不過，要是不阿諛奉承或隱瞞真意，而是老老實實地說實話，那麼，我們可以說：沒有哪一個教派是上帝的；不管他們怎樣說，各教派都是靠人和人的手段來維持的；第一個證據是，當初宗教是以什麼方式授之於世人，現在還天天是那樣傳授於每一個人；一個民族或國家或地方都可以產生一個宗教，因此，一個人究竟信什麼教，那就要看他生長在什麼地方。早在我們還不知道我們是人以前，我們就已經受了割禮或洗禮，就已經成為猶太教徒或回教徒或基督教徒了；究竟信什麼宗教，那是不由我們挑，不由我們選的；其次一個證據是，人的生活和風俗同宗教是多麼地不相配合，而且，由於一點點人為的細小原因，一個人竟公然違反他那個宗教的教規。」（夏隆：《論智慧》第二卷，第五章，第二五七頁，波爾多版，一六〇一年。）

看來，這位孔東的有德行的神學家所作的誠懇表白，和薩瓦的牧師的表白是差不多的*。

*在夏隆以前，蒙台涅也抒發過這種思想，而且還提出了同樣的說法：「我們之所以是基督教徒，是由於我們是佩里哥廷人或日爾曼人。」蒙台涅：《論文集》，第二卷，第十二章。

話。』

「怎麼！我心裡想道：眞理不是一個嗎？難道說在我看來是眞的，而你看來竟是假的？如果走正確道路的人和陷入歧途的人所用的方法是相同的，那麼，哪一種人的功勞或過錯更多呢？他們的選擇是由於偶然的影響，把過錯推在他們身上是不公平的，這樣做，等於是對一個人之所以獎勵或懲罰，是因爲他出生在這個或那個國家。誰膽敢說上帝是這樣裁判我們的，那簡直就是在污辱他的公正。」

「要麼所有一切的宗教在上帝看來都是好的，都是祂所喜歡的，否則，如果祂預先給人類選定了一個宗教，如果人類不相信祂所選定的宗教就要受到懲罰的話，上帝就會使那個宗教具有一些鮮明而確切的標記，以便使人類能夠辨別它是唯一的眞正的宗教；因此，這些標記在任何時候或任何地方，無論是老是幼、是智是愚，是歐洲人還是印度人、非洲人或野蠻人，都同樣可以明明白白地看得出來。如果在世界上有那麼一個宗教，誰不信仰它，誰就會受到無窮的痛苦；又如果在這個世界上的某一個地方，有那樣一個誠心的人從來沒有看到過這種宗教的證據，可見這種宗教的神是最不公正的、是最殘忍的暴君。」

「因此，我們要眞心誠意地去尋求眞理，我們絕不能讓一個人因其出身而得到什麼權利，絕不能讓做父親的或做牧師的人具有任何權威，我們要把他們從小教給我們的一切東西付諸良心和理智的檢驗。他們徒然地向我吶喊：『扔掉你的理性吧！』讓騙我的人愛怎樣說就怎樣說好了，反正要我扔掉我的理性，就必須要他們說出是什麼理由。」

「透過對宇宙的觀察和正確地運用我的能力而由我自己學到的全部神學，都概括在我向你講的這一番話裡了。要想知道得更詳細，那就要借助於特殊的手段。這些手段不能是人的權威，因爲大家都同我一樣是人，一個人天生就知道的所有一切東西，我也是能夠知道的，何況別人也像我一樣會弄出錯誤哩；即使我相信他的話，其原因也不是由於那句話是他說的，而是由於他證明了他那句話是對的。因此，人的見證歸根到底也只能是我自己理性的見證，也只能是上帝爲了我去認識眞理而賦予我的自然手段。」

「眞理的使徒，我不能單獨判斷的事物有哪些是需要你告訴我的？上帝已親自說過了，請你聽祂的啓示。這是另外一回事情。上帝已經說過了！這句話的意思實在是很籠統。祂向誰說的？祂向世人說的。我爲什麼一點也沒有聽見呢？祂已經委託別人向你傳達祂的話了。我明白了：是人來向我傳達上帝的話。可是我希望聽到祂親口說出的話，這樣做，既不多花費祂的力氣，而我也可以免受別人的引誘。祂會保證你不受別人的引誘，因爲祂已經表明了祂的使者所負的使命。怎麼表明的呢？用奇蹟表明的。奇蹟在哪裡？在書裡。誰做的書？人做的。誰看見過這些奇蹟？給奇蹟作證的人。怎麼！又是人在作證！又是人來向我傳達祂人所講的話！在上帝和我之間怎麼有這樣多的人呀！讓我們隨時觀察、比較和證驗好了。啊！要是上帝不叫我受這些麻煩的話，我敬奉祂的心哪裡會這樣不虔誠呢？」

「我的朋友，你看，我談到這裡的時候，已經涉及多麼可怕的問題了；我必須具備多麼淵博的學識才能追溯那遙遠的古代，才能考察和對證一切預言、啓示、事實和傳播在世界各地的宣揚信仰的不朽著作，才能確定它們的時間、地點、作者和經過！我必須要有多麼正確的鑑別能力，才能把眞實的和假造的文獻加以區分，才能把反駁和答辯的言辭以及譯文和原文加以比較，才能判斷證人是不是公正和具有良知及智慧，才能知道其中是不是有所刪節和添加，是不是有所調換、更改和僞造，才能挑出其中的矛盾，才能判明我們向對方提出證據確鑿的事實時，他們怎樣會保持沈默，才能判明他們是不是知道我們的這些看法，才能判明他們對我們的看法是不是加以足夠的重視和願意回答，才能判明書籍是不是相當的普遍，使我們的書也爲他們所閱覽，才能判明我們是不是也好心好意地讓他們的書在我們當中流傳，讓他們完全保持他們強烈的反對意見！」

「只要承認所有這些不朽的著作是無可爭論的，跟著就要進而證實這些著作的作者確實負有上帝的使命；必須知道因果的法則和偶然的可能，才能判斷哪些預言沒有奇蹟就不能實現；必須知道原話的精神，才能辨別其中哪些是預言，哪些是辭令；必須知道哪些事實符合自然的秩序，哪些不符合自然的秩序，才能指出一個狡猾的人能夠把老實的人迷惑到什麼地步，把聰明的人驚嚇到什麼地步；必須揭示一個奇蹟的特徵和可靠的程度，其目的不僅是爲了使人相信它，而且還爲了說明誰如果懷疑，就應當受到懲罰；必須把眞的和假的奇蹟的證據加以比較，找出其可靠的規律，以便對它們加以識別；最後還必須說明上帝爲什麼好像是爲了愚弄人的信心，好像是故意不採用眞正的說服手段，才偏偏要挑選一些其本身都十分需要加以證驗的手段去證驗祂所說的話。」

「即使尊嚴的上帝是很謙卑，願意使一個人成爲傳達其神聖意志的仲介，但是，在尙未使整個人類知道哪個人配做一個仲介的時候，就硬要人們聽從祂的話，是合理的嗎？是做得恰當嗎？祂在少數幾個渾渾噩噩的人面前雖然是做了一些特殊的奇蹟，然而其祂的人對祂所做的奇蹟並未眼見，只是聽諸傳聞，所以，單單以這幾個奇蹟構成祂值得相信的證據，是不是對呢？無論在世界上的哪一個國家，如果把平民百姓和頭腦單純的人所說的他們親眼見到的奇蹟都信以爲眞，那麼，每一個教派便都是一個好教派；這樣一來，奇蹟的數目就會比天然發生的事情還多，而在一切奇蹟中爲頭一個大奇蹟也許就是：在那個國家儘管有被迫害的狂信的教徒，但始終沒有出現過任何的奇蹟。只有大自然中不可改變的秩序才能給人們指出那掌握自然的睿智的手；如果眞有許多例外情形的話，那我就不知道應該怎樣想法了；就我來說，我對上帝是太相信了，所以，要我相信那些同極不相稱的奇蹟，是不可能的。」

「假定有一個人來告訴我們說：世俗的人們啊，我現在向你們宣布至高的上帝旨意，你們要把我的話當作那派遣我來的上帝的話來聽，我要命令太陽改變它的行程，命令星星重新安排它們的位置，命令高山變成平地，命令江河的流水上升，命令地球換一個樣子。一看到這些奇蹟，誰還不馬上把他看作是自然的主宰呢？大自然是絕不聽命於騙子的，他們的奇蹟是在十字街頭、窮鄉僻壤和私室中搞出來的，只有在這些地方，他們才能騙得少數輕信的觀衆上他們的當。誰敢向我說一說需要有多少目睹的見證才足以使一個奇蹟令人信服？你的奇蹟是爲了證明你的教義而搞出來的，但如果它們本身也需要證明的話，那有什麼用處呢？反而不如不搞奇蹟的好。」

「對宣講的教義也需要加以最嚴格的考察，因爲，既然有些人說上帝在這個世界上所行的奇蹟有時候被魔鬼所模仿，所以，即使見到了經過很好的證驗奇蹟，我們也是不能因此就比從前更有所領悟；而且，既然法老❷❼的巫師甚至敢當著摩西❷❽的面做摩西奉上帝的命令而行的奇事，所以，當摩西不在的時候，他們怎麼會不以同樣的名義說他們具有同樣的權威呢？因此，用奇蹟證明了教義之後，又必須用教義來證明奇蹟㉘，以免把魔鬼的奇蹟當作上帝的奇蹟。你覺得這個兩端論法對不對呢*？」

❷❼ 法老，古代埃及帝王的稱號。

❷❽ 摩西，基督教《聖經》中的以色列人的先知和立法者。

㉘ 在《聖經》上，有很多地方都明確地談到這一點，其中如《申命記》第十三章有一段說，如果哪一個宣揚邪神的先知用奇蹟來證明他所說的話，而他所預言的事又果真發生，那麼，我們不僅不應該聽信他，而且應該把他處死。如果基督的使徒去向異教徒宣揚上帝，並且用預言和奇蹟證明他們的使命，因而遭到了異教徒的殺害，我認為，這時候要是我們依據什麼理由去反對他們，他們也馬上會拿同樣的理由來反駁我們的。在這種情況下應該怎麼辦呢？唯一的辦法是，大家又回頭來談道理而不談奇蹟。最好是，在談道理的時候根本就不提什麼奇蹟。本來是最簡單的常識，只因使用了一些非常微妙的話來講，反而使人不明白了。基督教的教義就是很微妙的！不過，如果要具備許多智慧才能懂得耶穌基督的教義，才知道要信仰上帝，那麼，耶穌就不該把天國應許給頭腦簡單的人，就不該在開始莊嚴地講道的時候，首先就祝福心智貧弱的人。如果你能提出使我信服的證明，那一切都好辦了；但是，為了要向我證明這一點，你說的話就必須要我懂得，就必須按照一個心智貧弱的人的能力來述說你的道理，否則我就不承認你是你的老師的真正門徒，就不承認你講的是他的教義。

* 這在邏輯學上稱為媒辭，通過這種媒辭可以使一個論點發生惡性循環：用一個本身就不確切的東西去證明另外一個本身也是不確切的東西，然後，再倒過來用後者去證明前者。兩端論法是懷疑論者或信從希臘哲學家皮羅的學說的人最喜歡用的論法，而且據培爾說，也是那些反對教理論者的人所使用的最令人

「這個教義既然是來自上帝，就應當具有上帝的神聖特徵；它不僅應該把人們論辯在我們心靈中留下的混亂觀念加以澄清，而且還應當給我們訂立一種崇拜的儀式，給我們樹立一種道德，給我們訂立一些合乎上帝屬性的行爲準則，因爲我們是唯一無二地通過這些屬性去想像他的本質。所以，如果這種教義告訴我們的儘是一些荒謬而不合道理的東西，如果它使我們對同胞產生惡感，對我們本身產生恐怖，如果它給我們描繪的上帝是那樣的憤怒、妒忌、動不動就要報復，而且又是那樣的不公正，那樣的憎惡人類，那樣的好戰好鬥，時刻準備著要毀滅和摧殘人類，時刻在那裡說要給人以折磨和痛苦，時刻在那裡誇口他對天眞無辜的人也要進行懲罰，那麼，我的心是絕不會去親近那樣一個可怕的上帝的，我自己是絕不拋棄自然宗教而去皈依那種宗教的，因爲，正如你所知道的，我們不能不有所選擇。我將對那個教派的人說：『你們的上帝不是我的上帝。』無論哪一個上帝，要是祂單單只挑選一個民族而排斥其他的人類的話，祂就不是人類共同的父親；要是祂使最多數的人注定要遭受永恆的痛苦，祂就不是我的理性所告訴我的慈悲和善良的神。」

「理性告訴我說，教義應當是講得十分的明白和暢曉，應當以它們的眞實而打動人心。如果說自然宗教還有缺陷的話，那就是它採用了晦澀的語言向我們講述偉大的眞理。當它利用啓示給我們指示眞理的時候，它應當採取人的心靈可以明白的方式，它應當使眞理能夠爲人所瞭解，使他對它們加以思考，從而深深地相信它們。因爲，信念之所以堅定不移，正是由於經過了理解；一切宗教中最好的宗教一定

難以應付的論法。

是最為明白的；對我宣揚宗教的人要是使宗教帶上矛盾和神秘的色彩，反而使我對那個宗教發生懷疑。我所敬拜的上帝，不是一個黑暗的上帝；祂既然給我以理解的能力，便絕不會禁止我利用這種能力；因此，誰要我拋棄我的理智，誰就是在侮辱創造理智的神。眞理的傳播者不僅不壓制我的理智，反而會啓發我的理智。」

「我們已經拋棄了所有一切人的權威，沒有這種權威，一個人要拿不合道理的教義向另外一個人去傳布，是怎麼也不會把那個人說得信服的。我們且讓這兩個人爭吵一會兒，聽一聽他們在雙方都習以為常的粗暴語言中說些什麼。」

「通神意的人：『理性告訴你說整體比部分大，可是我代表上帝告訴你，是部分比整體大。』」

「推理的人：『你是什麼人，竟敢向我說上帝是自相矛盾的？我到底是相信哪一個好，是相信那通過理智來教我以永恆眞理的上帝，還是相信借祂的名義向我發表謬論的你？』」

「通神意的人：『相信我，因為我得到的諭言比較確實；我將千眞萬確地向你證明是祂派我來的。』」

「推理的人：『怎麼！你要向我證明是上帝派你來反駁祂自己？你能拿出什麼樣的證據使我確實相信上帝是通過你的嘴而不是通過祂賦予我的理解力向我講話的？』」

「通神意的人：『祂給你的理解力！渺小而狂妄的人呀！你好像是一個大不虔敬的人，已經被罪惡所敗壞的理智引入歧途了！』」

「推理的人：『上帝派來的人呀，你也不過是一個大惡棍，把自己的傲慢說成是你的使命的證據。』」

「通神意的人：『怎麼！哲學家也罵人啦！』

「推理的人：『有時候也罵的，因爲聖人已經作出了罵人的榜樣。』」

「通神意的人：『啊！我，我有罵人的權利，我是代表上帝說話的。』」

「推理的人：『在利用你的特權以前，最好是先把你的憑證拿出來看一看。』」

「通神意的人：『我的憑證是眞眞實實的，天地都可替我作證的。現在，請你仔細地聽一聽我的論證。』」

「推理的人：『你的論證！你的話是沒有通過思想的。你說我的理性欺騙了我，這豈不是等於否定它可以幫你說話嗎？誰不願意服從理性，誰就不應該利用理性來說服他人。因爲，假使在論證的過程中，你說服了我，我怎麼知道我之所以接受你向我說的話，不是由於我那個被罪惡敗壞的理性叫我相信的呢？再說，你所提出的證據，你所闡述的道理，哪一個是比它們企圖加以駁斥的不言自明的道理更清楚呢？要是部分大於整體這個說法是可以相信的話，那麼，我們也可以認爲精確的三段論法是一片謊言了。』」

「通神意的人：『那是有很大的區別的！我的證據是無可辯駁的；它們是超自然的。』」

「推理的人：『超自然！這是什麼意思？我不懂。』」

「通神意的人：『它的意思是指自然的秩序中的變化、預言、奇蹟和各種各樣的奇事。』」

「推理的人：『奇事！奇蹟！這些東西我從來沒有見過。』」

「通神意的人：『其他的人替你看見過了，證人多得很……各國人民都可作證……』」

「推理的人：『各國人民的見證是不是超自然的呢？』」

「通神意的人：『不是；不過，既然大家都異口同聲地這樣說，所以也就是不可爭辯的了。』」

「推理的人：『除了理性的原理以外，其他再也沒有什麼東西是不可爭辯的，在人們所作的見證上，是不容許有一點含糊的。再說一次，我們要看一看超自然的證據，因爲人類的見證並不是超自然的。』」

「通神意的人：『啊，你這狠心的人，聖恩是不會向你說話的。』」

「推理的人：『這不是我的過錯；因爲，照你的話說，一個人必須在已經獲得聖恩之後才能要求聖恩。現在既然沒有得到聖恩，就請你給我講一講吧。』」

「通神意的人：『唉！我正在講著，可是你不聽。你對預言有什麼看法？』」

「推理的人：『我認爲，首先，正如我沒有看見過什麼奇蹟一樣，我也沒有聽到過什麼預言。其次，任何預言都休想叫我聽信它。』」

「通神意的人：『魔鬼的僕人！爲什麼預言不能叫你相信它？』」

「推理的人：『因爲，要我相信它，它就必須具備三個條件，而這三個條件是不可能配合在一起的。這三個條件是：要使我親自聽到預言；要使我親自見到事情的經過；要給我證明這件事情絕不是同預言偶然符合的；因爲，即使預言比幾何學的定理還精確和明白，但是，既然隨隨便便作出來的一個預言有實現的可能，則它即使實現，嚴格說來也不能證明那個事情就是作預言的人所預言的。」

「『所以你現在可以看出，你所謂的超自然的證據、奇蹟和預言是怎樣一回事情了。這完全是因爲他人相信那些東西，你自己就相信那些東西，這完全是使人的權威凌駕於那啓發我的理性的上帝的權威之上。如果我心靈中所懷抱的永恆的眞理能容許任何損壞的話，那就再也沒有什麼東西是我可以相信的了；我不僅不相信你是代表上帝向我說話，而且甚至還不敢肯定祂是不是存在。』」

「我的孩子，你看，困難眞是夠多的，而且這還不是全部的困難咧。在許多互相取締和互相排斥的各種宗教中，只有一種宗教是正確的，如果其中確有一種宗教是正確的話。爲了找到這種正確的宗教，只對其中的一種宗教進行研究，那是不夠的，必須把所有一切的宗教都拿來研究一番；而且，不論什麼問題，我們沒有弄清楚，就不應該說別人是錯了[29]，必須把反對的意見和證據加以比較，必須瞭解一方對他方進行的攻擊，以及他們對攻擊有什麼反應。我們愈是覺得一種說法說得很對，我們就愈是應該研究爲什麼有那樣多的人不能發現它是對的。如果認爲僅僅聽一方的學者的意見就能夠瞭解對方的論點，那就想得太簡單了。哪一個神學家敢說他是誠實的？哪一個人不是採取削弱對方的手段來進

㉙ 普盧塔克說，斯多噶學派的人有一種不同於其他各種怪論的論調，他們認為，在判斷互相矛盾的爭論的時候，是無須聽取雙方意見的，其原因，據他們說，或者是由於甲方已經證明了他們的說法，或者是由於他們沒有證明他們的說法；如果他們已經證明了，那事情就算是全部清楚了，就應該譴責對方了；如果他們沒有證明，那他們就算是錯了，就應該服輸。我認為，所有那些只承認一種啓示的人所採用的方法，和斯多噶學派的人所採用的方法是很相像的。當每一方都自稱只有他們所說的話才是有道理的時候，為了要在他們中間進行選擇，就必須聽取所有各方的論點，否則就是不公平的。

行辯駁的？每一個人在自己這一派的人當中都是很出色的，不過，在自己一派的人當中雖然是議論風生，洋洋得意，但要是他把同樣的話拿到對方去說，那就會大出其醜。你如果從書本上去瞭解，那你要具備多大的學問！要學會多少種語言！要翻查多少典籍！要讀多少書呀！誰來指導我進行選擇呢？在一個國家裡，要想找到對方的好書，那是很困難的，至於要找到所有各派的好書，那就更加困難了，而且，即使找到了，也馬上有人說它們不值一讀的。不用心的人總是會弄錯，所以，只要你用自信的口吻陳述壞道理，而以輕蔑的口吻陳述好道理，也可以輕而易舉地把好道理一筆抹掉。此外，再沒有什麼東西比書籍更欺騙人的，再沒有什麼東西比它們更不忠實地表達作者的情感。如果你想根據博胥埃[29]的著作去瞭解天主教的信念，那麼，你在我們當中生活一段時間之後，你就會發現你這種想法是大錯而特錯。正如你所看到的，他用來反駁新教徒的那種教義，根本就不是他向一般人所講的那種教義，博胥埃所寫的書和他在講壇上所講的道理是大不相同的。*為了要正確地判斷一種宗教，便不應當去研究那個宗教的教徒所寫的著作，而應當到他們當中去實地瞭解，從書本上研究和實地去瞭解是有很大的區別的。每一種宗教都有它自己的傳統、意識、習慣和成見，這些東西就是它信仰的精神，必須把它們聯繫起來，才能對那種宗教進行判斷。

㉙ 博胥埃（一六二七—一七〇四），法國神學作家，天主教反動勢力和專制政體的思想家。

* 這裡所說的博胥埃的著作是《天主教教義解說》，這本書曾再版二十餘次，在歐洲各國都有譯本。最好的版本是勒克神父於一七六一年印行的十二開本，其中附有弗勒里神父的注釋和拉丁文譯文。

「有多少偉大的民族既不刊印也不閱讀我們的書啊！他們怎能判斷我們的看法呢？我們又怎能判斷他們的看法呢？我們嘲笑他們，而他們也輕蔑我們[†]；如果我們的旅行家把他們作爲笑料，他們的旅行家只需到我們這裡來走一趟，也會把我們作爲笑料的。哪一個國家沒有爲了傳布宗教而力求瞭解宗教的賢明的人、忠厚誠實的人、眞理的朋友呢？然而，每一個人都是按自己的信仰去認識宗教的，認爲其他各國所信的宗教都很荒謬；外國的宗教並不像我們所想像的那樣怪誕；換句話說，我們在我們的宗教中聽到的道理也是不足爲信的。」

「在歐洲我們有三種主要的宗教。其中的一種宗教只承認一種唯一的啓示，而另一種宗教則承認兩種啓示，第三種宗教則承認三種啓示。每一種宗教都在那裡憎惡和咒罵另外兩種宗教，指責它們盲從、狠毒、頑固和虛僞。任何一個公正不偏的人，如果不首先衡量一下它們的證據，不聽一聽它們的道理，敢對它們進行判斷嗎？只承認一種啓示的那種宗教，是最古老的，而且似乎是最可靠的；而承認三種啓示的宗教，是最新的，而且似乎是最始終一致的；至於那承認兩種啓示而否認第三種啓示的宗教，也許是最好的宗教，不過，它當然是具有種種否定其自身成見的，所以一眼就可看出它前後是矛盾的。」

「在三種啓示中，所有的經書都是用信教的人所不認識的文字寫的。猶太人不懂希伯來文，基督徒不懂希伯來文和希臘文，土耳其人和波斯人都不懂阿拉伯文，而現今的阿拉伯人自己也不說穆罕默德所

---

† 在其他版本作：「……他們也輕蔑我們：他們不明白我們所講的道理，而我們也不明白他們的道理，如果……」

說的那種話了。用大家根本就不懂得的語言去教育人，這豈不是一個很笨的教法！有人也許會說：『這些書都已經翻譯出來了。』回答得眞好！不過，誰能保證這些書的譯文都是很忠實的，誰能保證它們完全可以忠實於原文？既然上帝肯同世人說話，祂爲什麼要人來替祂翻譯呢？」

「我絕不相信一個人所必須知道的東西，經書上全都有了，我也不相信一個人由於看不懂經書或者找不到懂得經書的人，就會因爲這樣一種並非出自本心的無知而受到處罰。說來說去還是書！眞是成書癖了！我之所以這樣反覆地談到經書，是因爲歐洲到處是經書充斥，是因爲歐洲人在把經書看作是不可缺少的東西的時候，沒有料到在這個世界的四分之三的土地上還有人壓根兒沒有看見過經書哩。所有的書不都是人做的嗎？一個人爲什麼要在讀過經書之後才能懂得他的天職呢？在沒有經書以前，大家又是憑什麼辦法知道他的天職的呢？要麼，由他自己去領悟他的天職，否則就讓他不知道好了。」

「我們的天主教徒在大談其教會的權威；但是，正如其他的教派必須羅列多少證據才能直接地證實它們的教義，天主教徒也必須同樣地羅列多少證據才能證實他們具有這種權威，所以，這樣地鬧嚷一陣有什麼用處呢？教會斷定教會有作決定的權利。這豈不是一個打不破的權威！深入一步，你就會明白我們討論的全部問題了。」

「你可知道有許多基督教徒在煞費苦心地仔細研究猶太教在哪些事情上對他們提出非難嗎？如果有人對猶太教所非難的事情略有所知的話，那也是從基督教徒的著作中知道的。好一個瞭解他們對方的論點的辦法啊！不過，怎樣辦呢？如果有人敢在我們這裡印行一些公開替猶太教辯護的書[†]，我們就要懲罰書籍的作者、出版者和發售的書店。爲了要始終說自己是對的，就得採取這個既簡便又可靠的辦法。要反駁不敢說話的人，那是很容易的[30]。」

「在我們中間可以和猶太人進行交談的人也不可能獲得更多的瞭解。可憐的猶太人知道他們的命運是操在我們手裡的；在我們施行的暴政之下，他們已經變得很膽怯；他們知道基督教雖然是講慈善，但不因此就不做出不公平和殘酷的行爲；他們既然怕我們指摘他們褻瀆神明，還敢說什麼話呢？貪心給了我們以激情，而他們由於沒有過錯，反而很富有。最有學問和最有見識的人總是很謹慎的。你可以使某一個窮苦的人背棄他的宗教，拿錢收買他去詆毀他的宗教，你可以叫幾個拾破爛的人出來講一番話，他們將爲了討好你而對你屈服；你可以利用他們的無知和怯懦而制服他們，而他們的學者也會悄悄地譏笑你們的無能。但是，在他們覺得安全的地方，你們以爲也可以這麼容易地對付他們嗎？在巴黎神學院，一提到救世主的預示，就顯然是指耶穌基督。但是，在阿姆斯特丹的猶太的法學博士們中間，一提到救世主的預示，就同耶穌基督毫無關係了。我認爲，只有在猶太人有了一個自由的國家，有了經院和學

---

† 在其他版本作：「……印行一些斷定和詳細論證耶穌基督並不是救世主的書……」

㉚ 在我們這裡大家都知道千百個這樣的事實，所以對這一點就無須解釋了。在十六世紀，天主教的神學家把猶太人的所有書籍都不分青紅皀白地一概燒掉，有名的學者羅伊希林在別人同他商談這件事情的時候，僅僅是因為他說他主張把其中不是非難基督教的和不是討論宗教問題的書加以保留，就招來幾乎使他丟掉性命的危險。

校，可以在其中毫無顧慮地進行論辯的時候，我們才可以正確地瞭解猶太人的論點。只有在這種時候，我們才能知道他們有些什麼話要說。」

「在君士坦丁堡，土耳其人可以述說他們的觀點，可是我們則不敢述說我們的觀點；在那裡，就輪到我們向人家甘拜下風了。我們強迫猶太人遵奉他們不十分相信的耶穌基督，如果土耳其人也學我們的榜樣，強迫我們遵奉我們根本就不相信的穆罕默德，我們能不能說土耳其人做得不對？能不能說我們做得有理？我們按什麼公平的原則來解決這個問題呢？」

「在人類中，有三分之二的人既不是猶太教徒，也不是回教徒或基督教徒；有千千萬萬的人從來就沒有聽說過摩西、耶穌基督和穆罕默德！有些人否認這個事實，他們說：『我們的傳教士走遍了世界的各個地方。』這說得很好。不過，傳教士可曾深入到我們迄今還不十分瞭解而且還從來沒有一個歐洲人去過的非洲腹地？在遠離海岸的韃靼的遊牧民族，到現在還沒有同外國人接觸過，他們不僅沒有聽說過教皇，甚至還不曉得什麼叫大喇嘛，請問我們的傳教士可曾騎著馬去尋找過他們？傳教士們是否走遍了遼闊的美洲大陸，那裡有好幾個民族的人還一點都不知道另一個世界的人已經來到了他們那個世界？在日本，我們的傳教士曾經因爲自己的行爲而永遠遭到驅逐，他們的先驅被當地好幾代的人都當作是表面上熱心腸而實際是想悄悄篡奪那個帝國的狡猾陰謀家，請問我們的傳教士現在還到不到那個國家去？傳教士們可曾走進亞洲各國國王的王宮，向成千上萬的奴隸宣揚福音？那個地區的婦女究竟是什麼原因始終不能聽到任何一個傳教士向她們講道？她們會不會因爲與世隔離而全都進入地獄？」

「如果福音眞是傳遍了全世界，那又有什麼好處呢？在頭一個傳教士到達一個國家的前夕，肯定有一個人聽不到他講的福音就死去。請你告訴我，我們對這個人怎樣辦？在這個世界上，只要有那樣一個人，傳教士未向他宣講耶穌基督，那麼，單是因這個人而造成的缺陷，其嚴重的程度是如同未向四分之一的人類宣講一樣的。」

「當傳教士向遠方的民族宣講基督福音的時候，他們所說的話有哪些是可以單憑他們的言辭而不需要確鑿的證明就能爲那些民族所接受？你向我宣稱兩千年前在世界上極其遙遠的地方，有一個神在我不知道叫什麼地名的小城裡降生和死亡；你告訴我說，凡是不相信這個神祕事情的人都將受到懲罰。這些事情是相當的奇怪，所以不可能叫我僅僅憑一個我不認識的人的權威馬上就相信的！既然你那位上帝一定要我知道那些事情，他爲什麼要使那些事情發生在一個離我很遠的地方呢？難道說一個人因爲不知道對蹠地上發生的事情就算是犯了罪嗎？我怎能猜想另外一個半球上有一個希伯來民族和耶路撒冷城呢？這等於是硬要我知道月球上發生的事情。你說，你來告訴我，但是你爲什麼不來告訴我的父親呢？你爲什麼要因爲這個善良的老人不知道這些事情就說他有罪呢？他，這樣一個極其忠厚、極其仁慈、一心追求眞理的人，應不應該因爲你懶於告訴他而永受懲罰呢？請你公正地替我想一想，我應不應該單單憑你的見證就相信你所說的那些毫不足信的事情，就認爲許多不公正的事情同你向我宣講的公正的上帝旨意是一致的。請你讓我去看一看那出現了許多在此地聞所未聞奇蹟的遙遠國度，*請你讓我去瞭解一下耶

* 在其他版本作：「……讓我去看一看聖母在那裡坐褥、神在那裡誕生、飲食、受苦和死亡的奇異地方；讓我去瞭解一下……」

路撒冷的居民爲什麼會把上帝當成一個強盜來處置。你也許會說他們不知道祂就是上帝。那麼，我，只從你的口中才聽說過上帝，又怎麼辨呢？你也許接著就會說，他們已經受到懲罰，已經被趕得四分五散，已經受到壓迫和奴役，而且，他們當中從此就沒有任何一個人再走到那個城市了。當然，他們是罪有應得，不過，今天的耶路撒冷的居民對他們的先輩釘死耶穌這件事情抱怎樣的看法呢？他們否認這件事情，而且不把上帝當作上帝來看。他們同原先居民的子孫是一個樣子。」

「怎麼！上帝是死在那個城裡的，但是就連那個城裡過去和現在的居民都不認識祂，而你竟要我，兩千年以後才出生在相隔兩千英哩遠的人，能夠認識上帝！你未必不知道，這本書你雖然視爲神聖，但我是一點也不懂得，所以，在我對它表示信仰以前，我應當從別人而不從你口裡弄清楚它是什麼時候和哪一個人做的，它是怎樣留傳下來和怎樣達到你手中的；我應當弄清楚，那個地方的人雖然也像你這樣十分瞭解你給我講的這一番道理，但爲什麼會把這本書棄如敝屣呢？你要知道，我必須到歐洲、亞洲和巴勒斯坦去親自考察一下，除非我是瘋子，否則，在沒有考察以前，我是不會聽信你所講的話。」

「我覺得，這些話不僅是很有道理，而且我認爲，所有一切明智的人在這種情況下都要這樣說的，都要把傳教士遠遠地趕開，要是他們在沒有證實他們的證據以前就急於想教訓他和給他施行洗禮的話。

這一段不同的文字以及我們在第四四〇頁上所見到的不同文字，都曾見於手稿，不過後來由作者把它們刪掉，而代之以現在這種新的說法和一八〇一年以前的版本上的說法。

我認爲，沒有哪一個啓示是不能用以上或類似的道理像駁斥基督教教義那樣加以有力駁斥的*。由此可見，如果眞正的宗教只有一種，如果所有的人都應該信奉這種宗教，否則就注定要遭受苦難的話，那麼，大家就需要以畢生的時間把所有一切的宗教都加以深入的研究和比較，就需要遊歷信奉各種宗教的國家。沒有哪一個人可以不盡他做人的首要職責，沒有哪一個人有依賴別人判斷的權利。所以，無論是以手藝餬口的工匠，還是不識字的農民、羞澀嬌弱的少女或幾乎連床都不能下的病人，都應該一無例外地進行研究、思考、辯論和周遊天下，這樣一來，就再也沒有什麼人能安然定居了，在全世界處處都可見到朝聖的香客，不惜巨大的用費和長途跋涉的勞苦，去親自比較和考察各個地方所信奉的宗教了。因此，就再也沒有什麼人去從事各種手工、藝術、人文科學和社會職業了；除了研究宗教以外，就再也沒有什麼東西可研究的；一個人即使是身強力壯、寸陰必爭、善於運用理智和活到最高的壽數，到了晚年也很難知道他到底是信哪一種宗教才好；要是在臨死以前，他能夠明白他這一生應該信什麼宗教的話，那就算很有收穫了。」

「如果你縮手縮腳地使用這個方法，讓人的權威有一點可乘之機，那你馬上就會一切聽命於它的。如果說一個基督徒的兒子不經過一番公正無私和深入細緻的考察就信奉他父親所信奉的宗教，是做得對，那麼，爲什麼一個土耳其人的兒子信奉他父親所信奉的宗教就做得不對呢†？我敢斷言，所有一切

---

* 「或類似的」這幾個字在手稿或日內瓦版以前的各種版本中都是沒有的。

† 在其他版本作：「……信奉他父親所信奉的宗教就做得不對呢？有許多人在羅馬是很好的天主教徒，然

不容異教的人對這個問題都不能夠作出可以使一個明理的人感到滿意的回答。」

「有一種人雖然被這些問題問得無言回答，但他們也寧可使上帝成爲不公正的上帝，寧可讓天眞無辜的人爲他們父親的罪惡而受到懲罰，也不願意放棄他們的野蠻教義。另外一種人的辦法是：見到任何一個極其愚昧然而還過著很好道德生活的人就好心好意地派一個天使去教導他。想出這樣一個天使來，這個辦法眞好！他們拿他們異想天開的東西來愚弄我們還覺得不夠，還要使上帝感到祂自己也需要使用他們發明的東西。」

「所以，我的孩子，你看，當每一個人都自以爲是，都認爲只有他說得對而別人都說得不對的時候，驕傲和不容異說的做法將導致多麼荒唐的事情。我以我所崇拜和向你宣揚和平的上帝爲證：我進行探討的時候完全是誠懇的，而當我發現我這番探討將永遠得不到什麼成果，發現我掉入一個無邊無際海洋的時候，我馬上就回過頭來，依舊按我原始的觀念保留我的信仰。我絕不相信：我不成爲那樣博學的人，上帝就要罰我入地獄。因此，我把所有一切的書都合起來。只有一本書是打開在大家眼前的，那就是自然的書。正是在這本宏偉的著作中，我學會了怎樣崇奉它的作者。

任何一個人都找不到什麼藉口不讀這本書，因爲它向大家講的是人人都懂得的語言。要是我出生在一個荒島上，要是我除我以外就沒有看見過其他的人，要是我一點也不知道古時候在世界的一個角落裡

而這些人要是生在麥加的話，也同樣可以成為很好的回教徒！反過來說，有許多誠實的人在亞洲是很好的土耳其人，他們要是在我們這裡的話，也是可以成為很好的基督徒的！」

所發生的事情，那麼，只要我能運用和培養我的理性，只要我好好地使用上帝賦予我的固有本能，我就可以自己學會怎樣認識上帝，怎樣愛上帝和愛上帝創造的事物，怎樣追求祂所希望的善，怎樣履行我在地上的天職才能使祂感到歡喜。難道說人們的學問對我的教益比它對我的教益還大嗎？」

「談到啓示，如果我是一個高明的推理家或有學問的人，我也許能意識到它的眞理，意識到它對那些幸而能理解它的人的用處；不過，雖說我看到了一些我無法反駁的論證它的證據，但另一方面我也看到了一些我無法解決的否定它的疑難。在論證和否定兩方面都各有許多充分的理由，以至使我無所適從，因此，我決定：我既不接受啓示，也不否認啓示。只有一點我是要否認的，那就是有些人所說的人有相信啓示的義務，因爲，這個所謂的義務和上帝的公正是不相容的，而且，不僅不能排除阻止我們得救的障礙，反而使那些障礙成倍地增加，使它們變成了絕大多數人不能克服的難關。我在這個問題上將始終保持一種敬而疑之的態度。我不敢自認爲是沒有錯的，所以，其他的人要相信我不相信的東西，那就讓他們相信好了；我是爲我自己而不是爲他們推演這些道理的，我不責怪他們也不模仿他們：他們的判斷也許比我的判斷更正確，不過，如果說我的判斷和他們的判斷不一致的話，那也不能怪我。」

「我還要坦率地告訴你：《聖經》是那樣的莊嚴，眞使我感到驚奇；《福音書》是那樣的神聖，簡直是說服了我的心†。你看哲學家的書儘管是這樣的洋洋大觀，但同這本書比較起來，就太藐小了！

† 在其他版本作：「我還要坦率地告訴你：《福音書》是那樣的神聖，簡直是說服了我的心，如果對它巧言答辯的話，我一定會感到後悔的。你看哲學家的書……」

像這樣一本既莊嚴又樸實的書，是人寫得出來的嗎？書中的故事所敘述的人，哪能是一個凡人？書中的語氣像不像一個狂信者或野心勃勃的鬧宗派的人的語氣？他的心地是多麼溫柔和純潔！他的教訓是多麼循循善誘！他的行爲的準則是多麼高尚！他的話說得多麼深刻！他的回答是多麼敏捷、多麼巧妙和多麼中肯！他對他的欲念是多麼有節制！哪裡有這樣一個人，哪個聖者在自己做事、受苦和死亡的時候能夠這樣毫不怯弱和毫不矜誇？當柏拉圖描繪他心目中所想像的一生雖蒙受罪惡的種種羞辱，但確實理應享受美德獎勵的好人時[31]，他所描繪的人和耶穌基督是一模一樣的，其間的相似之處是那樣的明顯，以至所有的神父都可以感覺出來，都不會弄錯*。一個人要多麼有成見和多麼糊塗†才敢同索福隆尼斯克[30]的兒子和瑪麗[31]的兒子相比呢？他們之間的差別是多麼大呀！蘇格拉底在死的時候沒有遭遇痛苦，沒有蒙受羞辱，因此可以很容易地一直到最後都能保持他的人品。要不是因爲他死得從容而使他一生受到

---

[31]《理想國》，第一卷。

* 這裡是總括柏拉圖所著《理想國》前兩卷的對話而說他們「相似」的。尤其是他通過他的對方所說的那一段話，最能說明這一點。至於這裡所說的神父，主要指聖・朱斯汀及其著作《原辯》和亞歷山大的聖・克雷芒特及其著作《斯特羅瑪塔》。

† 在其他版本作：「一個人要多麼糊塗或多麼邪惡才敢……」

[30] 索福隆尼斯克，希臘哲學家蘇格拉底的父親。

[31] 瑪麗，耶穌的母親。

尊敬，我們大可認爲蘇格拉底雖然是那樣的睿智，但終究是一個詭辯家。有些人說他創立了道德，其實，在他之前已經有人把道德付諸實踐了；他只不過是把人家所做的事情加以敘述，把他們的榜樣拿來教育人罷了。在蘇格拉底還沒有闡明什麼叫『公正』以前，亞里斯泰提爲人已經是很公正了；在蘇格拉底還沒有說愛國家是人的天職以前，勒奧尼達斯㉜已經是爲他的國家而犧牲了；在蘇格拉底對做事謹嚴表示讚揚以前，斯巴達人已經是做事很謹嚴了；在蘇格拉底還沒有下『道德』的定義以前，在希臘已經是有許多德行素著的人了。但是，耶穌在他同時代的人中間，到哪裡去找只有他才教導過和以身作則地實行過的這樣高尚純潔的道德呢㉜？在最瘋狂的行爲中，我們聽到了最智慧的聲音，坦白的英勇道德行爲使人類中最卑賤的人蒙受了榮光。蘇格拉底在死的時候還能安詳地同朋友們談論哲學，所以他這種死法是最輕鬆的；至於耶穌，他臨死的時候還在刑罰中呻吟，受盡了一個民族的侮辱、嘲笑和咒罵，所以他的死是最可怕的。蘇格拉底拿著那杯毒酒的時候，向那個流著眼淚把酒杯遞給他的人表示祝福；而耶穌在萬分痛苦中還爲屠殺他的殘酷劊子手祈禱。不錯，如果說蘇格拉底的一生是聖人的一生，他的死是聖人的死，那麼，耶穌的一生便是神的一生，他的死便是神的死。我們能不能說《福音書》裡的故事是

㉜ 勒奧尼達斯（西元前四九〇—前四八〇年在位），斯巴達國王，親率斯巴達三百戰士扼守賽莫庇勒，抵抗波斯軍隊，終至戰死。

㉜ 他自己在登山訓衆時，把摩西的道德和他的道德做了一個對比；參見《馬太福音》，第五章，第二十一節以下。

爲了消遣而虛構的呢？我的朋友，不是爲了消遣而虛構的；蘇格拉底的事蹟雖然大家都不懷疑，但不如耶穌的事蹟那樣確鑿。其實，要迴避難題就不能解決其中的疑難；說這本書是由幾個人合起來†編造的，比說這本書是以一個人的事蹟爲其主題，更令人難以相信。猶太的著述家從來沒有用過這樣的語氣和寓意，而《福音書》中的那些眞實的人物是這樣的偉大，這樣的吸引人和這樣的無法仿效，以致撰述這些人物的作者比書中的主人翁還令人驚異*。『儘管這樣，在《福音書》中還是有許多的事情不可相信，還是有許多的事情違背理性，是一切明智的人不能想像和不能接受的。遇到這種種矛盾，你怎麼辦呢？』我的孩子，你始終要虛懷若谷；對你既不能理解又不能否認的東西，你要默默地尊重；對那唯一知道眞理的偉大上帝，你要謙卑。」

「我所持的這些懷疑都不是故意的，不過這些懷疑並不使我感到痛苦，其原因是一則由於它們不涉及實踐中的重大問題，再則由於我是十分堅持我應盡天職的原則。我要心地坦然地敬奉上帝，我要竭力尋求在我的行爲中必須知道的東西。至於說到教義，由於它們既不能影響人的行爲和道德，而且還使

---

† 在其他版本作：「……是由四個人合起來……」在這一句話的後面有這樣一個注釋：「我希望不要多算人數，因為四本《福音書》所說的只是耶穌基督的一生，而我們對祂的一生是保存有許多文字記載的。」

* 盧梭在一七六九年致德・某某先生的一封信裡又談到他對耶穌和蘇格拉底所做的比較，他一方面並不認為那位希伯來的智者有什麼神聖的特徵和超自然的使命，另一方面又對這位希臘的智者表示了一番反對的意見；關於前者的言行，他還提出了一些嶄新的看法。參見《盧梭全集》第四卷，書簡部分。

許多人深受折磨，所以我對它們是一點心思都不花的。我把各種宗教都同樣看作是有益的制度，它們在每一個國家中制定了一種公衆一致採用的敬拜上帝的方法，它們在每一個國家的風土、政治、人民的天才或其他因時因地使大家喜歡這種宗教而不喜歡那種宗教的地方原因中找到了它們存在的理由。只要大家在那些宗教中適當地敬奉上帝，我便認爲它們都是好宗教。眞正的崇拜是心的崇拜。只要是眞心誠意地崇拜，則不論崇拜的形式怎樣，上帝都是不會拒絕的。當我信奉的宗教叫我服務教會的時候，我就盡可能準確地克盡教會給我的職責，如果在某一件事情上我明知故犯地不盡我的職責，我的良心就會譴責我。正如你所知道的，我的教職被停止了一個很長的時期之後，通過德・默拉勒德先生的力量，我才重新獲得教會的許可，擔當牧師，以維持生活。以前，我做彌撒的時候是很馬虎的，因爲，即使是最嚴肅的事情，只要做的時間太多了，就會逐漸逐漸地草率了事的。然而，自從我明白了這些新的原理以後，我就畢恭畢敬地做彌撒了：我深深地思念至高上帝的威嚴，思念祂的存在，思念人類心靈的貧弱，對它的創造者是那樣的無知。當我想到我要按一定的方式把人們的祈禱帶給祂的時候，我便仔仔細細地做禮拜，我十分留心地誦讀經文；我全神貫注，即使是一個字或一段儀式也不遺漏；當我接近貢獻聖體的時刻，我便聚精會神地按照教會和莊嚴的聖禮所要求的種種步驟去奉獻神靈；面對著那至高的智慧，我竭力消除我的理性；我對自己說：『你是什麼人，竟想衡量那無限的權能？』我恭恭敬敬地念誦聖禮的贊辭，我衷心相信，只要我心懷至誠，它們就會產生它們的效果。不管這不可思議的奧秘結果怎樣，我都不怕在末日審判的時候會因爲我在心中褻瀆過它而受到懲罰。」

「儘管我的職位最低，但是，既然以這種聖職爲榮耀，則一切使我不配擔當這崇高職責的事情，我都不做，我都不說。我要向世人諄諄宣講道德，我要時時勉勵他們爲善；如果可能的話，我要儘量地以身作則。能不能使他們覺得宗教可愛，不決定於我；能不能使他們對眞正有用和人人都必須相信的教義具備堅定的信念，也不決定於我；不過，爲了使上帝喜悅，我將永遠不向他們傳布不容異教的殘酷教義，我將永遠不使他們憎惡鄰人，不使他們對其他的人說：『你要受到懲罰；』不教他們說：『不入教會，就永不得救[33]！』如果我的職位更高一點，我不這樣做就會給我招來一些麻煩；不過，我的職位是太低了，所以沒有什麼可擔心害怕的，我的職位再降也不會降得比現在低。不論發生了什麼事情，我是絕不侮慢公正的上帝，絕不譭謗聖靈的。」

「我很久以來就抱有掌管一個教區的志願，而現在我還是抱有這種志願，不過我沒有得到這種職位的希望罷了。我的朋友，我再也找不到比做教區牧師更美的事情了。正如一個好的官吏是正義的使者一樣，一個好的牧師就是慈愛的使者。一個教區牧師不會做什麼壞事，如果他不能親自動手去做好事，他懇求別人去做，也是可以做到的，只要他知道怎樣贏得人家的尊敬，他就會常常達到他的目的的。唉！在我們這個山區裡，只要我能掌管一個貧窮的教區，服務於善良的人，我就很高興了，因爲我覺

㉝一個人有信奉和喜愛他那個國家的宗教的義務，然而不能因此就連不容異教這種同善良道德相背馳的教義也一定要他相信。正是這個可怕的教義，才使人類彼此以兵戎相見，使大家都成為人類的敵人。說政治上的容忍和神學上的容忍有所區別，那是無聊的，也是沒有用的。這兩種容忍是不可分開的，不能承認這種容忍而不承認那種容忍。不這樣的話，即使是天使也是不能夠同人類和平相處的，因為他們認為人類是上帝的敵人。

得，我可以為我教區中的人創造幸福。我並不使他們個個都成為富人，然而我要和他們一塊兒過窮苦的生活，我要替他們消除比窮困更難忍受的污辱和輕蔑。我要使他們熱愛和氣與平等，因為有了這兩樣東西就可以驅逐災禍，就可以在災禍來臨的時候能夠加以忍受。只要他們發現了我雖然並不比他們富裕，然而我對我的生活感到很滿足，這時候，他們就懂得要以他們的命運安慰自己，要像我一樣滿足於自己的生活。在我講道的時候，我將少講教會的精神而多講《福音書》的精神，因為《福音書》中的教義不僅簡單，寓意高尚，而且談到宗教行為的時候少，談到慈善行為的時候多。在教導他們應當做什麼事情以前，我要盡我的力量一再做那件事情，以便讓他們看見我心裡是怎樣想，我就向他們怎樣說。如果在附近或我的教區中有新教徒，我在基督徒的慈善事業方面，對他們也跟對我本教區的教徒一樣，一視同仁。我將教他們平等地互相親愛，教他們彼此看作是弟兄，教他們尊重一切宗教，教他們在各自的宗教中安寧地生活。我認為，勾引一個人離開他生來所屬的宗教，無異是勾引他去做壞事，因此也無異是我自己在做壞事。在期待更無限光明的時候，我們要保守公共秩序；我們在所有的國家中都要尊重法律，不能擾亂法律規定的崇拜形式；我們絕不能叫那個國家的公民不服從它的法律，因為我們一方面不知道，叫他們拋棄自己的見解而採納別人的見解，對他們是不是有好處，而另一方面，我們又十分確切地知道，不服從法律是一件很壞的事情。」

「我的年輕朋友，我方才已經把上帝在我心中鑑察到的信仰自白向你照樣地講過一遍了。你是頭一個聽我做這番自白的人，也許，你也可能是唯一能聽到我這樣自我表白的人。只要在人類中還留存著一點點誠篤的信仰，就不要去擾亂那些寧靜的靈魂，就不要拿一些疑難的問題去動搖頭腦單純的人的信念，因爲那些疑難不僅他們不能解決，而且反使他們感到不安，不能從中受到啓發。但是，一旦一切都動搖起來的時候，我們就應該犧牲樹枝以保存樹幹。所有一切像你這樣疑慮不安、快要泯滅的良心，都要加以激勵，使它們煥發起來；爲了在永恆的眞理基礎上奠定人們的良心，就必須把它們迄今還以爲是可以依賴的支柱通通拔掉。」

「就你現在的年齡來說，你正處在最關緊要的時期，因爲這時候，你的心靈最容易接受眞理，你的心正在形成一定的形態和性格，你可以決定你一生是向善還是向惡。往後，心靈就僵硬了，就打不上新的印痕了。年輕人啊，在你還十分柔和的心靈上要打上眞理的烙印。如果我對我自己的看法有更大把握的話，我對你說話就會採用斷然的語氣；但我是一個既無知又容易犯錯誤的人，所以，我有什麼辦法呢？我已經毫無保留地把我的心都打開給你看了，我把我認爲確實可靠的事情都照實告訴你了：我有懷疑的地方，我就告訴你說我有懷疑；我有我自己看法的地方，我就告訴你說我有我自己的看法；我也告訴了你我懷疑和相信的理由。現在要由你去判斷了，你花了許多工夫，這種愼重的做法是很明智的，而且使我也對你有所好評。首先，你要使你的良心有接受啓發的願望。你對你自己要十分眞誠。在我的看法中，你信服的就接受下來，其餘的就拋掉好了。你還沒有被惡習敗壞到這樣的地步，還不至於選擇邪惡。我建議我們之間進行一番商榷，不過，一討論起來，就往往會心情激動，就會摻雜浮誇和固執的成分，就不能開誠相見。我的朋友，我們別爭論了，因爲我們是不能夠以爭論來啓發自己和啓發別人的。拿我來說，我是經過了好幾年的深思熟慮之後才採取這些看法的，我堅持我的看法，我的良心是很安寧的，我的心是很滿意的。如果我要對我的看法重新進行一次考察的話，我也不會在考察的時候再產生更純潔的對眞理的愛；我的心靈已不如從前那樣活躍，再也不能那樣認識眞理了。將來，我也一定要保持我現在這個樣子，以免對沈思的愛好變成一種無益的思欲，不能促使我去履行我的職責，同時，也免得使我再陷入我當初那種絕對的懷疑，沒有力量解脫它。我的一生已經過去一半多了；今後我必須充分利用我的後半生，我必須以我的德行彌補我的過失。如果我做錯了，那也不是出自我的本心。洞察我內心深處的人都知道我並不喜歡我自己的那樣愚鈍。由於我不能以我自己的智慧擺脫這種愚鈍的狀態，唯一的辦法就是過誠實的生活；上帝既然能夠叫石頭給亞伯拉罕生子孫，那麼，一個人只要配享光明，他就有希望光明的權利。」

「如果我這些看法能夠使你像我這樣思想，如果我的情感能夠成爲你的情感，如果我們都能表白同樣的信念，那麼，我就向你提供這樣一個忠告：不要使你的生命屈從於窮困和失望的念頭，不要屈辱地把你的生命交給外人擺布，從今不吃那令人發嘔的施捨麵包。回到你的故鄉，再信奉你的祖先所信奉的宗教，誠心誠意地信奉它，再也不要脫離，因爲它是非常的樸實和神聖；我相信，在舉世所有的宗教中，只有它的道德最純潔，它的教理最能自圓其說。至於路費，你不必擔憂，我會給你的。也不要害怕這樣不體面地回去是可恥的，做了錯事當然是可羞，然而彌補過錯，那就沒有什麼可羞的了。像你這樣的年齡，一切都是可以原諒的，不過以後就再也不能那樣冒失地造成罪惡的行爲了。只要你願意傾聽你的良心，即使有千百重虛幻的障礙，也阻擋不住它的聲音的。你將感覺到，像我們這樣懷疑，寧願信奉其他的宗教而不信我們生來就隸屬的宗教，那才是一種不可原諒的冒失行爲，是一種虛僞的行爲，口頭上說信那種宗教，而實際上又不忠實地照那種宗教的話去做。如果你自甘墮落，你就會剝奪你自己在最高的審判面前受到寬恕的巨大權利。難道你不知道祂能原諒我們在別人的教唆之下誤入歧途，而不能原諒我們自己存心選擇錯誤的道路嗎？」

「我的孩子，你要使你的靈魂時時刻刻都希望有一個上帝，而且對祂不要抱絲毫的懷疑。此外，不管你最後的決定怎樣，你都要記住：眞正的宗教義務是不受人類制度影響的，眞正的心就是神靈眞正的殿堂，不管你在哪一個國家和哪一個教派，都要以愛上帝勝於愛一切和愛鄰人如同愛自己作爲法律的總綱；任何宗教都不能免除道德的天職，只有道德的天職才是眞正的要旨；在這些天職中，爲首的一個是內心的崇拜；沒有信念，就沒有眞正的美德。」

「你要躱避那些藉口解釋自然而散布敗壞人心學說的人，他們在表面上作出懷疑的樣子，其實他們比他們的對方還武斷一百倍，雖然他們的對方在語氣上顯得很肯定。他們自高自大地說只有他們才見多識廣和心地眞誠，因此就可以不由分說地要我們聽信他們那些尖酸刻薄的話，要我們把他們空想的不可理解的學說作爲事物的眞正原理。此外，由於他們把人類所尊重的一切東西都加以破壞和踐踏，因此也就使受壓迫的人們失去了他們苦難中的最後安慰，使豪強和富有的人失去了克制他們欲念的唯一羈絆；他們不僅從內心的深處消除了對罪惡的悔恨和對德行的希望，而且還自誇他們是人類的救星。他們說，眞理對人是絕對沒有什麼害處的。這一點，我也像他們一樣地相信，而且，我認爲，這正是一個很大的證據，說明他們所講的不是眞理[34]。」

㉞ 雙方都互相攻擊，再三再四地進行詭辯，所以要把他們的那些詭辯全都列舉出來，實在是一件又艱巨又

「可愛的年輕人，你爲人要眞誠而不驕傲，要懂得如何保持你渾厚的天眞，這樣，你才不會欺騙你

冒失的事情；只好在見到它們的時候，提出幾個來談談就夠了。在哲學家這方面，最常用的詭辯之一就是：把假想為好哲學家的民族和假想為壞基督徒的民族對立起來；是不是陶冶有真正的哲學家的民族比陶冶有真正的基督徒的民族更容易呢？我不知道在個人當中是不是找好的哲學家比找好基督徒更容易，但是我知道，既然是民族問題，就需要假定有些民族在沒有宗教的時候濫用哲學，正如我們這些民族在沒有哲學的時候就濫用宗教；這樣一來，我覺得，問題就大大地改變了。

培爾已經很清楚地證明宗教的狂熱比無神論是更有害的，這一點確實是無可懷疑的，不過，他還小心翼翼地保留了一個同樣真實的情況沒有說出來，那就是：宗教的狂信儘管是容易導致血腥和殘酷的行為，但不失為一種強烈的熱情，它能鼓舞人心，使人把死亡不看在眼裡，賦予人以巨大的動力，只要好好地加以引導，就能產生種種崇高的德行；反之，不相信宗教，以及一般的好辯的哲學風氣，卻在斫喪人的生命，使人的心靈變得十分脆弱，把所有的熱情都傾注於低級的個人利益和卑賤的自身，一點一點地敗壞整個社會的真正基礎；因為個人利益一致的地方是這樣的稀少，所以不能同它們互相衝突的利益保持平衡。

無神論之所以不造成流血的行為，並不是由於愛好和平，而是由於對善漠不關心；因為，只要那些自認為睿智的人能夠安靜地待在他們的書齋裡，則無論發生了什麼事情，都同他們沒有關係。無神論的論點雖然不導致人和人的互相殺戮，但可以妨礙人的繁殖，因為它們破壞了使人類繁衍的風尚，離間了人和人的關係，把他們的一切愛都化為既嚴重地危害人類也嚴重地損害道德的秘密的利己之心。哲學家的漠不關心的態度，同專制制度統治下的國家的寧靜是相像的，那是死亡的寧靜，它甚至比戰爭的破壞性還大。

因此，宗教的狂信儘管在直接的後果方面比我們今天所謂的哲學風氣更有危害，但在最後的後果方面，

自己或欺騙別人。萬一你的才識使你能夠向他人述說你的見解，你就應當始終按照你的良心去說，而不

其危害卻少得多。在書上列舉一些好聽的訓條是很容易的，但問題在於要知道那些訓條是不是符合他們的學說，是不是從學說中必然產生的，迄今還弄不清楚的，正是這個問題。此外，還需要知道，哲學家舒舒服服地坐在寶座上的時候，是不是能夠克制人的虛榮、利欲、野心和無聊的欲念，他們是不是實際做到了他們舞文弄墨地向我們大事吹噓的美妙的人道行為。

從理論上說，哲學給人類造成的好處，沒有一樣是宗教不能夠更好地造成的；反之，在宗教給人類造成的好處中，有許多好處就是哲學所不能造成的。

從實踐上說，那是另外一回事情了；不過，這還需要加以研究。一個人即使相信一種宗教，但他還是不能事事都聽從他那種宗教的話。一個事實是：大多數人幾乎是不信教的，而且根本就不照他們所信奉宗教的話去做；另外一個更確切的事實是：畢竟有一部分人是信宗教的，他們至少是部分地照那種宗教的話去做的。無可懷疑的是，有一些宗教的動機往往可以阻止他們去做壞事，促使他們具備美好的道德和作出值得稱讚的行為，然而，要是沒有這些動機的話，在他們身上也許就見不到這些道德和行為了。

要是一個教士否認一筆存款的話，這除了表明把錢交給他的人是一個傻瓜以外，還能表明什麼呢？如果帕斯卡也這樣否認的話，那恰恰證明帕斯卡是一個虛偽的人，而且沒有什麼比這更虛偽的。可他還是一個教士呢！……以宗教為職業的人是不是真的相信宗教呢？在教士當中發生的種種罪惡，也如同他人的罪惡一樣，不能證明宗教是沒有用處的，而只能證明真正相信宗教的人是太少了。

我們當代的各國政府之所以權力比較牢固，遭遇革命的次數比較少，毫無疑問是應當歸功於基督教的；基督教已經使各國政府沒有那樣好殺了，我們把現今的政府同古代的政府一比，就可以看出這個事實。要是把宗教的狂信這一點暫時放下不談的話，我們可以說，這人人熟知的宗教已經使基督徒的作風比較溫和了。這種改變，不是文化的結果，因為，在文化燦爛的地方，人道並沒有受到更大的尊重，這一

要計較是不是會受到人家的稱讚。知識的濫用將產生懷疑。有學問的人都是看不起卑俗看法的，他們每

點，根據雅典人、埃及人、羅馬皇帝以及中國人的殘酷行為，就可以得到證明。有多少慈善的事業是因《福音書》的教導而做的啊！對信仰的表白絲毫沒有使天主教徒表示贖償他們的過失和表示謝罪啊！在我們當中，許多人在領受聖餐的時候並未棄怨修好和捐助貧窮！希伯來人的五十年節日怎麼未能使掠奪者少些貪婪！它也未能防止許多不幸事情的發生！摩西律法中所貫穿的友愛精神團結了整個民族，在他們當中看不到一個乞丐。在土耳其有無數虔誠的宗教團體，所以在土耳其人當中也是看不到乞丐的：由於宗教的教義，他們即使對宗教的敵人也是很慷慨的。

據沙丹說：「回教徒認為，經過全人類大復活之後的考驗以後，所有的人都要通過那跨越永恆火焰的『報塞』橋；他們說，這座橋可以稱為第三個和最後一個考驗，可以稱為真正最後的審判，因為，正是在這座橋上，好人和壞人才能分開……」

沙丹接著又說：「波斯人是很迷信這座橋的，當一個人遭受了一樁在任何時候和用任何辦法都無法昭雪的委屈時，他最後的安慰就是這樣一句話：『好吧！憑活神為證』在最後審判的那一天，你要加倍賠償我的；你不先賠我的損失，你就無法通過報塞橋，我要拉著你的衣襟，抱著你的兩腿不放你走。』我曾經看見過許多顯要的人物和各種行業的人，因為怕他們在通過這座可怕的橋的時候向他們這樣喊叫，便請求那些對他們有怨言的人寬恕他們；這種情形，我自己就遇到無數次。有一些身分很高的人曾經再三強求硬要我做我不願意做的事情，但過了一些時候，當他們認為我的怨氣已經消失，便來對我說：『我請求你，把這件事情看作是合乎情理。』有些人甚至還送我禮物和為我效勞，以便我能夠原諒他們，對他們說我是心甘情願地做的；他們之所以這樣做，不是為了別的，只是因為他們相信，不對那些曾受他們壓迫的人毫釐不爽地償清債務，他們就不能通過那座地獄的橋。」（第七卷，十二開本，第五十頁[33]）

我想，既然認為這座橋能夠昭雪許多人的冤屈，難道就不能拿這個觀念來預防罪惡的發生嗎？如果從波

一個人都各持己見。正如盲目的信仰導致宗教的狂信一樣，驕傲的哲學將導致傲慢的心理。要避免這樣的極端，要堅持眞理的道路，也就是說，要堅持在你單純的心裡看來是眞理的道路，不要讓你因爲虛榮和軟弱而離開這條道路。在哲學家當中要敢於承認上帝，在不容異己的人當中要敢於宣揚人道。也許，你是孤立的，但是在你自己的心裡有一個見證，有了它，就可以無須要人的見證。不管他們是愛你或是恨你，不管他們是研究你的著作或是輕視你的著作，都沒有什麼關係。你要說眞實的話，做正當的事；對人來說，重要的事情是要履行他在地上的天職；正是在忘記自己的時候，爲自己做的事情才最多。我的孩子，利己之心使我們受到迷惑，只有正義的希望才不會使我們誤入歧途。」

我之所以把這篇東西抄寫在這裡，其目的並不是以它作爲一種尺度來衡量我們在宗教問題上應該採取怎樣的看法，而是以它作爲例子，說明我們向學生講解的時候應當抱什麼態度，才不脫離我力圖採取的方法。只要我們不屈從於人的權威，不屈從於我們所生長的那個國家的偏見，在自然的狀態中，單單憑理智的光輝就能使我們不超出於自然宗教；而我要向我的愛彌兒講解的，也就是以自然宗教爲限。如

斯人的頭腦中消除了這個觀念，叫他們相信根本就沒有報塞橋或類似的東西替受壓迫的人在強暴的人死後報他們的仇，那麼，強暴的人就會變不在乎，不去安慰那些受苦難的人，這一點，難道還不明白嗎？所以，雖然不能說這個教理是真理，但說它是有害的，那就不對了。哲學家，你那些道德的法則的確是很漂亮，不過，請你告訴我，它得到了誰的承認。你別那樣轉彎抹角地，請直截了當地告訴我，你用什麼東西來代替報塞橋。

㉝疑指沙丹所著《波斯和東印度旅行記》。

果他要相信另外的宗教，我就沒有權利去指導他了，因此，要由他自己去選擇了。

我們和自然的工作是相配合的，當它培養人的體格的時候，我們就致力於培養人的精神；不過，我們的進度是不一樣的，當身體已經長得非常健壯有力，靈魂還是十分的嫩弱，不管人的辦法有多麼好，體質的發育總是走在理智的前面。到目前為止，我們的注意力都集中在遏制後者而刺激前者，以便盡可能使這個人始終是一致的。在發展他天性的時候，我們要減緩他感情的成長，要採取培養理性的辦法去控制它。理智的對象減弱了感覺對象的印象。在追溯事物原理的過程中，我們要使他擺脫感官的支配，從而就易於使他從研究自然進而去尋求自然的創造者。

當我們達到這種境地的時候，我們就能找到控制我們學生的新手段，就能找到說得他心悅誠服的新方法！只有在這個時候，他才能在沒有旁人的監督和法規的強迫下，眞心實意地做好人和做好事，才能在上帝和他自己看來都為人公正，才能即使犧牲生命也要履行他的天職，才能把美德牢記在心；他這樣做，不僅是為了愛秩序，每個人都總是寧可愛自己，而且是為了愛他的創造者；這種愛同自愛相結合，就可以使他在享受了今生的幸福之後，最終獲得那良心的安寧和對至高的存在的沈思，允許他來生享受永恆的幸福。不這樣，我認為人間就會都是不義、虛僞和狂妄的行為，因為，競爭的結果，必然是個人的利益勝過一切，促使每一個人給罪惡蒙上美德的外衣。讓其他的人為我的幸福而犧牲他們的幸福，讓一切都歸我一個人，如果必要的話，讓整個的人類都在窮困和苦難的境地中餓死，以免我有片刻的痛苦和饑餓，一切推理而不信上帝的人心眼裡所想的就是如此。是的，我這一生都要堅持我這樣的看法，那就是：凡是在心裡說沒有上帝而口頭上又說有上帝的人，不是騙子就是瘋子。

讀者諸君，也許我這番氣力都是白費的，我覺得，你們和我是不會拿同樣的眼光去看我的愛彌兒的，你們以爲他和你們的學生是相似的，也是那樣的愚蠢、輕佻和浮躁，整日地花天酒地，玩了這個又玩那個，對任何事情都沒有恆心。你們看見我要把一個正處在一生之中如花似錦年歲的既熱情活潑又性情剛強的青年造成一個耽於沈思的人，造成一個哲學家和眞正的神學家，就覺得好笑。你們也許會說：「這位夢想家成天在那裡胡思亂想，他既然要用他的方法去教育學生，所以他不只是在培養學生，而且是在創造學生，從他的腦子裡創造一個學生；他老以爲他是按照自然的法子去教的，其實是愈教愈不符合自然。」可是我，當我把我的學生同你們的學生加以比較的時候，我很難發現他們當中有什麼共同之處。由於培養的方法這樣不同，所以，要是他們在某些地方是相像的話，那才是一個奇蹟呢！由於愛彌兒的童年是在你們的學生要到青年時期才能享受的自由中度過的，所以他到青年時期才開始遵守你們的學生在童年時期就已經遵守的那些規矩；這些規矩變成了你們的學生的桎梏，他們很恨它們，認爲它們完全是老師之所以能一貫暴戾的原因；他們認爲，只有擺脫這種束縛以後，才能脫離兒童的境地[35]；他們要想辦法彌補他們在你的長期管束之下所受到的損失，正如一個囚徒解脫了鎖鍊之後，要伸一伸腰，活動一下他的四肢。同你的學生相反，愛彌兒以他自己成爲一個大人和服從日益成長的理智的

---

[35] 沒有哪一個人是像剛剛脫離童年生活的人那樣輕蔑童年的，這種情形，正如在那些不平等現象並不十分嚴重的國家反而比任何一個國家都更講究等級；在這樣的國家裡，每一個人都害怕和低於自己的人混在一起。

約束而感到光彩；他的身體已經發育起來，不再需要那樣多的運動，而且可以開始控制自己了，這時候，他的心靈正處在半成熟的階段，竭力要尋求迅速的發展。因此，在你的學生看來，到了有理智的年齡正好大肆放蕩，而在愛彌兒看來，恰恰在這個時候應該發揮理智的作用。

你們想知道，是你的學生還是他在這方面更符合自然的秩序呢？那就請你們研究一下離開自然秩序較遠的人和離開自然秩序較近的人有什麼區別。你們觀察一下農村的青年，看他們是不是也像你們的青年那樣性情乖張。勒博先生說：「我們發現野蠻人在童年時期都是十分活潑，成天不斷地做各種各樣運動身體的遊戲，但是，一到他們剛剛長成爲少年的時候，他們就變得很安靜，很愛幻想，他們做遊戲的時候，也盡做很費勁的或者是有點危險的遊戲。」[36]愛彌兒是在農村兒童和野蠻人所享受的那種自由中撫養起來的，因此，當他一天天長大的時候，也就有他們那樣的變化和舉止。所不同的是，他的活動不只是爲了玩或爲了生活，他在工作和玩的過程中還學會了運用思想。既然他已經通過這條道路達到了這個階段，他現在就隨時可以走上我向他指定的道路。我叫他思考的那些問題之所以引起了他的好奇心，是因爲那些問題本身就是很有意思的，對他來說是很新鮮的，而且也是他的能力可以理解的。反之，你們的孩子由於已經被你們那些枯燥的功課、囉唆的教訓和無止無休的問答弄得極其厭膩和疲憊，因而心情也變得十分憂鬱，在這種情況下，他們怎能不拒絕把他們的心思用去思考你們壓在他們身上的那一堆

㊱ 高等法院律師勒博先生奇遇記，第二卷，第七十頁。[34]

[34] 疑指勒博所著《加拿大遊記》一書。

教條，怎能不拒絕把他們的心思用去思考他們的創造者，何況你們還把他們的創造者說成是他們的歡樂的敵人呢？他們一想到這些就感到厭惡和煩惱，強制的做法已經使他們變得很頹喪。當他們今後開始安排自己生活的時候，應該怎樣辦呢？他們需要有新的東西才感到高興，他們不再聽你們對兒童們講的那種語言。對我的學生來說也是這樣：當他成為大人的時候，我對他說話就要像對一個大人說話的樣子，而且說的儘是一些新鮮的事物；恰恰是你們的學生感到厭膩的事物，他覺得很合他的口味。

延緩天性的發展以裨益理性，從而就可以使他取得雙倍的時間。但是，我事實上是不是延緩了天性的發展呢？一點也沒有，我只不過是不讓想像力去加速它的發展罷了。我用另外一種教育去平衡年輕人在其他地方接受的過早教育。當我們的習俗潮流把他沖走的時候，我便用其他的辦法把他拉向相反的方向，這樣，就不僅不使他脫離原來的位置，而且還使他牢牢地保持在那裡。

自然的眞正時刻終究是要到來的，它是一定要到來的。既然人要死亡，他就應當進行繁殖，以便使人類得以延續，使世界的秩序得以保持。當你通過我所講的那些徵兆而預料到這緊要關頭就要到來的時候，你馬上就要放棄你過去的口吻。他仍然是你的學生，但他已不再是你的小學生了。他是你的朋友，他是一個成人，你從今以後就應當這樣看待他了。

怎麼！當我最需要權威的時候，反而要我放棄我的權威嗎？在成年人最不知道怎樣做人和可能陷入最嚴重錯誤的時候，竟要我讓他自己管自己的事嗎？當我最需要對他行使我的權利的時候，難道要我放棄我的權利嗎？你的權利！誰說要你放棄呢？只不過在目前它們才開始為他所承認罷了。迄今為止，你的權利都是通過暴力或詭計得來的；他根本就不懂得什麼叫權威和義務的法則，因此，必須對他進行強制或欺騙，才能使他服從你。可是你看，你現在使用了多少新的鎖鍊去束縛他的心啊！理智、友誼、對人的感激之情和深厚的愛都在向他述說，它們的聲音是不能不爲他所理解的。惡習還沒有使他敗壞到對這些聲音竟充耳不聞，因爲他在目前還只是感到自然的欲念。第一個自然的欲念，即自愛，使他把自己交給你去管教，他的習慣也在促使他願意聽命於你。如果一時的迷醉使他脫離了你，懺悔的心又馬上會把他帶回到你的身邊；他對你依依不捨的情誼才是唯一永久不變的感情，其他一切的欲念都是轉瞬即過，互相抵消的。你不讓他變壞，他便終將乖乖地聽從你的；只有在他已經變壞的時候，他才開始反抗的。

我敢斷言，如果你對他日益旺盛的欲念進行直接的干涉，糊裡糊塗地把他目前所感到新的需要看作罪惡，你還要他永久聽從你的話，那是不可能的；只要你不遵循我的辦法，我就不能向你擔保今後的結果。你始終要想到的是：你是大自然的使者，而不是它的敵人。

那麼，應該怎樣辦呢？在我看來，要麼就讓他的傾向滋長，否則就加以壓制；要麼就實行專制的辦法，否則就放任不管；這兩個辦法都有極其危險的後果，所以不能不在選擇的時候有所猶豫。

第一個解決這個困難的辦法是趕快讓他結婚，這個辦法用起來當然是最可靠又最自然，然而我懷疑它究竟是不是最好的辦法，是不是最有用的辦法。我將在後面闡述我的理由，此刻，我同意青年人到了結婚的年齡就應該結婚。但是，他們結婚的年齡總是太提前了，其原因是由於我們使他們早熟，我們應當使結婚的年齡延遲到他們發育成熟的時候。

如果說問題只是聽任他們的傾向發展，那還好辦；不過，在自然的權利和社會的法律之間存在著這樣多的矛盾，以至要調和它們，就必須不斷地躲開矛盾和繞過矛盾，必須採用很多巧妙的辦法才能防止一個生活在社會中的人變得十分虛僞。

根據上述理由，我認爲，採用我所說的方法和其他類似的方法，我們就至少可以使青年人在二十歲以前不至於產生這種欲念，從而保持其官能的純潔。的確，在日爾曼人當中，一個青年人要是在二十歲以前喪失了童貞的話，就會受到人們的羞辱；所以，著述家有理由認爲日爾曼人之所以體質健壯和子女衆多，正是由於他們在青年時期是很節欲的。

我們甚至還可以把這個時期加以延長，幾個世紀以前，甚至在法國這也是最普通不過的事情。在大家都熟知的許多事例中，且以蒙台涅的父親爲例來說明一下：他這個人爲人之謹嚴和誠實，一如他的身體之長得強壯而有力氣；他在義大利戰爭中服過長期的兵役之後，還發誓要到三十三歲的時候方才以童貞的身分結婚。我們在他兒子的著作中可以看到，他在年過六旬的時候還保持著多麼充沛的精力和快樂的心情。當然，反對我的人也許會硬說這是由於我們的風俗和成見使然，而不是由於一般人的經驗。

現在，我且不談我們青年時代的經驗，因爲這種經驗對沒有經歷過它的人來說，是無法說明什麼問題的。既然大自然沒有規定過不能提前或延遲的嚴格期限，我便可以在不超越自然法則的條件下，假定愛彌兒由於我的教育而一直到這個時候都還保持著他那種最初的天眞，但是我發現這種快樂的時期不久即將結束了。由於他周圍都是一天比一天危險的陷阱，所以，不管我怎樣努力，他一有機會就要逃避我的管束，而這樣的機會不久就會到來的；他將依著他感官的盲目本能行事，而他能倖免失足的希望是千分之一。我對人類的道德做過極其深刻的考慮，所以不能不看到這開頭的一剎那間將對他的一生產生不可磨滅的影響。如果我假裝沒有看見，他就會鑽我這個缺點的空子；在他以爲是瞞過了我，因此就會把我不放在眼裡，而我也就成了一個促使他墮落的人。如果我想挽救他，那已爲時太晚了，他已經不再聽我的話了；他將把我看成一個討厭的眼中釘，巴不得趕快把我拔掉。這時候，我只有一個合理的辦法，那就是使他對他自己的行爲負責，同時保護他不至於不知不覺間犯下過失，給他明明白白地指出他周圍的危險。在此以前，我是利用他的無知去約束他，而現在，就要通過他的智慧才能管住他了。

所有這些新的教育內容是很重要的，所以值得我們再從頭來談一談。現在，可以說是到了我應該向他交代一下我的工作的時候了，我應該向他說明他的光陰和我的光陰是怎樣利用的，向他說明他是怎樣一個人和我是怎樣一個人，說明我做了一些什麼事情和他做了一些什麼事情，說明我們彼此之間互相的義務，說明他所有一切的倫理關係、他所承諾的一切信約和人們同他訂立的信約，說明他的官能發展已經到了什麼程度，說明他必須走什麼樣的道路，說明他在那條道路上將要遇到的困難和克服的方法，說明我在哪些事情上還可以對他進行幫助，哪些事情是他今後可以自己依靠自己去辦的；最後，還要說明他現在正處在緊要的關頭，說明他周圍有哪些他以前沒有遇到過的新危險，說明他在聽任他日益滋長的欲望支配以前，爲什麼應該對自己保持警惕的種種理由。

你要知道，在教育成年人的時候，所採取的方法要和教育兒童的方法完全相反。你千萬不要猶豫，而應當把你這樣小心翼翼地隱瞞了如此之久的危險的神秘事情告訴他。既然他最後一定要知道這些事情，那就不能讓他從別人那裡知道，也不能讓他自行知道，而只能從你這裡知道；既然他今後不能不進行鬥爭，那麼，爲了使他不至於遭到突然的襲擊，就應當使他瞭解他的敵人。

我們發現有不少年輕人對這些事情知道得很詳細，但我們不知道他們怎麼會瞭解得這樣多，而他們能知道這些事情，也不是沒有吃過一番苦頭的。不聰明的教育方法既不能達到良好的目的，而且還要使接受這種教育的人的想像力受到敗壞，使他們易於沾染施行這種教育的人的惡習。不僅如此，家中的僕人還要在這方面迎合一個孩子的心，取得他的信任，從而使他把他的老師看作一個心情憂鬱的可厭的人；而且，他們私下談話的時候還要詆毀他，把他作爲閒談的話題。當學生到了這種地步的時候，老師就可引退了，他已經沒有什麼辦法可想了。

但是，孩子爲什麼要選擇一些特殊信賴的人呢？其原因往往是由於管教他的人對他實行了專制的辦法。如果沒有什麼不得不隱瞞的事情，他爲什麼要對管教他的人躲躲閃閃呢？如果他沒有什麼可抱怨的事情，他爲什麼要對他們滿腹牢騷呢？他們自然而然地是他最初的知心人，我們根據他向他們談心裡話時的那種殷切樣子就可以看出，直到他把他的想法告訴他們的時候，他還認爲他對這些事情是一知半解的。可以肯定的是：如果孩子沒有顧慮，不害怕受到你的教訓和斥責，他是一定會把他的思想全盤告訴你的，誰也不敢叫他向你隱瞞，因爲大家都知道他是不會向你隱瞞任何事情的。

我之所以這樣信賴我的教育方法，是因爲只要我盡可能嚴格地遵循這個方法，我就不會遇到什麼事情使我在我的學生的一生中留下不愉快的印象。即使在他大發脾氣、怒不可遏的時候，即使在他反抗這隻阻擋他的手，想掙脫和逃避我的管束的時候，我在他那激動和盛怒的樣子中，仍然看到他還保持著他原來的天眞；他的心和他的身體是一樣的純潔，既不懂得什麼叫惡習，也不懂得什麼叫虛僞；他不害怕別人的非難和諷刺，他從來不膽小如鼠，作出躲躲閃閃的樣子。他保持著一顆白璧無瑕的坦率的心，他天眞爛漫，無所猜疑，他甚至還不知道騙人有什麼用處。我們從他的嘴上或眼睛中就可以看出他心靈的每時每刻的活動，而且，往往在他自己還沒有覺察他心中的情感以前，我早就看出他有什麼情感了。

只要他還繼續向我這樣坦率地以心相見，樂於把他心中的想法告訴我，我就沒有什麼可擔憂的，眼前就沒有什麼危險；但是，如果他變得比往常靦腆，比往常拘謹，如果我在他的談話中第一次見到羞羞澀澀的慌亂神情，可見他的本能就已經是發展出來了，其中已經是含有邪惡的觀念，我已經是到了刻不容緩的時候了；這時候，如果我不趕快告訴他，他就要不顧我的管束，自己去弄個明白。

有些讀者即使同意我的說法，也會這樣想：在這種事情上，只要隨隨便便同這個青年談一次話，問題就全部解決了。啊！要管住一個人的心，才不能採取這種辦法咧！如果你不選好說話的時機，你說了也是白說的。在播種以前，應該先把土地鋤好；道德的種子是很難生長的，必須要有長時間的準備，才能使它生根；說教之所以最沒有用處，其原因之一就是它是普遍地向所有一切的人說的，既沒有區別，也沒有選擇。聽衆在稟賦、思想、性情、年齡、性別、職業和見解上既然是這樣千差萬別，我們怎能認爲同一個說教對他們全都是適合的呢？也許，你說給大家聽的話，要適合於兩個人都是辦不到的；我們所有的一切情感都是這樣不穩定，以致在每一個人的一生中要找出兩個時刻對他所聽的同一個說教產生同樣的印象，也是不可能的。你可以判斷一下，當火熱的感官擾亂了你的理智和壓抑著你的意志的時候，你還有沒有心思去聽那嚴肅的智慧教訓。所以，除非你已經使他處於明白事理的境地，否則，即使年輕人達到了有理智的年齡，你也不要同他談什麼理智。大多數教訓之所以等於白說，其原因是由於老師的過錯而不是由於學生的過錯。冬烘先生和教師所說的話都是差不多的；不過，前者是漫無目的地信口而說的，而後者則是在確有收效把握的時候才說的。

正如一個夢遊病者一樣，當他昏昏沈沈地在一個深淵的邊緣上徘徊的時候，如果突然一下把他叫醒的話，他就會掉到那個深淵中去的；我的愛彌兒就是這個樣子，他在天眞無邪的睡夢中反而能逃脫他看不見的危險，如果我突然叫醒他，他就會失足掉下去的。我們首先要使他離開那個深淵，然後才喚醒他，遠遠地把那個深淵指給他看。

讀書、孤獨、懶散、坐著不動的生活、與婦女和青年的交往，所有這些，都是他在這個年齡所要通過的危險路徑，它們不斷地把他引到危險的邊緣。我利用其他的事物去轉移他感官的注意，我給他的思想畫出另外一條路線，以便使它離開它剛剛開始走上的道路；通過艱苦的體力勞動，就可以遏制那把他引入歧途的想像力的活動。當他的兩臂緊張地工作的時候，他的想像力便處於靜止；當他的身體十分疲乏的時候，他的心就絕不會衝動。最直截了當而又簡便易行的辦法是：不讓他去接近危險的場所。我首先帶著他離開城市，離開那些可以引誘他的東西。但是，這還不夠；要到什麼樣的荒漠和曠野才能逃脫那些追逐他的形象呢？如果我不同時消除他對危險事物的記憶，那也等於沒有使他脫離那些事物；如果我沒有辦法使他擺脫這一切，如果我不能使他自己分散他自己的心，那也等於讓他留在他原來的地方。

愛彌兒懂得一門手藝，但是我們在這個時候是不能利用這種手藝的；他喜歡農業，而且也會做莊稼活兒，但是只做農活兒還是不夠的，因爲他所熟習的工作已經變成老一套了，每天都那樣幹，那就等於什麼也沒有幹；他心裡在想另外的事情，腦子和手是各搞各的。必須找一種新的工作叫他去做，這種工作，要以它的新奇而引起他的興趣，使他忙得不可開交，使他歡歡喜喜、專心專意地去做，使他熱愛，並且把全副精力都投入這種工作。在我看來，現在似乎只有打獵才能一舉而達到所有這些目的。如果打獵可以作爲一種無害的娛樂，適合於成年人搞的話，那我們在目前就應當利用它了。愛彌兒具備了所有一切從事打獵的條件：他身體強壯，手腳靈巧，又有耐心，又不知疲勞。毫無疑問，他將對這種運動發生興趣，他將把他這個年齡的一切勁頭都投入這種運動；至少在一個時期內，他將失去由於生活舒適而產生的危險傾向。打獵可以使他的心變得同他的身體一樣的堅強，使他見慣流血和殘酷的情景。人們說黛安娜㉟是愛情的敵人，這個比喻是很恰當的：愛情的纏綿完全是從舒適寧靜的生活中產生的，激烈的運動將窒息一切溫柔的情感。在森林和田野中，情人和獵人的感受是這樣的不同，以至他們對相同的事物所產生的印象竟大相逕庭。在前者看來是清涼的樹蔭，是小灌木林，是幽會之地，而在後者看來則是一片牧場，是野獸藏身之處；在這些地方，前者所聽到的是笛聲和黃鶯的歌聲，而後者所聽到的則是號角聲和狗吠聲；前者在心目中好像是看到了森林女神，而後者則以爲是看到了獵人、獵狗和馬匹。你陪著這兩種人去散步，聽一聽他們不同的語言，你馬上就會明白這個世界的樣子在他們看來是完全不同的，他們的思想也像他們的愛好一樣，是迥然兩樣的。

我當然知道怎樣把這兩種興趣結合起來，怎樣才能最終獲得時間去領略它們。但是，青年人的熱情是不能這樣劃分的：使他唯一去搞他所喜愛的事情，不久就會把其他一切完全忘掉的。不同的欲望產生於不同的知識，只有我們最初的喜好才能成爲我們長期追求的目標。我不希望愛彌兒把他整個的青年時

㉟黛安娜，希臘神話中的月神和女獵神。

期都用去屠殺野獸，我更不贊許他熱衷於這種殘忍的行爲，我的目的只是用它去延遲另外一個更加危險的欲念到來，以便在我向他談到這個欲念的時候，他能保持冷靜，容許我從從容容地描述，而不使他的心裡感到躁動。

在人的一生中，有一些時期是永遠不能忘懷的。愛彌兒現在正在接受我所闡述的這種教育，這段時期，對他來說就是永遠不能忘記的，它對他今後的一生都要產生影響。所以，我們要深深地把它印在他的腦子裡，使它永不磨滅。我們這個時代的錯誤之一，就是過多地使用了冷靜的理智，好像人除了理智以外，就沒有什麼可利用的。由於我們忽視了影響想像力的表象語言，我們便失去了語言之中最有力的語言。說話的印象總是很淡然的，我們通過眼睛比通過耳朵更能說動一個人的心。由於我們只講一番道理，結果遂使我們的教訓流爲空談，不能實踐。單單憑理性，是不能發揮作用的，它有時候可以約束一個人，但很少能夠鼓勵人，它不能培養任何偉大的心靈。事事講一番道理，是心胸狹窄的人的一種癖好。有氣魄的人是有另外一種語言的；他透過這種語言，能說服人心，作出行動。

我發現，近幾個世紀以來，人和人之間除了用暴力和利害關係互相控制以外，便沒有其他的辦法，而古代的人彼此間大都是採用勸導和心靈感召的辦法，其原因是由於他們知道利用表象的語言。所有一切的契約都是很莊嚴地達成，以便使它們不至受到任何破壞。在實行暴力以前，神就是人類的主宰；在神的面前，人們訂立條約，結成聯盟，宣布他們的信約；地球的表面就是一部記載這些事情的書。岩石、樹木和一堆堆的石頭，由於經歷了這些行爲都變成爲神聖的東西，受到野蠻人的尊敬；它們就是這本書的篇頁，時時刻刻都展現在人的眼前。宣誓的井，活的和看得見人的井，芒布累的古老橡樹，作見證的石堆，所有這些，儘管是很簡陋的紀念物，然而是很莊嚴的，象徵著契約的神聖，沒有哪一個人敢用犯罪的手去褻瀆它們，這些無言的證人遠比今天嚴酷的空洞法律更能堅定人的信念。

在政府的統治下，王權的威儀壓制著人民。尊貴的表記，如王座、王笏、紫袍、王冠和紋章，在他們看來都是神物。用這些赫赫的表記把一個人裝扮起來，就能受到他們的敬重。這個人不用軍隊和威脅的手段，只要一開口，人們就服從。現在，人們要取消這些表記㊲，這樣蔑視的結果怎樣呢？王室的威嚴將從所有人的心中消失，國王只有使用軍隊才能得到人民的服從；臣民之所以尊敬他，完全是由於害怕受到懲罰。國王固然是再也用不著戴什麼王冠，貴族也用不著戴什麼顯示他們尊貴的標記；但是，要執行他們的命令，他們就非要有十萬人的軍隊不可。這樣做，儘管在他們看來也許還覺得更好一點，但是我們可以一目了然地看出，長此下去，終究對他們是不利的。

古代的人能倚仗他們的口才達到他們的目的，這一點固然是很奇妙的；但是，這種口才不僅表現在措辭的美，而且，從來就是說話的人所說的話越少，他所取得的效果反而越大。說話之所以顯得生動，

㊲羅馬的天主教士很巧妙地保存了這些表記，有幾個共和國，如威尼斯，也在學他們的樣子。儘管國家已經衰敗，威尼斯政府在堂皇的古物妝點之下，仍然享受著人民的愛戴；除了戴三重王冠的教皇之外，也許在這個世界上就沒有哪一個國王、哪一個顯赫的人物或平民能夠像威尼斯的執政那樣，雖無權無勢，但由於禮制的隆重而顯得很神氣，由於在公爵似的冠冕之下蓄著婦女的髮式而受到尊敬。在基督升天節那天舉行的同大海結婚的儀式雖引起愚人們的哄笑，但能使威尼斯的老百姓為了保持這個專制的政府而流他們的血。

不在於說了些什麼詞，而在於使用什麼符號來表達；不是說得生動，而是演得生動。把一個東西呈現在人的眼前，就能燃起他的想像，引起他的好奇，使他一心等著你要說些什麼話；單單這個東西往往就能說明全部的問題。思臘西布路斯和塔昆尼烏斯割掉罌粟的果實，亞歷山大在他所寵倖的人的嘴上蓋上他的鈐記，戴奧吉尼斯走在芝諾的前面，他們這樣做，豈不是比發表長篇的演說更能說明他們的意圖嗎？要翻來覆去地說多少話才能把這些觀念說得清楚呢？大流士在同西塞人以兵戎相見的時候，收到西塞王送來的一隻鳥、一隻青蛙、一隻老鼠和五支箭。使者把這些禮物放下以後，一言不發地就轉身回去了。要是在我們今天，這個人就會被大家當作瘋子。大流士明白了西塞王的可怕意思，趕快就收兵回國了。假使用一封信來代替這些東西，它愈說得氣勢洶洶，它就愈嚇不倒人，大流士必然把它看作是虛張聲勢，一笑置之的。

羅馬人是多麼注意表像的語言啊！他們所穿的衣服，是隨著年齡和身分的不同而有差異的；禮袍、長褂、錦衣、小金結子、緣飾、寶座、棍杖、權標、斧子、金冠、葉冠、花冠、小凱旋、大凱旋，所有這些在他們那個時候都是很考究的，都代表一定的意思和禮儀，在公民的心目中都產生了一定的印象。國家所注意的是：人民是不是應該集中在這個地方而不集中在那個地方，是不是瞻仰過神殿，是不是傾向元老院，是不是選擇在哪一天審議政事。被告人要另外換一身衣服，候選人也要穿另外一種衣服，戰士不誇他們的戰功而只顯示他們的傷痕。在凱撒死的時候，我假想有這樣一位當代的演說家，為了感動人民，一定會用盡所有一切陳腐的套語，以為這樣就可以對凱撒的傷，對凱撒的血和屍體作一次動人的描寫，然而安東尼儘管能言善辯，對這些卻隻字不提，他叫人把凱撒的屍體搬來，這才是美妙的修辭法啊！

我在這裡又把話說到其他的事情上去了，我有好多次都是這樣不知不覺地脫離了本題，我離題的次數也真是太多了，再講下去，讀者是忍耐不住的，所以，我現在還是言歸正傳，回到本題。

你千萬不要乾巴巴地同年輕人講什麼理論。如果你想使他懂得你所說的道理，你就要用一種東西去標示它。應當使思想的語言通過他的心，才能爲他所瞭解。我再說一遍：冷冰冰的理論，只能影響我們的見解，而不能決定我們的行爲；它可以使我們相信它，但不能使我們按照它去行動，它所揭示的是我們應該怎樣想而不是我們應該怎樣做。如果對成年人來說是這樣的話，對青年人來說就更應該是這樣了，因爲，他們現在受著感官的蒙蔽，他們怎樣想像就怎樣認識的。

儘管是做好了我所講的這些準備工作，我也並不突然一下走進愛彌兒的房間，把我要教育他的這件事情一本正經地講一大套話。我要首先從觸動他的想像著手，我要選擇時間、地點和對象，我要它們能產生我所希望的印象；如果可以的話，我要叫整個的大自然來爲我們的談話作證；我要那永恆的存在——自然的創造者——證明我所講的話是眞理，我要他做愛彌兒和我之間的裁判；我要在我們談話的地方打上記號，把我們周圍的岩石、森林和山脈作爲記載他的諾言和我的諾言的石碑；我將在我的眼睛、聲調和姿勢中表達我希望對他喚起的熱情；到了這個時候，我才開始說，而他也才聽我，我心情激動，而他也深受感動。由於我深深感到我的責任是十分的神聖，所以我也要使他覺得他的責任是最值得尊重的；我要用種種形象來使我的論點具有說服的力量，我絕不長篇大論和雜亂無章地講什麼枯燥的教條，但是我要流露出充沛的情感；我所講的話都是很嚴肅和簡潔的，但是我心中想到的事情怎樣也說不完。當我把我爲他所做的事情告訴他的時候，我要向他指出，所有這一切都好像是爲我自己做的，他將在我深厚的情誼中看出我做這一切事情的理由。當我突然把話頭一變的時候，我將使他感到多麼驚奇和多麼激動啊！我不談他的利益，就不會使他的心感到緊張，反之，此後我只是談我自己的利益，卻更能打動他的心；我已經使他年輕的心中產生了友愛、慷慨和感恩之情的幼芽，看著它們成長是很愉快的，現在，我要用它們去激發他的心了。我緊緊地把他抱在懷裡，讓熱情的眼淚流在他的身上，我將告訴他說：「你是我的財產，我的孩子，我的事業；我要等到你得到幸福的時候，我才能取得我的幸福；如果你使我的希望落空，你就竊取了我二十年的生命，使我到老年的時候遭受痛苦。」你向一個青年人這樣講，才能把你所講的話深深地刻劃在他的心裡。

在此以前，我舉了一些老師在遇到困難的時候應該如何教導學生的例子。我這一次也打算這樣做，但是經過幾番試驗之後，我放棄了這個辦法，因爲我認爲法國的語言是太細膩和雕琢了，不宜於用來在一本書中描述就某些事情所施行的初步教育的那種天眞做法。

人們說，法語是語言之中最雅潔的語言；可是我，我卻認爲它是最污穢的語言；因爲，我覺得，一種語言的雅潔不在於能避免粗俗的辭彙，而在於沒有那些辭彙。實際上，你要避免它們，反而不能不把它們放在心中斟酌一番，而且，還沒有哪一種語言比法語更難於乾乾淨淨地表達各種意思了。讀者對作者所說的一切都感到嚇然，大吃一驚，因爲他輕易地就能發現猥褻的說法，然而要作者避免這些說法的話，那就困難了。一句話既然經過了不潔淨的耳朵，又怎能不沾染污穢呢？反之，一個風俗敦厚的民族，不論表達什麼事情，都是有適當說法的，這些說法很正當，因爲它們用就用得很正當。再也找不到哪一個人說的話比《聖經》上所說的話更樸實的了，其原因正是由於《聖經》上的話是出自一片天眞的。要使《聖經》上講的事情聽起來不正經，只需把它們譯成法文就行了。我要告訴愛彌兒的話，在他的耳朵聽起來都是規規矩矩、正正派派的，然而要讀者讀起來也有這種感覺的話，那就要具備一個像他那樣純潔的心。

我甚至認爲，當這件事情使我們談到道德問題的時候，還應當考慮一下我們所講的話是不是眞正的文雅，是不是對罪惡故弄玄虛；因爲，他在學會樸實的語言的時候，一定會同時學會嚴肅的語言，所以，應當使他知道這兩種語言爲什麼是這樣的不同。不管怎樣，我總認爲，我們不應當過早地拿一些空洞的教條去塞年輕人的耳朵，以免他成長到正該應用這些教條的年歲時，反而對它們加以嘲笑；我們應當等待，等待他能夠聽懂我們的話的時候，我們才向他如實地闡述自然的法則，向他指出這些法則對人們施加的制裁表現在違背它們的人就要遭受肉體和精神上的痛苦；在向他講到這個不可思議的生殖之謎的時候，我們除了讓他知道自然的創造者使這種行爲具有快感之外，還應當讓他知道這種行爲之所以微妙，是由於有專屬的愛情，讓他知道有許多忠貞的義務包圍著這種行爲，使這種行爲在達到目的的時候將獲得雙倍的快樂；我不僅把婚姻描寫爲一切結合之中最甜蜜的結合，而且還描寫爲一切契約之中最神聖不可侵犯的契約，因此，我要著重說明爲什麼這種結合是這樣神聖地受到一切人的尊重，爲什麼任何人如果敢玷污它的純潔，就要受到世人的憎恨和詛咒；我將向他描繪一幅觸目驚心的眞實圖畫，說明荒淫無度的恐怖，說明他的獸行是多麼愚蠢，說明在這條看不見的道路上一失足就要造成種種罪惡，就要把走這條道路的人拖入毀滅的深淵；我將有憑有據地向他指出崇尙貞潔，就能獲得健康、精力、勇氣、美德以及愛情的本身和人類的一切眞正財富；我認爲，當我們已經使他希望保持貞潔的時候，我們將發現他的心就會傾聽我向他講解的保持貞潔的方法，因爲一個人只要還保持著他的貞潔，他就會珍惜它，只是在他已經失去貞潔之後，他才會等閒視之的。

所以，說作惡的傾向是不可制服的，說我們不僅不能戰勝它，而且還要屈服於它，是說得不對的。奧里利阿斯．維克托說，有幾個愛女色愛迷了的人，爲了和克利奧帕特拉歡度一宿，竟甘願犧牲自己的生命，這樣的犧牲，在患了色情狂的時候，是可能做出來的。但是，現在假定有一個最瘋狂、最不能控制其感官的人發現別人在準備刑具，並且確信一刻鐘以後自己就要極其痛苦地死在刑具之下，從此刻起，這個人不僅馬上會拒絕誘惑，而且還覺得要戰勝它們也是不難的，因爲，同誘惑相伴隨的可怕形象將立刻打消他接受誘惑的念頭，由於接受誘惑的念頭接連被打消，這種念頭也就不會再產生了。我們之所以有這個缺點，唯一的原因是由於我們的意志薄弱，其實，我們從來就是有堅強的力量去實現我們的強烈願望的。「有毅力，就能克服困難。」啊！如果我們能夠像愛惜生命那樣痛恨罪惡，我們就能輕而易舉地像克制自己不吃那放有毒藥的美味菜餚一樣，不去犯那片刻之樂的罪。

在這件事情上，你對一個年輕人所施的一切教育之所以沒有成效，那是由於你所施的這些教育還缺乏他那個年齡的人所能懂得的道理，而且重要的是，對任何年齡的人所講的道理都要以一定的形式表述，才能得到他們的喜歡，這一點，你怎麼不明白呢？如果必要的話，就用嚴肅的口氣講，但是，要讓你所講的話始終具有一種使他不能不聽的魅力。我們不能乾巴巴地說一些話來打消他的這些欲望，我們不能遏制而要引導他的想像，以免它產生可怕的結果。對他講什麼叫愛，對他講婦女，對他講快樂的事情；要使他在你的談話中能發現使他年輕的心感到高興的美妙事物；要千方百計地使你成為他的知心人，因為只有在你變成了他的知心人的時候，你才能真正做他的老師。所以，別擔心你的話會使他感到厭煩，他要求你告訴他的話，比你想談的還多。

如果我按照這些原理採取了一切必要的預防措施，並且在我的愛彌兒年歲日增，到了這個緊要關頭的時候，我把所有這些應該告訴他的話都告訴了他，我深深相信，他將在我預定的時刻迫不及待地自己來要求我的保護。當他發現他周圍的危險時，他將懷著他那個年齡的滿腔熱情來向我說：「啊，我的朋友，我的保護人，我的老師！請你再行使你想放棄的管教我的權能，因為目前是我最需要你管教的時候；在此以前，只因我的能力柔弱，你才管教我；而現在，則是出自我的心願，要求你行使這種權能，而我也將比以往對它更表示尊重。請你保護我不受我周圍的人的毒害，而且特別要保護我不為我自身的敵人所陷害；請你關心你自己的事業，使它適於享受你的令名。我願意服從你的規矩，我願意始終服從，這是我永恆不變的心願；萬一我有不服從你的地方，那是因為我遇到了我身不由己的事情。所以，請你保護我不受我的情欲的蹂躪，從而使我恢復我的自由；你要防止我變成它們的奴隸，要使我做我自己的主人，不服從我的感官，而服從我的理性。」

當你使你的學生達到了這種地步（如果不能達到的話，應該歸咎於你），你要注意，不可過分地相信他所說的話，以免在他覺得你對他管得過嚴的時候，埋怨你出其不意地對他施加控制，從而認為他有權逃避你。正是在這種時刻，一言一行都要斟酌和謹慎，尤其是因為這是他第一次看見你對他採取這種態度，所以對他的影響特別深遠。

你對他說：「青年人，你輕率地作出了一些難以遵守的諾言，在作出諾言以前，你應當對它有一番瞭解，因爲你還不知道情欲將多麼兇猛地把人們拖入那些掩蓋在快樂的情景之下的罪惡深淵。你的心靈並不卑賤，這我是知道的；你不會違背你的信約，但你將一再後悔你承諾了這樣的信約！你將一再責罵那個愛你的人，因爲他爲了替你解除那些即將降臨到你身上的痛苦，不得不使你感到傷心！尤利西斯被茜林[36]的歌聲打動之後，便叫開船的人解開他身上的束縛；同樣，你被快樂的外衣迷惑之後，也想掙斷你身上的鎖鍊；你將再三地抱怨我，當我最關心你的時候，你反而責備我對你實行專制；我一心一意地爲你尋求幸福的時候，反而遭到你的仇恨。啊，我的愛彌兒，如果我在你的心目中變成了一個可惡的人，我將感到萬分痛苦，即使是爲了你的幸福，這個代價也是太大的。可愛的年輕人，因爲你答應服從我，所以就使我不能不教導你，不能不爲了你而忘記我自己，不能不拒絕聽你的種種抱怨，不能不繼續不斷地使你的欲望和我的欲望作爭鬥，這一切你難道不明白嗎？你加在我身上的這個擔子，比你自己肩負的擔子還重。在承擔這種擔子以前，要好好地估計我們的力量；你花一些時間去考慮一下，同時讓我也花一些時間去考慮；你要知道，我們愈是慢慢地確定我們遵守的信約，我們的信約便愈是能夠得到忠實的遵守。」

你自己還須知道的是，你愈是對信約想得困難一些，你的信約便愈是容易付諸實施。應當使你的學生知道他答應遵守的諾言是很多的，而你答應遵守的諾言比他還多。當時機到來的時候，也就是說他在

[36] 茜林，希臘神話中的海上女妖，常以美妙的歌聲誘使航海的人投水自溺。

契約上簽過字之後，你就應當改變語氣；你原來說要管得儘量的嚴格，而現在卻要做得儘量的寬和。你告訴他說：「我的年輕朋友，你還缺乏經驗，所以我要使你能保持你的理智。你現在已經有能力處處看出我的行為動機，所以你只要保持冷靜的頭腦，就可以明白我的動機何在。你首先要服從我，然後才問我為什麼要命令你那樣做的原因，一到你能夠理解我，我隨時都可以向你解釋其中的道理，我絕不害怕你來做你和我之間的裁判。你答應服從我的管教，而我則答應只利用你的服從來使你成為人類當中最幸福的人。我可以拿你以前所過的生活來證實我的諾言。只要你能找到另外一個像你這樣年紀的青年享受過你這樣美好的生活，我就不再向你提什麼諾言了。」

樹立了我的威信之後，我首先注意的是：要怎樣才能避免使用這種威信。我想方設法地漸漸得到他對我的信任，以便成為他在尋求快樂中的知心人和決定人。我不僅不打擊他那樣年紀的傾向發展，我反而要熟習它們的發展情況，以便加以控制；我要瞭解他的觀點，才能對他進行指導；我絕不犧牲他現在的快樂去尋求什麼遙遠的幸福。我不希望他有一時的快樂，但是，如果可能的話，我希望他有永久的快樂。

有些人為了不讓青年人掉入情欲的陷阱，就想一本正經地教育他，想使他對愛情產生厭惡，甚至想使他認為在他那個年齡一產生愛情的念頭便是犯罪，好像愛情只是老年人的事一樣。大家的心裡都明白這種教法是錯誤的，是不能說服人的。青年人在可以信賴的本能引導下，對這種晦氣的教條雖然是假裝接受，但在暗中是要取笑的，一有機會，就會把它們束之高閣的。這種教法完全是違背了自然。我採取相反的教法，反而能更有把握地達到同樣的目的。我不怕促使他心中產生他所渴望的愛情，我要把愛情描寫成生活中的最大快樂，因爲它實際上確實是這樣的；我向他這樣描寫，是希望他專心於愛情；我將使他感覺到，兩個心結合在一起，感官的快樂就會令人爲之迷醉，從而使他對荒淫的行爲感到可鄙；我要在使他成爲情人的同時，成爲一個好人。

把一個年輕人日益滋長的欲望完全看成理性教育的障礙，這是多麼狹隘的眼光啊！我，我則認爲這種欲望恰恰是使他乖乖地服從理性教育的手段。我們只能夠以欲念來控制欲念，我們必須利用它們的威力去抵抗它們的暴虐，我們始終要從天性的本身去尋找控制它的適當工具。

愛彌兒生來不是爲了永遠過獨居生活的，作爲社會的成員，他要爲社會履行他的義務。既然他要同人們一起生活，他就應當對他們有所認識；他已經一般地瞭解人類，但是他還需要分別地瞭解個人。他已經知道人在世界上要做些什麼事情，但是他還需要知道人在世界上應當怎樣生活。對於這個巨大的舞臺，他已經知道其中的內幕，現在是到了應該把它的外部情景告訴他的時候了。這時候，他不僅不會像一個鹵莽的青年那樣對它沒頭沒腦地羨慕，而且要用嚴正的思想去辨別它的眞相。毫無疑問，他的情欲可能對他有所摧殘；聽任情欲的擺布，怎能不受到它的摧殘呢？但至少是，他絕不受別人情欲的欺騙。當他看見別人產生情欲的時候，他將以智者的眼光去看他們，既不會學他們的樣子，也不會受他們的偏見所誘惑。

正如人生中有一個年齡是適合於用來研究學問一樣，在人生中也有一個年齡是適合於用來研究社會的習慣。一個人要是過早地瞭解這個習慣，他就會不假分別、不假思考地終生遵從這種習慣，因此，儘管是遵從得很好，但他始終不知道他做的事情有什麼意義。但是，如果一個人既瞭解這種習慣，又明白這種習慣的道理，他就會有分別地遵從，因此也遵從得更恰當、更眞誠。你把一個一無所知的十二歲孩子交給我，到他成長到了十五歲，我再把他交還給你，這時候，我敢保證他同一個從幼兒時期就開始受你教育的孩子相比，他所學得的知識同你的孩子學得的知識是一樣多的；所不同的是，你的孩子的知識表現在他心裡記得的東西多，而我的孩子的知識則表現在他能進行判斷。同樣，我們也可以用這個方法教育一個已經步入社會的二十歲青年，只要我們善於教導，一年以後，他同一個從童年時期起就一直生活在社會環境中的青年相比，他一定是更加可愛和更加大方的，其原因是：前者能夠分別情況，對年齡、地位和性別不同的人採取合乎社會習慣的辦法，能夠把種種情況歸納成原則，並且把它們應用於意料不到的事情；反之，後者成天都是那樣死板板的照章行事，而一到了沒有章法可循的時候，就會弄得手足無措了。

法國的少女個個都是在修道院受教育一直到結婚的。我們知不知道她們是很難懂得這些在她們看來是十分新奇的方法呢？我們能不能夠把巴黎的婦女之所以那樣窘態畢露和不瞭解社會習慣說成是因爲她們沒有從小就在社會中生活呢？這種偏見來之於世俗的男人本身，因爲他們不知道除了這個小小的理由以外，還有更重要的原因，所以就錯誤地認爲早入社會，就能瞭解社會。

在另一方面，我們當然也不應該等得太久。一個人的青年時期如果全都是在遠離社會的地方度過的，則他以後到社會中去，便會終生都帶有那種拘拘束束的樣子，說話也總是說得不得體，舉止也很生硬，而且，即使他已經習慣了社會的生活，他也無法改掉這些笨拙的地方，反而愈改愈鬧笑話。每教導一件事情，都要選擇一個適當的時間，都要避免它帶來的危險。特別是我們現在所教導的這件事情，更是危險重重，所以我絕不讓我的學生毫無防範地去冒這種危險。

如果我的方法能夠完全成功地達到一個一貫的目標，如果它在避免一個困難的過程中又能同時防止另一個困難的產生，那麼，我就可以斷定它是一個好方法，斷定我在運用它的時候也運用得很正確。我認爲，在目前這件事情上，我按照我的方法而採取的策略就是如此。如果我採取嚴酷和冷淡的態度對待我的學生，則我就會失去他的信任，不久以後他就會躲避我。如果我事事依從他的心意或閉著眼睛不管，我又怎能做他的保護人呢？我只是在他放肆胡鬧的時候才對他使用我的權威，犧牲我的良心去挽救他的良心。如果我唯一無二地是抱著教育他的目的才使他進入社會，則他所受的教育，將比我預期的還多。如果我使他和社會隔離一直隔到底，則他從我這裡又能學到什麼東西呢？也許他能學到種種的學問，但最爲每一個人和公民所需要的學問，他卻沒有學到，這種學問就是：怎樣跟他的同胞一起生活。如果我在這方面對他的教育進行得太早，則他將把我的話當成耳邊風，因爲無論在什麼時候，他都是只注意他眼前的事情。如果我只滿足於使他得到快樂，那對他有什麼好處呢？他將日趨萎靡，得不到任何教育。

以上這些都不是我的目的。我的計畫是在於爲這件事情做好種種準備。我將對這個年輕人說：「你的心需要一個女伴，讓我們去尋找一個適合於你的伴侶，也許我們是很不容易找到她的，眞正優秀的人始終是很少的，但是，我們既不著急，也不畏難。毫無疑問，總是有這樣一個眞正優秀的人，到最後我們總會找到她，或者至少也會找到一個同她差不多的人。」我用這樣一個使他滿懷希望的計畫，就可以把他帶入社會。我還用得著多費唇舌嗎？你看我這樣講，豈不是把一切都說清楚了嗎？

當我向他描述我替他尋找的情人是什麼樣子的時候，請你想一想我是不是能夠使他傾聽我講的話，我是不是能夠使他覺得我所講的品質確實是可愛，我是不是能夠使他領會他應該追求或逃避哪些情感。如果我不能夠使他預先渴望找到一個什麼樣的人，那我也許就要算是人類當中最愚笨的人了。向他描繪的對象只不過是想像的，但問題是要使他厭惡那些可能誘惑他的人，要他到處進行比較，從而使他寧可要他幻想中的人而不要他所看見的眞正的人，因爲眞正的愛情如果不是虛構和夢想的，它本身有什麼意義呢？我們想像中的人總是比我們實際追求的對象更可愛的。如果我們發現我們所愛的對象不過就是那個樣子，那麼，世界上就不會再有愛情了。當我們停止了愛，儘管我們所愛的人仍然和從前一樣，我們也覺得她沒有什麼可愛的；莊嚴的面紗一旦掉落，愛情就消失了。我在描繪想像的對象的時候，我要進行比較，作出判斷，從而就可以輕而易舉地防止他對眞正的人物產生幻象。

我絕不因此就向青年人描繪一個根本不存在的十全十美的模特兒，我絕不採取這個辦法去騙他，但是，我要這樣來挑選他的情人的缺點，要她的缺點同他相適合，爲他所喜歡，而且還要以她的缺點去改正他的缺點。我也不向他說假話，硬說我所描繪的人確實是有的，但是，如果他喜歡我所描繪的樣子的話，他就會希望很快地得到這個樣子的人。從希望到想像，這個過程是很容易走過的，因爲，只要你巧妙地描繪，突出顯著的特徵，就可以使他想像的人物具有很大的眞實感。我甚至可以給這個想像的人物取一個名字；我將笑著對他說：「我們給你未來的情人取名叫『蘇菲』[37]，『蘇菲』是一個吉祥的名

[37] 「蘇菲」，聰慧之意。

字；如果你所選擇的對象本來不叫『蘇菲』，她至少也要配得上我們稱她爲『蘇菲』；現在我們可以預先把這個光榮的名字給她。」講了這些話以後，如果我既不肯定，也不否認，而是找一些事情把話引到一邊去，就會使他的懷疑變成信心；他就會認爲我們故弄玄虛地不把他將來的妻子告訴他，而且認爲時間一到他就會看到她的。只要他有了這樣的想法，只要我們好好地選擇了我們向他描繪的特點，則其他的一切就好辦了；我們讓他出入於社交場合也不至於有什麼危險，我們只需保護他的感官不受毒害就行了，他的心是很安全的。

但是，不管他是不是把我向他描繪得這樣可愛的模特兒想像成哪一個人，只要這個模特兒描繪得很清楚，就既不會使他對所有同它相像的人減少愛戀之情，也不會使他對那些不像它的人不保持疏遠，因爲在他看來，這個模特兒好像是眞有其人似的。這是多麼便利的一個辦法啊！採用這個辦法，我們就可以保護他身臨危險而心不受危險，就可以利用他的想像去控制他的感官，就可以把他從那些女人的手中挽救出來，因爲她們要他花極高的代價才能學到這些知識，她們爲了培養一個青年的禮貌，竟犧牲他的誠實。蘇菲是這樣的平凡！所以，當其他的婦女向他走來的時候，他將以什麼眼光去看她們呢？蘇菲是這樣的質樸！他怎麼會喜歡她們那種神氣呢？他所想的同他所看到的差得太遠了，所以他是永遠不會受到她們危害的。

所有那些主張對孩子加以管束的人，都是根據同樣的偏見和同樣的教條而得出這種看法的，因爲他們對孩子們的觀察就沒有觀察得深刻，他們對孩子們的想法更是錯誤。青年人之所以開始走上歧途，不是由於他們的體質或感官的發育，而是由於人的偏見。如果這裡有幾個在寄宿學校受過教育的男孩子和在修道院受過教育的女孩子，我可以當著他們的面證明這一點；因爲他們最初學習的東西，唯一能夠學會的東西，就是種種的惡習；使他們遭到敗壞的，不是他們的天性，而是人們的榜樣。現在，我們且不去管那些在寄宿學校和修道院的男孩子和女孩子，讓他們去受那不良風氣的敗壞，他們已經到了無可救藥的地步了。我在這裡只談一談家庭的教育。現在假定有一個青年人是在他父親的外省的家中受過良好教育，讓我們看一看他到了巴黎，或者說，看一看他進入社交場合的時候是什麼樣子，你將發現他心中所想的都是正當的事情，他的意志和他的理智是同樣的健康；你將發現他對罪惡的事情表示輕蔑，對花天酒地的生活感到害怕；只要一提娼妓的名字，你就會發現他的眼睛中流露出天眞無邪的惡感。我認爲，如果青年人瞭解她們的目的和窮困境遇的話，他們是絕不會自己走進那些可憐的人的幽暗屋子的。

六個月以後，當你重新見到這個青年的時候，你就再也不認識他了；要不是他向你嘲笑他過去是多麼老實，要不是由於你告訴他說他原來是一個樸實的人因而使他感到羞愧，要不是從這兩點上看出他確實是那個青年，看出他對自己的行徑感到赧顏的話，你根據他那些放肆的語言、時髦的套語和輕浮的樣子，還以爲他是另外一個人哩。唉，在多麼短的時間中他就變成了這個樣子啊！爲什麼會產生這樣突然和這樣巨大的變化呢？是由於他體質的發育嗎？他在他父親的家庭中不也是在這樣地發育嗎？而且我們斷定，他原來是沒有這樣的說話語氣和套語的。是由於感官開始領略到享樂的味道嗎？恰恰相反。當一個人開始尋歡作樂的時候，他是感到羞怯不安的，他要躲避光明和喧囂的人聲。最初幾次肉體的快樂總是很神秘的，貞潔的心使這幾次放浪的行爲更有樂趣，想把它們隱瞞起來。頭一個情人將使他感到膽怯，而不會使他變得不知羞恥。由於這個年輕人被這種如此新奇的情景所迷醉，因此他總是悄悄地去享受，生怕把它們失掉了。如果他把這些事情拿出去亂說，則可見他既不是一個色鬼也不是一個鍾情的人；他愈是吹噓，便愈見他不懂得愛情的樂趣。

這種前後判若兩人的情況，完全是思想方法改變的結果。他的心還是那個心，可是他的想法已經變了。他的感情變化儘管是比較慢，但最後也將由於思想方法的改變而改變；只要一到這種地步，他就眞正的墮落了。他剛剛進入社交場合，就在其中受到一種同他原來的教育截然相反的教育，結果，就使他輕視他原先看重的東西，而看重他原先輕視的東西，別人將使他把他父母和老師的教訓看作是陳腐的廢話，把他們諄諄教導他的天職看作是孩子們應該遵守的規矩，而他現在已經長成大人，便可以把這些規矩不放在眼裡了。他認爲，爲了自己的體面，不能不改變自己的做法；即使他沒有那種欲念，他也要去大膽胡爲；他以爲，不胡鬧一陣反倒不好意思。他還沒有領會善良風俗的意義，就竟然看不起這些風俗；他以花天酒地的生活感到自豪，而不知道他已經變成了淫蕩的浪子。我永遠不能忘記一個瑞士衛隊的軍官所說的一句坦率話，他雖然是討厭他的夥伴們的那種胡鬧的尋歡作樂的生活，但是又不敢不跟他們同流合污，爲的是怕受到他們的嘲笑，因此他說：「我跟著去尋歡作樂，正如我不喜歡捲菸也跟著抽菸一樣，一搞慣了就嚐到其中的滋味了，一個人總不能老是像一個孩子似的。」

所以，對一個進入社會的青年來說，應該提防的不是色欲而是虛榮；因爲，他將聽從別人的傾向的支配而不聽從自己的傾向的支配，他之所以這樣放蕩，是由於狂妄的心理而不是由於愛情。

如果承認這一點的話，我就要問，在抵抗一切可能傷害他的道德、情操和元氣方面，這個世界上還有哪一個人比我的學生具有更好的武裝，還有哪一個人比他更能抵抗風暴的襲擊，因爲，他對哪一種引誘沒有防禦的能力呢？如果他的欲念促使他去接近婦女，他在她們當中將找不到他所尋求的人，因而他已經有所歸屬的心將使他裹足不前，同她們保持疏遠。如果他的感官使他心慌神亂，燃起了欲火，他又怎樣去滿足他的感官呢？通姦和尋花問柳的可怕後果將使他遠離娼妓和已婚的婦女，因爲青年人的放蕩行爲往往是由這兩種婦女當中的一種婦女開始引起的。一個未婚的女子也可能是很風騷的，但是她不可能是臉皮很厚的；即使一個青年男子認爲她乖巧伶俐，想娶她爲妻，她也不會自動去摟著他的脖子，何況還有人監護著她。從愛彌兒這方面來說，他也不會完全聽從自己的情欲支配；他們兩個人至少是懷著膽怯和害羞的心，因爲這種心理是同最初的欲念分不開的；他們絕不會一下子就親熱到了極點，他們也不能毫無阻礙地從從容容地逐漸親熱起來的。如果不是這樣的話，那他就已經學會了他的夥伴們的榜樣，學會了他們那樣嘲笑自己的節制，硬要模仿他們的行徑。但是，在世界上還有哪一個人比他更討厭模仿別人的行爲呢？像他這個自己既沒有偏見也不爲別人的偏見所左右的人，怎會像其他的人那樣一聽到別人嘲笑就變了樣子呢？我已經花了二十年的工夫使他具有抵抗冷嘲熱諷的人的能力，他們要愚弄他的話，不是一天、兩天可以辦得到的，因爲在他看來，嘲笑不過是愚人們的語言，要不爲他人的嘲笑所動，就要鄙棄他們的偏見。對於他，要採取講道理而不採取嘲笑的方式，才能打動他的心；只要是講道理，我就不害怕孟浪的年輕人把他從我身邊奪走，我有良心和眞理爲我的後盾。即使他產生了偏見，二十年的情誼也將發揮它一定的作用：任何人都不能夠使他相信我曾經拿一些沒有用處的教育折磨過他，在一個正直和富於情感的心中，一個忠實朋友的聲音將壓倒二十個引誘者的叫囂。由於現在的問題只是向他指出他們在欺騙他，向他指出他們在假意把他當作成人看待的時候，實際上是把他當作小孩子，所以，我說話的時候，始終要語氣嚴肅，說得懇切，以便使他明白只有我才把他當作成人。我將對他說：「你知道，由於你的幸福就是我的幸福，所以我才說這番話的，我不能不這樣說。可是那些年輕人爲什麼要來勸說你呢？那是因爲他們想引誘你，他們並不是愛你，他們也不是關心你；他們唯一的動機是想陷害你，因爲他們看見你比他們高尚；他們想使你也墮落得像他們那個卑賤的樣子，他們之所以罵你聽我的管束，爲的是好讓他們來管束你。你相信不相信，不由我而改由他們來管束你，對你有好處？難道說他們比我還高明？難道說他們對你一天的情感比我對你的情感還深？要說明他們的嘲笑有他們的道理，那就要說出他們有什麼依據，他們憑什麼根據說他們的行爲準則比我們的行爲準則好？他們只不過是在模仿其他輕浮的人的樣子，而現在又要你模仿他們的樣子。爲了擺脫他們所說的他們的父親的偏見，他們就去聽從他們夥伴的偏見。我不明白他們這樣做有什麼用，但是，我發現他們肯定地會失去兩個巨大的好處：其一是父母的愛，而父母的忠告總是很誠懇的；其二是經驗，而經驗是使我們能夠判斷我們所知道的事物，當父親的人都曾經經歷過小孩子的生活，而小孩子則未經歷過父親的生活。

「你相不相信他們是眞正按照他們那些荒謬的說法行事呢？不是的，親愛的愛彌兒，他們爲了欺騙你，竟對他們自己也說假話；他們的表裡是不一致的，他們的心在不斷地揭露他們的虛僞，他們的話往往同他們的行爲相矛盾。他們當中有些人把老實的人作爲談笑的材料，但是，要是他們的妻子也像他們那樣取笑老實人的話，他們就會感到不愉快。他們當中有些人對道德不道德蠻不在乎，甚至對他們未來妻子的不道德行爲，或者，在喪盡了廉恥之後，對他們已經結婚的妻子的不道德行爲也等閒視之；但是，再說下去，談一談他們的母親，看一看他們會不會爲了冒改姓名，爲了盜竊另一家人的嫡親的繼承者的財產，而甘心做一個同人苟合的行爲不端的女人的兒子，看一看他們在被別人當作私生子的時候，是不是不動聲色。他們當中哪一個人願意他的女兒也蒙受他使人家的女兒所蒙受的那種羞辱呢？如果你把他們教你的那些法則應用於他們自身的話，他們沒有一個不把你置於死地的。這就可以看出他們是言行不一致的，他們當中沒有哪一個人是相信他自己所說的話的。我要闡述的道理就是這些。親愛的愛彌兒，如果他們也有他們的道理的話，你便把他們的道理拿來想一想，並且同我的道理比較一下。如果我也像他們那樣採取冷嘲熱諷的做法，你將看到，他們可揶揄的地方比我還多。我是不怕嚴格考驗的。嘲笑者的勝利是暫時的，眞理仍然是眞理，他們狂妄的笑不久就會消失的。」

你認爲愛彌兒長到二十歲的時候是不可能還是那樣的溫順。我們的看法簡直是大相徑庭！我，我卻認爲他在十歲的時候才很難管教哩，因爲他在那個年齡，我憑什麼東西去控制他呢？爲了獲得我現在對他的這種控制，我花了十五年的苦功。在這段期間我不是在教育他，而是在使他做好接受教育的準備。現在他已經受到了足夠的教育，所以才這樣溫順；他已懂得友情的聲音，懂得服從理智。不錯，我在表面上是讓他獨立的，但實際上他是受到了嚴格的約束，因爲，正是由於他願意受我的約束，所以他受到的約束是最嚴格不過的。以前，我只能控制他的身，而不能控制他的心，所以我對他是寸步不離的。現在，我有時候就離開他，讓他自己去做自己的事，因爲我隨時都是控制著他的。當我離開他的時候，我擁抱著他，滿懷信心地對他說：「愛彌兒，我把你託付給我的朋友，我把你交給他誠實的心，他將對你的一切向我擔負責任。」

要打破從來沒有敗壞過的健康感情，要消除從理性深處直接產生的準則，不是一下子可以辦得到的。如果在我離開的期間發生了什麼變化，由於我離開的時間不長，他也不可能那樣嚴密地隱瞞我，不可能使我在危險發生以前看不出危險，或者來不及補救。由於他不至於一下子就變得十分墮落，所以他也不至於一下子就學會騙人的手段；如果在人類中確有那樣一個人是拙於玩弄欺騙的伎倆，那就是愛彌兒了，因爲他平生還沒有碰到過使用這種伎倆的機會。

經過這些教育之後，我相信他是有充分的把握，不受奇異的事物和庸俗的語言所影響，因此，我寧可讓他到巴黎最壞的場合去，也不願意他一個人待在他的房間或花園裡，沈浸在他那樣年紀的憂慮不安的心情中。儘管所有一切可能危害青年的敵人都來攻擊他，也休想損害他的毫毛，他唯一要提防的敵人是他自己。這個敵人之所以那樣厲害，完全是由於我們的錯誤，因爲，正如我已經說過千百次的，我們的官能完全是由於我們想像的刺激才開始躁動的。肉欲並不是身體上的需要，說它是一種眞正的需要，是不對的。如果我們的眼睛沒有看到過淫穢的事物，如果我們的心中沒有產生過不潔的觀念，我們是不會感覺到有這種所謂的需要，因此，即使沒有別人的教導，沒有自己的努力修養，我們也將始終保持貞潔的。人們不知道是哪些環境和哪些景象在青年人的血液中引起那樣嚴重的暗暗躁動，甚至他自己也看不出這種憂慮不安的原因，這種不安的心情是很不容易鎭靜下來的，而且是不久以後又要重新產生的。至於我，我愈是對這個緊要關頭和它的近因及遠因進行思考，我便愈是認爲，一個在荒野中成長起來的孤獨的人，要是他不看什麼書，不受什麼教育和接觸什麼女人，不管他活到多大的年齡才死，他死的時候也是童身。

但是，我們在這裡所講的並不是這樣一個野蠻人。我們在人群之中爲社會培養一個人，是不可能，而且也不應該始終把他放在一種渾渾噩噩的境地中培養；何況求知識，最壞不過的是求個一知半解哩。對我們的眼睛所見到的事物的記憶和我們所獲得的觀念，在我們孤單獨處的時候將浮現在我們的心中，使我們不能不產生許多比眞實的事物更有誘惑性的形象，因此，孤單獨處之有害於心中懷有這種形象的人，一如它之有利於過慣了孤獨生活的人。

因此，你要十分注意地觀察青年的行動；他能夠保護他不受別人的危害，但是你要保護他不受他自己的危害。你無論白天或黑夜都不要離開他，無論如何你要睡在他的房間裡，他不困乏到極點，你不讓他上床，他一醒來，你就叫他離開床舖。只要你教育他的東西超出了本能的範圍，你就不要相信他的本能：當他單獨一個人的時候，他的本能是好的，一旦他涉足社會，他的本能就值得懷疑了。但是，我們不能消滅他的本能，我們要對它加以控制，控制它也許比消滅它還難。當你的學生受著本能的驅使而濫用他的感官，從而想尋找機會去滿足它的時候，那就非常危險了。只要他曾經遇到過一次這種危險的機會，他就完全葬送了，他的身子和心從此就要時常受到摧殘。在一個青年人可能沾染的習慣中，這個習慣是最惡劣的，他將把這個習慣的不良後果一直帶進他的墳墓。當然，最好還是……如果你不能克服你那火熱情欲的話，親愛的愛彌兒，我就覺得你很可憐了；但是，我絕不猶豫，絕不能讓大自然的目的化爲泡影。如果需要一個暴君來壓制你的話，我便寧可把你交給這個暴君，因爲我能夠把你從他的手中解放出來。不管怎樣，我從女人的手中挽救你，遠比從你自己的手中挽救你還容易得多。

在二十歲以前，身體一直是在成長，需要使用他的全部精力；因此，在這個時期節制情欲，是由於自然的法則使然的，違反這個法則，就不能不損害身體。二十歲以後，克制情欲就是一種道德的行爲了，其目的是為了教導一個人怎樣律己，怎樣做自己欲念的主人。但是，道德的行為有可以變通的地方，有例外的情形，有它們自己的法則。當人類的弱點使我們不能不在兩害當中選擇其一的時候，我們總是選擇那個程度較輕的害處；因為，我們寧可做一件錯事，而不願意染上一種惡習。

請你記住，我在這裡說的不是我的學生而是你的學生。由於你讓他的情欲躁動，結果使你也無法管束，乾脆就聽任他的情欲發展，並且不掩飾他已經取得了勝利。如果你能夠如實地把他的勝利情況告訴他，他將感到羞恥而不會感到驕傲，從而使你取得在他走入迷途的時候對他加以指導的權利，這樣做，至少可以使他不至於掉進深淵。重要的是，學生無論做什麼事情，甚至做壞事，老師都應該知道和加以監督；老師同意學生做一件壞事，或者自己做錯一件事情，總比受學生的欺騙和學生做了壞事而自己一點也不知道好一百倍。誰要是想對某些事情閉著眼睛不管，他不久即將發現，他對任何事情都不能不閉著眼睛不管的。他做第一件壞事的時候，如果你容忍他，他就要去做第二件壞事的，這樣接二連三地做下去，到最後必然是打亂整個秩序，踐踏一切法規的。

另外一個錯誤的做法，我曾經批判過，但心胸狹隘的人仍然是老犯這種錯誤：做老師的人經常在那裡假裝一副師長的尊嚴樣子，企圖讓學生把他看作一個十全十美的完人。這個做法的效果適得其反。他們怎麼不明白，正是因為他們想樹立他們的威信，他們才反而摧毀了他們的威信；怎麼不明白要別人聽他們所講的話，他們就應當設身處地地為聽話的人想一想，要打動別人的心，自己的行為就必須合乎人情！所有這些完人是既不能感動別人也不能說服別人的。人們往往認為，由於他們沒有情欲，所以由他們去克制學生的情欲，是一件很容易的事情。如果你想糾正你學生的弱點，你就應當把你自己的弱點曝露給他看，就應當讓他在你身上也發現他所體驗到的鬥爭，使他照你的榜樣學會自己克制自己，使他不至於跟著其他的人說：「這個老頭子，因爲自己不能過年輕人的生活，就打算把青年人看作老年人；因爲他自己的欲火已完全熄滅，便把我們的欲火當作一種罪惡。」

蒙台涅說，他有一次問德郎蓋爵士在同日爾曼人談判的時候，曾經有幾次因爲替國王效勞而醉得迷迷糊糊的。我要問某一個青年人的老師曾經爲了他的學生的緣故到那些骯髒的地方去過幾次。幾次？我說錯了。如果第一次沒有打消他那個浪子再到那些地方去的念頭，如果那個浪子沒有悔恨和羞愧的樣子，沒有淚如泉湧地向他哭泣，他就應該馬上離開他；他是一個怪物，要不然，你就是一個傻瓜，你對他再也起不到什麼作用了。不過，我們是不採取這些極端手段的，因爲它們的後果很不好，也很危險，在我們所實行的這種教育中是用不上的。

一個青年人儘管其天性良好，但是，我們仍須在做好許多周密的準備工作之後，才能讓他去接觸我們這個時代的污穢風氣！這些工作做起來是很吃力的，然而是不能不做的，因爲在這方面倘有疏忽，就會葬送一個青年。有些人之所以墮落，之所以變成今天這個樣子，正是由於他們在少年時期做了不名譽的行爲。他們在不道德的行爲中已經變得性情疏懶和卑鄙，他們的心胸極其狹隘，因爲他們喪失了元氣的身體很早就被敗壞，他們剩餘的精力已經不足以使他們奮發起來。他們滑頭滑腦的樣子正好說明他們的心缺乏剛毅，他們不能體會高尚和偉大的情感，他們既失去了天眞也沒有活力，他們在任何事情上都是很下賤，很卑鄙可惡的，他們只能夠做小小的癟三和騙子，他們甚至還沒有足夠的勇氣去做赫赫有名的大強盜。在青年時期耽於色欲的人就會變成這樣可鄙的；如果在他們當中有一個人知道對自己的行爲加以節制，他即使同他們廝混在一起，他也能保住他的心、他的血液和他的德性，不受他們的薰染；到了三十歲的時候，他就可以打敗所有那些小人，如果他想控制他們的話，甚至比控制自己還容易。

姑且不論愛彌兒的出身和命運怎樣，如果他想成爲這樣的人的話，他是可以做到的；但是，他太看不起他們了，所以是不屑於去使役他們的。現在，讓我們來看一看他在他們當中將保持怎樣的樣子，因爲，他之所以進入社交場合，不是爲了在其中大出風頭，而是爲了對它有所認識，想在其中尋找一個配得上他的伴侶。

不論他出生在什麼等級的人家，不論開始的時候是進入哪一種社交場合，他都是樸樸實實不露鋒芒的。但願上帝保佑，別讓他在社交場合中太出色了！所有那些乍看起來是很優秀的品質，他是沒有的，他也不希望有那種品質。別人如何說法，他是毫不在乎的，因此不爲他們的偏見所左右；在別人不瞭解他以前，他也不管別人是不是尊重他。同別人見面的時候，他的態度既不羞怯也不傲慢，而是自自然然和眞眞實實的；他既不感到拘束，也不會做出一副裝模作樣的樣子；他在大庭廣衆之中，同他單獨一個人的時候完全是一樣的。他是不是因此就會變得很粗魯、自大和看不起人呢？恰恰相反；既然他單獨一個人的時候他不輕視別人，他同他們相處在一起的時候怎麼會小看他們呢？他之所以不喜歡學他們的樣子而寧願保持他原來的樣子，是因爲他並不認爲他們比他高明，但是他也不會對他們表示一種毫不在意的態度，因爲他根本就沒有這種態度。如果說他不懂得一套外表的禮節的話，他卻懂得人對人的關心。他是不忍心看見人家遭受痛苦的，他絕不虛情假意地把自己的位子讓給另外一個人，但是，如果他看見另一個人受到了人們的忽視，而且在他看來那個人的確因大家的忽視而感到十分難過，這時候，他就會出自一片好心地把他的位子讓給那個人；因爲，我的學生認爲，與其看見別人迫不得已地站在那裡，還不如自己站起來把位子讓給他，反而舒服一些。

從大體上說，儘管愛彌兒是不把別人估計得很高的，但他對他們絲毫不表示輕蔑，因爲他對他們是很同情和關心的。當他不能夠使他們領會眞正的善的時候，他就讓他們保持他們所喜歡的口頭的善，以免他們喪失了這種善而陷於更壞的境地。因此，他既不同他們爭論，也不對他們進行辯駁；他不討好什麼人，也不拍誰的馬屁；他在表示他的看法同時，他也不壓制別人的看法，因爲他愛自由甚於愛一切，而坦率就是自由最好的表現形式之一。

他很少說話，因爲他並不希望引起人家對他的注意；也是因爲這個緣故，他要說就只說有意義的事情，否則，他又爲什麼要說呢？愛彌兒教養有素，所以絕不會成爲一個碎嘴子。我們之所以嘮嘮叨叨說個不停，究其原因，或者是由於我在後面即將談到的自命不凡的心理，或者是由於對雞毛蒜皮的事情也斤斤計較，愚蠢地以爲別人也同我們一樣地把這些事情看得很重要。一個人如果對事情有足夠的瞭解，從而能恰如其分地對它們作出估計，是絕不會說過多的話；因爲他能夠同時判斷別人是不是會注意地聽他，是不是對他所說的話感興趣。一般地說，知識少的人，講話講得特別多；知識多的人，講話反而講得很少。這個道理很簡單，因爲無知的人總以爲他所知道的事情是很重要，應該見人就講。但是，一個有教養的人是不輕易炫耀他肚子裡的學問，他可以講很多的東西，但他認爲還有許多的東西是他講不好的，所以他就閉著嘴巴不講。

愛彌兒不僅不對別人的禮貌抱牴觸的態度，反而自己順著他們的禮貌去做，其目的並不是爲了顯示他好像是懂得那些規矩，也不是爲了假裝一副斯文的樣子；相反地，他是害怕引起別人的注目，害怕別人看出他與衆不同；因爲，只有在別人不注意他的時候，他才感到舒服。

儘管他已經踏入了社交場合，他對其中的做法還是絕對地一無所知，但是他並不因此就感到害羞和膽怯；他之所以躲在別人的後頭，其原因絕不是由於他感到侷促，而是由於他要好好地觀察他們，就不能讓他們看見他。別人對他抱怎樣的看法，他是不介意的；別人的嘲笑，他是一點也不害怕的。因此，他能夠經常保持平靜的心靈和清楚的頭腦，不至於因爲不必要的顧慮而弄得自己不安。不管別人是不是注意他，他始終是盡他的力量去做；同時，由於他可以時時刻刻聚精會神地觀察別人，因此，他能夠洞若觀火地看出他們的那些做法的意義；這一點，是那些受俗見愚弄的人辦不到的。我們可以說，他之所以能夠很快地懂得他們的做法，恰恰是因爲他對那些做法根本不以爲然的緣故。

你不要錯看了他的風度，你不能把他的風度拿來同那些紈袴子弟的風度相比。他的表情泰然自若而不妄自尊大，他的態度從容而不傲慢。粗暴的樣子是做奴隸的人才有的，獨立自主的人是一點也不矯揉做作的。我從來沒有看見過哪一個心靈高尚的人把他的高尚顯露於言表的；裝模作樣的神氣是心地邪惡和空虛的人才有的，因爲他們除了這種神氣以外，就沒有其他的東西可顯示。我曾經在一本書*中看到，有一天，有一個外國人走到著名的舞蹈家馬塞耳的客廳裡，馬塞耳便問他是哪一國的人，「我是英

---

* 《論精神》㊳第二篇，第一章。

㊳十八世紀法國哲學家、機械唯物主義的代表人物愛爾維修的主要著作。

國人，」那個外國人回答道。「你是英國人！」馬塞耳又說道，「你來自那公民可以參與國家大事，公民是主權的一個組成部分[38]的島國嗎？不，先生，看你這低著頭、目光羞怯和舉措不安的樣子，說明你只不過是一個在名義上稱作選民的奴隸而已。」

我不知道這些話是否可以表明他對一個人的性格和外表之間的眞正關係瞭解得很清楚。至於我這個沒有舞蹈大師那樣體面的人，看法正好相反。我要說：「這個英國人並不是一位吹牛拍馬的人，我從來沒有聽說過哪一個吹牛拍馬的人是低著頭和舉措不安的；在一個舞蹈家的客廳中顯得很羞怯的人，到了衆議院就不見得是這個樣子了。」毫無疑問，這位馬塞耳先生把他本國的同胞個個都視爲羅馬人了。

當我們愛別人的時候，我們也希望別人愛我們。愛彌兒愛他的同伴，他也希望他的同伴愛他。此外，由於一個更重要的理由，他還想討取婦女們的歡心；他的年齡、他的品德和他的目的，這一切都在促使他產生這個願望。我之所以說到他的品德，是因爲他的品德在這方面將起很大的作用；有性格的人才是眞正尊重婦女的人，他們不像別人那樣鸚鵡學舌似地說一大堆獻殷勤的風流話，但他們具有一股出自內心的十分眞實和溫存的熱情。在一個青年婦女的身邊，即使混雜著千百個酒色之徒，我也能夠把那

[38] 這好像是說有些公民不是市民，不能以這樣的資格參與主權似的！但是，法國人認為他們有資格竊取公民這個光榮的稱號，而這個稱號，以前是屬於高盧人城市的市民的；法國人竊取了這個稱號以後，就改變了它所含的觀念，以至我們再也不明白它的意思了。有一個人最近寫了許多荒唐的文章批評我的《新哀洛伊絲》，並且在文章的署名上還添加了一個頭銜：「潘伯夫的公民」，以為這樣就向我開了一個很有風趣的玩笑。

個同他們站在一起的有品德和自制能力的人認出來。既然愛彌兒一方面是懷著這樣火熱的一顆心，另一方面又具有那麼堅強的抵抗欲念的理智，我們想一想他將有怎樣的表現！爲了接近她們，我相信他有時候將感到害羞和不安的；但是，這種不安的樣子絕不會惹得她們不喜歡，心術不壞的女人十之八九也覺得這種樣子很可愛，而且會想辦法使他更加具有這種樣子的。此外，他那熱情的表現也將隨對方的身分的不同而有顯著改變的。他對已婚的女人就表現得十分穩重和尊敬，他對未婚的女子便比較活潑和溫柔。他絕不會忘記他所尋求的目標，他所注意的始終是那些同他的目標相像的人。

再沒有哪一個人能夠比愛彌兒更得體地按照自然的秩序和良好的社會秩序而對人表示其尊敬了；不過，他始終是先按自然的秩序而後按社會的秩序去尊敬人的；他對一個比他年長的平民，比對一個跟他同年的官員更尊敬。作爲社交場合中的年輕人之一，他始終是極其謙虛的，其原因不是由於想在表面上做得謙卑，而是由於他具有一種以理性爲基礎的自然情感。他不像那些假裝聰明的年輕人一樣做出一副傲慢無禮和通曉世事的樣子；這些年輕人爲了取悅同伴，談起話來聲音比聰明有識的人談話的聲音還高，而且在老年人講話的時候往往插嘴進去，打斷他們的話頭；路易十五曾經問一個年老的紳士是喜歡他那個時代還是喜歡現在這個時代，那個老年人回答道：「陛下，我年輕的時候要處處尊重老年人，而現在我到了老年，又要處處尊重年輕人了。」在愛彌兒看來，他並不認爲這個年老的紳士回答的話是說得對的。

他具有一顆對人體貼入微的心，但是他從來沒有被一般的俗見所左右過，儘管他樂於使別人感到高興，而別人是不是對他表示器重，他是毫不介意的。因此，我們可以說，他對人是一片眞情而不只是彬彬有禮，他絕不會盛氣凌人和裝模作樣；你對他關懷一次，比對他說千百句恭維話更能打動他的心。由於同樣的理由，他也注意他的儀表和舉止，他甚至還可能講究一下他的服飾，其原因不是想裝作一個高雅的人，而是在於使他的儀表更加可愛；他不需要穿一身錦繡，他絕不讓華麗的服裝損害他的風度。

大家可以看到，所有這些是用不著我教他的，這完全是他幼年時候所受到的教育的結果。人們給社會的風尚塗上一層濃厚的神祕色彩，好像一個人即使到了應該懂得這些風尚的年歲，也不能自然而然地懂得似的，好像在一個誠實的心中是不存在有這些風尚的基本法則似的！眞正的禮貌表現在對人的善意：懷著善意的人，是不難於表達他對人的禮貌的；只有那些不懷善意的人才要在外表上強做禮貌的樣子。

「習俗禮貌的最大壞處是，它告訴人們一個不實際按照它奉爲圭臬的道德去做的方法。要是在教育我們的時候，啓發了我們的人道和善意的精神，我們對人就會有禮貌，或者說，我們是用不著做作禮貌的樣子。」

「雖說我們沒有那種表現溫文爾雅的禮貌，但我們有表現誠實的人和公民的禮貌，我們是用不著玩弄虛假的。」

「爲了得到人家的喜歡，是用不著那樣地矯揉造作，只要我們爲人善良就行了；對於別人的弱點，我們用不著說一番假話去敷衍，只要我們採取寬容的態度就行了。無論什麼人，只要我們用這種辦法去對待他，就既不會使他感到驕傲，也不會使他趨於腐敗；他將感激我們的這種做法，並從而變得比以前更好。」[39]

我想，如果某一種教育能夠產生杜克洛先生在他這一段文章中所要求的禮貌的話，那就是我從開頭到現在所一貫主張的這種教育了。

我認爲，採用這樣不同的教育方法，愛彌兒將培養成一個跟世人完全兩樣的人，但願上帝保佑他永遠不要跟世人一個樣子！不過，他雖然跟別人有所不同，但他絕不會引起人家的討厭和取笑：不同的地方也許是很顯著的，然而是不會使別人感到不快的。如果你高興的話，你可以把愛彌兒看作一個可愛的外邦人。起先，大家是原諒他奇特的地方，說「將來是可以把他教好的」。往後，大家對他的做法完全習慣了，發現他並沒有什麼改變，所以仍然是原諒他，說「他生來就是這個樣子」。

他不像一個風流瀟灑的人物那樣受到大家的追捧，但大家仍然是喜歡他，雖然說不出喜歡他的道理；大家雖不誇他有多大的才學，但卻心甘情願地請他去判斷有才學的人之間的爭論；他的學識也許是很單純和有限的，但他的頭腦是很清晰的，他的判斷是很準確的。他絕不標新立異，因此他不向別人誇耀他的聰明。我已經使他瞭解到：所有一切健康的和眞正有益於人的觀念，是人類最初所知道的那些觀念，它們在任何時候都是社會中的唯一的眞正的紐帶，而野心勃勃的人想使自己顯得不平凡，就只好散布一些毒害人類的觀念了。這樣一種博取他人尊敬的辦法，他是不會採取的；他既知道在什麼地方可以找到他的幸福，也知道怎樣去增進人家的幸福。他的知識範圍只涉及於有益的事物。他所走的道路是很

㊴ 杜克洛：《論本世紀的風俗》。

窄的，然而是很明確的；由於他沒有離開這條道路的企圖，所以，即使同大夥兒混在一起，他也不會迷失方向或大出風頭。愛彌兒是一個身心健康的人，他不想做什麼了不起的人；因爲大家想拿這個稱號侮辱他，而他始終認爲有這個稱號是很光榮的。

他抱有使別人快樂的願望，所以他對別人的說法並不是絕對地一點也不重視的；不過，在別人的意見中，他只重視同他個人有直接關係的部分，對於那些任意的胡亂說法，他是不管的，因爲這種說法完全是受時尙和偏見的支配。他很自尊，無論做什麼事情都盡力去做，而且希望比別人做得好：賽跑時，腳步要跑得最輕快；角鬥時，體力要比對方強；工作時，技術要比別人巧；遊戲時，要玩得比同伴們好，比同伴們熟；他不想勝過別人則已，如果想勝過別人的話，他就一定要使他優勝的地方能夠從事實的本身一眼就看出來，而不必等別人來評判，例如評判他是不是比另一個人更聰明，是不是更會說話或更有學問等等；他更不希望他優勝的地方是優勝在一些身外的東西，例如出身比別人高貴，比別人富有，比別人有聲望，比別人在外表上更神氣。

他愛所有一切的人，因爲他們同他一樣是人；但是他特別愛那些同他最相像的人，因爲他認爲他是一個善良的人；同時，由於他在判斷別人是不是同他相像的時候，是根據那個人對道德行爲的看法是不是同他一致，因此，在一切需要有良好的性格才能作出的事情上，他是非常喜歡受到人們稱讚的。他不會對自己說：「我很高興，因爲大家都稱讚我」；但是，他要這樣對自己說：「我很高興，因爲大家都稱讚我做的事情是一件好事；我很喜歡這些人的稱讚，因爲他們自己就是值得稱讚的人；他們的判斷既然是十分明智，所以能得到他們的器重當然是很好的。」

他從前在讀歷史的時候是根據人的欲念去研究人的，而現在進入了社會，他就要根據人的風尚去研究他們了，他將時常對人們所喜悅或厭惡的風尚進行思考。現在，他要對人類審美的原理作哲學的研究，他在目前這個時期正是適合於做這種研究的。

我們愈是要深入探討審美力的定義，我們便愈弄愈糊塗；審美力是對大多數人喜歡或不喜歡的事物進行判斷的能力。不這樣來看，你就無法明白審美是怎樣一回事情。但不能因此就說有審美力的人占多數；因爲，儘管多數人對每一件事物能作出明智的判斷，但很少有人對所有的事物都是像多數人那樣判斷的；而且，儘管最大多數人的愛好綜合起來就是良好的風尚，但懂得風尚的人是很少的，正如：儘管最共同的特點綜合起來就是美，但美麗的人畢竟還是很少的。

需要注意的是，這裡的問題並不是說：我們愛什麼東西是因爲它對我們有用，我們恨什麼東西是因爲它對我們有害。我們的審美力是只用在一些無關緊要的東西上，或者，頂多也只是用在一些有趣味的東西上，而不用在生活必需的東西上，對於生活必需的東西，是用不著審美的，只要我們有胃口就行了。正是這個緣故，我們在審美方面要作出純正的判斷是很困難的，而且好像是十分任性的，因爲，審美力是聽命於本能的，除了本能以外，我們是找不到它那樣判斷的原因。我們還要區別它在精神的領域中的規律和它在物質的領域中的規律。在物質的領域中，審美的原理好像是絕對地無法解釋的[†]。但須

† 在其他版本作：「……無法解釋的，例如：誰能給我們解釋為什麼是這個歌而不是那個歌最受到人們的喜歡？誰能給我們闡明顏色調配的原理？誰能告訴我們為什麼一般人總愛使草地成橢圓形而不成正圓

注意的是，在一切模仿的行爲中，是包含著精神因素的[40]，這樣就可以解釋爲什麼「美」在表面上好像是物質的，而實際上不是物質的。我還要補充一點，審美的標準是有地方性的，許多事物的美或不美，要以一個地方的風土人情和政治制度爲轉移；而且有時候還要隨人的年齡、性別和性格的不同而不同，在這方面，我們對審美的原理是無可爭論的。

審美力是人天生就有的，然而並不是人人的審美力都是相等的，它的發展程度也是不一樣的；而且，每一個人的審美力都將因爲種種不同的原因而有所變化。一個人可能具有的審美力的大小，是以他天賦的感受力爲轉移的；而它的培養和形式則取決於他所生活的社會環境。第一，我們必須在好幾種社會環境中生活過，才能作許多的比較。第二，還需要有娛樂和消閒的場所，因爲在事業的往來中，我們不是按興趣而是按利害關係去做的。第三，還需要有這樣的社交場合：在這種場合中，不平等的現象既不顯著，偏見的壓力也不太大，而且，在這種場合中，人們所追逐的是聲色而不是虛榮；因爲，在相反的情況下，一時的時髦將壓倒人們的愛好，使他們在選擇東西的時候，不問那個東西是不是他們所喜歡，而只問它能不能使他們引人注目。

在後面這種情況下，如果還說良好的風尚就是大多數人的喜好，那就不對了。爲什麼呢？因爲目的變了。因此，大多數人的看法並不是他們自己的看法，而是他們認爲比他們高明的人的看法；那些人怎

形，而噴水池卻要成正圓形而不成橢圓形？」

㊵ 這一點，我在《論語言的起源》這篇文章中已經闡述過了，讀者可以在我的集子中找到這篇文章。

樣說，他們就跟著怎樣說；他們之所以稱道某一個東西，並不是因爲它好，而是因爲那些人在稱道它。在任何時候，讓每一個人有他自己的看法，這樣，大多數人所稱道的東西其本身便必然是好的。

在人做的東西中所表現的美完全是模仿的。一切眞正的美的典型是存在於大自然中的。我們愈是違背這個老師的指導，我們所做的東西便愈不像樣子。因此，我們要從我們所喜歡的事物中選擇我們的模特兒；至於臆造的美之所以爲美，完全是由人的興之所至和憑藉權威來斷定的，因此，只不過是因爲那些支配我們的人喜歡它，所以才說它是美。

支配我們的人是藝術家、大人物和大富翁，而對他們進行支配的，則是他們的利益和虛榮。他們或者是爲了炫耀財富，或者是爲了從中牟利，競相尋求消費金錢的新奇手段。因此，奢侈的習氣才得以風靡，從而使人們反而喜歡那些很難得到和很昂貴的東西。所以，世人所謂的美，不僅不酷似自然，而且硬要做得同自然相反。這就是爲什麼奢侈和不良的風尙總是分不開的原因。哪裡崇尙奢侈，哪裡的風尙就很糟糕。

特別是在男女的交往中，審美力不論或好或壞都容易表現出來；它的陶冶是必然要受到在這種交往中所接觸對象的影響。但是，由於男女交往的種種便利條件沖淡了喜悅對方的心，審美力就一定會因之退化的；我覺得，我們在這裡又找到了另外一個最能說明良好的風尙取決於良好的道德的原因。

在有形的和需要憑感官判斷的事物方面，應當斟酌婦女們的愛好去做；在精神的和需要憑智力判斷的事物方面，應當斟酌男子們的愛好去做。當婦女們確實做到像一個女性的樣子的時候，她們就只是過問她們有能力過問的事情，而且作出的判斷往往是很正確的；但是，當她們硬要指指點點地批評文學，說這本書做得好、那本書做得不好，而且還要把她們所有的精力用來做書的時候，她們的看法就會一無是處。做書的人如果拿他的著作去請教於女學士，那一定會弄得很糟糕的；講時髦的男子如果去請婦女們指點他們的打扮，那一定會打扮得很可笑的。我不久就會談到婦女們眞正的才幹，談到培養她們才幹的方法，談到在哪些事情上應當聽取她們的意見。

當我和愛彌兒談論在他目前所處的環境和他所從事的研究工作中他不能不注意的事情時，我就把以上這幾個基本的論點作爲原則。誰能說這種事情同他沒有關係呢？不僅是需要別人幫助的人應當瞭解什麼樣的東西能夠使人感到喜歡或不喜歡，而且那些幫助別人的人也應當在這方面有深刻的瞭解；你首先要使他感到喜歡，然後才能夠對他進行幫助；只要你著書立說是爲了闡發眞理，則講求表達的方法就絕不是一件無聊的事情。

如果是爲了培養我學生的審美力，而必須在一些審美觀尙未形成的國家和審美觀已經敗壞的國家之間進行選擇的話，我選擇的次序是顚倒的；我先選擇後面這種國家，而後選擇前面那種國家。這樣選擇的理由是：審美觀之所以敗壞，是由於審美審得過於細膩，專門挑選大多數人看不到的地方來欣賞。過分細膩，就會引起爭論；因爲，我們對事物的區別愈細，則需要區別的地方就愈多，這樣一來，對美的看法就會穿鑿入微而很難一致。因此，有多少人便會產生多少種審美觀。對個人的愛好進行爭論，就會擴大哲學和人的知識範圍，從而就可以學會如何思考。只有廣泛地涉足於各種社會場合的人才能細膩地審美的，因爲要把所有美的樣子都看過以後，才能注意到細微的差別，至於那些不常到稠人廣衆的場合中去的人，他們審美的時候是只看一個大樣子的。也許在現今世界上還找不到哪一個文明的地方是像巴黎的一般人的風尙這樣如此糟糕的，然而良好的風尙也正是在這個首都形成的；似乎，在歐洲受到人們重視的書籍的作者沒有一個不是在巴黎受過教育的。誰要是以爲只要看一看在巴黎出版的書就夠了，那是一定會上當的；因爲，我們同作者談一次話，比讀他們的書還能瞭解到更多的東西；何況對我們最有教益的人還不是著作家哩。必須依靠社會的精神才能使一個有思想的頭腦得到開展，才能使他的眼力儘量地看得深遠。如果你有一點天才的話，請到巴黎去住一年，你馬上就能充分地發揮你的天才，否則你就會一事無成的。

我們可以在風尙不良的地方學會怎樣運用我們的思想，但是我們絕不能同那些已經沾染了不良風尙的人抱同樣的看法；不過，如果我們長期同那些人在一起的話，是很難做到這一點的。我們應當借他們的思想來改進我們作判斷的時候所使用的工具，只不過是要避免他們那種用法罷了。我將十分注意地培養愛彌兒的判斷力，以免使它受到敗壞；當他的眼力已經是相當的敏銳，能夠認識和比較人們的種種愛好的時候，我將引導他把他的審美力集中地用來鑑賞那些比較單純的事物。

爲了保存他健康和純潔的審美力，我還要由淺處著手慢慢地循序進行。在這亂糟糟的放蕩人群中，我要找機會同他進行有益的談話；而我所談的，始終是他感到喜歡的事情，我要很留心地使我所講的話既有趣味也有教育的意義。現在是閱讀有趣書籍的時候了，現在是教他分析語句和欣賞口才和措辭美的時候了。爲說話而學說話，是沒有什麼意義的；說話的用處並不像人們想像的那樣大，但是，對說話的方法進行研究，就必然會進而研究一般的文法。要學好法文，就必須學好拉丁文；必須研究這兩種語言，並且把它們互相加以比較，才能很好地懂得說話藝術的規律。

此外，還有一種十分樸實的說話方法是很能打動人心的，這種樸實的方法現在只有在古人的著作中才能找到了。愛彌兒發現，古人的辯辭、詩歌和各種各樣的文學著作，也像他們的史書一樣，既富於內容，而且還慎於下論斷。反之，我們當代的著述家做起文章來，話是說了一大堆，但內容卻很少。一再把他們的論斷當做法律似地硬要我們接受，這不是培養我們自己下論斷的辦法。在所有的紀念碑上，甚至在墓碑上，就可以看得出這兩種風格的不同。在我們的墓碑上寫滿了一大篇歌頌之辭，而在古人的墓碑上，是只談事蹟的：

過客啊，請停下來追思這位英雄。

當我在一個古代的墓碑上看到這個墓誌銘的時候，我也許起先會把它當作是當代的人所寫，因爲在我們這個時候，再沒有什麼東西比英雄更多的了，而在古人當中，英雄是很少的。他們不說一個人是英雄，他們只說明他做了些什麼事情而成爲這樣一個人。同上面那個英雄的墓碑相比，我們且看一看懦弱的薩德納佩路斯的墓碑：

餘以一日之功而建塔爾斯與昂其耳二城，而今餘身故矣。

據你看，哪一個墓碑的意味深長？我們的碑文，儘管洋洋灑灑地寫了一大堆，其實是只適宜於用來吹捧小人的。古代的人是按照人的本來面目來描寫他們的，因此可以看得出他們確實是人。色諾芬在追憶萬人大撤退中被奸細出賣而犧牲的幾個戰士時，稱讚他們說：「他們死了，但在戰爭和友愛中沒有留下任何的污點。」這就是他所說的話。不過，請你想一想，在如此簡短的一句讚辭中，作者的心中是充滿了什麼感情。誰要是看不出它的美來，誰就太可憐了！

在賽莫庇勒的一個石碑上刻著這麼一句話：

過客啊，去告訴斯巴達人，我們是遵照他神聖的法令而在此長眠的。

一眼就可以看出，這句話不是出自研究碑文的學者之手*。

---

*「過客啊，請停下來……」這個墓誌銘是為日爾曼的將軍弗朗索瓦·德·梅爾西作的；這位將軍陣亡後，就埋在諾德林根的戰場上。見伏爾泰：《路易十四時代》第三章。色諾芬對那幾個因奸細出賣而遭到殺害的希臘戰士所說的話，見他的歷史著作第二卷的末尾；關於死在賽莫庇勒的斯巴達人的墓誌銘，見希羅多德的著作第七卷，第二二八段。至於薩德納佩路斯的墓誌銘，是斯特拉波這樣說的；但是，在斯特拉波的著作中，這個墓誌銘要長得多，而且其文字也跟盧梭在這裡所引述的不同。這個墓誌銘是這樣說的：「薩德納佩路斯，阿納森達臘克西斯之子也，僅以一日之功而建塔爾斯與昂其耳二城。過往諸君，且請暢飲飽餐，及時行樂，蓋捨此

我的學生雖然把怎樣措辭說話看成是一件不足輕重的事情，但如果他不一下子就注意到這些差別，如果這些差別對他選擇讀物不發生影響，那也表明我在這裡的做法錯了。當他被狄摩西尼的雄辯迷著了的時候，他一定會說「這個人是一個演說家」；而在讀西塞羅的著作時，他又會說「這個人是一個律師」。

一般地說，愛彌兒是更喜歡讀古人的著作而不喜歡讀我們今人的著作，唯一的原因是：古代的人既生得早，因而更接近於自然，他們的天才更為優異。不管拉．莫特和特拉松神父怎樣說，人類的理性是沒有取得什麼眞正的進步的，因爲我們在這方面有所得，在另一方面便有所失；所有人的心都是從同一點出發的，我們花時間去學別人的思想，就沒有時間鍛鍊自己的思想，結果，學到的知識固然是多，但培養的智力卻少。同我們的胳臂一樣，我們的頭腦也習慣於事事都要使用工具，而不靠自己的力量去做了。封特訥耳說，所有一切關於古人和今人的爭論，歸納起來不過是：從前的樹木是不是比現在的樹木長得更高大。如果農耕這件事有了變化的話，提一提這個問題也不能說不對。

我使愛彌兒追溯了純文學的來源之後，還要告訴他現代的編纂者們是通過哪些途徑而儲蓄其知識的；報刊、翻譯作品、字典，所有這些他都要瞧一下，然後就把它們束之高閣。爲了使他快樂一下，我也讓他到學院中去聽學人們如何誇誇其談地瞎說一通；我將使他看出：他們當中每一個人如果都自己單獨研究的話，其作用是比同大夥兒一起研究更好一些的；我讓他自己根據以上幾點，對所有那些堂皇的

數端，餘皆彈指即過、不足掛懷之事也。」

機關的用處得出一個結論。

我帶他去看戲，其目的不是爲了研究戲中的寓意，而是爲了研究人們的愛好；因爲，正是在戲場中，人們的愛好最能赤裸裸地展現在一個有思想的人面前。我將對他說：「戲中的箴言和寓意，且不去管它；我們在這裡要學習的，不是這些東西。」演戲的目的不是爲了表述眞理，而是爲了娛樂；我們在任何學校都不可能像這裡一樣如此透徹地學會使人喜悅和打動人心的辦法。研究戲劇，就必然會進一步研究詩歌；這兩者的目的是完全相同的。如果他對詩歌有一點兒興趣的話，他將多麼高興地去學習詩歌的語言：希臘文、拉丁文和義大利文！研究這些語言，他將獲得無限的樂趣，而且對他是只有好處的；當他長到這樣的年齡和處在這樣的環境，對所有一切觸動他心弦的美是這樣神迷的時候，他將覺得研究這些語言是很愉快的。請你假想在這邊是我的愛彌兒，在那邊是一個在學校念書的頑童，他們都同樣讀《伊尼依特》第四卷，或者讀提步路斯的詩，或者讀柏拉圖的《筵話篇》，請你想一想他們的感受將有多大的差別！在愛彌兒看來是如此動人的東西，對那個孩子竟一點影響都沒有！「啊，可愛的年輕人！等一等，把你的書收起來，我看你太激動了；因爲，我所希望的是，愛的語言將使你感到快樂，而不是使你感到迷醉。你固然是要做一個有感情的人，但也要做一個有睿智的人。如果你只能做這兩種人當中的一種人，那你是算不得什麼的」。此外，他在研究那些死的語言以及研究文學和詩歌的時候是不是能取得成就，在我看來是沒有什麼關係的。即使他對這些東西一點也不懂，他也不會因此就有什麼不好，我拿這些東西來教他，其目的並不在於要他研究這些消閒的玩意兒。

我的主要目的是：在教他認識和喜愛各種各樣的美的同時，要使他的愛好和興趣貫注於這種美，要防止他自然的口味改變樣子，要防止他將來把他的財產作為他尋求幸福的手段，因為這種手段本來就是在他身邊的。我在前面已經說過，所謂審美，只不過就是鑑賞瑣瑣細細東西的藝術，它的確是這樣的；不過，既然人生的樂趣有賴於一系列的瑣細事物，那麼，對它們花這樣一番心思也不是毫無意義的；我們可以通過它們去學習利用我們力所能及的東西所具有的眞正的美來充實我們的生活。我在這裡所說的，並不是道德上的美，因為這種美是取決於一個人心靈的良好傾向；我所說的只是排除了偏見色彩的感性的美，眞正的官能享受的美。

為了更好地表述我的思想，請允許我暫時不談愛彌兒，因為他純潔的和健康的心是不能用來作為衡量他人尺度的；所以，讓我在我自己的心中找一個更明顯和更符合於讀者性情的例子。

有一些社會職業似乎可以改變人的天性，可以把從事那種職業的人重新鑄造成好人或壞人。一個膽小鬼到了納瓦爾的兵團就會變成一個勇士。一個人不只是在軍隊中才能養成這種團體精神，而且一個人所受到的團體精神的影響也不見得一定是好的。我曾經懷著恐懼的心情想過一百次：如果我今天眞是不幸在某個國家從事這樣一種職業的話，我明天就幾乎是不可避免地要變成暴君，變成徇私舞弊和殘害人民的人，變成危害國王的人，變成專門和人類、正義和美德為敵的人。

同樣，如果我是富翁的話，我必然是曾經為了做富翁而採取過一切發財致富的必要手段；我上逞下驕，錙銖必較地只顧我個人，對所有一切的人都冷酷無情，對下層社會的人的疾苦冷眼旁觀；我之所以稱窮人為下層社會的人，是因為我想使別人不瞭解我曾經是他們那個階級的人。最後，我要利用我的財富去恣意享樂；到了這個地步，我就和其他的人一個樣子了。

在享樂方面，我跟他人不同的是：我好聲色而不好虛榮，我要盡情地講求舒適的享受而不炫耀於浮華的外表。我甚至不好意思向人家顯示我的富有，我好像時時刻刻都聽見那些不如我闊綽的人在妒忌我，悄悄地向他們旁邊的人說：「瞧那個傢伙，他生怕人家看不出他很闊氣。」

在這蓋滿了大地許許多多的財富中，我將尋求我最喜歡和最能占有的東西。爲此，我的財富的第一個用處是用來買得閒暇和自由，其次是用來買得健康，如果健康可以用錢買得到的話。由於要買得健康就必須節制欲念，而沒有健康，就沒有生活的眞正樂趣，因此，我要節制我的肉欲。

我時時刻刻要儘量地接近自然，以便使大自然賦予我的感官感到舒適，因爲我深深相信，它的快樂和我的快樂愈相結合，我的快樂便愈眞實。我選擇模仿的對象時，我始終要以它爲模特兒；在我的愛好中，我首先要偏愛它；在審美的時候，我一定要徵求它的意見；在菜蔬中，我將選擇已經由它添加了美味、從而盡可能少經人手的烹調便能送上餐桌的食物。我要提防弄虛作假的花招，我要直接享到美味的樂趣。即使我放開肚子大吃，也不能使飯館老闆發我的財，他休想拿毒藥當山藥來敲我的竹槓[39]；我的桌子上絕不會擺什麼樣子雖然好看不過是發惡臭的東西，絕不擺從遠地運來的腐肉；爲了滿足我肉體的

㊴ 這句譯文同原文略有出入。原文直譯為：「他休想高價把毒藥當魚賣給我；」在法文中，「毒藥」（poison）和「魚」（poisson）是兩個形似和音近的字；盧梭選用這兩個容易混淆和誤認的字，是含有詼諧的意思的。為了盡可能保存原文的風趣，故譯文略有變動，譯為：「他休想拿毒藥當山藥來敲我的竹槓」；取「毒藥」和「山藥」這兩個詞中都有一個「藥」字，在字面上有一點近似。

快樂，我是不怕任何麻煩的，因為這種麻煩的本身就是一種快樂，能夠使我們所預期的快樂大為增加。如果我想嚐一嚐遠在天邊的一份菜，我將像阿皮希烏斯那樣自己走到天邊去嚐，而不叫人把那份菜拿到我這裡來，因為，即使拿來的是最好吃的菜，也總是要缺少一種調料的，這種調料，我們是不能夠把它同菜一起端來的，而且也是任何一個廚師沒有辦法調配的：這種調料就是出產那種菜的地方風味。

由於同樣的理由，我也不學有些人的樣子：他們總覺得其他地方比他們目前所在的地方舒服，因此，總是逆著季節操作，使風土和季節不相調和；他們在冬天偏要過夏天，在夏天偏要過冬天，到義大利去乘涼，到北方去取暖。在他們看來，以為是逃過了季節的酷烈，殊不知到了那些地方，他們不知道怎樣防備，反而會更覺得季節酷烈難受。至於我，我卻要待在一個地方，而且同他們的做法恰恰相反：我將盡情地享受一個季節中一切令人賞心悅目的美，享受一個地方獨具一格的特殊風味。我的愛好是多種多樣的，我的習慣是互不相同的，然而它們都始終是合乎自然的；我將到那不勒斯去避暑，到彼得堡去過冬；有時候我將側著身子躺在塔蘭特的人跡罕至的岩窟中呼吸清風，有時候我跳舞跳疲乏了，便氣喘吁吁地去看明亮的水晶宮。

至於我的餐桌和房間的陳設，我將用極其樸素的裝飾品把季節的變化表現出來，我要把一個季節的美都一點不漏地盡情享受；這個季節沒有過完，我絕不提前享受下一個季節的美。打亂了自然的秩序，是只會帶來麻煩而不會帶來樂趣的；當大自然不願意給我們東西，而我們硬要向它索取的話，它是給得很勉強的，是有怨言的，這樣的東西質量既不好，而且也沒有味道，既不給人營養，也並不爽口，再也沒有什麼東西比提早上市的果子更淡而無味的了；巴黎的富翁花了很多的錢用火爐和溫室培養，結果一年四季擺在他們桌上的蔬菜和水果都是很劣等的。儘管我在霜天雪地的時候有許多櫻桃，或者在隆冬的時候有幾個琥珀色的西瓜，但這時候，我的口既不需要滋潤也不需要提味，我吃起櫻桃或西瓜來，又有什麼意思呢？在三伏天吃熱炒栗子舒服不舒服？難道說大地不用我花多少氣力就給我提供了那麼多鵝莓、草莓和各種鮮果，而我不吃，卻偏偏去吃剛出鍋的熱栗子麼？正月間，在壁爐架上擺滿了人工培養的綠色植物和暗淡而沒有香味的花，這不僅沒有把冬天裝扮起來，反而剝奪了春天的美；這等於是不讓自己到森林中去尋找那初開的紫羅蘭，不讓自己去窺看那胚芽的生長，不讓自己歡天喜地地喊道：「世人啊，你們不要灰心，大自然還活著咧！」

爲了把我的生活料理得很好，我只用很少的幾個僕人。這一點我在前面已經說過了，不過現在再說一遍也有好處。一個市民雖只用一個僕人，卻比一個公爵周圍有十個跟班使喚還侍候得周到。我曾經想過一百次：要是在進餐的時候，杯子就擺在我的旁邊，我想喝就可以喝；反之，如果我講究排場的話，那就要二十個人接連傳呼「斟酒！」之後我才能解我的渴。凡事要別人替你做，那一定會做得很糟糕。我不叫別人到商店去代我買東西，我要親自去買；我自己去，就免得我的傭人和商人勾搭，而且可以選得好一點，價錢便宜一點；我自己去，也可以散散心，看一看外面的情景；這樣做，既有趣，而且有時候還可以增長見識；最後，我還可以借此機會散散步；總之，這樣做是有好處的。我們之所以覺得厭倦，是由於待著不動的時候太多了；如果常常去走動，就不會覺得生活枯燥無味。一個門房或跟班總是不能很好地表達你的意思；我不喜歡他們插身在我和其他的人中間，我也不願意老是坐著馬車叮叮噹噹地在街上走，好像怕被人家挨著似的。一個人的兩條腿就是他的兩匹馬，安步當車隨時都可以到外面去走；他比誰都清楚這兩匹馬是不是累了或病了，絕不怕車夫爲了偷懶，就藉口馬兒生病，使你出不了門；在路上即使遇到千百種障礙，你也不會著急，也不會在你巴不得想飛快地趕路的時候，偏偏要因爲馬不能走而不得不停下來。最後，既然我們自己比誰都能夠更稱心如意地辦好自己的事情，那麼，即使我們論權勢賽過亞歷山大，論財富勝過克里蘇斯，我們也只有在自己確實不能做的時候，才要別人幫忙。

我不願意修一座宮殿來做我的住所，因爲大廈千間，夜眠不過八尺，公用的屋子是不能算作某一個人的；我的每一個僕人的房間，也好像我鄰居的房間一樣，跟我是不相干的。東方人儘管是放縱聲色，但他們的居室都是非常簡樸的。他們把人生看作旅行，把他們的家看作逆旅。這個道理，對那些企圖長生的富翁來說，當然是不起作用的；不過，我另外有一個理由將使我採取東方人的那種做法。我認爲，要是我在一個地方擺設了很多的東西，那等於是不讓我到別的地方去，等於是把我囚禁在我所謂的宮殿裡了。這個世界其本身就是一個相當漂亮的宮殿；一個闊氣的人要講求享受的話，不是隨處都可以享受的嗎？「凡是有福可享的地方，便是我的家鄉。」他應當拿這句話作爲他的座右銘。哪一個地方是金錢萬能，哪一個地方就是他的家；哪一個地方能夠放他的保險箱，哪一個地方就是他的國土，正如菲力浦所說的，不論什麼地方，只要他那匹馱著銀子的騾子能夠進得去，就可以做他的家[41]。我們爲什麼要把

㊶ 有一個穿得很漂亮的外邦人，在雅典有人問他是哪個國家的人，他回答說：「我是一個有錢人。」我覺得，這句話回答得很好。

自己關在幾堵牆和幾扇門裡，好像是永遠不越雷池一步呢！如果發生了一場瘟疫或戰爭或暴動，使我不得不離開一個地方而到另一個地方，我將發現，我還沒有到達那個地方，那裡就已經給我準備好旅舍了。既然是走遍天涯到處都有人爲我準備旅舍，我爲什麼又要自己去修蓋一個旅舍呢？我爲什麼要這樣忙忙碌碌，放著今朝的福不享，硬要等到以後呢？一個人處處同自己過不去，是不能過愉快生活的。所以，恩珀多克利斯責備阿格里仁托說，他們一方面把享樂的東西堆存起來，好像他們只有一天的命好活似的，而另一方面又在那裡大興土木，好像他們是要長生不死似的*。

此外，儘管房子大，但沒有多少人住，沒有多少東西放，對我又有什麼用處呢？我的家具也同我的愛好一樣，是很簡單的，即使我愛讀書和愛看畫，我也不要畫房和書房。我知道收藏書畫是永遠也收藏不完的，倘使殘缺不全，那是比一無所有還感到難過的。在這一點上，富裕反而是痛苦的根源，沒有哪一個收藏家沒有這種體會。當你體驗到這一點的時候，你就不會去收藏什麼東西了。如果你懂得怎樣利用你的珍藏，你是不會拿去向人家顯示的。

賭博，不是有錢人可以去搞的，它是那些沒有事幹的人消遣的玩意兒；我的愛好是多種多樣的，所以我沒有時間拿去搞這種壞事情。如果我是一個孤單的窮人，我是絕不會去賭的，頂多也只是偶爾下一盤棋，而這已經是玩得過度了。如果我很富有的話，我更難得去賭了，即使去賭也只能下很小的賭注，以免自己或別人因輸贏太大而感到難過。一個人在富裕的時候是不會產生賭錢的動機的，因此，要不是

* 蒙台涅：《論文集》，第二卷，第一章。

他的心術變壞了的話，他是不會視賭如命的。有錢的人贏幾個錢也算不了什麼，而一輸了錢就一定會感到惱火的；在小賭中贏得的錢到最後也要輸光，通常都是輸的多贏的少；因此，如果他好好地明白這個道理，他對這種十之九是要倒楣的玩意兒是絕不會發生濃厚興趣的。有些人妄想去碰一碰自己的運氣，那就到更激動人心的事情中去碰運氣好了；命運的偏向在小賭和在大賭中都是一樣地可以看得出來的。一個人之所以喜歡賭博，是由於他的貪婪和生活的無聊；這種愛好是只有那些心靈空虛和不用頭腦的人才有的；我覺得，只要我有高潔的情操和豐富的知識，就絕不會拿這樣一種事情來消磨我的時間。有思想的人都是不喜歡賭博的，因爲一愛好賭博，就會使他喪失運用思想的習慣，或者，使他把他的思想用之於那些毫無意義的事情。專心於學問，其結果之一（也可能是唯一的結果）是可以稍稍扼殺這種貪鄙的欲念；他即使去賭，也是爲了實驗賭博的用途而不是醉心於賭。至於我，我要在賭徒們當中和賭博爭鬥，我看見他們輸錢，比我親自贏他們的錢還感到痛快。

我無論在私生活或和世人的交往中都是始終如一，並無兩樣的。我希望我的財富處處給我以舒適，同時又不使人覺得他們和我不平等。雜七雜八的裝飾品，從任何一方面說來都是很不舒服的。爲了在人群當中儘量保持我的自由，我穿的衣服要使各種身分的人看來都適合我的地位，而不顯得特殊，從而使我省得裝模作樣地做作一番，既可以在酒吧間裡同普通人廝混，也可以在宮廷中同貴族們周旋。這樣做，我就可以更好地支配我自己的行動，從而可以領略一切社會地位的人的樂趣。據說，有一種女人一見到穿普通衣服的人就給以閉門羹，她們是只招待衣服華麗的人；果眞是這樣的話，我就到別的地方去消磨時間好了；不過，如果這種女人確實是生得又年輕又俊俏的話，我也偶爾會穿上一身錦繡到她們那裡去的，但頂多只同她們混一個晚上。

我和我所交往的人之間的唯一的聯繫是：互相友愛、興趣一致和性情相投；我將以成年人而不以有錢人的身分和他們交往；我不容許在我和他們交往的樂趣中摻雜有利害關係的毒素。如果我的財富使我還保持有幾分博愛的心腸，我將廣泛地爲他人效勞，爲他們做好事；我希望我周圍的人是一群同伴而不是趨炎附勢之徒，是朋友而不是食客；我希望他們把我看作一個好客的主人而不看作一個施主。獨立和平等使我同他們的關係是非常的眞誠坦率；在這種關係中是不包含有義務和利害關係的成分，它所遵循的唯一法則就是興趣和友誼。

我們是不能用金錢買得一個朋友或情人的。只要捨得花錢，當然是容易得到女人的，但用這個辦法便不能得到一個忠實的女人。愛情不僅不能買賣，而且金錢是必然會扼殺愛情的。任何一個男人，即使他是人類當中最可愛的人，只要他用金錢去談愛，單單這一點就足以使他不能夠長久地受到女人的愛。不用多久，他花了一陣錢，結果是在替別人養女人，或者說得更確切一點，另外一個男人將得到他的金錢；在這種以金錢和淫亂構成的雙重關係中，既談不上愛情，也談不上榮譽和眞正的快樂；那既不忠實又很可憐的貪婪女人是怎樣受到他所供養的流氓對待，也將怎樣對待那個給她金錢的傻瓜，因此，她對這兩個人都是沒有愛情可言的。對我們所愛的人手面大方，只要不是在做交易，那是一件很好的事情。我認爲，只有一個辦法可以滿足這種對女人的欲望而又不使愛情受到損害，這個辦法就是：把你的全部家產都給她，然後再由她來供養你。需要斟酌的是，我們對什麼樣的女人不能採取這個辦法。

有人說：「是我占有萊斯[40]，而不是萊斯占有我」，這句話實在是說得沒有意思。占有如果不是雙方互相占有的話，那等於是沒有占有，頂多是占有她的肉體，而未占有她那個人。在愛情上既不講道德，又何必小題大做，說什麼占有不占有呢？要找女人，那是最容易不過的事了。在這一點上，一個趕騾子的人比百萬富翁還幸福得多。

唉！如果一個人能夠洞察這種弊害，那麼，當他獲得了他所希望的東西時，他將發現它和他的希望是差得很遠啊！為什麼要那樣迫不及待地敗壞一個人的天真？一個青年人是應該受到我們的保護的，要是他第一步路走錯了，就不可避免地要掉進苦難的深淵，使他除死亡以外就無法擺脫苦難的折磨。既然這樣，我們為什麼要使他淪為犧牲呢？其原因無他，是人的獸性、虛榮、愚蠢和謬誤在作怪。這樣一種享樂，其本身就是不符合自然的；它產生於人的偏見，產生於以一個人的自暴自棄為開端的最卑劣的偏見。當一個人覺得自己是最糟糕的時候，他是害怕同任何人進行比較的，他事事想爭第一，以減輕他討人憎恨的程度。試看那些貪戀這種片刻之樂的人是不是值得喜愛，是不是即使顯得執拗也能加以原諒的青年。不是的，一個人有了品貌和才情，是不害怕他的情人是一個情場老手的，他將大膽地對她說：「你知道尋歡作樂，這算不得什麼，我的心將告訴你，你是根本不懂得什麼叫樂趣的。」

一個被酒色淘空了身子的老色鬼，既不討人喜歡，也不會體貼別人，而且臉皮又厚，不知羞恥，所以，任何一個女人只要懂得什麼樣的人可愛，她就不會愛他的；這種老色鬼知道要彌補他的這些缺點，

---

[40] 萊斯，古代希臘有名的才貌雙全的妓女。

就要趕快趁一個無知的少女沒有經驗的時候使她衝動春情。他的最後一招就是利用這種事情的新奇來討取對方的歡心。毫無疑問，這種荒唐行爲的秘密動機就在於此；但是，他的想法完全錯了，因爲，正如他能夠刺激對方的自然情欲一樣，他也將引起對方的自然恐怖。在他的這種愚蠢的企圖中還疏忽了一點，那就是對方的自然恐怖心將促使她維護她的權利。一個出賣自己的少女即使已經委身於他人了，在委身於她所選擇的人的時候，她要作一番比較，而他正是害怕她把他同別人加以比較的。因此，他所買得的快樂是一場空，而且還不能不因此受到對方的厭惡。

至於我，儘管我的財富使我的爲人有所改變，但有一點我是永不改變的。即使我改變得一點兒仁義道德之心都沒有了，我至少能保持幾分審美力，保持幾分良知和謹愼細緻的心，有了這些，就可以防止我上人家的當，不至於以我的財產去追求一場空夢；防止我把我的金錢和精力浪費於教導孩子怎樣欺騙我和嘲笑我。如果我很年輕，我就要尋求青年人的樂趣；既然要儘量享受肉體上的快樂，我就不能以富人的身分去追逐這種快樂。如果我仍然是我現在這個樣子，那又是另外一回事情了，我將小心謹愼地只追求適合於我這個年齡的人享受的快樂，我將培養我能夠欣賞的愛好，而拋棄一切必然給我帶來痛苦的愛好。我決不讓我的灰白鬍子去受年輕姑娘們的奚落，我決不拿我索然寡味的濫情去招惹她們的厭惡，使自己成爲她們的笑柄，我不敢設想她們像描寫老猴貪淫似地說我對她們也是那樣地淫虐。如果我的習慣沒有很好的糾正，從而使我原來的色欲變成了一種需要，我也可能去滿足這種需要，不過，我的內心將感到十分羞愧的。我要從我的需要中剔除好色的成分，我要儘量選擇一個最好的情人，而且鍾情於她，我不能讓我的弱點再行發展，而尤其重要的是，我只能讓一個人知道我有這個弱點。即使我們在這方面得不到樂趣，人的生活在其他方面也是有它的樂趣的。由於我們徒然去追逐那些轉瞬即逝的快樂，我們反而喪失了同我們常相伴隨的快樂。我們要隨著我們年齡的增長而改變我們的興趣，正如我們不能違背四時的季節行事一樣，我們也不能違背年齡的大小行事；在任何時候都要克制自己，而不能一反自然，枉費心機地去尋歡取樂，將消耗我們的生命，使我們不能充分地享受。

一般的人很少有悶悶不樂的時候，他們的生活是很緊張的；他們娛樂的花樣雖然不多，然而是非常有趣的；辛苦了許多日子之後，他們快快樂樂地過幾天是感到很舒服的。長時間的勞動之後，來一個短期的休息，從而使他們覺得他們的工作是很有趣的。對有錢的人來說，最感到惱火的就是他們的生活索然寡味。儘管花了許多的錢去尋歡作樂，儘管有許多的人在爭相取悅他們的心，但他們仍然覺得百般無聊，膩得要死；他們拼命地逃避生活的厭倦，然而仍舊時時刻刻感到悶悶不樂，十分難受；尤其是婦女，她們既不會生活，又不會尋樂，成天憂憂鬱鬱地過日子；對她們來說，生活的無聊已經變成了一種可怕的疾病，使她們有時候失去理性，而且到最後終至喪失生命。在我看來，再沒有什麼人比一個巴黎美婦人的命運更可怕的了；而數了她的命運以後，就要數那個依戀她的美少年的命運可怕了，因爲他也變得像一個懶散的女人，加倍地喪失了他的男子地位，當他自詡爲一個走運的人的時候，他實際上是在過著任何人都不能忍受的漫長痛苦的日子。

我們之所以講求禮法、時髦和規矩，其原因在於崇尙奢侈和外表，而結果，遂使我們的生活總是那樣死氣沈沈、千篇一律。想使別人看起來我們是很快樂，反而會弄得一無是處：無論是自己或別人都毫無樂趣可言㊷。一般的人是最害怕受到人家嘲笑的，結果反而處處都受到人家的笑話，弄得苦惱不堪。一個人之所以可笑，完全是由於做法太死板的緣故；善於變換環境和興趣的人一到了今天就會抹去昨天的印象，他在別人的心目中好像是沒有這個人似的；不過，他是很快樂的，因爲他每時每刻和在每一件事情上都是照著他自己的意思去做。我也要獨一無二地永久採取這種方式，我到了一個環境，就過那個環境的生活而不問其他的環境如何；我每一天都按當天的情況去做，好像它同昨天和明天毫不相干似的。正如我以一個普通人的身分和普通人混在一起一樣，我一到了田間就要像一個農民，談起莊稼活兒來，不會在莊稼人面前鬧笑話。我不到鄉間去過城市的生活，我不在我外省的住宅前面修一座提勒里宮似的大門。我要在一個樹木成蔭的小山坡上修一間小小的白牆綠窗的農家房子；儘管用茅草蓋屋頂，住起來一年四季都是很舒服的，但是我要把屋頂蓋得漂亮一點；不過，我不用暗淡的薄石片蓋，而要用瓦蓋，因爲用瓦蓋，看起來比較乾淨和鮮豔，同時，因爲我家鄉的房子都是用瓦蓋的，所以一看見瓦屋頂，就會引起我回憶少年時代的快樂生活。我要把我的院子用來做家禽飼養場，我不修馬廄，但要修牛棚，以便取得我非常喜歡的牛奶。我的菜園就是我的花園，我的美麗果園就是我的公園，它的樣子同我

㊷ 有兩個廣為交際的婦女，為了使別人看起來她們是很快樂的樣子，竟定了這樣一條規矩：不到清晨五點鐘不上床睡覺。在嚴冬的時候，她們的僕人在大街上等她們一直等到深夜，簡直沒有辦法使他們不挨凍。有一天晚上，或者說得更確切一點，有一天早晨，有人走進這兩個樂得不曉得天日和時辰的人的房間裡，結果發現，房間裡不多不少恰恰就是她們兩個人，在沙發上睡大覺。

在後面即將談到的果園是一樣的。樹上的果子，過路的人愛吃就吃，我的園丁既不去數它們，也不去收摘它們；我不願意在果園的四周圍上一道漂亮的樹牆，讓人家看了不敢去動它。儘管這樣小小地奢侈一下花錢不多，但因我所住的地方選擇在偏遠的省份，在那裡，銀錢少而食物多，富人和窮人都一般地過日子。

在那裡，我將結交一批人，不過我結交的時候，要有選擇而不圖人多；他們當中，有喜歡遊玩而且也懂得遊玩的朋友；也有一些婦女，她們能夠走出房間到田野去做遊戲，而且有時候還能放下她們織布的梭子和紙牌，去釣魚，去捕鳥，去拾柴和摘葡萄。在那裡，我要把城市的習氣忘得一乾二淨，在鄉下就得像鄉下人的樣子；我們有各種各樣有趣的事情好玩，而且其花樣之多，竟使我們到了晚上不知道明天選哪一種東西來玩才好。運動和活潑的生活使我們的胃口大開，吃什麼東西都有新鮮的滋味。我們的每一餐都等於一次宴會，我們所喜歡的是食物豐富而不是味道美不美。愉快的心情、田間的勞動和活潑的遊戲，這三者可以說是世界上的第一流的廚師；在那些太陽一出就忙得上氣不接下氣的人看來，吃東西要那麼樣考究味道實在是可笑的。我們吃東西的時候也不講究先吃什麼後吃什麼，食具也不求其精美；處處都可以做我們的餐廳：在花園中，或者在小船上或樹蔭下，哪裡都成；而且有時候還遠遠地離開家屋，到流動的泉水旁邊，到綠茵茵的草地上，到赤楊和榛樹叢中去吃；一大群會餐的人高高興興地帶著飲食，一邊走一邊還唱著歌；草地就是我們的桌子和椅子，噴泉的石岸就是我們的食具架；餐後吃的果子就懸掛在樹上；我們先吃哪一道菜或後吃哪一道菜，一點也沒有關係，只要有胃口，就可以省得那樣拘泥。每一個人都大大方方地先給自己拿菜，同時也喜歡看到別人像他那樣先拿給自己然後才拿給他。我們這樣又親切又隨便，既不粗魯，也不虛僞和拘束，說說笑笑地爭著吃，其樂趣反而比斯斯文文地講禮貌還濃厚一百倍，而且更能融合大家的心。沒有任何一個討厭的僕人來偷聽我們說些什麼話，或者悄悄地批評我們的做法，以貪婪的目光數我們吃了多少東西，故意要我們等好一陣工夫才拿酒來給我們喝，而且還抱怨我們一餐飯要吃那樣長久。我們自己做自己的僕人，以便成爲自己的主人；每一個人都可以得到大家的侍候；究竟過了多少鐘點，我們也不去管它；進餐的時間就是休息的時間，以便躲過一天的炎熱。如果有一個農民幹完了活兒，扛著鋤頭從我們旁邊走過，我就向他說幾句好聽的話，敬幾杯美好的酒，振奮他的心，使他更能快樂地忍受他的辛苦；而我自己也感到內心激動，十分愉快，我悄悄地對自己說：「我也是一個人。」

如果當地的鄉親們聚在一塊兒過什麼節日，我將跟我的同伴頭一個趕去赴會；如果我的左鄰右舍有人舉行婚禮（他們的婚禮當然比城裡人的婚禮更能得到上帝的祝福），他們將邀請我去參加，因爲他們都知道我是喜歡看到人家的歡樂。我將給這些善良的人帶幾件像他們那樣樸樸實實的禮物去，增加他們的喜慶樂趣，而他們轉贈給我的，則是我的同輩們不能理解的無價好東西：自由和眞正的快樂。我坐在長桌子的一端，和他們高高興興地一塊兒進餐；我將同他們再三地合唱一首鄉間的老歌曲，我在他們的院子裡跳舞，比在歌劇院跳舞還跳得高興。

也許有人會向我說：「以上所說的都很好，可是打獵的事情又怎樣呢？是不是在鄉村中就不打獵了呢？」我的意思是：我只是希望有一塊小牧場，不過我的說法是不對的。我假定我是一個富人，我需要有一些唯我獨享的快樂，我要從傷害動物中取得樂趣；此外，我還需要許多其他的東西。我所需要的是：土地、樹林、看守莊園的人、地租和紳士的榮譽，我尤其是需要人們的巴結和奉承。

好得很。不過，我們周圍的鄰居一方面是既要保護他們的權利，另一方面又是巴不得侵占別人的權利；我們的園丁彼此之間會發生爭執，也許主人之間也會發生爭執；於是，就要吵嘴，就要鬧架，就要互相仇恨，說不定還要打官司，這些事情是很不愉快的。我的佃戶看見我的兔子吃他們的麥子，看見我的豬吃他們的蠶豆，是很不高興的，他們眼看著這些東西糟蹋他們的莊稼也不敢打死它們，只好把它們趕出他們的田地。他們白天種地而到了晚上還得看守，他們要用狗來看守，他們要敲鼓，要吹號角和搖動鈴鐺，所有這些亂七八糟的聲音將打擾我的睡眠。我情不自禁地想到這些可憐人的苦境，責備我給他們帶來了許多麻煩。如果我貴為王侯的話，對這一切我就不在乎了；可是我，一個剛剛發跡的富翁，我的心還是同大家的心差不多的。

事情還沒有完：野物一多，就會引誘很多的人來打獵。我要懲罰那些來偷著打獵的人，我要準備幾間禁閉室和看守禁閉室的人，來看管他們和罰他們做苦工。這樣做，我覺得是夠殘酷的了。這些可憐的人的妻子將圍著我的大門，哭哭啼啼地鬧得我很不安寧；要麼就把她們趕走，否則就要用粗野的辦法去對付她們。有些窮人並沒有偷偷地來打獵，但因我的樹林中的野禽野獸糟蹋了他們的莊稼，是一定要來向我訴他們的苦。前面那種人因為偷獵我的野禽野獸而要受處罰，後面這種人又因為沒有來偷獵我的野禽野獸而遭到巨大的犧牲，來偷獵當然要倒楣，不來偷獵也要倒楣！我在我周圍所見到的都是淒涼的景物，所聽到的都是呻吟的聲音，這簡直是大煞風景，使人不能痛快地去獵取成群的松雞和近在腳邊的野兔。

如果你希望你的快樂中不帶絲毫的苦味，那你就不要排除他人而獨自一個人享受，你愈讓大家來共用你的快樂，你就會愈覺得你的快樂完全不帶一點兒苦味。因此，我絕不會照我剛才在上面所講的那樣去做，我一方面既不改變我的愛好，另一方面又要在尋求樂趣的時候儘量地減少麻煩。我在鄉間的住所要修建在任何人都可以自由打獵的地方，在那裡，我可以高興地玩而不遇到什麼惹人煩惱的事情。可獵的野禽野獸也許不多，所以，在尋獵的時候就需要有更多的技巧，這樣一來，在獵到它們的時候，便可以使人更感到高興。我記得我父親看見第一隻松雞飛起來的時候，心裡眞是高興得蹦蹦地跳；當他發現那隻他追尋了一整天的野兔時，簡直是樂得發狂。是的，我認爲，當他單獨一個人牽著狗，扛著槍，背著獵袋和雜七雜八的用具以及一隻小小的獵獲物，在黃昏時候精疲力竭地帶著滿身被荊棘刺破的傷痕回到家裡，其喜悅的心情遠遠超過了一般對打獵很外行的人，因爲他們儘管騎著駿馬，有二十個人扛著裝好了彈藥的獵槍跟著他們，但只能用了一支再換一支，必須等野物跑到他們身邊的時候才能開槍打它們，既沒有技術，也不光彩，甚至連運動都談不上。因此，當我們不需要看管土地，不需要處罰偷偷打獵的人和折磨窮人的時候，我們既未因此而減少我們的樂趣，而且還可免除一切的麻煩。我之所以寧可過這樣的生活，其理由就在於此。不管你怎樣做，你老是那樣折磨別人，自己是不能不同時遭到某些麻煩的；大家常常詛咒你，早晚會使你的野味吃起來很苦的。

再說一下，排除他人而獨享樂趣，反而會使樂趣化爲烏有。只有同人家分享的快樂，才是眞正的快樂；要想獨自一個人樂，是樂不起來的。如果我在花園周圍修建的牆使它變成一塊淒涼的禁地，那麼我花了很多的錢反而使自己失去了散步的樂趣，使我不得不到遠處去散步。財產這個魔鬼，摸著什麼東西就要敗壞什麼東西。一個有錢人到哪裡都想做主人，但他一做了主人反而得不到快樂，只好時時刻刻地到處逃避。至於我，即使我發了財，我也要保持我貧窮時候的做法。現在我可以享用別人的財產，從而使我比只享用我自己的財產更加富有；在我的附近，我覺得哪塊地方好，我就把它據爲己有。任何一個征服者都沒有我做事這樣果斷，甚至王室的土地我也要侵占；所有的空地，只要我喜歡，我就不加分別地把它們占領下來，並且給它們取一個地名；我把這塊空地作爲我的花園，把那塊空地作爲我的草坪，於是它們就歸我所有了；從此以後我就可以在其中大搖大擺地走來走去了，我要經常去看一看，以便保持我的所有權；凡是我路過的地方，我愛怎樣利用就怎樣利用；如果有人說，我所侵占的這塊土地的正式主人用這塊土地出產的作物賣得了金錢，所以他從這塊土地上得到的益處比我得到的益處大，我認爲是說得不對的。即使他們挖溝築籬來阻擋我，那也沒有關係，我把我的花園扛起來就走，我把它安放到別處去；在附近有的是地方，我要對我的鄰居掠奪一個很長的時期之後，他們才不能容忍我。

以上是我試圖指出在愉快的閒暇時候如何選擇眞正的有趣消遣，我們要玩就得按這種精神去玩，其他的一切玩法都不過是胡鬧妄爲和愚蠢的無聊事情。任何一個人，只要他脫離了這些原則，不論他多麼有錢，多麼會揮金如土，他也領略不到生活的意義。

毫無疑問，人們會反對我說，這樣的娛樂法是誰都會的，照著這些辦法去玩，就不一定非要有錢不可了。這句話，正是我要得出的結論。只要你想得到快樂，你就可以得到快樂；只因習俗的偏見，才使人覺得一切都很困難，把擺在我們眼前的快樂也全都趕走了；要得到眞正的快樂，比在表面上假裝快樂還容易一百倍。一個善於欣賞和眞正懂得逸樂的人，是不需要有金錢的，只要他有自由和自己做自己的主人就行了。任何一個身體健康、無凍餓之虞的人，只要他拋棄了他心目中臆想的財富，他就可以說是一個相當富有的人了，這就是賀拉斯所說的「以中庸爲貴」。金銀滿庫的人啊，另外想一個使用你們財產的辦法吧，因爲在尋求快樂的時候，金錢是沒有用的。愛彌兒所知道的東西並不比我所知道的東西多，但是，由於他有一顆更純潔和健康的心，所以他在這方面的見解比我的見解還好些，全世界的人都不能不說他的種種看法是對的†。

在這樣消磨時間的過程中，我們一直在尋找蘇菲，可是找不著她。正是由於不應該很快就把她找到，所以我們才到我明明知道沒有她的地方去找她㊸。

時間已經很緊迫了；現在是應該馬上把她找到的時候了，以免他把另外一個女人當成是她，等到發現認錯了人，便後悔不及了。巴黎，你這馳名的城市，你這鬧鬧嚷嚷、充滿了烏煙瘴氣的城市，你這以婦女不愛體面、男子不愛美德而著稱的城市，再見吧！巴黎，再見吧！我們現在要尋找愛情、幸福和天眞；我們離開你是愈遠愈好的。

---

† 在其他版本作：「……說他的種種看法是對的。這樣一種培養興趣的辦法，比採用讀書去培養興趣的辦法好得多。賀拉斯和肖利厄對他也沒有什麼更好的辦法可講的。我再說一下，我們需要瞭解的是，這些方法這時候用起來是不是索然寡味和收不到效果，或者對他是十分相宜的。」

㊸ 「才德的婦人，誰能得著呢？她的價値遠勝過珍珠。」見《舊約全書．箴言》，第三十一章，第十節。

第五卷

現在，我們已經演敘到青年時期的最後一幕了，不過，還沒有到大功告成的時候。一個成年人單獨一個人生活，那是不好的。愛彌兒現在是一個成年人了，我們曾經答應過給他一位伴侶，現在應該把她給他了。這個伴侶就是蘇菲。她躲藏在什麼地方？我們到哪裡去找她？必須認識她，才能找到她。我們首先要知道她是怎樣一個人，然後才能更好地估計她住在什麼地方；即使我們已經把她找到了，事情也還沒有完。洛克說：「既然我們這位年輕的紳士即將結婚，那就把他交給他的情人好了。」寫到這裡，他的著作就宣告結束了。至於我，我可沒有培養什麼紳士的榮幸，所以，我在這方面絕不學洛克的樣子。

蘇菲或女人

如同愛彌兒是一個成年男子一樣，蘇菲應當是一個成年的女人，也就是說，她應當具備所有一切成年女性的特徵，以便承擔她在身體和精神方面應當承擔的任務。現在，讓我們從男性和女性的異同著手，進行一番研究。

就一切跟性沒有關係的東西來看，女人和男人完全是一樣的：她也有同樣的器官、同樣的需要和同樣的能力；身體的結構也是一樣的，身上的各個部分和它們的作用也是相同的，面貌也是相像的；不管你從哪一方面看，女人和男人之間的差別只不過是大小的差別罷了。

就一切涉及性的東西來看，女人和男人處處都有關係，而處處也都不同，要把他們加以比較，是很困難的，因爲在男女的體格方面很難確定哪些東西是屬於性的，哪些東西不是屬於性的。通過比較解剖學，甚至單單憑肉眼的觀察，我們也覺得他們之間的一般區別好像是不在於性，然而它們跟性是確有關係的，只不過是我們看不出它們跟性發生關係的脈絡罷了；關於這些脈絡，我們還不知道它們散布的範圍有多麼大。我們確切知道的唯一一件事情是：男人和女人共同的地方在於他們都具有人類的特點，他們不同的地方在於他們的性。從這兩個觀點來看，我們發現他們之間既有那樣多相同的地方，也有那樣多相反的地方，以至於我們可以說，大自然把兩個人既做得這樣相像，又做得這樣不同，確實是奇蹟之一。

所有這些相同和相異的地方，對人的精神道德是有影響的；這種影響是很顯著的，而且大家都是親身經驗得到的，所以我們用不著爭論到底是男性優於女性，還是女性優於男性，或者兩種性別的人是相等的，因爲，每一種性別的人在按照他或她特有的方向奔赴大自然的目的時，要是同另一種性別的人再相像一點的話，那反而不能像現在這樣完善了！就他們共同的地方來說，他們是相等的；就他們相異的地方來說，是無法比較的。說一個成熟的女人和一個成熟的男人相似，是說他們的外貌相似，而不是說他們的精神相似；如果說要完全相似的話，那就連大小的差別也不許有了。

在兩性的結合中，每一種性別的人都同樣爲共同的目的而貢獻其力量，不過貢獻的方式是不同的。由於方式不同，所以在兩性的精神上也就產生了一個顯而易見的差別。一個是積極主動和身強力壯的，而另一個則是消極被動和身體柔弱的，前者必須具有意志和力量，而後者只要稍爲有一點抵抗的能力就行了。

如果承認這個原理的話，我們就可以說，女人是特地為了使男人感到喜悅而生成這個樣子的。如果倒過來說，男子也應該使女人喜歡的話，那也只是一種不太直接的需要，因為，他的長處是在於他的體力，只要他身強力壯，就可以使她感到歡喜。我同意有些人所說的：這樣的歡喜不是愛情的法則在起作用，但是，這是比愛情的法則更由來久遠的自然的法則在起作用。

如果說女人生來是為了取悅於和從屬於男人的話，她就應當使自己在男人看來覺得可愛，而不能使他感到不快。他對她之所以那樣兇猛，正是由於她有動人的魅力；她應當利用她的魅力迫使他發現和運用他的力量。刺激這種力量的最可靠的辦法是對他採取抵抗，使他不能不使用他的力量。當自尊心和欲望一結合起來的時候，就可使雙方互相在對方的勝利中取得自己的成功。所以，一方是進行進攻，另一方是採取防禦；男性顯得勇敢，女性顯得膽怯，直到最後拿出大自然賦予弱者制伏強者的武器——嬌媚害羞的樣子。

誰敢這樣說：大自然是毫無差別地要兩性的色欲都是同樣的亢進，而且要性欲最先衝動的一方首先向對方作出要求滿足色欲的表示？這種看法眞是怪糟糕的！既然性行為對兩性產生的結果是這樣不同，那麼，如果雙方都同樣大膽地去做這種行為，是不是合乎自然的道理呢？在共同的行為中，雙方的負擔既然是這樣的不平等，那麼，如果一方不受羞恥心的制約，另一方不受自然的克制，則不久以後雙方都要同歸於盡，而人類也將被本來是用來保存自己的手段所毀滅，這一點，難道還不明白嗎？由於婦女們容易刺激男子的感官，燃起他們心中即將熄滅的欲火，因此，如果在世界上的某一個糟糕的地方，特別是在女多於男的熱帶地方，這種看法要是普遍流行的話，則男子們在婦女淫欲的摧殘之下，一個個都沒有辦法抵抗，不能不被她們所犧牲，被她們拖向死亡。

如果雌性的動物沒有這種羞恥心，會產生怎樣的結果呢？它們會不會像女人那樣擺脫這種作爲色欲的制約的羞恥心而貪淫無度呢？雌性的動物只有在需要的時候才產生性欲的，需要一滿足，性欲也就停止；它們不是那樣假情假意地推開雄性的動物[①]，而是乾脆俐落地一下子就拒絕的；它們的做法和奧古斯都的女兒的做法完全相反，當船隻已經裝滿了貨物的時候，它們就不再接納乘客了。即使在它們聽任性欲擺布的時候，它們心甘情願地進行性行爲的時間也是很短暫的，不久就會過去的；它們受本能的推動，也受本能的制約。如果你使婦女們喪失了這種羞恥心，她們用什麼東西來代替這種消極的本能呢？在沒有這種本能的情況下，如果你還希望女人不想男人，那等於是希望男人個個都成草包。

至高的上帝在任何事情上都希望人類具有榮譽心，祂在把無限的欲望賜予人類的同時，又賜予調節欲望的法則，以便使人類既能自由，又能自己控制自己；祂使男人既有旺盛的色欲，又使他具有克制色欲的理智；祂使女人既有無限的春情，也使她具有節制春情的羞恥心。此外，在人類正當地運用其性能力的時候，祂還使人類獲得一種當時即能享受到的賞賜，那就是，如果人類按照祂的法則而誠實地從事的話，就會得到樂趣。在我看來，所有這些是可以起到動物的本能所起的作用的。

---

① 我曾經說過，所有的女性差不多都會做這種假情假意、半推半就地拒絕的樣子，甚至雌性的動物在它們已是十分心甘情願的時候，也會這樣做作一番的；只有從來沒有看見過她們這種裝模作樣的樣子的人才不同意這一點。

不論女人是不是像男人那樣發生了性欲，也不論她是不是願意滿足他的欲望，她總是要表示推辭和進行防衛的，不過推辭和防衛的程度是不一樣的，也不是始終都是那樣堅決和同樣成功的。攻者要取得勝利，被攻者就要允許或指揮他進行進攻，有多麼多巧妙的辦法刺激進攻者拼命進攻啊！最自由和最溫柔的動作是絕不容許眞正的暴力，大自然和人的理性都是反對使用暴力的。大自然之反對使用暴力，表現在它使較弱的一方具有足夠的力量，想抵抗就能夠抵抗；理性之反對暴力，在於眞正的暴力不僅是最粗野的獸行，而且是違反性行爲的目的，因爲一則是由於這樣做，男人就等於是向他的伴侶宣戰，從而使她有權把侵害者置於死地，以保衛她的人身和自由，再則是由於只有婦女才能獨自地判斷她自己的處境，同時，如果任何一個男人都可竊奪做父親的權利的話，則一個孩子便無法辨認哪一個人是他的父親了。

這樣，我們可以根據兩性體質的差異而得出第三個結論，那就是：較強的一方在表面上好像是居於主動，而實際上是要受較弱的一方支配的；其所以如此，並不是由於男子慣於向婦女獻小殷勤，也不是由於他以保護人自居，表現得寬宏大量不拘細節，而是由於一種不可變易的自然法則，因爲這種法則使婦女可以很輕易地刺激男人的性欲，而男人要滿足這種性欲，就比較困難，從而使他要依對方的興致爲轉移，並且不得不盡力地取悅對方，以便使她承認他爲強者。對男人來說，在他取得勝利的時候，他最感到甜蜜的是他不知道究竟是弱者向他的強力讓步，還是她心甘情願地投降；而婦女又往往很狡猾地故意使他和她之間存在著這種疑團。這在一點上，婦女的心眼和她們的體質完全是一致的：她們不僅不以她們的柔弱爲可羞，反而以之爲榮；她們柔嫩的肌肉是沒有抵抗力的，她們承認連最輕便的東西也負擔不起；要是她們長得粗壯的話，也許反而覺得不好意思咧。爲什麼呢？這不僅是爲了顯得窈窕，而且是爲了更好地進行防衛，她們要事先給自己找個藉口，以便在必要的時候取得弱者的權利。

我們從自己的罪惡行爲中逐步地獲得了許多知識，從而大大地改變了我們在這個問題上的舊看法；我們現在是很少聽說有強姦的行爲了，因爲這種行爲已經不大需要，同時世人也不再相信有這種行爲②；但是，在上古的希臘人和猶太人當中常常聽說有這種事情，因爲它們是符合樸實的自然生活，而後來只因我們日趨放蕩，所以大家才不提這種事情了。現在，人們之所以較少地談到強姦的事，當然不是由於男子們更能克制，而是由於人們已不再那樣地相信；從前，向人家訴說強姦的事情，是能夠說得心地樸實的人相信的，而在今天就會招致別人的取笑，因此，倒不如不說還好些。在《申命記》*中有一條法律規定，如果姦淫的事發生在城裡，則被奸的女子也要跟誘姦的人一同受到懲罰；但是，如果發生在鄉間或人煙稀少的地方，則只懲罰男子。據這條法律說，這是「因爲那女子已經喊叫，但是沒有人聽見。」這種寬大的解釋，教育了女子們不要到人多的地方去，以免遭到意外。

由於人們的看法有了改變，因此對風俗也產生了顯著的影響。現今的男子個個都向婦女大獻殷勤，就是這種影響的結果。男子們發現，他們要得到快樂，便要依靠女性的自願，而且依靠的程度比他們所

② 要在年齡和體力上極不相稱，才能說是真正的強姦；不過，我在這裡是按照自然的秩序來論述兩性的相對的地位，所以我把男女兩性都放在構成這種地位的共同關係中來闡述。

* 《舊約全書·申命記》，第二十二章，第二十三至二十七節。

想像的還大得多，他們必須採取體貼對方的做法，才能滿足自己的願望。

所以，我們可以看出，我們是怎樣在不知不覺中由肉欲而達到道德觀的，是怎樣由粗俗的兩性結合中逐漸產生溫柔的愛情法則的。女子之所以能夠駕馭男人，並不是由於男人願意受她們的駕馭，而是由於大自然要這樣做：她們還沒有在表面上制伏男子以前，就已經是在駕馭男子了。海格立斯想凌辱塞士庇斯的五十個女兒，但是卻不得不在奧姆伐爾的腳邊去紡紗；參孫的力量雖大，也大不過德利拉。婦女們是有這種威力的，而且是誰也不能剝奪的，即使她們濫用這種威力，我們也沒有辦法；如果她們有失去這種威力的可能，她們早就失去了。

至於說到性行爲對兩性的影響，那是完全不平等的。男性只不過在某些時候才起男性的作用，而女性終生都要起女性的作用，至少她在整個的青年時期要起女性的作用；任何事情都可以使她想起她的性別，同時，爲了很好地起到她的作用，她就需要一套同她的性別相適應的做法。她在懷孕期間需要得到照顧，她在坐褥期間需要休息；她在授乳期間需要過一種安適而少活動的生活；爲了撫養孩子，她應當性情溫柔和有耐心，她應當具有一種不爲任何事物所挫折的熱情和愛；她是孩子們和父親之間的紐帶，只有她才能使他愛他們，使他相信他們確實是他的。爲了使全家的人親密相處，需要她做出一些多麼細緻的安排啊！婦女們之所以能這樣做，並不是因爲這些事情是一種美德，而是因爲其中含有樂趣，沒有這種樂趣，人類是不久就會消滅的。

兩性之間相互的義務不是也不可能是絕對相等的。如果婦女們在這個問題上抱怨男子做得不公平的話，那是不對的；這種不平等的現象絕不是人爲的，或者說，至少不是由於人們的偏見造成的。它是合理的，在兩性當中，大自然既然是委她以生男育女的責任，她就應當向對方負責撫育孩子。毫無疑問，任何人都是不容許背信棄義的，任何一個不忠實的丈夫，如果在他的妻子盡到了女性的艱巨責任之後，竟剝奪了她應當享受的唯一報酬的話，他便可以說是一個不正直的野蠻人；但是，如果妻子不忠實，則後果就更糟糕了，她將拆散一個家庭，打破自然的一切聯繫；由於她給他養的是一些私生子，所以她既出賣了丈夫，也出賣了孩子；她不僅不忠實，而且還不貞潔。我還沒有發現哪一次亂倫和犯罪的事情同不忠實的女人是沒有牽連的。如果說世界上確有一種可怕的處境的話，那就是一個倒楣父親的處境了：他不敢信任他的妻子，從而也不敢儘量發抒他內心的甜蜜情感，當他擁抱他的孩子的時候，他懷疑他所擁抱的那個孩子是不是別人的，是不是他的恥辱象徵，是不是篡竊他嫡親子女的財產的盜賊。在這個家庭中，儘管那個犯罪的女人強使家中的人做出相愛的樣子，但實際上是在挑使他們互相成爲暗中的仇敵，所以，哪裡能說他們是一家人呢？

因此，問題不僅是做妻子的人本人應該是很忠實的，而且她在她的丈夫、她的鄰人以及所有一切的人看來都是忠實的；她應當態度謙遜、舉止謹愼，而且還略略含羞；她在別人的眼中看來，也要如同在她自己的良心看來一樣，不愧爲一個有品德的人。如果說做父親的人應該愛他的子女，則他便應該尊敬他們的母親。由於這種種原因，所以婦女們一方面有許多應盡的義務，另一方面也要求她們必須像保持貞操一樣地保持一個很好的名聲。根據這些原理，我們不僅可以推論出男性和女性應有的品德爲什麼不同，而且可以推論出：在婦女們的天職和習俗方面還有一種新的動力促使她們要極其謹小愼微地注意她們的行爲和態度。只是籠統地說兩性平等，說他們的義務是一樣的，那等於是在說空話，不針對上述這些問題來說，那就是說了也等於白說。

舉出一些例外的情形來反駁有實實在在的依據的普遍法則，這哪裡說得上是一種實事求是的推理方法呢？你也許會說：「婦女們哪裡是常常在生孩子呢？」不錯，她們不是常常在生孩子，但是，她們本來的目的是要生孩子的。怎麼！僅僅因爲在這個世界上的百十來個大城市中，婦女們過著淫蕩的生活，因而所生的子女很稀少，你便以這一點爲依據說婦女們的天職是少生子女！窮鄉僻壤的婦女們過著十分樸實和貞潔的生活，要不是她們來彌補城市中的太太們生育稀少的後果的話，你想一想那些城市將變成什麼樣子？在好些省份中，一個婦女如果只生四個或五個孩子的話，還會被人家看作是生殖力不強的女人咧③！這個或那個女人少生幾個孩子，這有什麼要緊呢？難道說因此就能斷定婦女們的天職不是做母親嗎？大自然和人類的倫理難道就因此不通過普遍的法則把這種天職賦予她們嗎？

不管你把兩次懷孕期之間的間隔拖多麼長，一個婦女是不是因此就能夠毫無危險和毫無困難地斷然變換另外一種生活方式呢？她能不能夠今天做乳母，明天去做戰士呢？她能不能夠像變色的蜥蜴一樣改變她的氣質和愛好呢？她能不能夠一下子就不幹家務工作，到野外去櫛風沐雨地幹重活和拼著性命打仗

---

③如果不是這樣的話，人類就必然要絕滅；為了要保存人類，每一個婦女差不多要生四個孩子才能完全補足這種缺額，因為在出生的孩子中，幾乎有一半在他們自己還不能生育子女以前就死了，所以必須剩下兩個人來接替父親和母親。因此，請你想一想：我們能不能夠依靠城市來保持這樣一個人口數字。

呢？她能不能夠時而膽小④，時而勇猛；時而嬌弱無力，時而身強力壯呢？如果說在巴黎成長起來的年輕人都感到軍人的生活很苦，那麼，從來沒有曬過太陽，連走路都覺得吃力的女人，在過了五十年的舒適生活之後又去當兵，是否吃得消呢？她們在這種年齡（男子們在這種年齡就應當退伍了）能不能去從事這種艱辛的職業呢？

我知道，在有些國家裡，女人生孩子的時候幾乎沒有什麼痛苦，而且用不著操多大的心就能把孩子撫養起來；但是，也正是在這些國家裡，男人一年四季都能裸著半個身子，而且還能和猛獸格鬥，能把一艘獨木船扛在肩上就像扛一個背包，能跑七、八十哩路去打獵，能在露天地裡睡覺，能忍受難以想像的疲勞，而且幾天不吃東西也能夠生活。女人長得強壯的時候，男人就會長得更加強壯；但是，如果男子的身體變得衰弱了，則女人的身體就會更加衰弱；當被減數和減數都相應地改變的時候，差數仍然是一樣的。

我很清楚：柏拉圖在《理想國》中主張女人也要做男子所做的那些運動。他在他所主張的政治制度中取消了家庭，但又不知道怎樣安置婦女，所以他只好把她們改造成男人。這個天才優秀的人把各方面都論述得很詳細，對所有各種問題都闡發了他的見解，甚至任何人都沒有向他提到的一些難題，他都想到了，不過他對別人已經提到的一些疑難並未很好地解決。我現在不打算談那種所謂的婦女團體，在這個問題上要是像一般人那樣一再責備他的話，那恰恰證明責備他的人沒有讀過他的著作；我打算論述

④ 婦女們的膽子小，這也是一種自然的本能，以便她們在懷孕期間防備雙重的危險。

的是社會上男女混雜的情形；由於男女混雜不分，所以兩種性別的人都去擔當同樣的職務，做同樣的事情，結果是必然會產生一些不可容忍的弊端；我要論述最溫柔自然的情感的消滅，它們被一種必須依靠它們才能存在的虛僞做作的情感所吞噬。難道說不需要自然的影響就能形成習俗的聯繫！難道說我們對親人的愛不是我們對國家的愛的本原！難道說不是因爲我們有那小小的家園，我們才依戀那巨大的祖國！難道說不是首先要有好兒子、好丈夫和好父親，然後才有好公民！

當我們論證了男人和女人在體格和性情上不是而且也不應當是完全相同之後，我們便可由此得出結論說：他們所受的教育也必須有所不同。他們固然應當遵循自然的教訓，在行動上互相配合，但是他們不應當兩者都做同樣的事情；他們工作的目的是相同的，但是他們工作的內容卻不一樣，因此促使他們進行工作的情趣也有所差異。我們已經盡了一番力量把男子培養成一個天性自然的男子，現在，爲了使我們的工作達到完善，且讓我們探討一下怎樣培養婦女，使她們適合於這種男人。

如果你想永遠按照正確的道路前進，你就要始終遵循大自然的指導。所有一切男女兩性的特徵，都應當看作是由於自然的安排而加以尊重。你一再說：「婦女們有好些這樣或那樣的缺點，而這些缺點我們是沒有的。」你這種驕傲的看法將使你造成錯誤；你所說的缺點，正是她們的優點；如果她們沒有這些優點，事情就不可能有目前這樣好。你可以防止這些所謂的缺點退化成惡劣的品行，但是你千萬不能去消滅它們。

婦女們也不斷在那裡發牢騷，說我們把她們培養成徒具外表的撒嬌獻媚的人，說我們老是拿一些微不足道的小玩意兒去取悅她們的心，以便使她們容易受我們的控制；她們說我們責備她們的那些缺點是由我們造成的。簡直是在那裡胡說！男人們是從什麼時候起才開始插手女子的教育的？誰阻礙過做母親的人按她們的意願去教養女子？「她們沒有學校可上！眞糟糕！」啊！但願上帝也不讓男孩子去上學校好了！這樣做，他們是更能培養成有感情和心地誠實的人。誰強迫過女孩子們硬要把她們的時間浪費去搞那些瑣瑣碎碎的事情？誰要她們去學你的樣子把一半的時間拿去搞梳妝打扮？誰阻攔過你，不讓你按照你的心意去教育她們和請人教育她們？如果她們長得美麗，因而討得我們喜歡，如果她們笑眯眯的樣子使我們感到引誘，如果她們從你那裡學來的巧妙辦法使我們心醉神迷，如果她們穿得漂亮，使我們喜歡欣賞，如果我們讓她們從從容容地使用那些可以使我們甘拜下風的武器，能不能怪我們做得不對呢？好吧，你就像培養男子那樣培養她們好了，男人們一定是衷心贊成的。因爲，她們愈是想學男人的樣子，她們便愈不能駕馭男人；這樣一來，他們才會眞正地成爲她們的主人哩。

所有一切男女兩性同樣具有的能力，並不是雙方具有的程度都是相等的；但從總體方面說來，他們和她們的能力是互相補充的。婦女以婦女的身分做事，效果就比較好，如果以男人的身分去做，效果就比較差；無論在什麼地方，只要她們善於利用她們的權利，她們就可以占據優勢；但如果她們要竊取我們的權利，她們就必然會不如我們的。這是一個普遍的眞理，我們不能像偏袒女性的風流男子那樣，單單用一些例外的情形把這個眞理駁倒。

如果在婦女們的身上去培養男人的品質，而不去培養她們本來應該具備的品質，這顯然是在害她們。狡黠的女人把這一點看得很清楚，所以是不會受這種做法的欺騙；她們在企圖竊取我們的權利的同時，一點也不放棄她們的權利；然而這樣做的結果是，由於這兩種權利是互不相容的，所以這兩種權利她們都得不到，她們不但不能達到我們的地位，反而達不到她們本來應該達到的地位，使她們的價值損失了一半。賢明的母親，請你相信我所說的這一番話，不要違反自然把你的女兒造就成一個好男子；你應當把她培養成一個好女人，這樣，對她自己和對我們都有更大的好處。

是不是因此就可以得出結論說，應當使她對一切事物都蒙昧無知，只能夠讓她們經管家務呢？一個男人應不應該把他的伴侶當作奴僕呢？他會不會不讓她去享受社交的樂趣呢？爲了更好地使役她，他會不會使她沒有一點思想和知識呢？他會不會把她造成一個十足的機器人呢？不會的，當然不會的；大自然使婦女們具備了那樣聰慧和那樣可愛的心靈，所以它絕不會抱這樣的主張的；相反地，它希望她們有思想和有眼光，希望她們有所愛和有所認識，希望她們像培養身體那樣培養她們的心靈；所有這些就是它賦予她們的武器，以彌補她們體力的不足，並支配我們的體力。她們有很多的東西需要學習，但是她們只能學習那些適合於她們學習的東西。

我無論是從女性特殊的天職方面去考慮，還是從她們的傾向或義務方面去觀察，都同樣地使我瞭解到什麼樣的教育才適合於她們。婦女和男子是彼此爲了雙方的利益而生的，但是他們和她們互相依賴的程度是不相等的：男子是由於他們的欲望而依賴女人的，而女人則不僅是由於她們的欲望，而且還由於她們的需要而依賴於男人；男人沒有女人也能夠生存，而女人沒有男人便不能夠生存。她們想要獲得生活的必需品，想要保持她們的地位，就必須要我們願意供給她們的生活必需品，就必須要我們願意保持她們的地位，就必須要我們認爲她們配享受這些東西；她們要依賴於我們的情感，依賴於我們對她們功績的估計和對她們品貌的尊重。由於自然法則的作用，婦女們無論是就她們本身或就她們的孩子來說，都是要聽憑男子來評價的。她們不僅是應當值得尊重，而且還必須有人尊重；她們不僅是要長得美麗，而且還必須使人喜歡；她們不僅是要生得聰明，而且還必須別人看出她們的聰明；她們的榮耀不僅在於她們的行爲，而且還在於她們的名聲；一個被人家看作是聲名狼籍的女人，其行爲不可能是誠實的。一個男人只要行爲端正，他就能夠以他自己的意願爲意願，就能夠把別人的評論不放在眼裡；可是一個女人，即使行爲端正，她的工作也只是完成了一半；別人對她的看法，和她實際的行爲一樣，都必須是很好的。由此可見，在這方面對她們施行的教育，應當同我們的教育完全相反：世人的議論是葬送男人美德的墳墓，然而卻是榮耀女人的王冠。

首先要母親的身體好，孩子的身體才能好；首先要女人關心，男子才能受到幼年時期的教育；而且，他將來有怎樣的脾氣、欲念、愛好，甚至幸福還是不幸福，都有賴於婦女。所以婦女們所受的種種教育，和男人都是有關係的。使男人感到喜悅，對他們有所幫助，得到他們的愛和尊重，在幼年時期撫養他們，在壯年時期關心他們，對他們進諫忠言和給予安慰，使他們的生活很有樂趣，所有這些，在任何時候都是婦女們的天職，我們應當從她們小時候起就教育她們。只要我們不根據這個原理去做，我們就會遠離我們的目標，而我們教她們的種種訓條，既無助於她們的幸福，也無助於我們的幸福。

不過，儘管所有的婦女們都希望而且也應當使男子們感到喜悅，然而怎樣使有才德的人和眞正可愛的人感到喜悅，和怎樣使那些有辱男性和處處模仿女性的花花公子感到喜悅，在做法上是迥然不同的。無論天性或理性都不可能使一個婦女愛男人身上跟她相同的地方，反過來說，她也不應該爲了取得男人的愛就學男人的樣子。

所以，如果婦女們拋棄了淑靜的態度，而去學那些傻頭傻腦的男人樣子，則她們不是在遵循而是在違背她們的天職；她們在自己剝奪自己應享的權利。她們說：「如果我們不這樣做，我們就不會討得男子的歡心。」這簡直是在胡說。只有糊塗的女人才喜歡胡鬧的男人；如果她們想吸引這樣的男人，那就表明她們是非常的愚蠢。如果世界上沒有輕薄男子的話，糊塗的女人也許還巴不得製造幾個輕薄的男子咧；婦女使男子產生的輕薄行爲，遠遠多於男子使婦女產生的輕薄行爲。一個婦女如果愛眞正的男子和想討取他們的歡心，她就應當採取一些適合於她意圖的手段。婦女們由於身分的關係，所以是很風騷的；但是，她們賣弄風騷的方式和目的，是要隨著她們的看法不同而有所變化的。我們使她們的看法符合自然的看法，婦女們就可以受到適合於她們的教育了。

小小的年輕姑娘也是很喜歡裝飾品的。她們不滿足於她們長得美，而且還希望別人發現她們的美；我們在她們小小的面孔上就可以看出她們已經有了這種心思，一到她們能夠聽懂我們向她們所講的話，我們只需告訴她們說別人在怎樣談論她們，就可以把她們管束得好好的。然而，如果你糊裡糊塗地同樣向男孩子們說別人在怎樣談論他們，就不可能取得那種效果。只要他們能夠自由自在地玩，別人怎樣說他們，他們是滿不在乎的。要使他們受這個法則的約束，那是要花很多時間和精力的。

女孩子們的這種最初的教育，不論是從哪裡得來的，總之是一種很好的教育。既然是身體先精神而生，則我們就應當首先培養身體，這個次序對男人和女人來說都是一樣的。但是，培養的目的是不同的：在男人是培養它長得壯而有力，在女人則是培養它長得靈巧；這並不是說男性只能唯一無二地具有男性的品質，女性只能唯一無二地具有女性的品質，這只是說這些品質在每一種性別的人身上應當有主有次；女子也必須有足夠的體力，做起活來才感到輕鬆；男子也必須相當的靈巧，做起活來才覺得容易。

婦女的體質要是過於柔弱，也會使男子的身體日趨柔弱的。婦女們不應當像男子那樣粗壯，但是也要強壯得同他們相配合，才能生育像他們那樣健康的孩子。在女修道院寄宿的女子，吃的雖然是普通的飲食，但是由於在戶外和花園中蹦蹦跳跳遊玩的時候多，所以從這一點上說，在女修道院比在自己家裡好，因爲在自己的家裡，一個女孩子吃的雖然是精美的飲食，然而由於時而受到大人的誇獎，時而又受到大人的斥責，並且成天都在一間關得緊緊的房間裡坐在母親的面前，不敢起來走一走，不敢說話或鬧嚷，也沒有片刻的自由去玩、去跑、去跳、去叫，隨她們那個年齡的活潑天性去做，結果對她們不是過於嬌生慣養就是不適當地管得過嚴，沒有一樣是做得合乎道理的。青年人的身心之所以遭到敗壞，其原因就在這裡。

斯巴達的女孩子也像男孩子一樣地做軍操，其原因並不是爲了去打仗，而是爲了將來生育一些能夠忍受戰爭艱苦的兒子。我倒不認爲，爲了給國家生養士兵，就一定要母親們背著步槍去學普魯士的兵操；但是我認爲，從大體上說來，希臘人在這方面的教育方法是很有道理的。青年女子經常出現在公共場合，只不過是女孩子和女孩子聚在一起，而不和男孩子們混起來的。在任何一個節日、集會或祭神的典禮中都可看到一隊一隊的優秀公民的女孩子，她們戴著花冠，提著花籃，捧著花瓶和祭品，載歌載舞地玩著，使希臘人遲鈍的感官接觸到一種動人的情景，抵消他們粗笨的體操所產生的不良效果。不管這種風俗對男子產生了什麼影響，它總是能通過輕鬆活潑的運動，使女子在青年時期練成一副良好的體格，通過使人喜歡的殷切願望培養她們的興趣，而又不損害她們的性情。

這些年輕的姑娘們一旦結了婚，就再也不在公共場合露面了；她們待在家裡，把她們的全部精力用來管理家務。大自然和理性給女性安排的生活方式就是如此。這樣的母親所生育的兒子才是地球上最健美的男子；儘管有幾個島上的人名聲不好，然而，在全世界，甚至在包括羅馬人在內的所有一切民族中，只有古代希臘的婦女才是那樣既聰明又可愛，既賢淑又長得漂亮。

我們知道，希臘人的衣服很寬大，一點也不束縛身體，因而使他們的男子和婦女的身材個個都長得像他們的雕像那樣勻稱優美；在我們中間，由於自然的體態已經被弄得不像原來的樣子，再也找不到那樣勻稱的身段，所以現今在藝術上還要拿他們的雕像作爲模仿的模特兒。所有一切哥特式的緊身衫和把我們周身四肢捆得嚴嚴實實的花邊帶，古代的希臘人是絕對沒有見過的。他們的婦女也沒有穿過鯨尾式裙子，可是我們現今的婦女卻被這種東西弄得身材不像個樣子，使人一點也看不出它們的輪廓。這樣一種不好的服式在英國竟流行到了一種難以置信的程度，我不能不設想其結果是必然會敗壞他們的民族；我認爲，他們之所以喜歡這種服式，正是由於他們的風尚不好的緣故。一個婦女像黃蜂似地切成兩段，是一點也不好看的，這是有礙觀瞻和使人一想到那種樣子就感到不痛快的。同所有一切其他的事物一樣，身材的窈窕也有它一定的比例和限度，超過這個限度，就肯定是一種缺點；這種缺點在裸體的時候看起來是極其刺目的，難道說用衣服把它罩起來就好看嗎？

我眞的不敢研究是什麼理由使得婦女們硬要把自己像穿鎧甲似地束縛起來；我承認：一個二十歲的女人要是乳房下垂和腰身粗大，確實是很難看的，但是，如果在三十歲的時候是這個樣子的話，那就一點也不難看了；不管我們願不願意，我們在任何年齡都要長得合乎自然，人的眼睛在這一點上是看得清清楚楚的，所以，不管什麼年齡的女人在有了這種缺陷的時候，樣子固然是不好看，但總比傻頭傻腦地把自己裝扮成一個四十歲的大姑娘好看得多。

所有一切妨礙和束縛天性的東西都是由於風尚不好而造成的，就身體的裝飾和心靈的修養來說，確實是這樣的。生命、健康、理性和舒適，應該是壓倒一切的，不舒適的事物絕不會顯得優美；苗條並不等於瘦弱，爲了討得人家的愛，就不應當有一副不健康的樣子。一個人生病的時候固然是可以引起人家的同情，但是，要想得到人家的喜歡，就必須長得活活潑潑，身體健康。

男孩子和女孩子有許多共同的遊戲，這是很應該的，他們長大以後，不是也應該在一塊兒玩的嗎？他們也各自有適合於自己的愛好。男孩子喜歡運動和吵鬧，喜歡打鼓、抽陀螺和推小車；而女孩子則喜歡好看和用來化妝的東西，喜歡鏡子、珠子、花邊，尤其是喜歡布娃娃，布娃娃是女孩子特定喜歡的東西，從這一點就顯然可以看出她的愛好是切合她的使命的。打扮的要點在於怎樣使用化妝品，這種藝術是孩子們可以學會的。

你看：一個女孩子成天玩她的那個布娃娃，她不斷地給它裝飾，無數次地給它穿衣服和脫衣服，不論她善於挑選或是不善於挑選，她總是接二連三地給它佩戴一些新的裝飾；她的手指很笨，她也沒有養成一定的愛好，但是她的傾向已經顯露出來了。她玩布娃娃玩得沒有個完，時間也不知不覺地過去了，究竟玩了幾點鐘，她也不知道，甚至連吃飯都忘記了；她如饑似渴地尋找的是化妝品而不是食物。你也許會說：「她所打扮的是她的布娃娃而不是她本人。」當然，她注意她的布娃娃而沒有注意她自己，她對她自己還不能做任何事情，她還沒有長大成熟，她既沒有才能也缺乏體力，她什麼都不懂，她整個的心思都貫注在她的布娃娃身上，她把她所有一切可愛之處都轉移在它的身上。她不會永遠都停留在這種情況的，她在等待她自己成爲一個布娃娃的時刻。

可見這是必然要形成的一個傾向，你只需注意它的發展，加以指導就行了。當然，這個小女孩心中所想到的只是怎樣打扮她的布娃娃，怎樣給它打蝴蝶結和小圍脖兒，怎樣給它紮花邊，所有這些她都一定要依靠別人幫她的忙，因此她覺得要是她自己會做就好了。人們之所以開頭第一樣就教她學做這些東西，其原因就在於此；這些東西並不是人們規定她非做不可的工作，而是好心好意地拿給她去玩的。實際上，幾乎所有的小女孩都是不願意學習讀書和寫字的；但是，當她們把針線拿在手裡的時候，她們就學習得很起勁。她們以爲自己已經長成大人，高高興興地想像著她們終有一天會用這些本領打扮自己。

把這第一條道路打開之後，就容易前進了；跟著，她們就會自己去學做瑣瑣碎碎的化妝品，學繡花和打花邊。掛什麼窗簾，她們是不太過問的；用什麼家具，她們也是不管的。這些東西對她們沒有什麼關係，別人愛怎樣安排就怎樣安排。成年的婦女才喜歡考究窗簾和壁紙之類的東西，年輕的姑娘對它們的興趣是不大的。

像這樣自覺自願地學習這些東西，很容易促使她們去學畫圖畫，因爲繪畫這門藝術同考究穿扮是很有關係的；不過，我不希望她們去學畫風景，更不希望她們去學畫人物。學著畫一畫花草、果木和各種圖案就夠了，因爲這些畫可以增加她們服裝的美，使她們在找不到合適的花樣時，可以自己畫出來刺繡。一般地說，如果男子只應該研究對他有用的學問的話，則婦女尤其應該把她們研究的範圍限制於對她們有用的事情，因爲，儘管婦女的生活沒有那樣勞累，但她們做事一般是比男人更加勤奮的，而且常常還要穿插著做許多其他的事情，所以不容許她們按各人的才能去自由選擇，因而不能很好地盡她們的本分。

不管那些愛說風涼話的人怎樣說，男女兩性都是具有同樣良知的。女孩子一般都是比男孩子更溫順一些的，而且，正如我在後面即將談到的，我們可以管她們管得嚴一點；但是，不能因此就得出結論說我們可以強迫她們做她們不明白其用處的事情；做母親的人要善於向她們指出我們叫她們做的事情有什麼用處，由於女孩子的智力比男孩子的智力成熟得早，所以要做到這一點是比較容易的。根據這個原理，女孩子和男孩子不僅不應該去研究那些既沒有什麼好處，而且也不可能使從事研究的人感到愉快的無聊學問，甚至連那些他們在目前這個年齡還不明白而必須等到年歲稍長以後才能明白其用途的學問，他們也是不應該去研究的。既然我不願意強迫一個男孩子讀書，所以我尤其不願意在沒有使女孩子們明白讀書的用處以前就硬要她們去啃書本；何況我們平時向她們解釋讀書的用處時，我們是按照我們的觀念而不是按照她們的觀念解釋的哩。總之，一個女孩子有什麼必要在那樣小的年紀就要學讀書和寫字呢？難道說馬上就要叫她去管理家務嗎？在她們中間，很難找出幾個人是不濫用這種有害學問的，何況所有的女孩子都極其好奇，所以，只要她們一有餘暇和機會，她們用不著你去強迫，也是要學讀書和寫字的。也許，她們首先是應該學會算術，因爲再也沒有什麼東西是像算術那樣不僅時時都有用處和需要更多的練習時間，而且還容易發生錯誤。如果一個女孩子非要做一次算術題才能吃到櫻桃的話，我敢擔保，她很快就能學會計算數字的。

我認識一個小女孩，她是先學寫字然後才學識字的，而且開頭是用針寫然後才用筆寫的。在所有的字母中，她起先只喜歡寫「O」。她不斷地寫了大「O」又寫小「O」，寫了粗筆畫「O」又寫細筆畫「O」，在一個「O」字中間又寫另外一個「O」，而且總是反著筆順寫「O」。可惜，有一天，當她正在做這個有意義的練習的時候，她在一面玻璃鏡裡看見了自己的樣子；她覺得這種彆扭的姿勢很難看，於是就像米訥瓦❶似地把筆扔掉，從此就不寫「O」了。她的弟弟也跟她一樣，不學寫字了，不過，使他討厭寫字的原因，是他覺得寫字是受罪，而不是學她的樣子。大家另外想了一個辦法才使她又重新練習寫字；原來這個小女孩是很嬌氣的，她不喜歡把她的衣服拿給她的妹妹穿；從前，家裡的人在她的衣服上都打了記號，而以後就不替她打記號了，所以她只好自己學打記號。她以後進步的情況如何，大家是可以想像得到的。

你必須把你叫女孩子去做的事情的意義給她們講清楚，但是一定要她們把那些事情做好。懶惰和桀驁不馴是女孩子的兩個最危險的缺點，而且，一有了這兩個缺點，以後就很難糾正。女孩子們應當做事細心和愛勞動；這還不夠，她們從小還應當受到管束。如果這樣做對她們是一種苦楚的話，這種苦楚也是同她們的性別分不開的；而且，要是不受這種苦楚，她們將來一定會遭受更大的痛苦。她們一生都將繼續不斷地受到最嚴格的約束：種種禮數和規矩。必須首先使她們習慣於這種約束，她們才不會感到這種約束的痛苦；必須使她們習慣於控制她們種種胡亂的想法，以便她們自己能使自己順從他人的意志。

❶ 米訥瓦，即希臘神話中的雅典娜。

如果她們成天都想幹活的話，我們還應當在某些時候強迫她們一點事情也不做。如果她們最初有了不良的愛好和愛做什麼事情就做個沒有完的話，她們就容易產生輕佻放蕩和反覆無常這些缺點。要防止這種弊病，最重要的就是要教育她們自己克制自己。在我們現在這種麻木不仁的社會情況下，一個誠實婦女的一生，就是不斷地同她自己鬥爭的一生；婦女們來分擔她們給我們造成的痛苦，這是很公平的。

要防止女孩子們厭棄工作而只知玩樂。採取一般的教育方法便容易使她們產生這種貪玩而不願幹活的缺點，因爲，正如費訥龍所說的，這種教育方法一方面使女孩子們感到十分厭膩，另一方面又使她們只貪圖快樂。如果大家遵守前面所講的法則，這兩種缺點當中的第一個缺點便只有在她們不喜歡她們周圍的人的時候才會發生。一個小女孩如果喜歡她的母親或她的朋友，則她終日同她們在一起工作，也不會感到厭倦；單單是同她們聊天，就足以消除她心中所感到的束縛。但是，如果她覺得管理她的人是一個眼中釘，則她在那個管理人面前做任何事情都是做得不痛快的。有些女孩子覺得同母親在一起不如同別人在一起快樂，這樣的女孩子是很難變成好孩子的；不過，要判明她們眞正的情感，就必須對她們的情感進行研究，而不能單憑她們所說的話，因爲她們會甜言蜜語地說一番假話來掩飾她們的思想。我們也不能夠規定她們硬要愛她們的母親，不能說由於女孩子有服從母親的義務因而必然要對母親產生愛的，在這方面是一點也不能勉強的。只要母親不使得她的女兒討厭她，則她對女兒的愛護、照顧和平日的習慣，就會使她的女兒愛她的。做母親的人即使管束她的女兒，只要管得恰當，則不僅不會減少反而會增加她對母親的愛，因爲，既然婦女生來就處在隸屬他人的地位，所以女孩子們也會懂得她們是應該服從別人的。

由於女孩子只能夠有很少的自由，所以她們往往過分地使用人們讓她們所享受的那點自由；她們處處都表現得很極端，甚至做遊戲的時候也比男孩子做得起勁，這就是我剛才所說的第二個缺點。這種缺點必須加以制止，因爲它將造成婦女們所特有的幾種惡習，例如任性和入迷，一個女人如果有了這些惡習，則她今天雖然喜歡一樣東西喜歡得不得了，而一到了明天，也許連瞧都不瞧它一眼了。對她們來說，好惡無常同做事過分一樣，是極其有害的，而這兩種缺點都是由同一個原因引起的。我們不應該不讓她們歡歡喜喜、笑笑鬧鬧地做頑皮的遊戲，但是我們要防止她們爲了去做另一種遊戲，便厭棄這一種遊戲；必須使她們在一生之中時時刻刻都要知道有所約束。要經常使她們玩得正高興的時候，可以馬上停止，毫無怨言地去做另外的事情。要做到這一點，只要養成習慣就行了，因爲習慣可以變成第二天性。

由於養成了受約束的習慣，結果就會使一個婦女形成一種她終生都必須具備的品質：溫順；她之所以必須具備這種品質，是由於她始終要永遠聽從一個男人或許多男人的評判，而自己又沒有辦法不受他們評判的影響。一個女人應當具備的第一個重要的品質是溫柔，因爲，她既然是生成要服從有那樣多惡習和缺點的男人，則她從小就要知道她應當毫無怨言地忍耐一個丈夫不公正的行爲和錯誤。她之所以要這樣溫柔，不是爲了他，而是爲了她自己。做妻子的人如果潑辣和頑強的話，其結果是只會增加她的痛苦和丈夫的錯誤行爲的；如果她們要想征服他們，就不能使用這種武器。天老爺並不是爲了使她們變成愛吵吵鬧鬧的人才長得那麼巧言令色地善於說話的；也不是爲了使她們能夠頤指氣使地橫蠻行事才長得那樣柔弱的；也不是爲了叫她們罵人，才長有那樣一副好聽的嗓子；也不是爲了使她們能夠橫眉怒目地大發脾氣，才長有那樣俊秀的面孔。當她們怒容滿面的時候，她們就失去了她們本來的樣子了；儘管她們常常有發牢騷的理由，但如果她們大發雷霆地罵人，那就不對了。男性應當保持男性的態度，女性也應當保持女性的態度；一個丈夫如果太懦弱，就會使他的妻子變得很跋扈；不過，除非男人是一個怪物，否則一個女人的溫柔的性情遲早是會使他俯首帖耳地拜她的下風的。

但願女孩子們常常都是那樣乖乖地聽話的，但是做母親的人是不應該老是那樣不通人情的。我們不應當為了使一個小女孩變得很溫順就採取折磨她的辦法，也不應當為了使她變得彬彬有禮就對她採取粗暴的態度；相反地，要是她有時候玩弄一下狡猾的手段，我也是不生氣的，只要她玩弄這種手段的目的不是為了逃避我們對她不服從的行為所給予的懲罰，而是為了擺脫我們的管束。問題不在於硬要使她可憐地依賴於人，而是在於使她意識到她必須依賴他人就夠了。狡黠是女性的一種自然稟賦，我深深相信所有一切自然的傾向其本身都是很正當的；我認為，我們也應當像培養她們的其他天性一樣地培養她們的這種稟賦，問題只是在於怎樣防止她們濫用這種稟賦。

我呼籲所有一切善良的人仔細地研究我這個看法的真理。我不希望大家在成年的婦女們身上去研究這個問題，因為，我們的種種清規戒律已經逼使她們變得十分的奸詐了。我希望大家去研究女孩子，去研究小姑娘，因為她們可以說是剛剛才出生不久的人，希望大家把她們跟年紀相同的男孩子加以比較；如果他們跟她們比起來不顯得遲鈍和笨拙的話，那就說明我的看法完全錯了。現在，且讓我從孩子們十分天真的做法中舉一個例子來談一談。

在吃飯的時候不准孩子們要什麼東西，這是一個極其平常的規矩，因為人們認為，不拿一些毫無意義的規矩壓在他們身上，就不能夠把他們教好，所以一個可憐的孩子想要一樣東西而不做出想得要命的樣子，就不馬上給他或不給他⑤。大家都知道，一個懂得這個規矩的小男孩，如果在餐桌上沒有人理他的話，他會多麼巧妙地向大人要一點鹽或其他的東西。我不認爲人們會因爲他表面上要的是鹽而實際上要的是肉，就說他不對；大家不理他，這種做法是極其殘酷的，所以，要是他索性打破這個規矩，直截了當地說他肚子餓了，我不相信人們就可以因此而懲罰他。我親眼看見過一個六歲的小女孩就是這樣做的，而且是在十分爲難的情況下採取這種做法的，因爲，除了她家的人從來都是嚴格禁止她直接地或間接地要東西，不容許她不聽大人的話以外，而且那一餐飯所有的菜她都吃過了，只有一份菜大家忘記給她，不過這一份菜恰恰是她很想吃的。

這個小女孩爲了使得大人忘記給她的菜而又不戴上不聽話的罪名，她用手指頭依次指著所有的菜盤，一邊指一邊大聲地說：「這份菜我吃過了，那份菜我吃過了。」但是指到她沒有吃過的那份菜的菜盤時，她一聲不吭地把手指頭挪過去了，而且在挪的時候故意使人看得清清楚楚，於是大家就問她：「這一份菜你沒有吃過嗎？」「啊！沒有，」這個小小的貪吃女孩一邊把頭低下去，一邊很小聲地這樣回答。我不再多說了，請你自己把小女孩的這種機靈的做法同小男孩的機靈做法對比一下吧！

凡是自然存在的東西都是好的，沒有哪一個普遍的法則對人類是有害的。上帝使女性長得那樣特別

---

⑤當一個孩子發現再三地強要可以達到目的時，他就會糾纏不休地索取；不過，如果你說不給他就硬是不給他，他就不會再向你要那個東西了。

機靈，從而就極其公平地補償了她在體力方面的不足；沒有這種機靈，女人就不是男人的伴侶，而是他的奴隸。正是由於她的才智優越，所以她才能保持她的平等地位，才能在表面上服從而實際上是在管理他。女人有許多不利的地方，例如男人的缺點，她本身的羞怯和柔弱；對她有利的，只是她的才能和美麗的容貌。她培養她的才能和修飾她的容貌，不是很應該的嗎？不過，美麗的容貌並不是每一個女人都有的，而且這種容貌由於許多意外的事情將遭到毀傷，由於年齡的增長而日益消逝，由於風俗習慣的不同將損害它美的效果。所以只有機智才能作爲女性所有的眞正資本；不過，我們所說的機智，並不是社交場合中所讚賞的那種無助於幸福生活的機智，而是善於適應其地位的機智，是利用我們的地位並通過我們的優點來駕馭我們的藝術。一般人都不知道婦女們的這種機智對我們有多大的用處，不知道它使男女兩性的交際多麼的富於魅力，不知道多麼能遏制孩子們的乖戾和約束粗野的丈夫，不知道它多麼能使一個家庭管理得井井有條；要是沒有它，一個家庭便會弄得混亂一團。狡猾的壞女人將濫用這種機智，這一點我知道得很清楚；不過，哪一種東西不遭到世人的濫用呢？我們不能夠因爲這種創造幸福生活的手段有時候對我們有害，便把它加以毀滅。

一個女人可以用化妝品來使她出一出風頭，但要獲得別人的喜愛，還是要依賴她的人品。我們的穿戴打扮並不等於我們的本身，由於穿的和戴的東西太考究，往往反而更加難看，何況使穿戴裝飾品的人之所以能引人注目的，是那些最不爲人看重的東西咧。人們在這方面對女孩子施行的教育是完全錯誤的。他們用裝飾品來獎勵她們，促使她們喜歡華麗的衣裝；當她們五光十色地打扮起來的時候，人們對她們說：「多麼美麗啊！」恰恰相反，我們應當教她們懂得，她們所用的裝飾品只要能掩蓋她們的缺點就行了；眞正的美，是美在它本身能顯出奕奕的神采。愛好時髦是一種不良的風尙，因爲她的容貌是不因她愛好時髦而改變的；她的面貌既然永久都是那個樣子，所以，一種化妝品只要是曾經一度使她顯得好看，就可以永久地使用它。

當我看見一個年輕的女孩子用豔麗的服飾來打扮自己的時候，我就對她那種怪裡怪氣的樣子感到憂慮，擔心別人將對她那種樣子抱不好的看法；我將說：「她穿戴這樣多的裝飾品，眞是太累贅了；你看她是不是可以少穿戴一些？她沒有這樣或那樣的裝飾品，不也是夠美的嗎？」也許她會主動地要求別人把她穿戴的那些裝飾品取掉之後再評判她是不是美，要是她這樣做了，那眞是値得慶賀的。只有在她穿扮得很簡單的時候，我才誇獎她的。如果她瞭解到化妝品的作用是在於彌補她的姿色之不足，如果她瞭解到使用了化妝品就等於默默地承認她必須穿戴著這些東西才能討得人家的喜歡，那麼，她不僅不會以她的穿扮而感到驕傲，她反而會感到不好意思的；當她比平時穿扮得花俏的時候，她一聽見別人說：「她多美呀！」她便會羞得臉兒發紅的。

此外，儘管有一些人是需要一點裝飾，但沒有哪一個人是非要穿華麗的衣服不可的。女人之所以過分地打扮，是由於上流社會浮華的風氣，而不是由於她們個人的愛好虛榮，她們完全是聽別人怎樣說就怎樣打扮的。要打扮得眞正的嬌豔，有時候也需要用心思考究一番，然而是一點也用不著奢侈品的，朱諾❷實際上比維納斯❸穿扮得還好看。「由於你不能把她的樣子畫得很美，你就把她畫成一個穿扮華麗的人。」阿貝利斯向一個蹩腳的畫家這樣說道，因爲這個畫家在海倫❹的身上畫了許多穿戴的東西*。我也曾經說過，珠光寶氣的裝飾品正好表明穿戴它們的那個女人是很醜的，用這些東西打扮，是最愚蠢不過的事情。一個年輕的姑娘如果會審美，如果能鄙棄時髦，那麼，即使你不給她寶石、彩緞和花邊⑥，而只給她一些絲帶、羅紗、細布和繡花，則她做的衣服，穿起來也比別的女人用拉杜沙所有的綾羅綢緞做的衣服還漂亮一百倍。

由於好看的服裝始終是好看的，而且也應當盡可能穿最好看的衣服，所以，凡是瞭解自己穿什麼樣的服裝才適合的婦女，總是會選擇好看的衣服，而且選定之後就經常穿它的；由於她們並不是每天都要換一個樣式的衣服，所以她們在服裝方面就不像那些不知道穿什麼樣式衣服好的女人那樣花費許多的時間。要打扮得眞正好看，只需稍稍梳妝一下就可以的。年輕的姑娘們本來是沒有什麼可打扮的，她們一

---

❷ 朱諾，丘比特的妻子，婚禮之女神。

❸ 維納斯，即希臘神話中的愛與美的女神。

❹ 海倫，希臘神話中斯巴達王梅尼拉烏斯之妻，是一個絕色的女人。

* 克累芒特·亞歷山大：《教育學》，第二卷，第十二章。

⑥ 有些女人的皮膚本來是相當白的，因而是不需要在衣服上襯花邊的，然而，如果她們不用花邊的話，反而會惹得人家說閒話。幾乎每一次都是醜陋的女人開始穿某一種式樣的服裝，從而使那些本來是很美麗的婦女也傻頭傻腦地跟著學她們的樣子。

天的時間應當用在她們的工作和功課上，然而一般的姑娘除了不抹胭脂以外，卻同結了婚的太太一樣愛打扮，而且一談起打扮，往往比已婚的婦女還談得起勁。婦女之所以過分地打扮，是由於生活無聊而不是像人們所說的是由於愛好虛榮。一個在化妝室花六個小時打扮的女人，是完全知道她並不比一個只用半小時打扮的女人好看，然而她可以借此機會花去許多厭倦的時間，用這個辦法消一消遣，總比一事不做好得多。如果不把時間用去梳妝打扮，從中午一直到晚上九點鐘又做什麼事情呢？找幾個婦女來侍候自己，拿一些麻煩的事情給她們做，這也是一個消遣的辦法；更妙的是，本來是只有在這個時間才看得見丈夫的，但現在就可以藉口打扮，不和他見面了；於是，賣舊貨的商販、小白臉、小作家、小詩人和小歌唱家就可以一個接一個地到她們那裡去，若是沒有梳妝打扮這一回事，是不可能把這些人聚集在一起的。她們這樣做，唯一的好處據說是她們在梳妝打扮時比穿著禮服時更好看一些，不過，這個好處並不是像她們想像的那樣大，愛梳妝打扮的女人是得不到她們所說的好處。你必須毫不猶豫地要女人受女人的教育，使她們喜歡女性的工作，使她們爲人謙遜，使她們勤於持家，這樣，她們就自然而然地不去濃妝豔抹地打扮，而且在穿著方面反而會更加雅致好看。

正在向上成長的女孩子們，應該瞭解的第一件事情是：光有美麗的化妝品，而她們本身不美麗，那是不夠的。她們是不可能把自己打扮得漂亮的，也不可能一下子就長成一副婀娜多姿的樣子，但是她們是能夠做到風度優嫻、聲音動人、步履輕捷、舉止大方，而且處處顯示她們的優點。只要她們聲音響亮、口齒清楚、兩臂豐滿、行動穩健，不管她們怎樣穿扮，都是能夠引起人家的注目。從這個時候起，她們就不能光是會做針線活兒了，她們應當具備一些新的才能，並且已經瞭解到那些才能的用處。

我知道，嚴肅的教師是不願意教女孩子們學唱歌、跳舞或任何其他藝術的。這在我看來是很可笑的。他們打算叫誰去學這些東西呢？叫男孩子去學嗎？把這些藝術教給男人還是教給女人？「誰都不教，」他們回答道，「唱鄙俗的歌曲等於是犯罪；跳舞是魔鬼想出的花招，一個年輕的女子只能夠拿工作和祈禱作爲她消遣的內容」。一個十歲的孩子拿這些東西來消遣，眞是奇怪！至於我，我很擔心，如果硬要這些小小的聖徒把她們的童年時期拿去祈禱上帝，到了青年時期就會完全兩樣的，她們結婚之後，就一定會想方設法地彌補她們在童年時期損失的時間。我認爲，正如我們應當考慮什麼東西適合於她們的性別一樣，我們也要考慮什麼東西適合於她們的年齡；一個小小的女孩子是不能夠像她們的祖母那樣過日子的，她應當活潑地玩耍、唱歌和跳舞，一切適合於她那個年齡的天眞無邪的遊戲，都應該讓她去做，因爲她們應當態度穩重和舉止端莊的時候，很快就要到來了。

不過，在態度和舉止上是不是非改變不可呢？這種改變未必不是由於我們的偏見造成的？由於我們硬要誠實的婦女受到一些清規戒律的束縛，結果便使婚姻生活失去了一切可以使男人感到愉快的地方。如果他們覺得家裡冷冷清清，因而不願意待在家裡，或者說，如果說他們對這樣一種索然寡味的情景毫無興趣，這有什麼奇怪呢？由於基督教的教義過分地強調了這些清規戒律的重要性，結果便使它們變成不能實踐的空話；禁止婦女唱歌、跳舞和做種種有趣的事情，結果就使她們在家中變成一個憂憂鬱鬱、動不動就吵鬧、令人難以忍受的人。任何一種宗教都沒有給婚後的生活加上那些嚴格的戒律，也沒有哪一種宗教對這樣神聖的結合是如此蔑視的。大家採取了許多辦法硬不讓婦女變成可愛的人，硬要使丈夫變成冷漠無情的男子。有些人說，不會有這種情形；我很明白這種說法的意思，不過我認爲，既然基督教徒也是人，那就一定會產生這種情形的。我個人認為，正如一個阿爾巴尼亞的少女為了做伊斯帕亨的嬪妃就學會許多技藝一樣，一個英國的女孩子也應當為了使她未來的丈夫感到喜悅而學會許多優良的本領。有些人說，做丈夫的人反而覺得他們的妻子沒有那些本領才好哩。不錯，我也認為是這樣的，如果婦女們不用那些本領去取悅丈夫，那就是用它們去勾引一些年輕的浪子到她們家裡去做醜事。不過，你想一想，要是一個聰慧可愛的婦女具有那些才能，並且用它們去使她的丈夫感到歡喜，這豈不是可以增添他的生活樂趣嗎？這豈不是可以防止他在工作房裡昏頭昏腦地過了一天之後，到外邊去尋求快樂嗎？在許多有這種多才多藝的婦女的幸福家庭中，每一個人都可以為共同的快樂而貢獻其才能。這樣的家庭，大家不是都見過的嗎？在這種共同的快樂中，可以使家中的人彼此信任和親睦，從中領略到天眞無邪的溫情，這豈不是比那些鬧哄哄的公共場合中的娛樂好嗎？

人們使各種技藝太偏重形式了，太一般化了，弄得處處都很呆板和做作，以至使年輕人十分討厭這些在他們心目中本來是認為非常生動活潑的遊戲。我想，最可笑不過的，是一個年紀很大的舞蹈或唱歌教師愁眉苦臉地走到那些只知道嬉哈打笑的年輕人跟前，用一種比冬烘先生講課的口氣還愼重的聲調傳授他所知道的那一點兒膚淺的學問。舉例來說，唱歌是不是一定要看樂譜呢？即使是一個音符也不認識，難道就不能把聲音唱得柔和而準確，難道就不能唱得很有風味，就不能合著別人唱嗎？同樣的歌，是不是什麼人都可以唱呢？同樣的唱法是不是所有的人都適合呢？我怎麼也不能夠相信：同樣的表情、步法、動作、姿態和舞蹈既適合於一個活潑調皮的棕色頭髮的小姑娘表演，也適合於一個心情憂鬱的金色頭髮的美婦人表演。如果我看見一個老師把相同的功課一模一樣地拿去教這兩種人，我認為，這個人是只知道照章行事，根本就不懂得他所從事的那門藝術。

有人問：女孩子們應該是請男老師教還是請女老師教？這一點，我可不知道；不過，我認爲，她們用不著請男老師也用不著請女老師；我希望她們愛學什麼就自由自在地去學什麼，我希望不再看到穿扮得花花綠綠的走江湖的藝人在我們的城市中溜來溜去。這些人所教的那些東西即使是對女孩子有用，但我很難相信，同這些人交往不給女孩子們帶來更多的害處，我很擔心他們胡說八道的那些話以及他們的態度和語調會使他們的學生一開頭就喜歡學他們那些無聊的玩意兒；那些無聊的玩意兒既然被他們說得了不起，所以女孩子們也就會跟著他們拿它們做獨一無二的學習內容。

在所有一切以娛樂爲唯一目的的藝術中，任何人或任何東西都可以做女孩子們的教師；她們的父親、母親、弟兄、姐妹、朋友、保姆、鏡子，特別是她們自己的興趣，都可以做她們的教師。你千萬不要說你要教她們學這樣或學那樣，而應當由她們自己向你請求。你不要使一件有趣味的事情變成了一件苦事，特別是學這些東西，只要有學好的願望，就算是取得了第一個成功。如果說非要正規地學習不可，我在請男教師或女教師這個問題上還沒有一定的看法。我不知道一個男舞蹈教師是不是可以握著一個女學生白嫩的手，是不是可以叫她提起裙子，是不是可以叫她把兩隻眼睛抬起來看他，是不是可以叫她張開兩臂，把怦怦跳動的胸脯挨近他的身子；不過，我敢說，在這個世界上還沒有什麼東西可以引誘我去擔任這種教師。

只要有熱心和才能，就能養成一種審美的能力；有了審美的能力，一個人的心靈就能在不知不覺中接受各種美的觀念，並且最後接受同美的觀念相聯繫的道德觀念。也許，這就是女孩子爲什麼比男孩子能更早地具有規矩和羞恥觀念的原因之一；要是你認爲這種早熟的觀念是由於女教師的教育結果，那正表明你對她們的教育方式和人類心靈的發展是非常無知的。在一切使人喜悅的藝術中，說話的藝術占第一位，只有通過它才能使被習慣鈍化了的感官獲得新的樂趣。心靈不僅使身體富有生氣，而且還能使它恢復一定程度的青春；由於感情和觀念繼續不斷地產生，我們的面容便顯得活潑和有變化；通過發自心靈的語言，可以使人把連續的注意力長久地集中於同一個目標。我認爲，正是由於這些緣故，女孩子們才能很快地學會一些討人喜歡的話語，才在她們還不知道語句的意思以前，說起話來就是那樣地有聲有調，而男子也樂於傾聽她們的語言，甚至在她們還不能夠理解他們的心意以前，他們就在窺察這種才智開始顯現的時刻，以便瞭解她們什麼時候開始流露她們的情感†。

婦女的舌頭是很柔和的，她們開始學說話的時間比男人早，而且說起來也比較容易，也比較好聽；有些人責備她們說話說得多，這也許是事實；不過，我不僅不責備她們，反而要稱讚她們，因爲她們的嘴和眼睛所進行的活動是相同的，而且是由於相同的理由而進行相同的活動。男人說他所知道的話，而女人則說她使別人喜歡的話；前者說話需要具備知識，而後者說話則需要具備風趣；前者說話的主要目的是講述有意義的事情，而後者說話的目的則是講述有趣味的事情。兩者說話的共同點應當是：說話要

† 在其他版本作：……甚至在她們還不能夠理解他們的心意以前，可以說他們就已經是在窺察女孩子們什麼時候具有辨別的能力，以便瞭解他們什麼時候可以愛她們；因為，不管你怎樣說，我們是希望使那些討我們喜歡的人感到高興的，萬一我們對她們感到失望了，我們就不可能再長久地喜歡她們了。

說得眞實，除了這個共同點以外，在其他地方就應當有所不同。

因此，我們不能像對付男孩子一樣，用「有什麼用處？」這麼一句生硬的話去堵塞女孩子嘮嘮叨叨的嘴，而應當換一句同樣難答的話去問她們：「會產生什麼效果呢？」在那既不能分辨善惡又不能判斷別人心意的幼年時期，她們應當牢牢地記住這個法則，即同別人說話的時候，只能夠說使人喜歡的話；這個法則要實踐起來是很困難的，因爲它必須從屬於第一個首要的法則，即千萬不能撒謊。

在這一點上，我發現還有許多其他的困難，不過那些困難要等到年齡稍大以後才遇到罷了。至於目前，只要女孩子注意到：不因說實話而顯得粗魯；從天性上說，她們對粗魯的行爲也是很厭惡的，通過教育，就可以輕易地教會她們怎樣避免這種行爲。一般地說，在人和人的交往中，男人的禮貌表現在予人以幫助，而女人的禮貌則表現在對人體貼。其所以有這種區別，絕不是因爲社會的習慣使然，而是自然而然產生的。男人好像處處都想爲你效勞，而女人則處處都想使你感到歡喜。因此，我們可以說，不論我們對女人的性情怎樣看法，她們的禮貌總是比我們的禮貌更爲眞摯，這種禮貌是產生於她們原始本能的；當一個男人僞稱把我的利益看得比他的利益還重的時候，不管他用了什麼樣的花言巧語來掩飾他這種假話，我也看得出他是在撒謊的。所以，要婦女們做到彬彬有禮，要教育女孩子們學會禮貌，是用不著費多大力氣的。第一個教她們對人有禮的，是她們的天性，我們所能做的，只不過是順著天性的發展，繼續對她們進行教育，使她們按照我們的習慣而表現其對人的禮貌。至於女人對女人的禮貌，那是另外一回事情了；她們互相之間顯得很拘束和冷淡，彼此都感到彆扭，以致大家都索性不掩飾這種彆扭的心情，不裝模作樣地做作一番，從而在虛假中反而顯得眞誠。然而，年輕的女孩子們彼此之間有時候也是存在著眞誠友誼的。在她們那樣的年齡，快快樂樂的活潑心情可以起善良的天性所起的作用；她們喜歡自己，從而也就喜歡所有的人。這一點確實是事實，即在男人們面前的時候，她們彼此親吻和互相擁抱就顯得格外熱情和親切，雖然她們明明知道這種親熱的樣子會使男人感到妒忌，但她們卻以她們能夠用這種樣子引起男人的豔羨而引爲驕傲。

既然我們不應當讓男孩子問一些亂七八糟的問題，我們便更應當禁止女孩子問，因爲，不論我們是滿足了她們的好奇心或是煞費苦心地避開了她們好奇心的注意，都將產生嚴重的後果，何況她們善於猜測我們所隱藏的秘密，善於發現那些秘密究竟是怎樣的一回事。不過，我雖然不喜歡她們問這問那的，但我主張我們應當多多地向她們提問題，想辦法使她們多多談話，使她們常常練習，以便在談話的時候態度從容，巧於應付，並且在這不至於發生什麼不良後果的時候，啓發她們的心靈和口才。這些談話始終要很輕鬆愉快地進行，只要善於安排和引導談話的內容，就會使年輕的女孩子們感到非常有趣，並且把她們一生都須遵循的最基本和最有用的道德教育貫注在她們白璧無瑕的心中；表面上是在同她們談一些有趣和瑣碎的事情，實際上是在告訴她們要具備哪些品質才能夠眞正地贏得男子的尊重，要怎樣才能夠使一個誠實的婦女獲得光榮和幸福。

如果說男孩子們沒有樹立任何一個眞正的宗教觀念的能力的話，則女孩子們更是不能理解任何一個眞正的宗教觀念了，這一點，我們大家都是知道得很清楚的；正是由於這個緣故，我才主張趁早把宗教的觀念灌輸給她們，因爲，如果說要等到她們能夠有條有理地談論這些深奧問題的時候才告訴的話，則我們也許就永遠也不能夠告訴她們了。女人的理性是一種實踐的理性，這種理性雖然可以使她們能夠很巧妙地找出達到既定目的的手段，然而卻不能夠使她們發現那個目的。兩性的社會關係是很美妙的，由於有了這種關係，結果就產生了一種道德的行爲者，女人便是這個道德行爲者的眼睛，而男人則是它的胳臂，但是，由於他們二者是那樣的互相依賴，所以女人必須向男人學習她應該看的事情，而男人則必須向女人學習他應該做的事情。如果女人能夠像男人那樣窮究種種原理，而男人能夠像女人那樣具備細緻的頭腦，則他們彼此將互不依賴，爭執不休，從而使他們的結合也不可能繼續存在。但是，當他們彼此和諧的時候，他們就會一起奔向共同的目的；我們不知道他們當中哪一個人出的氣力多一些，每一個人都受對方的驅使，兩個人都互相服從，兩個人都同樣是主人。

正是由於這個緣故，婦女的行爲要受輿論的約束，她們信仰什麼要完全憑他人來決定。所有的女孩子都要信她母親所信的宗教，所有的婦人都要信她丈夫所信的宗教。即使那種宗教是虛僞的，但由於馴良的稟性，使母親和女兒都服從自然的秩序，因而也就可以使上帝不至於把她們信仰虛僞的宗教看作是罪惡。她們自己既然沒有判斷的能力，所以她們應當把父親和丈夫的話作爲宗教的話來加以接受。

婦女們既然不能自己推演信仰的法則，她們便不能拿證驗和理性的法則來限制信仰；但是，由於她們受到了千百種外力的影響，她們往往要在這方面或那方面脫離眞理。她們總是趨於極端的：要麼就一點不相信宗教，否則就是一個十分虔誠的信徒；她們不知道怎樣才既能明辨眞僞又能虔誠地信仰。弊病的根源不僅在於女性的性格，而且還在於我們男性錯誤地運用了我們的權威；驕奢淫逸的風氣使宗教遭到輕視，悔罪的恐懼又使它被人們看作暴君；人們對宗教的信仰爲什麼不是過多就是過少的原因就在於此。

既然婦女們信什麼宗教要聽憑他人的權威決定，所以，與其向她們講解信仰的理由，倒不如直截了當地告訴她們應當信什麼宗教；因爲對模糊的觀念給予信仰，是使她們流爲盲信的第一個原因，如果硬要她們信仰荒唐的事物，結果不是導致狂熱就是導致懷疑。我們用問答法講授教義，最終將使她們變成不信教的人還是變成狂熱的信徒，這我可不知道；但是，我深深相信，採用教義問答法是必然會使她們成爲這兩種人當中的一種人。

首先，當你向女孩子們講解宗教的時候，千萬不要使宗教在她們的心目中變成一種陰森森的和使人感到厭煩的事物，千萬不要告訴她們說信仰宗教是她們的一項義務或天職，因此，也千萬不要叫她們背誦任何講述宗教的書，甚至連祈禱文也不能叫她們背誦。你只需當著她們的面按時作你的禱告就行了，切不可強迫她們同你一起做。要按照耶穌基督的教訓，把禱告的詞句說得簡短，念禱告詞的時候，精神一定要集中，態度要相當的莊重；你要知道，既然要上帝注意地聽我們的禱告，我們自己就必須對我們所做的禱告加以注意。

女孩子們是不是從小就懂得宗教，這一點並不重要，重要的是，她們應當對宗教有正確的理解，特別重要的是她們應當愛宗教。如果你使她們感覺到信仰宗教是一個繁重的負擔，如果你一再告訴她們說上帝對她們很生氣，如果你藉宗教的名義硬要把千百種艱難的義務強加在她們的身上，而她們發現這些義務就連你自己也從來沒有履行過，這時候，她們將怎樣想呢？她們豈不把學習教義和祈禱上帝看作是小女孩子的事情，豈不想自己趕快長成大人，以便同你一樣地擺脫這種種拘束嗎？要樹立榜樣，要樹立榜樣！不以身作則，你就不可能成功地教好孩子。

當你向她們講解宗教信條的時候，你應當採取直接教授而不應當採取一問一答的形式。她們所回答的話，應當是她們自己心裡想出來的而不是別人告訴她們的。教義問答教授課本中的那些答案，其效果是適得其反的，是學生倒過來教育先生；既然老師講解的那些東西他們都不懂，但是又硬說他們相信他們根本不相信的東西，所以那些答案從孩子們口中說出來就成了十足的謊話。請你告訴我，在知識淵博的聰明成年人當中，哪一個人在講述教義問答的時候沒有撒謊。

在我們的教義問答課本中，第一個問題是：「是誰創造你並把你帶到這個世界上來的？」小女孩子雖然明明知道是她的媽媽，但她卻毫不猶豫地回答說是上帝。在這個問題上，她心裡只明白這一點，那就是她對這樣一個似懂非懂的問題，作了一個連她自己也根本不懂的回答。

我希望一個眞正瞭解兒童心靈進展的人替他們寫一本教義問答課本。這樣一本書，也許會成爲我們一切著作中的最有用的一本書，而且在我看來，它會給它的作者帶來極大的榮譽。毫無疑問，這本書如果要寫得好，那就要寫得跟我們目前這本教義問答課本完全不同。

這樣一本教義問答課本，只有在孩子對其中的問題能夠自行回答而不必事先學習書中的答案時，它才可以得到良好的效果；當然，有時候也應當讓孩子們提他想問的問題。爲了使大家明白我的意思，我應當做出一個樣子，可是我覺得，要做這樣一個樣子，我的能力還是不夠。我姑且試一試，以便使大家對它有一個大致的概念。

要得出我們教義問答課本中第一個問題的正確答案，我想，新的教義問答課本大體上應當以如下的問法開始：

阿姨：「妳還記得妳媽媽當女孩子的時候嗎？」
小女孩：「記不得了，阿姨。」
阿姨：「妳的記憶力那樣好，爲什麼記不得呢？」
小女孩：「因爲那時候我不在這個世界上咧。」
阿姨：「那就是說妳還沒有出生？」
小女孩：「沒有。」
阿姨：「妳會不會永遠活下去呢？」
小女孩：「會的。」
阿姨：「妳現在是年紀輕還是年紀老？」
小女孩：「我很年輕。」
阿姨：「妳的奶奶是年輕還是年老？」
小女孩：「她年紀老了。」
阿姨：「她是不是曾經有過年輕的時候？」
小女孩：「有過的。」
阿姨：「她爲什麼現在就不年輕了呢？」
小女孩：「因爲她已經老了。」
阿姨：「妳將來會不會像她一樣的年老呢？」

小女孩：「我不知道⑦。」
阿姨：「妳去年的衣服到哪裡去了？」
小女孩：「已經把它們拆掉了。」
阿姨：「爲什麼要把它們拆掉呢？」
小女孩：「因爲我穿起來太小了。」
阿姨：「爲什麼妳穿起來太小了呢？」
小女孩：「因爲我長大了。」
阿姨：「妳還要往上長嗎？」
小女孩：「啊！還要往上長的。」
阿姨：「女孩子長大了，會變成什麼樣的人呢？」
小女孩：「會變成婦人。」
阿姨：「婦人會變成什麼樣的人呢？」
小女孩：「變成媽媽。」
阿姨：「成了媽媽以後又怎樣呢？」

⑦ 雖然我用的是「我不知道」這幾個字，實際上那個小女孩講的是另外一個意思：應當斟酌她回答的話究竟是什麼意思，並且叫她好好地解釋一下。

小女孩：「以後就老了。」
阿姨：「妳也會老嗎？」
小女孩：「等我當了媽媽的時候。」
阿姨：「年紀老了以後又會變成什麼樣子呢？」
小女孩：「我不知道。」
阿姨：「妳的爺爺是怎樣的呢？」
小女孩：「他死了⑧。」
阿姨：「他爲什麼會死呢？」
小女孩：「因爲他已經老了。」
阿姨：「老年人的結果怎樣呢？」
小女孩：「他們都會死掉的。」
阿姨：「當妳老了以後，妳……」

⑧ 這個小女孩之所以能夠這樣回答，是因為她聽見人家這樣說過；但是，需要追究一下她對死亡是不是有一個正確的觀念，因為這個觀念並不是如人們想像的那樣簡單和為小孩子所理解。我們在《阿伯爾》這首短短的詩歌裡可以看到一個怎樣教她理解死亡的例子。這一首優美的詩歌洋溢著我們可以用來充實自己的心靈，以便同孩子們交談的那種可愛的天真想法。

小女孩（打斷阿姨的話）：「啊！阿姨，我不願意死。」
阿姨：「孩子，誰都不願意死，可是誰都要死的。」
小女孩：「怎麼！媽媽也要死嗎？」
阿姨：「同大家是一樣的。女人和男人一樣，也是要老的，女人年老了以後，就要死的。」
小女孩：「要怎樣能夠多活一些時候才老呢？」
阿姨：「在年輕的時候老老實實地生活。」
小女孩：「阿姨，我以後一定要老老實實。」
阿姨：「好極了。不過，妳是不是以爲妳能永久活下去呢？」
小女孩：「當我很老，很老……」
阿姨：「什麼？」
小女孩：「當一個人年老以後，妳說他一定會死的。」
阿姨：「妳是不是只死一次呢？」
小女孩：「唉！是呀。」
阿姨：「妳的前一輩人是誰？」
小女孩：「我的爸爸和媽媽。」
阿姨：「他們的前一輩人又是誰呢？」
小女孩：「他們的爸爸和媽媽。」

阿姨：「妳的後一輩人是誰呢？」

小女孩：「我的孩子。」

阿姨：「他們的後一輩人又是誰呢？」

小女孩：「他們的孩子，……等等。」

順著這條線索，通過具體的歸納推理，我們就可以像尋找任何事物的起源和結束一樣，找到人類的起源和結束，也就是說，找到不是由父母生養的父親和母親，並找到以後不再生養子女的孩子⑨。只有把一長串這樣的問題問過之後，才算是有了充分的準備，可以問教義問答課本中的第一個問題了；只有在這個時候，我們才能問這個問題，而孩子也才能瞭解這個問題。從這個問題到第二個涉及神性的定義問題，中間還隔著多大一段距離啊！要什麼時候才能走完這段距離呢？上帝是一種精靈！什麼叫「精靈」？我要不要使一個孩子把她的心思用來探究這個連大人也摸不著頭腦的晦澀的形而上學？這些問題，不能夠由一個小小的女孩子來解答，頂多只能夠由她提出來。所以我將簡單地告訴她說：「你問我什麼叫上帝，這是很不容易講清楚的，上帝是我們聽不見、看不見和摸不著的，我們只能夠通過祂所做的事去認識祂。爲了要弄清楚祂的存在，那就要先知道祂做了些什麼事情。」

即使說我們所有的教義都是同樣的眞實，但不能因此就說它們是同樣的重要。是不是在任何事物上

⑨永生的觀念是不能同神的應許一起用來解釋人類的生殖。從數位上一代一代地這樣連續數下去，同這個觀念是矛盾的。

都要看出上帝的榮耀，這關係不大；對人類社會和社會的每一個成員來說，重要的是：所有的人都要認識到上帝的法律要求他必須對他的鄰人和他自己盡種種的義務。我們彼此之間應當時時刻刻互教的，就是這一點，尤其是做父母的人更應當拿這一點來教育他們的子女。是不是一個處女做了造物主的母親，是不是她生的上帝，或者是她單單生了那麼一個男人，而上帝進入了這個男人的身體和他合而為一；聖父和聖子的本質是相同的還是相似的；聖靈是來自聖父還是來自聖子，或者是來自他們兩者；所有這些問題，在表面上看起來儘管是很重要，但是我認為，對人類來說，能不能夠解決這些問題，其重要性並不是就超過了他們是不是知道哪一天該紀念復活節，是不是知道應該做禱告、守大齋和小齋，在教堂裡是說拉丁語還是說法語，在牆壁上是不是要掛聖人的畫像，是不是要做彌撒或聽彌撒，是不是要娶妻子。對以上這些問題，一個人愛抱怎樣的看法就抱怎樣的看法，別人是一點也管不著的；至於我，我對它們是一點也不感興趣的。對我和跟我相同的人來說，重要的是每一個人都應當知道人類的命運有一個主宰，我們大家都是這個主宰的兒子，祂要求我們為人公正，彼此相愛，而且對人要善良和仁慈，要遵守我們同一切人的信約，即使同敵人訂立的信約，我們也應當遵守；我們今生的表面幸福是虛假的，我們過了今生還有來生，在來生中，至高的存在對善良的人要給予獎賞，對惡人要給予懲罰。應當拿這些教義和類似的教義來教育年輕人和勸導公民。毫無疑問，誰要是違反這些教義，就應當受到懲罰；這樣的人將擾亂整個秩序，成為社會的敵人。誰要是鄙棄這些教義，硬要我們拿他個人的看法作為我們的看法，其結果也是一樣的；為了要按照他的方式建立秩序，他就要擾亂和平；他妄自尊大，自命為上帝的代言人，以上帝的名義硬要人們對他表示服從和尊敬，從而把他自己放在上帝的地位。這樣的人，即使我們不把他當作一個不容異說的人而處罰他，也應當把他當作一個褻瀆上帝的人來懲辦的。

因此，你要把那些神祕的教義束之高閣，因爲它們對我們來說只不過是一些沒有意義的空話；白白地費一陣力氣去研究那些荒唐無稽的教義，就會使研究的人忽略道德的修養，結果，不僅沒有使他們變成好人，反而使他們都成了瘋子。必須使你的孩子們始終只學那幾條涉及道德修養的教義，必須使他們相信，只有那些教導我們行爲端正的教義才對我們有所裨益，值得學習。切不可把你的女兒培養成什麼神學家和詭辯家；關於天上的事情，你只把其中可以增進人類智慧的部分告訴她們就行了；要使她們經常意識到上帝就在她們的面前，要她們以上帝作爲她們的行爲、思想、美德和歡樂的見證；要使她們因上帝愛善而誠心爲善，要使她們因爲上帝將補償她們所受的痛苦而毫無怨言地忍受痛苦；總之，要使她們在一生當中都要保持她們將來出現在上帝面前的那種快樂的心情。這才是眞正的宗教，有了這樣的信仰，才不會產生邪惡和狂妄的弊病。別人要傳布什麼崇高的信仰就讓他們去傳布好了；至於我，我的信仰就只有以上闡述的幾點。

此外，需要提到的是，只要女孩子們還不能夠運用她們的理智，只要她們日益增長的情感還未啓發她們的道德心，只要她們還沒有長到這樣的年歲，對她們來說，是好是壞就全看她們周圍的人是不是這樣做的。吩咐她們做的事情都要是好事情，禁止她們做的事情都要是壞事情，她們對那些事情不應當知道得太多。從這裡我們可以看出，對她們周圍的人和管教她們的人進行選擇，比選擇男孩子周圍的人和管教男孩子的人，還重要得多。她們開始自己判斷事物的時刻終於要到來的，因此，現在是改變她們的教育計畫的時候了。

到現在爲止，也許我在這方面所說的話是說得太多了。如果我們不拿一般人的偏見作爲婦女們應該遵守的法律，我們怎麼會降低她們的地位呢？女性是管理我們的人，如果我們不敗壞她們，她們會增加我們的光榮的，因此我們不應當把她們貶低到這種地步。就全人類來說，在還沒有產生人類的偏見以前就是存在著一條法則的，所有一切其他的法則都應當以這條法則一定不移的方向爲依歸，因爲它對人類的偏見要進行裁判，而人類的看法只有在同它相吻合的時候，才能得到我們的尊重。

這個法則就是內在的良知。我在前面講過的話，就不再重複了；現在我只提出這一點，如果不同時從這兩方面去教育婦女，則她們所受的教育始終是有缺陷的。僅僅有良知而不尊重他人的評論，就不可能使她們產生善良的心靈，以自己美好的行爲去贏得世人的稱譽；僅僅尊重他人的評論而不聽從自己的良知，結果便會造成一些虛僞和不體面的婦女，這樣的婦女是愛外表而不愛美德的。

因此，她們應當培養一種能夠平衡這兩方面影響的才能，這種才能既可以不讓她們的良知走入歧途，又可以糾正偏見的謬誤，這種才能就是理性。可是，一提到理性二字，就會引起多麼多的問題啊！婦女們有沒有健全的推理能力呢？她們需不需要培養理性呢？她們能不能把理性培養得好呢？培養理性是不是有助於她們去承擔她們所負的任務呢？培養理性同她們應當具有天眞的心是不是相符合呢？

由於研究和解決這些問題的方式不同，因此形成了兩個相反的極端，有些人主張女人只能夠督促女僕紡紗和縫紉，從而把她們變成男人的第一個僕人；另外一些人則覺得她們現有的權利還不夠，因此還要使她們來奪取我們的權利；在一切適合於女性具有的身分方面讓她們占我們的上風，而在其他方面又使她們和我們相等，這豈不是把大自然賦予丈夫的優勢轉交給婦女了嗎？

性才認識到她的天職，而她的理性則比較單純。她對丈夫的服從和忠實，她對子女的愛和關懷，是這樣自然和這樣明顯地因她的地位而產生的，所以，只要她沒有什麼壞心眼，就不能不聽從良知的支配，只要她的天性沒有敗壞，就不可能對她的天職產生不正確的理解。

男人雖然是因爲有了理性才認識到他的天職，但他的理性並不是十分健全的；女人也是因爲有了理性才認識到她的天職，而她的理性則比較單純。

我絕不毫無區別地責備一個婦女僅僅做她女性的工作，也不責備人們讓她除了女性的工作以外，對其他一切就一無所知；要做到一無所知，還需要有很樸實和健康的風俗，或同人很少往來的生活方式哩。在大城市中，因周圍有許多德性敗壞的男人，所以一個婦女是很容易受到引誘的；她能否保持她的美德，往往要看她所處的環境。在這個哲學的世紀，她必須具備一種經得住考驗的美德，她必須事先知道人們可能對她說些什麼，和她對人們所說的話應當抱怎樣的看法。

此外，她的爲人既然要由男人來評判，她就應當取得男人的尊重，而且，特別是要取得她丈夫的尊重；她不僅應當使他愛她這個人，而且還應當使他認可她的行爲；她應當在公衆面前證明她無負於他的選擇，她應當通過人們給予婦女的光榮而替她的丈夫增光。如果她對我們的社會一無所知，如果她不懂得我們的習慣和禮數，不明白人們做評判的依據，不明白是哪些情緒在左右他們做出這樣或那樣的評判，她又怎能做到上面所說的那幾點呢？她既然要按照她自己的良心又要按照人們的輿論行事，她就應當懂得怎樣把這兩者加以比較和調和，而且要懂得只有在它們互相衝突的時候，她才應當按照她自己的良心去做。對於他人的評判，她應當有所取捨，她必須知道什麼時候應當接受，什麼時候應當反對。在拒絕或接受他人的偏見以前，她應當把它們加以衡量，找出它們產生的根源，預見它們的後果，使它們有利於她自己；當她盡她天職的時候，她就可以避免人們的責難，所以她應當注意，千萬不要給人以責難的口實。如果不使她的心靈和理智得到陶冶，她是不能夠把以上幾點做得很好的。

我經常想到我的第一個原理，它可以幫我解決一切困難。我對目前的情況進行研究，我要尋求它們的原因，我最後發現目前的情況是很好的。我去拜訪一些男主人和女主人都同樣是十分好客的人家。他們兩個人都受過同樣的教育，對人都同樣地彬彬有禮，都同樣地興致勃勃、談笑風生，都同樣地希望好好地款待客人，要使每一個人回去的時候都對他們感到滿意。男主人對所有一切都經管得十分周到：他來來往往地招待客人，一點不嫌麻煩；事無巨細，他都是十分注意的。女主人坐在她的位子上，儘管有一些人在她的周圍繞成一個圓圈，好像是不讓她看見其餘的人，然而屋子裡的事情沒有一件她不知道；離開屋子的客人，沒有一個她沒有同他談過心；所有一切能夠使客人高興的事，她絕無一些疏漏；她沒有向任何人說過一句不愉快的話；她一方面既不打亂尊卑的次序，另一方面還做到了使客人當中最小的人也要和最大的人一樣受到同等的款待。主人請客人進餐，大家到餐桌就座。男主人因爲懂得誰和誰坐在一起最合適，就按照他所知道的情況去安排客人的席位；女主人雖然不懂得這些，但也不會弄出差錯；她已經從大家的臉色和舉動上看出應該怎樣安排才對，所以每一個人都覺得他的座位很合他的心。送菜的時候，從來沒有遺漏過任何一個人。男主人依次給大家送菜，當然不會漏送；而女主人則能看出客人喜歡吃什麼菜，就把那份菜給客人送去；當她同她身邊的人談話的時候，她的眼睛還同時注視著坐在桌子的另一端的客人；她看得出哪一個客人是因爲肚子不餓，所以一點東西也不吃，哪一個人是因爲手腳笨拙或靦腆害羞而不敢自己取菜或向主人要東西。在離開桌子的時候，每一個人都覺得她對他是特別地照顧，每一個人都覺得她忙得連一口飯菜都沒有吃，而實際上，她比誰都吃得多。

客人們走了以後，兩位主人就談起當天經過的情形。男主人談到客人向他講了些什麼事情，談到同他聊天的人說了些什麼話和做了些什麼事。女主人雖說在這方面不很留心，但她卻猜得出客人們在大廳的另一端低聲細語地說些什麼，看得出某一個人心裡在想什麼，看得出某一句話或某一個姿勢含有什麼意思；客人剛一露出某種神態，她馬上就可以瞭解他的心意，而且幾乎每一次都瞭解得合乎實際的情形。

一個社交界的婦女有了這樣的心靈智慧，就可以善於治家、善於待客；一個妖嬈的婦女有了這樣的心靈智慧，就可以使向她求婚的人個個都感到歡喜。賣弄風情比怎樣保持禮貌更需要講究分寸，因爲，一個有禮貌的婦女如果對大家都是那樣地彬彬有禮，她在任何時候都不會出什麼差錯；但是，如果一個風騷的女人對任何人都是那樣賣弄風情的話，她不久就會失去控制男子的魅力的；如果她想使所有的情人都皆大歡喜，結果反而會使他們個個都對她感到厭惡。她在社交場合中同男人交際的方式，是不容許她去討好每一個男人的；只要她好好地對待每一個人，別人也不會那樣仔細地去計較她對誰是不是有偏心；可是在愛情上，對人的愛是專屬的，如果有一次對另外一個人表現得更親切，就會傷害感情的。一個敏感的男人，寧可單獨一個人受女人的惡劣對待，也不願意和其他的人一起受她的恩愛。在他看來，糟糕的是：他同別人一樣，在情人的眼中沒有什麼顯著的分別。因此，如果一個女人想同時保有幾個情人的話，她就必須使得他們每一個人都相信她對他是特別的好，而且，還要當著衆人的面使他相信這一點，而衆人在他面前也同樣地相信自己是她所專愛的人。

如果你想看一個左右爲難的人是怎樣一個樣子的話，你就把他放在兩個同他有秘密關係的女人中間，這時候，你就可以看到他將現出一副怎樣的傻相。同樣，把一個女人放在兩個男人中間，其效果就更好了，你將驚奇地發現她是多麼巧妙地欺騙他們兩個人，使他們每一個人都得意地嘲笑對方。如果這個女人對他們都同樣地表示相信，都同樣地做出親熱的樣子，她又怎麼能夠使他們受片刻的欺騙呢？如果拿同樣的態度對他們，那豈不表明他們對她有同樣的權利嗎？啊！她才不這麼做！她不僅不拿同一個樣子對他們，反而會假裝在他們兩個人之間是有厚薄分別的；她假裝得那麼像，以至一方面使那個受她甜言蜜語地奉承的人認爲她對他很溫存，另一方面又使那個受她冷落的人認爲她說的那一番好話是在挖苦那個人。於是，雙方都得意洋洋，老以爲她愛的是他，其實，她對誰都不愛，她愛的是她自己。

既然是想使人人都感到歡喜，則賣弄風情也應該採取類似的手段；輕浮任性如果做得不恰當，將引起大家的反感；應當用巧妙的手段去掩飾輕浮的做法，才能夠更牢固地束縛她的奴隸。

她使用了種種巧妙的花招
去一個一個地勾引新的情人；
她不是對一切人都是那副臉孔；
她要因人因時而變換她的面容*。

* 塔索：《解放了的耶路撒冷》，第四篇，第八十七節。

這種巧妙的手段的秘密何在呢？如果她不是繼續不斷地和細緻地觀察男人，她怎能時時刻刻瞭解男人內心的思想，怎能運用一種力量去遏制或刺激她所發現的隱蔽動機呢？這種巧妙的手段是不是人人都可以學得到的呢？不，它是婦女們所特有的，她們個個都會，即使男人去學，也達不到她們那種程度的。這是女性顯著的特徵之一。機智、透徹和細緻的觀察是女人的一門學問，她們有沒有才能，就表現在她們是不是能善於運用這門學問。

事情就是這樣的，而我們也闡述過它爲什麼是這樣的道理。有些人說婦女們是很虛僞的。她們是後來才變成那樣虛僞的。老天爺賦予她們的是手腕而不是虛僞。就女性的眞正傾向來說，即使她們在說謊的時候，她們也沒有對人虛僞的意思。表達她們內心思想的既然不是她們的嘴，你又何必對她們所說的話那樣認眞呢？你要察看她們的眼睛，察看她們的臉色，察看她們的呼吸和羞羞答答、半推半就的樣子，這是大自然叫她們向你表達的語言。她們口頭上總是說「不」，而且只能說「不」，但她們說「不」字的時候，其語氣並不是始終不變的，這種語氣是沒有半點虛假的。女人的需要和男人的需要是一樣的，然而她們哪裡具備表明她們有同樣需要的權利呢？即使她們的願望是合情合理的，然而要是她們沒有其他的方法表達她們不敢說出的話，她們的命運就會落得十分的悲慘。難道說行爲端正就非做出一副可憐的樣子不可嗎？難道說她們不應該用一個巧妙的辦法，在不公開吐露的情況下表達她們的心願嗎？她們需要具備多麼高明的手腕才能使男人看出她們急於傾吐的熱情啊！她們需要經過多麼艱苦的學習，才能一方面既可打動男人的心，另一方面又要在表面上顯得對他們蠻不在乎！加拉太的蘋果和她那樣笨頭笨腦地逃跑的樣子，替她說了一番多麼動人的話啊！她還有什麼要補充的呢？那個牧羊人在柳林中追逐她，她要不要去告訴他說她是故意逃跑，以便勾引他去追她呢？我們可以說她是表裡不一的，因爲她並沒有告訴他說她是在勾引他。一個女人的做法愈是含蓄，她的手段就愈是高明，即使對她的丈夫也是這樣。是的，我認爲賣弄風情如果賣弄得不超過限度，就是一種淑靜和眞實的表現，就合乎正當的行爲規律。

在反對我的人當中，有一個人說道德是一個整體，這句話是說得很好的；我們不能把它分割爲二，不能承認一部分而拋棄另一部分。如果你愛它，你就必須完完全全地愛它；對於你不應當具有的那些情感，如果可能的話，就必須把它們從你的心中排除掉，而且時時刻刻都要絕口不提它們。道德的眞理並不是存在的事物，而是良好的事物；不好的事物是不應當存在的，更不應當得到我們的承認，尤其是我們一加承認，就能使它們得到不應當得到的效果的時候，我們更不應當承認它們。如果我受到了什麼東西的引誘，想去偷竊，如果我把這個意圖說出來，因而引誘了另外一個人做我的共犯，那麼，當我去引誘他的時候，那豈不說明我已經先屈服於事物的引誘麼？你爲什麼說女人害羞的樣子是一種虛僞的表現呢？難道說喪失了羞恥心的女人反而比害羞的女人更眞誠麼？不，這樣的女人比其他的女人還虛僞一千倍。她們之所以那麼墮落，是由於沾染了種種惡習，有了惡習不改，而且還做了些鬼鬼祟祟的事情使惡習愈來愈有害於人[⑩]。反之，那些還知道羞恥的女人，不以自己的缺點爲驕傲的女人，甚至向愛她的人

---

⑩ 我知道有些女人在某一點上公然決心要那樣做，她們以為她們的這種直率的做法是可取的，並且硬說，除了這一點以外，她們的一切行為都是值得尊敬的；在我看來，除了傻子以外，她們的這種說法是誰也

也隱藏其心願的女人，男人要經過一番很大的困難才能得到她的垂青的女人，才是最眞誠和忠實於自己信約的人，才是我們一般最信賴的人。

就我所知，只有德·郎克洛小姐是例外，不符合上面所說的情形，這位德·郎克洛小姐是被大家看作一個非凡人物的。據說，她輕視女性的道德，一切要按照我們男性的道德去做。大家誇她爲人坦率，是一個可靠的夥伴和忠實的朋友；最後，爲了把她描繪成一個很光彩的人，大家說她已經變成了男子。這眞是妙極了。不過，儘管她有那樣高的聲望，但是，正如我不願意要她做我的情人一樣，我也不願意要這樣一個男子做我的朋友。

以上所說的，從表面上看來好像是同我們不相干似的，其實同我們是很有關係的。當現今的哲學把女性的羞恥心和所謂的虛僞作爲嘲笑材料的時候，我便看出了這種哲學將產生什麼樣的結果；我發現它肯定要使我們這個時代的婦女所僅有的一點榮譽也要完全喪失的。

根據以上的闡述，我認爲我們大體上就可以確定婦女們適合於受什麼樣的教育，她們從青年時期起應該思考一些什麼問題。

不相信的。大自然對女性施加的最嚴厲的約束一取消之後，還有什麼東西可以管束她們呢？她們既然拋棄了女性固有的榮譽，還有什麼榮譽可以得到她們的重視呢？只要有那樣一次聽任了情欲的擺布，她們就再也沒有抵抗的決心了。「女人一度喪失了廉恥，便來者不拒，什麼事情都幹得出來了。」*沒有哪一個著述家比說這句話的人對兩性的心理瞭解得更透徹了。

*塔西佗：《編年史》，第四卷，第三章。

我已經說過，女性承擔的義務在表面上看起來是很容易的，而實際上要恪盡這些義務，那就很困難了。她們首先應當認識到那些義務對她們有好處，從而才能對承擔那些義務感到喜歡，這是使她們易於履行那些義務的唯一辦法。每一種身分和每一種年齡的女人都是有她義務的。只要她樂於承擔，她就能夠很快地認識到她有哪些義務。你要尊重你的婦女的地位，不論上帝使你生下來是什麼身分的人，你都要始終做一個善良的女人。重要的是，要按照大自然的安排而生活；婦女們是能夠極其容易地成爲男子所喜歡的人的。

抽象地和純理論地探求眞理，探求原理和科學的定理，要求探求的人能夠把他的概念做綜合的歸納，那是婦女們做不到的；她們應當研究實際的事物，她們應當把男人發現的原理付諸應用，她們應當仔細觀察，以便使男人們能論證原理。在一切同婦女們的天職無直接關係的事物上，她們看問題的時候應當斟酌男人的心理，應當著眼於以人們的愛好爲唯一目的的有趣味的事物；因爲，在需要運用思想的事物上，她們是沒有理解能力的，她們也沒有相當精細的頭腦和集中的注意力去研究嚴密的科學；至於說到有形的事物，那是應當由比她們活躍，比她們見多識廣，比她們體力強而且比她們更經常地使用其體力的男性去判斷可以感知的事物和自然法則的關係。婦女們的體力很弱，對於外界的事情也很少見聞，因此她們只能夠估計和判斷她們可以加以運用的動力，以補她們體力之不足，這種動力就是男人的欲念。她們的做法比我們的做法優越，她們的一舉一動都可以激動人們的心。所有一切她自己無力去做而且對她來說又是必須做或喜歡做的事情，她都需要用巧妙的辦法使我們產生做那些事情的願望；因此，她對男人的心理應當有一個透徹的瞭解；不是抽象地瞭解一般男人的心理，而是瞭解她周圍的男人的心理，瞭解她或因法律或因輿論而一定要受其制約的男人的心理。她應當學會如何通過他們的言語、行爲、神色和姿勢而洞若觀火地看出他們的感情。她應當通過她自己的言語、行爲、臉色和姿態使他們產生她所喜歡的情感，而又不露出她有使他們產生這種情感的意思。他們比她們對人心有更透徹的研究，然而她們卻比他們更能看出人心內部的活動情景。婦女們可以說是負有發現「實驗道德」的責任，而男人則應當把她們所發現的實驗道德做系統的歸納。婦女的心思比男人的心思細緻，男人的天才比女人的天才優厚；由女人進行觀察，由男人進行推理，這樣配合，就能獲得單靠男人的心靈所不能獲得的更透徹的瞭解和完整的學問。一句話，就能獲得我們能夠加以掌握的對自己和對他人都確實有用的知識。藝術之所以能不斷地使大自然賦予我們的工具臻於完善，其道理就在於此。

婦女們周圍的人就是她們應該閱讀的書；如果她們讀得不好，那是因爲她們有缺點，或者是因某種欲念蒙蔽了她們的眼睛。然而，要眞正地盡到做母親的責任，她們不僅不應該抛頭露面地出去交際，而且還應該像女修道院中的修士一樣過著深居簡出的生活。因此，我們應該像對待那些送入女修道院的女子那樣對待未出嫁的少女。在她們未斷絕念頭，遠遠地離開她們不應該享受的娛樂以前，讓她們去看一看那些娛樂的情景，以免它們的假像有朝一日使她們的心靈不得安寧，擾亂她們幽靜的生活。在法國，少女們都住在修道院裡，而已婚的婦女則常常出入於社交場合。在古代，情況恰恰相反。正如我說過的，少女們在公衆面前遊戲取樂的時間很多，而婦女們則常常待在家裡。這種習慣是比較合理的，更有助於保持良好的風俗。未婚的少女是可以做一點兒撒嬌的樣子，玩耍就是她們主要的事情。已婚的婦女有她們的家務事，是不需要再出去物色丈夫的；可是，她們看不出這種做法對她們的好處，而不幸的是，她們又愛出時新的風頭。做母親的人啊，你們無論如何都要以你們的女兒做你們的伴侶。你們要使她們具備一個清晰的頭腦和誠實的心，然後把純潔的眼睛可以看到的一切事物都讓她們去看。跳舞、集會、運動，甚至戲劇都應當讓她們去看一看；所有一切在輕浮的少年以錯誤的眼光看來感到入迷的東西，在健康的眼睛看來是沒有什麼危險的。愈是讓她們去好好地看一看那些鬧鬧嚷嚷的玩意兒，她們便會愈早地對它們感到厭惡。

我當然知道有些人會起來反對我。哪一個女孩子看到這種有害的例子而不受它的影響呢？她們只要一看到社交界的情形就會心慌意亂，就沒有一個人願意離開那種場合。事情很可能是這樣的。但是，在讓她們看到這種迷惑人的情景以前，你是不是做了充分的準備，使她們看到那種情景而不動心？你是不是好好地向她們闡明了它所顯示的事物？你是不是已經如實地向她們描繪了那些事物的樣子？你是不是充分地給了她們抵抗虛榮幻象的武器？你是不是已經使她們幼稚的心喜愛那種在喧囂的場合中尋找不到的眞正快樂？你採取了哪些預防的辦法和措施去防止她們產生一種將使她們走入歧途的不正當的愛好？你不僅沒有採取任何步驟，使她們的心不受一般人的偏見影響，反而在她們的心中散布人們的偏見；你老早就使她們對她們所看到的種種無聊的玩意兒產生喜愛之心了。你讓她們去搞那些玩意兒，她們當然是喜歡的。有一些進入社交界的女孩子，除了她們的母親以外，便沒有其他的人管她們，然而她們的母親往往比她們還瘋狂得多，只能夠教她們的女兒照她們那個樣子去看待各種事物。母親的榜樣是比理性更能影響孩子的，因此使她們認爲跟著媽媽去做就是對的，做母親的人在女兒的心目中是有威信的，她們的話是無可爭辯的。所以，如果說我主張一個做母親的人應該把她的女兒帶到社交場合中去看一看，那是根據了這樣一個假定才這樣主張的，這個假定是：她要使她的女兒看到社交場合中眞正的情景。

其實，女孩子們早就開始變壞了。女修道院倒是眞正的培養女孩子們賣弄風情的學校，不過，不是培養我所講的那種風情，而是使婦女們日趨下流的風情，是促成女孩子們成爲浪蕩小妖精的風情。當她們從女修道院出來，一下子進入烏煙瘴氣的社交場合的時候，便覺得這種場合很合她們的口味。她們已經受過在社交場合中廝混的教育，因此，她們對那種場合很感興趣，這有什麼奇怪呢？我很擔心我在後面闡述的看法是出於偏見而不是根據研究的結果；我覺得，一般地說，在信奉新教的國家中，能夠比信奉天主教的國家中找到更多的可愛家庭和稱得上賢妻良母的婦女；如果是這樣的話，我們就可以毫無疑問地斷定：其所以有這種差別，一部分原因是由於女修道院的教育。

要能夠對恬靜的家庭生活感到喜愛，就必須對它有所認識，就必須從童年時期起領略到這種生活的甜蜜。只有在父母家才能學會怎樣愛自己的家；如果做母親的人在這方面沒有對她們進行教育，她們將來也是不喜歡教養她們的孩子的。可惜的是，在大城市中，沒有人對女孩子們進行家庭教育了。大城市中的社交場合是那樣的多和那樣的亂，以致再也找不到一個清閒的地方過安靜的生活，甚至在自己的家裡也如同在公共場合一樣。由於她經常同其他的人廝混，她就等於是沒有家了，甚至連她的父母也幾乎不認識了，她把他們看作外人，質樸的家庭氣氛和使家庭趣味無窮的親密情感都一起化爲烏有了。所以，女孩子們在吃奶的時候就從母乳中吸到了這個時代的所謂享樂和人們所奉行的行爲準則了。

有些人硬要女孩子們在表面上顯得很拘謹的樣子，以便使那些憑外表取人的傻瓜娶她們做妻。但是，對這樣的女孩子們一加研究，你就可以發現，在忸忸怩怩的樣子下面，她們已經露出了那種正在吞噬她們的火熱欲念，你從她們眼睛的表情就可以看出她們一心要模仿她們的母親。她們的心意不是在得到一個丈夫，而是在得到一張結婚的證書。既然有許多的辦法可以使她們在沒有丈夫的情況下過那種生活，她們又何必要那樣一個丈夫呢？不過，她們還是需要一個丈夫，以便她們在採取那些辦法的時候做一個掩護⑪。她們表面上顯得很正經，而骨子裡卻非常的淫蕩，假正經的樣子本身就是一個淫蕩的標誌；她們之所以要這樣假裝一番，正是爲了使她們能夠更早地拋棄這種正經的外表。巴黎和倫敦的婦女們，我請求妳們原諒我。任何地方都可能出現一些奇蹟，不過，拿我來說，我是一個奇蹟也未曾看到過的；如果在妳們當中眞能找到一個心地純潔的人的話，我就承認我對我們的社會是一無所知的。

所有現今的種種教育方法，其結果都將同樣地使年輕的女孩子對豪華世界的玩樂發生興趣，而且，由於有了那種興趣，不久以後就會產生享受那種玩樂的欲望。在大城市中，一個女孩子一開始生活，跟著也就開始敗壞，而在小城市中，則是在她能夠運用理性的時候才開始敗壞的。外省的女孩子因爲學了別人的樣子，看不起她們可愛的樸實風俗，便急於到巴黎來分享我們風氣中的腐敗味；她們遊歷巴黎的唯一目的，就是在學習那些美其名爲才藝的惡習，而且，當她們發現自己在放蕩的行爲方面不如巴黎的貴婦時，她們還覺得不好意思，巴不得自己趕快成爲一個首都地方的人。在你看來，是在什麼時候開始

---

⑪ 一個人在青年時期所走的道路，是聖人所不能理解的四件事情之一；而他所不能理解的第五件事情是淫婦的臉皮為什麼那樣厚，「她吃了，把嘴一擦，就說：我沒有行惡。」《舊約全書．箴言》，第三十章，第二十節。

糟糕的？是開始在她們有那種打算的時候，還是開始在她們達到了目的的時候？

我不希望一個賢明的母親把她的女兒從外省帶到巴黎來看這些對外省人極其有害的情景；我認爲，即使要來，那就在她的女兒已經受到不良的教育之後才來，或者在這些情景對她的女兒已經沒有什麼危害性的時候才來。一個女孩子如果有很好的鑑賞能力和清醒的頭腦，並且喜歡做正當的事情，則她縱然看到巴黎的有害情景，那也不會像其他的人那樣受它們的迷惑。在巴黎，你可以看到一些輕浮的女孩子急急忙忙地要在六個月內學會那一套時髦的作風，好讓人家罵她們一輩子；不過，是不是也有一些女孩子因爲不喜歡那些鬧鬧嚷嚷的場合，把她們在外省的生活和其他的人所豔羨的巴黎生活做一番比較之後，又回到她們在外省的家，這樣的女孩子是不是有人看見過呢？我就看見過許多的青年婦女，被她們好心的丈夫和老師帶到首都之後，又自動地回到外省去，而且她們要回去的心情遠比要來巴黎的心情還急切；她們在離開巴黎的前夕，很溫存地對她們的丈夫說：「唉！還是讓我們回到我們的茅屋去住吧，住在茅屋裡比住在這裡的皇宮還舒服得多！」我不知道還有多少好人沒有跪拜過偶像，而且還蔑視人們對它的無意義崇拜。只有愚蠢的人才是到處鬧鬧嚷嚷的，聰明的婦女是絕不會做什麼聳人聽聞的事的。

儘管一般人都日趨墮落，儘管大家都普遍地抱有偏見，儘管對女子實施的教育不好，但總有一些婦女還仍舊保持著一種不爲外力所左右的判斷能力，既然是這樣，那麼，當這種判斷的能力受到了適當的教育培養，或者說得更確切一點，當這種判斷的能力沒有受到不良教育的敗壞的時候，如果我們要著眼於保持或培養自然的情感的話，我們該怎樣做呢？爲了要做到這一點，是用不著那樣囉囉唆唆地說一長串話來使年輕的女子聽了感到厭煩的，也用不著那樣一五一十地向她們講一篇乾巴巴的道德經。向男孩子和女孩子講解道德，那等於是在消滅他們所受的一切良好教育的效果。像那樣冷冰冰地教訓一陣，其結果必然會使他們對說教的人和他們所講的話產生反感。同年輕的女孩子們講話的時候，千萬不能拿她們所負的天職去嚇唬她們，也不能把大自然加在她們身上的束縛說得那樣嚴重。你向她們闡述她們的天職時，話要說得簡明，說得中肯，不要使她們以爲履行那些天職是一件不愉快的事情，你切不可有一點兒不高興或盛氣凌人的樣子。所有一切要她們動腦筋思考的問題，我們也應該動腦筋思考一番之後才說；如果用問答的方式對她們講解道德，則其內容也要像教義問答那樣的簡單和明瞭，但是說話的語氣不要那樣嚴肅。必須向她們指出，這些義務就是她們的歡樂源泉和權利的根據。你要愛別人，才能得到別人的愛；你要幸福快樂地生活，就必須使自己成爲一個爲人家所喜歡的人；你要人家聽從你的話，就必須使自己值得人家的尊敬；你要愛惜自己的體面，才能得到人家的稱譽。要做到這幾點，是不是很困難呢？婦女的權利是多麼光榮！是多麼值得尊重！當一個婦女善於行使她的權利的時候，男人的心將對那些權利表示多麼的關切啊！一個女子是不一定非要等到有了相當的年齡或已經衰老的時候才能享受那些權利的。只要她有美德，她就可以開始行使她的權利；一到她長得亭亭玉立的時候，她憑她的溫柔的性格就能夠樹立威信，使男子看到她那種淑靜的樣子感到敬畏。如果一個十六歲的女孩子長得又聰明又可愛，平時寡言鮮笑，善於理解別人，同時，態度又是那樣的溫柔，語言又是那樣的誠懇，美麗的容貌又顯示了她女性的青春，羞怯的樣子又使人感到喜悅，她尊重別人，從而也贏得了人家的尊重；見到這樣一個少女，哪一個粗野無禮的人還敢不收藏他那傲慢的氣焰，還敢不檢點他的行爲呢？

所有這些，雖說是一個女孩子形之於外的表現，但我們絕不能把它們看作是無關緊要的表現；它們之所以有魅力，不僅要以感官的美做它們的基礎，而且還要我們從心眼裡認爲婦女是我們男子的良好行爲的天然評判者。誰願意受到女人的輕視呢？在世界上是沒有哪一個人願意受女人輕視的，即使是不喜歡婦女的人，也是不願意受到她們輕視的。你們以爲我這個向她們闡述如此嚴酷的事實的人就不重視她們的評判嗎？不，在我看來，她們的話比你們的話更值得重視，讀者啊，你們往往比她們還顯得一副娘兒們氣哩。我雖然是看不起她們的脾氣，但我仍然要稱頌她們的公正；只要我能夠使她們不得不尊重我，即使她們恨我，那也沒有什麼關係。

如果我們善於運用她們的積極性，我們將完成多麼多的偉大事業啊！可惜在現今這個時代，婦女們有力的影響已經喪失，她們的話男人已不再聽從，這是多麼可悲的時代！這眞是墮落到了極點。所有一切風俗敦厚的民族對婦女都是很尊重的。你看一看斯巴達，看一看日爾曼，看一看羅馬，如果在這個世界上曾經有過光榮和美德薈萃之處的話，那就是羅馬。在羅馬，婦女們所歌頌的是偉大將軍的戰功，婦女們所哭泣的是喪失了國家的元老；她們的誇讚和訴願是神聖的，是對共和國事業的最莊嚴的裁判。所有一切巨大的變革都是由婦女發端的：是一個婦女使羅馬獲得自由，是一個婦女使平民成爲執政的，是一個婦女結束了十人團的暴政，是婦女們把被圍困的羅馬從流放的反叛者手中解救出來的。風流的法國人啊，當你們以嘲笑的眼光瞧著一群婦女走過去的時候，你們抱怎樣的看法呢？你們也許還會跟在她們後面奚落她們哩。同樣的事物，由於你們跟我的眼光不同，所以我們的感覺也完全兩樣！也許我們各人有各人的理由。如果以漂亮的法國太太們排成這樣一個隊伍的話，我認爲簡直就不成體統；但是，如果以羅馬的婦女排成這樣一個隊伍的話，你們就需要拿伏爾斯人的眼光去看她們了，就需要像科里奧蘭努斯[5]那樣在心裡想一想怎樣辦了。

我還要補充一下，我認爲美德之能夠鞏固愛情，猶如它之能夠鞏固自然的權利，如果一個情人具有美好的道德，她就可以像做妻子和做母親的人那樣行使同樣的權能。凡是眞實的愛，都是充滿著熱情的，其所以那樣地充滿熱情，是因爲在想像中始終存在著一個眞正或虛幻的完美對象。如果在情人的眼中看來那個完美的對象是沒有什麼價值的，是一個只供官能享樂的工具，在他的心目中哪裡還能燃起一股激烈的熱情呢？如果是抱有這種看法的話，他的心是熱不起來的，是不會去追求那使情人心醉神迷、情意纏綿的高尚樂趣的。我承認愛情是空幻的，只有情感才是眞實的，是情感在促使我們去追求使我們產生愛情的眞正的美。有人說，這種美在我們所愛的對象身上是不存在的，它是因我們的錯覺而產生的。啊！這有什麼關係呢？我們是不是因此就可以不那麼熱烈地把我們所有世俗的情感奉獻給這個想像的模特兒呢？是不是因此就可以不拿淳厚的心對待我們所鍾愛的人呢？是不是因此就可以不拋棄我們卑劣的欲念呢？一個男人不願意爲他的情人犧牲生命，這哪裡是一個眞心的情郎？而一個願意爲愛情而死的人，他心裡還有什麼粗俗的肉欲？我們嘲笑舊時的騎士，其實只有他們才是眞正地懂得愛情的人咧，至於我們，我們只知道貪圖色情罷了。傳奇式的愛情觀之所以在我們看來覺得可笑，並不是因爲我們有

[5] 科里奧蘭努斯，傳說中的西元前五世紀羅馬將軍，曾大敗羅馬的敵人伏爾斯人，為國家立下戰功；後來遭到放逐，遂投奔伏爾斯人，並率領他們圍困羅馬。在即將攻陷羅馬時，元老院請他的母親到他的軍營中去，以母子之情打動他的心，遂解羅馬之圍。

了理性，而是因爲我們有了不良的風俗。

不論在哪一個時代，自然的關係都未曾改變過，由自然的關係中產生的或好或壞的影響也始終是一樣的，儘管人們用「理性」這個詞來掩飾他們的偏見，那也只是在表面上改了個名稱罷了。對自己進行克制，始終是一個很高尙的行爲，即使是因爲聽從荒唐的說法而克制自己，那也是很高尙的；只要有眞正愛好榮譽的心，有見識的婦女就會按她的地位去尋求她一生的幸福。對一個心靈高尙的美麗女人來說，保持貞操是一個極爲可貴的道德。她看見整個的世界都在她的腳下，她戰勝了一切，也戰勝了她自己。她自己的心就是一個寶座，所有的人都來向它表示敬拜；爲兩性所尊重的溫柔和專一的情感，以及世人的敬重和她的自尊心，不斷地使她感到她在某些時候進行的鬥爭是光榮的。她所遭遇的艱苦是轉瞬即逝的，然而她在艱難困苦中獲得的榮譽是永不磨滅的。一個高尙的婦女，當她以自己優良的品德和俊秀的容貌而引爲驕傲的時候，她心裡是多麼愉快啊！一個鍾情的女人是比萊斯和克利奧帕特拉更能領略肉體快樂的美；即使將來她的容顏消失了，她的光榮和快樂的心情仍然是存在的；只有她才能夠在回憶往事的時候感到快樂†。

所負的天職愈艱巨，則我們之所以要擔負這些天職的理由便愈加鮮明。道貌岸然地用一本正經的話來談這些極其重大的事情，年輕的女子是聽不進去的，是不能夠把她們說得口服心服的。由於這種語

† 在其他版本作：「……感到快樂。如果我所描繪的這條道路是値得你們喜歡的話，那就很好了；它是一條康莊大道，它符合於自然的秩序；你只有採取這條道路，才能達到你的目的。」

言同她們的思想狀況太不相稱，她們背地裡就會把那些話當成耳邊風，一點也不重視，所以，結果是反而容易使她們聽任她們的傾向的發展，而不能夠從事情的本身中找出她們必須抵抗她們的傾向發展的理由。毫無疑問，如果我們採用良好的教育方法去培養一個女孩子，則她就可以獲得抵抗各種引誘的武裝，如果我們只拿一些一本正經的話去灌注在她的心裡，或者說得更確切一點，灌注在她的耳朵裡，則她一碰到一個狡猾的引誘者，她就肯定會變成他的犧牲品的。人們說，一個年輕而漂亮的女孩子絕不應當輕賤她自己的身子，她應當認眞地悔恨她的美色使男人犯了巨大的罪惡，她必須誠心誠意地向上帝懺悔她成了男人貪婪的對象，她必須相信她自己心中的那一片柔情蜜意是魔鬼虛構的。我們應當針對她們本身舉出一些切實的理由，因爲以上所說的理由是不能夠打動她們的心的。更壞的做法，而且也是人們常常採用的做法是：使她在思想上產生矛盾，先是說她的身體和美麗的容貌已經沾染了罪惡的污點，從而使她感到羞辱，然後又要她把這樣可輕可賤的身子當做耶穌的聖殿似的加以尊重。過高和過低的觀念都同樣是不足以說服人的，是不能夠自圓其說的；因此，必須舉出一些能夠爲女性，並且能夠爲她那樣年紀的女孩子所能懂得的理由。只有在你說明了她之所以要盡那些天職的理由之後，你才能夠使她重視她的天職：

「只因不准許，她才未犯錯誤，而最終她是非犯錯誤不可的。」*

* 奧維德：《戀歌》，第三篇，第四首。

毫無疑問，只有奧維德才能作出這樣一句一針見血的論斷。

如果你想使年輕的女子喜歡良好的品行，那你就不要再三地向她們說，妳們要規規矩矩，而應該使她們意識到規規矩矩的行爲將給她們帶來巨大的利益，應該使她們認識到規規矩矩的行爲的全部價值，而且使她們喜歡這種行爲。僅僅給她們指出在遙遠的將來要獲得這種利益，那是不夠的，必須馬上從她們那樣年歲的人所有的種種關係中，從她們的情人的性情中使她們看到這種利益。必須向她們描述有品德的男子是什麼樣子，教她們怎樣識別這樣的人，怎樣愛他，怎樣爲了自己的利益而愛他；要向她們證明，只有這樣的男人才能把她們看作朋友、妻子和情人，使她們得到幸福。要通過理性去培養她們的美德；要使她們認識到，女性能否樹立威信和獲得優越的地位，不僅取決於她良好的行爲和性情，而且還取決於男人的良好行爲和性情；此外，還要使她們認識到，她們對卑鄙惡劣的人是沒有辦法的，不尊重道德的人是不會尊重他的情人的。可以肯定的是，當你向她們講述我們這個世代的風俗的時候，你將使她們對這種風俗產生一種內心的厭惡；如果你把時髦的人物指給她們看，她們便會對那些人表示輕視的；她們將鄙棄他們的種種說法，厭惡他們所表現的種種情感，看不起他們的虛僞殷勤；她們將產生一種高貴的雄心——要贏得偉大的和堅強的男人的尊重，要成爲斯巴達式的婦女，要指揮男子。一個臉皮很厚和詭計多端的女人，只知道用撒嬌耍賴的辦法去勾引情人，只知道用籠絡的辦法去保有情人，因此，只能夠在一些普通的小事情上把她的情人當奴隸使用，至於在重大的事情上，她就不能駕馭他了。至於一個長得又聰慧又可愛的誠實婦女，能夠使她周圍的男人不得不尊重她的女性，平時寡言鮮笑十分端莊的婦女，一句話能夠取得男人的尊敬和愛的婦女，只要她做一個手勢，就可以把他們差遣到天涯海角，就可以叫他們到她所指定的地方去作戰，去爭取榮譽，去犧牲生命⑫。在我看來，這種威信是崇高的，是值得花一番心血去獲得的。

我們便是按照這種精神培養蘇菲的，我們培養她的時候，做法是十分的仔細，但又沒有花太多的力氣，我們是順著而不是逆著她的愛好去做的。現在，讓我們按照我向愛彌兒所講的形象，按照愛彌兒自己所想像的能夠給他帶來幸福的妻子的形象，簡單地描述一下蘇菲的人品。

我將不厭其煩地一再說明，我不是在培養什麼神童。愛彌兒不是神童，蘇菲也不是神童。愛彌兒現在已經長成爲成年的男子，而蘇菲也長成爲成年的女人；他們可以驕傲的，就是這一點。在我們目前這

---

⑫ 布朗托姆說，在弗朗斯瓦第一時代，有一個年輕女子的情人是一個愛講話的碎嘴子，後來她硬不准他講一句話，要他無限期地保持絕對的沈默，而那個男子也就很忠實地在整整的兩年間一句話也沒有講，以至大家都以為他因為生病而變成啞巴了。有一天，有很多人聚在一起，他的情婦（那時候談情說愛還是很秘密的，所以大家還不知道她是他的情婦）誇口說可以馬上把他的啞病治好，而且只用了「說話」兩個字就叫他說起話來了。在這樣的愛情中是不是有某種偉大的和英雄的行為存在呢？畢達哥拉斯的哲學即使講得天花亂墜，難道還能夠比她的辦法更靈驗嗎？今天的婦女，即使付出了她可能付出的一切代價，但是不是能夠使她的情人也像那個人一樣地在一天之中不說一句話呢†？

†「今天的婦女……」這句話在手稿中是沒有的。在手稿中是：「你想像不到有神力的人只消一句話就可以使一個人有講話的機能嗎？而我是怎麼也不相信一個美而無德的女人能夠做出這樣的奇蹟的。所有巴黎的美婦，儘管手段高明，但在今天要她的情人一句話也不說，是很難辦到的。」

種男性和女性混雜不清的情況下，能夠像樣地做一個男子或一個婦女，那差不多就是一個奇蹟了。

蘇菲出生在一個良好的人家，她的天性很善良，她的心很敏感，這顆極其敏感的心，有時候會使她產生很難平靜的想像。她對事物的觀察是非常正確的，但不怎麼深刻；她的心情很悠閒，然而是不平衡的；她的樣子長得很普通，但是是討人喜歡的，從她的相貌就可以看出她爲人是十分的忠厚；你剛接近她的時候也許覺得她沒有什麼特殊的地方，但在離開她的時候，你心裡就不能不有所感觸。別人有一些良好的品質是她沒有的，而她自己的好品質，也許在程度上還不如別人；但是，要一個人把一些良好的品質配合起來形成一副很好的性格，那就誰也不如她了。甚至連她的缺點，她也知道怎樣去利用；如果她長得十全十美的話，也許她反而不如現在這樣令人喜歡了。

蘇菲並不美麗，但男子們一到她身邊就會忘掉比她更美的女人，而美麗的女人一到她身邊就會覺得自己並不怎麼美。乍看一眼，她雖不漂亮，但你愈看就愈覺得她長得好；有些東西，她那樣長法就好看，而別人那樣長法就不好看，至於她長得好看的地方，那就確實好看，誰也趕不上她了。也許別人的眼睛比她的漂亮，嘴巴比她的乖巧，樣兒比她的吸引人，但是，別人的身材不如她的勻稱，膚色不如她那樣好看，手沒有她那樣白嫩，腳沒有她那樣小巧，目光沒有她那樣柔和，相貌沒有她那樣動人。她使你看到她的時候感到喜歡，但是不會使你心裡入迷；她使你一看到她便感到動心，但是又說不出你動心的道理。

蘇菲很愛打扮，而且也懂得怎樣打扮；她的母親除她以外，就再沒有用收拾房間的僕人；她有很高的審美力，所以總穿扮得很好看；不過，她是很討厭華麗衣服的，她的衣服又簡樸又淡雅；她所喜歡的不是那種花花綠綠的衣服，而是合身的衣服。她不懂得什麼顏色的衣服合乎時髦，但是她很清楚什麼顏色的衣服才合乎她的身子。沒有哪一個年輕女子像她那樣在表面上對裝飾品很不講究，而實際上是花了一番工夫的。她沒有一件裝飾品是隨隨便便穿戴在身上的，但是在每一件裝飾品上你都看不出她精心配搭的痕跡。她的穿扮在表面上顯得很平常，但實際上是十分好看，引人注目的。她不僅不炫耀她迷人的美，她反而把它掩飾起來，但她愈掩飾，便愈是使人在心裡回味。當你看到她的時候，你會說她是「一個樸實聰明的女孩子」，但是，如果你在她身邊待久了，你的眼睛和心就會一刻不停地老是去看她和想她，這時候，你會感覺到，她身上的服飾之所以那樣樸實，正是爲了使你逐件逐件地通過它們去想像穿戴那些服飾的人。

蘇菲有一些天生的才能，這一點她自己是知道的，而且是充分地加以利用的；不過，由於她還不知道怎樣培養那些才能，所以她只知道用她清脆的聲音節拍準確而諧和地唱歌，用兩隻靈巧的腳輕鬆活潑地練習走路；在任何場合都能毫無拘束和大大方方地向人家行禮。她唯一的唱歌教師是她的父親，她唯一的舞蹈教師是她的母親；住在鄰近的一位風琴師教她彈過幾次風琴，以後她就自己單獨去練習了。起初，她只想多彈黑鍵子*，後來，她發現風琴清脆的聲音可以使聲調聽起來更加美妙，才逐漸逐漸地學習和聲；最後，在她長大的時候，她便開始領略到音樂的美，對音樂感到喜歡了。不過，喜歡音樂只能

* 在我們的客廳中，鋼琴已經取風琴的地位而代之，自從有了鋼琴以後，再這樣練習就太笨了；製造樂器的人已經改變了鍵盤上的兩種顏色的次序，較顯著的鍵子用象牙，不太顯著的鍵子用烏木。

說是一種愛好，而不能說是才能，她現在還不能看著譜子就會唱歌。

蘇菲最喜歡的而且也是大家花了一番很大的工夫教她學習的，是女性專長的工作，甚至連大家原來不打算要她做的剪裁和縫製衣服之類的工作，她也是非常喜歡的。沒有哪一門針線活兒她不會做或不樂於做，但她最喜歡的是做花邊，因爲，只有做花邊的時候姿勢最好看，最能使手指頭愈練愈靈巧。她對所有一切家務事情都是很專心細緻地做的。她也會做菜和做一切雜事，她很熟悉各種食物的價值和質量的優劣，她很會計數算帳，她簡直就是她母親的管家。由於她自己將來一定是要做一個家庭主婦的，所以她在經管她父母的家庭的時候，就可以學會怎樣經管她自己的家；她能夠幫助家中的女僕們做事，而且經常是自動地去幫助她們做的。任何事情，只有在你自己會做的時候，你才能夠有效地指揮別人去做。她的媽媽之所以要她這樣做家中的事情，其原因就在於此。就蘇菲來說，她心裡是考慮不到這些的；她的第一個天職是做一個好女兒，她在目前唯一要履行的就是這個天職。她心中所考慮的是怎樣侍奉她的母親，怎樣盡心竭力地替她分擔一部分勞苦。因此，她在做家務工作的時候，並不是那麼平均地樣樣都喜歡的。舉例來說，儘管她喜歡吃精美的飲食，但她並不喜歡到廚房去做菜；在烹調飲食的過程中，有幾樣事情是她很感厭煩的，在她看來是不清潔的。她在這方面是極其考究的，這樣一種過度的考究已經變成了她的缺點之一：她寧可讓一餐的飯菜都燒焦煮爛，也不願意弄髒自己的衣袖。由於同樣的理由，她也不願意去整治菜園。她認爲泥土是很不清潔的，她一見到肥料就覺得聞到了一種不好的氣味。

這個缺點，是由她的母親對她的教育造成的。照她的母親看來，在婦女們應當做到的許多事情中，最重要的事情之一就是保持清潔，保持清潔是大自然一定要婦女們非做到不可的特別重要的事情。在世界上，最令人感到噁心不過的是一個骯髒的婦女，如果她的丈夫討厭她的話，那是討厭得很有道理的。她從蘇菲的童年時候起，就一再地向她講解這一點；她十分嚴格地要求她的女兒要保持個人的清潔，她的衣服、寢室、所做的一切東西和梳妝用具都要那樣乾乾淨淨的；注意清潔已經是她的一種習慣，每天要占去她的一大部分時間，而且首先是做完了清潔工作然後才做其他的事情。在她看來，東西做得好不好是次要的，而最重要的是做得乾淨。

然而，所有這一切並沒有使蘇菲因此就養成一種裝模作樣的神氣，也沒有使她養成一股嬌氣；她在這方面的考究是不花一文錢的，她房間裡用的水全都是普通的水，她所知道的獨一無二的香氣是花香，將來，她的丈夫要想聞到什麼甜蜜氣味的話，那就只能去聞她的呼吸了。總之，她在注意個人的儀表上儘管花費了一些心思，但她並沒有因此就忘掉她應當把她的生命和時間用之於更高尚的事情。她不會，或者說她不願意因爲過分地講究身體清潔而玷污了靈魂；與其說蘇菲很清潔，不如說她很善良、很純潔。

我在前面說過蘇菲是很貪吃的，她天生的食量就是很大的；不過，由於她已經養成了良好的習慣，所以她對飲食是很有節制的，而且在目前，由於她有了很好的道德修養，所以在飲食上是更有節制了。我們對女孩子是不能像對男孩子那樣利用她們貪吃的習慣對她們進行一定程度的控制。貪吃的習慣對女性是有很大影響的，如果讓她們貪吃的話，那是極其危險的。在童年時候，小小的蘇菲如果是單獨一個人走進她媽媽的房間的話，沒有哪一次是空著兩隻手走出來的，她一看到糖果和糕點就經不住考驗，總要口裡發饞，拿幾個來吃的。她的媽媽一再地當場捉住她、懲罰她，讓她挨餓。最後，她的媽媽終於使她明白糖果對牙齒是有害的，而且吃得太多會使身體發胖的。這樣，蘇菲就改正了這個缺點，到她一天天長大的時候，她就有了其他的愛好，因而使她改掉了這種貪口腹的習慣。婦女和男子一樣，只要她們的思想一旦活躍起來，貪圖口腹就不再成爲一個支配她們行動的惡習了。蘇菲保持了女性特有的愛好，她喜歡吃奶製品和甜食，喜歡吃發麵食品和一碟一碟的小菜，但是肉是吃得很少的，她從來沒有喝過酒或其他的烈性飲料；此外，她吃任何東西都是很有節制的，女人的勞動量沒有男人的勞動量大，所以用不著吃那麼多東西去補償她們身體的消耗。不論什麼東西，只要味道好她就喜歡吃，而且她也善於品嚐飲食的味道；食物的味道即使不好，她也能夠吃，而且吃起來也沒有什麼感到不舒服的地方。

蘇菲的頭腦很聰明，但還說不上是十分的敏慧；她的思想很健全，但還說不上是十分的深刻；大家之所以沒有議論過她的才情是不是優異，是因爲大家都覺得她既不比人家聰明，也不比人家愚蠢。她具有的才情足以使同她談話的人感到很有樂趣，雖然按照我們所理解的婦女的文化程度來看，她的措辭並不是特別優美；她所說的事情不是從書上學來的，而完全是從同她的父母的談話中領會到的，是從她自己的思考和對她所接觸的爲數不多的人的觀察中歸納出來的。蘇菲天生就是很活潑的，而且在童年的時候還有點兒調皮；不過，她的媽媽後來就有意識地一點一點地制止她那種輕浮的樣子，以免到了非改掉這種樣子不可的時候才突然叫她改，那就不好改了。因此，在她還沒有到非改不可的時候，她已經就變得相當的穩重了；現在，她已成長爲大姑娘了，她覺得保持這種穩重的樣子，比在不知其所以然的情況下去學習這種樣子，還容易得多。有時候，看見她由於原來的習慣沒有完全改掉而仍然表現出童年時候的活潑樣子，但跟著又規規矩矩地，閉著嘴，低著頭，臉兒羞得通紅。看到她這種樣子，眞是令人感到十分的喜悅。她處在這成年和童年之間的時期，所以這兩種人的樣子都有一點。

蘇菲的心太敏感了，所以她的脾氣很難保持平衡；不過，由於她爲人是十分的溫柔，所以即使在脾氣發作的時候也不會使別人感到難堪；她只是讓她自己難過一陣罷了。如果你說了一句傷害她的話，她也不會生氣，不過她心裡是很激動的，她將跑到另外一個地方去哭泣。在她哭得很傷心的時候，只要一聽到她的父親或母親叫她，她便馬上擦乾眼淚，憋著啜泣的聲音，笑著玩著地跑到他們的跟前。

她並不是一點任性的心情都沒有的；由於她的脾氣有些過於急躁，所以她對人家所說的話喜歡表示反抗，因而每每使她自己不能約束自己。但是，只要你在一段時間內不去管她，讓她的心情恢復平靜，則她爲了彌補她的過失而採取的辦法，那簡直就是一種美德的表現了。如果你懲罰她，她也乖乖地忍受。你將看到，她感到羞愧的不是受到懲罰，而是做錯了事情。即使你一句話也沒有說，她也會自動去彌補她的過失，而且在這樣做的時候，態度是那樣的坦率和開朗，以致使你不可能對她懷抱惡意。即使你當著僕人的面責備她，她也坦然接受而沒有任何狼狽不堪的樣子；一到你對她表示寬恕的時候，你從她喜悅的面孔上就可以看出她心中解除了多麼大的負擔。總之，對於別人的過失，她可以耐心地忍受；而對於自己的過失，則樂於改正。女性的天性，如果沒有受到我們的敗壞，就是如此可愛的。女人對男人是能夠表示忍讓的，甚至對他們的不公正的行爲也是能夠容忍的。可是，如果你要像約束女孩子那樣地約束男孩子，那就辦不到了；他們將對不公正的行爲表示反抗，因爲大自然並沒有要求他們一定要容忍這種行爲：

格雷文的

倔強的兒子懷著沖天的憤怒†。

蘇菲是有信仰的，不過，她的信仰是很合理的，而且是很簡單的；既沒有什麼教條，也很少做什麼祈禱；說得更確切一點，她只知道最重要的事情是實踐道德，她將做一切善良的行爲，以便在做這種行爲的過程中將她整個的生命奉獻給上帝。她的父母在這方面給她的種種教訓，其目的都在於使她養成恭謹而謙遜的習慣；他們經常向她說：「我的女兒，在妳這樣的年齡，是不可能理解宗教的，將來，等妳到了能夠理解的時候，妳的丈夫會告訴妳的。」此外，她們從來沒有囉囉唆唆地向她講什麼對宗教要虔敬的話，他們的辦法是以身作則，使自己的榜樣深深地刻劃在她的心裡。

蘇菲是很愛美德的，這種愛已經變成了支配她的一切行爲的力量。她之所以愛美德，是因爲任何事物都沒有美德那麼美；她之所以愛美德，是因爲美德能夠使婦女獲得光榮。她認爲，一個德性優良的婦女就等於是一個天使。她愛美德，是因爲她把美德看作是得到眞正幸福的道路，是因爲她認識到一個不誠實的婦女一生中必然要遭遇貧窮，必然要被人們遺棄，必然要受到許多痛苦，必然要做出可恥和不名譽的行爲。最後，她之所以愛美德，是因爲她可敬的父親和溫柔而嚴肅的母親熱愛美德，他們不只是滿足於以自己的美德而獲得幸福，他們還要爲了她的幸福而愛美德；而她最大的幸福是：實現她爲他們創

† 賀拉斯：《頌詩》，第一卷，第十八首。

造幸福的願望。正是因爲她抱有這些看法，所以她的內心中才有一股熱情激勵著她的心，使她的一切不良的傾向都受制於這個崇高的願望。蘇菲的終身都將是一個貞潔和誠實的婦女，她在她的內心深處已經發誓要做到這一點，而且，她是在她已經明白這個誓言是值得遵守的時候，才發這個誓的。這個時候，如果她貪戀官能的快樂，她是可以毀掉這個誓約的，然而她最終還是發誓要做到這一點。

幸運得很，蘇菲還不是一個風流的法國女人。一個風流的法國女人生性是很冷酷的，由於愛好虛榮而經常那樣妖豔地打扮；她心中所想的是怎樣使自己大出風頭而不是怎樣使別人感到喜悅，她所追求的是玩樂而不是娛樂。蘇菲心中所考慮的是怎樣去愛別人，這種想法竟使她在許多歡樂的場合也分散了她的心，甚至還使她感到苦惱。她已經不再有原來那種活潑的樣子了，她已經不再是從前那樣嘻嘻哈哈地玩了；她不僅不害怕孤單獨處會感到無聊，而且還想方設法地要過這種孤獨的生活；她在這種生活中想到了那樣一個人，他可以使她感到孤獨生活是一件很甜蜜的事情。所有一切同她不相干的人，她都感到討厭；她所需要的不是獻殷勤的人，而是情人；她願意使一個誠實的人感到喜歡，感到永久的快樂，但不願意去博取衆人的稱讚，說她很時髦，因爲這種稱讚只能夠給她一天的體面，而第二天就會變成笑柄，受到人家的指責。

婦女的判斷力比男子的判斷力發展得早。由於她們從童年時候起就處於防禦的狀態，有一個很難保守的寶物，因此，她當然是很早就需要認識什麼是善和什麼是惡的。蘇菲是一個十足早熟的女孩子，由於她稟賦的氣質使她更早地成熟，所以她的判斷力也比其他同年紀的女孩子發展得快。這是一點也不奇怪的，因爲成熟的時間和程度並不是人人都相同的。

人們曾經教過蘇菲，女性和男性各有一些什麼義務和權利。她既知道男子有哪些缺點，也知道婦女有哪些惡習；同時，她也知道男子和婦女有哪些相對應的品質和德性，而且把所有這一切都牢牢地熟記在心的。任何人所想像的誠實婦女，都沒有她所想像的那樣高尚；婦女的形象要高尚，這一點她是不感到奇怪的；而她感到欣慰的是，她理想中有一個爲人誠懇和行爲端正的男子；她認爲她就是爲了這樣一個男子而生的，她配得上他，她能夠使他得到幸福，而她也將從他那裡得到同樣的幸福，她相信她一看見這個男子就可以把他認出來，因此，現在的問題只是怎樣去尋找他。

正如男子是婦女品行的評判人一樣，婦女也是男子品行的天然評判人，這是他們之間相互的權利，男女雙方都是十分知道的。蘇菲知道她有這種權利，而且也知道運用這種權利，不過，由於她知道她很年輕，知道她沒有經驗，知道她自己的地位，所以她在運用這種權利的時候是很有分寸的，她懂得什麼才評判什麼，而且也只有在她能夠從其中得出某種有意義的論點的時候，她才進行評判的。當某人不在場的時候，她一談到他，說話就極其謹慎，如果那個人是婦女，則她說話就尤其謹慎了。她認爲，正是因爲婦女們自己談論女人的事情，她們才彼此都說怪話和互相譏諷。但是，只要她們把話題限制於談論男子的事情，則她們說話就會很公正的。所以蘇菲是只談男人的事情的。對於婦女們，她只是在知道她們做了好事，應該加以表揚的時候，她才談論她們。她認爲，爲了尊重女性，是應當這樣做的；當她對有些婦女沒有什麼表揚的話可說的時候，她就一點也不談論她們；她不談她們，那就可以明白她對她們的看法了。

蘇菲是一點世故的氣息都沒有的，但她對人是十分的親切、殷勤，而且無論做什麼事情都是溫雅的。在爲人做事方面，她那種快樂的天性對她的用處，比許多巧妙的手段對她的用處還大。她對人是有一定的禮貌的，不過，她對人的禮貌既不落俗套，也不拘泥於時尙，不因時尙的變化而變化，而且還不是因襲習慣而照章行事的；她之所以對人有禮，完全是出於一種眞誠的使別人感到高興和愉快的願望。她一句無聊的奉承話都不會說，也不會咬文嚼字地去恭維人；她從來不向人家說她對他感激得不得了，說人家對她太抬舉了，請別人不要爲她再辛苦了等等。她尤其是不喜歡拐彎抹角地說話。對別人給予她的關心，對別人向她表示的尊敬，她也以禮相待，或者簡單地對那個人說「謝謝你」，不過，這句話從她口中說出來，那就是很眞實的了。對於別人誠懇地給予她的幫助，她是感激在心裡的，因此也就聽不到她口頭上表達什麼謝意了。她從來不拘泥於法國人的習慣，硬要那麼裝模作樣地做作一番，例如從這個房間走到那個房間的時候，把手伸過去讓一個六十開外的老年人扶著她；反之，她倒是很想去攙扶那個老年人。如果是一個花花公子冒失地伸手去扶她的話，她就讓那個人的手落個空，去摸著樓梯的扶手；同時，她一邊三腳兩步地跑進房間，一邊向那個人說她不是跛子。儘管她的身材不高，她也不願意穿高跟鞋；她的腳是相當的小，用不著穿這種鞋子。

她不僅在已婚的婦人面前是那樣沈默寡言，對她們表示尊敬；而且，在已婚的男人或年紀比她大得多的人面前，她也是這樣；她從來不坐在他們的上手，除非他們叫她坐，她才只好坐，而且，只要情況一許可，她馬上又會回到她在下手的座位；她之所以這樣做，是由於她知道：婦女固然是應該受到尊重，而年紀大的人則更應該受到尊重，因爲年長的人照理說來都是很賢明的，所以比任何人都應該受到大家的尊敬。

至於對那些同她年紀差不多的人，那又是另外一回事情了，她要採取另外一種做法使他們不能不尊敬她；她知道要怎樣才既不失去跟她相稱的謙遜態度，而同時又顯得威嚴。如果他們本身一舉一動都很謹愼，她就願意拿青年人所有的親熱態度去對他們；他們天眞無邪的談話也許是很可笑的，不過是很正派的。如果他們所說的話很莊重，她認爲那是很有意義的；然而，如果他們所說的話很胡鬧，她就馬上制止他們，因爲她特別討厭那種毫無意義的話，她認爲這種話是有辱女性的。她知道她所尋求的那個人是不會說這種無聊話的，那個人的性格已深深地印在她的心裡，因此，不適合於那個人說的話，她也不容許另外一個人說。由於她對女性的權利極其尊重，由於她純潔的感情使她的內心產生了一種驕傲，由於她本身的種種美德使她感到了一種力量，使她認爲自己是値得尊重的，因此，如果別人甜言蜜語地向她說奉承話，她就會很生氣的。不過，她的臉上並不露出生氣的樣子，而只是向那個甜言蜜語的人說一句表面上誇讚而其實是諷刺的話，或者突如其來地用一句冷冰冰的話去堵住他的嘴。如果有那麼一個美如太陽神的男子向她做出一副溫文爾雅的樣子，很有風趣地稱讚她十分的賢淑，稱讚她十分的美麗和瀟灑，並且說只要能夠使她感到快樂，他自己也感到快樂，這時候，她會打斷他的話頭，很有禮貌地向那個人說：「先生，這些事情我恐怕比你知道得更加清楚，如果我們沒有什麼有趣的事情好談的話，我想，我們的話就談到這裡吧。」她一邊說一邊行禮，遠遠地走開；她在這種情況下就是這樣做的。你去問一問你們那些風流的小白臉，對這樣一個不喜歡聽那種誇誇其談的話的人，是不是可以隨隨便便老是在她的跟前嘮三叨四地講。

這並不是說她不喜歡人家稱讚她，只要稱讚她的話說得恰到好處，只要她認爲你稱讚她是出自誠心，她也是喜歡聽你稱讚的。爲了表明你確實在稱讚她的長處，你首先就要把她的長處指出來。實事求是的稱讚，她高尚的心是喜歡聽的；吹吹捧捧的稱讚，她一聽到就起反感的；蘇菲生就那麼一副性格，是學不會那種小丑的本領的。

由於她的判斷力是那樣的成熟，由於她在各方面都長得像一個二十歲的女孩子，所以，蘇菲一滿十五歲，她的父母就不再把她當作一個小孩子了。他們剛剛在她身上第一次發現青年人特有的激動不安的現象，就趕快做好應付這種發展的準備，他們對她說話的時候，語氣既很溫柔，內容也頗有意義。他們那種富於感情和內容的話，是很適合於向她那樣年紀和性格的人說的。如果她的性格是我所想像的那種性格，她的父親一定會向她這樣說：

「蘇菲，妳已經成長爲一個大姑娘了，妳不久就要成長爲大人了。我們希望妳將來會得到幸福，我們之所以這樣希望，是爲了我們自己，因爲我們的幸福是有賴於妳的幸福的。一個好女孩子的幸福是寄託在一個好男子的幸福之中的，因此，我們必須考慮妳的婚姻問題，這個問題應當及早考慮，因爲，一個人的婚姻可以決定一個人一生的命運，所以必須用充分的時間去考慮它。」

「再沒有什麼事情比選擇一個好男人更難的了，如果說眞有比選擇好男人更難的事情的話，那就是選擇一個好女人了。蘇菲，妳將來就要成爲一個這樣可珍可貴的女人，妳將成爲我們一生的光榮，給我們的晚年帶來幸福；不管妳有多大的長處，在這個世界上總可以找出比妳的長處更多的人的。沒有哪一個人不以娶妳爲榮，而同妳結婚之後可以使妳更感到榮耀的人，也是很多的。現在的問題是：怎樣在這些人當中尋找一個和妳相配的人，怎樣去認識他，怎樣使他認識妳。」

「婚姻是否能取得最大的幸福，在很多方面要取決於男女雙方是不是相配，不過，要想在各個方面都相配的話，那是十分愚蠢的。所以，我們只能首先注意到在主要的方面是不是相配，如果在其他方面也相配，那當然是更好，如果不相配，那也沒有關係。十全十美的幸福在世界上是不存在的；然而最大的痛苦，即我們本來可以避免而沒有避免的痛苦，是由於我們的過錯而遭遇的不幸。」

「在有些方面是就自然的情況來說是相配的，而在另外一些方面是就社會制度來說是相配的，在還有一些方面則完全是按照世人的輿論說來是相配的。做父母的人可以判斷男女雙方是不是符合後面這兩種相配的情形，至於第一種相配的情形，只能由孩子們自己去判斷。由父母作主的婚姻，純粹是就社會制度和輿論來考慮雙方是不是相配的；他們所取的不是人，而是社會地位和財產；然而社會地位和財產是可以改變的，只有人才是始終如一，沒有什麼改變，他在任何情況下都是那個樣子；儘管一方很有財產，然而婚姻之是否幸福，完全取決於兩個人的關係。」

「妳的母親是有社會地位的，我是很有錢的；我們的父母之所以使我們兩人結婚，純粹是從這兩點上考慮的。我失去了我的財產，而她也失去了她的地位，她被她家中的人遺忘了，高貴的門第今天對她有什麼用處呢？在我們苦難的日子中，我們唯一的安慰是我們的心緊緊地結合在一起；由於我們的愛好一致，所以才選擇了這種深居簡出的生活；儘管我們很貧窮，然而我們生活得很愉快，我們彼此把對方看作是自己的一切。蘇菲是我們共同的財產，我們感謝老天爺使我們失去了其他的財產而獲得了這個財產。妳看，我的孩子，上帝是怎樣安排我們的：我們原來是由於門當戶對而結婚的，可是現在門第和財產都化爲烏有了；而我們之所以能夠生活得這麼幸福，完全是依靠了一般人根本不加考慮的男女雙方自然相配的地方。」

「丈夫和妻子應當互相選擇。他們必須以共同的愛好作爲第一個聯繫。他們應當首先聽從他們的眼睛和心的指導，因爲結婚之後，他們的第一個義務就是彼此相愛，而彼此相愛或是不相愛，是並不取決於我們的，所以要履行這個義務，就必須具備另外一個條件，那就是在結婚以前雙方就是彼此相愛的。這是自然的法則，這個法則是任何力量都不能夠廢除的；有些人之所以想用許多法律去限制它，是因爲他們只考慮到社會的秩序而未考慮到婚姻的幸福和公民的道德。親愛的蘇菲，我們向妳所講的這些話並不是什麼難以實踐的德行。它只是要求妳自己能做自己的主人，要求我們把選擇丈夫的權利交還給妳。」

「我們把所以要讓妳享受完全的自由的道理講過之後，也必須向妳講一講妳必須很明智地運用妳的自由的道理。我的女兒，妳是一個很善良和有頭腦的人，妳的心地很端正和虔敬，妳具有一個誠實的女人應當具有的才能，妳的相貌也是很好看的，不過妳是很貧窮的，妳有最珍貴的財產，但是妳沒有人們最重視的財產。因此，妳只能夠希望得到妳可能得到的人，而且在決定妳的高尚心願的時候，妳不能夠根據妳的意思或我們的意思，而必須根據人們的輿論。如果說問題只在雙方的品德要相等的話，那我們就沒有理由來限制妳的願望；但是絕不能夠使妳的願望超出了妳的財產可能達到的範圍，同時不要忘記妳的財產是很少的。儘管一個配得上妳的男子不至於把財產上的不平等看成是婚姻的障礙，但是妳應當考慮到他未曾考慮到的問題；蘇菲，必須效法妳的母親，只能夠同一個以娶妳爲榮的男子結婚。妳沒有看見過我們富裕時候的光景，妳是在我們已經貧窮的時候出生的，有了妳，我們覺得貧窮的生活也很甜蜜，妳跟我們一同度過了困難的日子而沒有叫過一聲苦。蘇菲，妳要相信我所說的話，千萬不要去追求我們感謝老天爺從我們手中奪去的那筆財產；我們只有在失去那些財富之後，才眞正領略到幸福的甜蜜。」

「妳是那樣的可愛，所以任何人都不能不喜歡妳；妳雖然很貧窮，但並不是貧窮到竟使一個正直的男子覺得有了妳反而是一個累贅。有一些人將向妳求婚，不過這些人也許是配不上妳的。如果他們是老老實實地以本來的面目出現在妳面前的話，妳是可以看出他們眞實的品德，他們浮誇的做法是不可能長久地瞞住妳的；不過，儘管妳有很好的判斷力，儘管妳能夠看出他們的品德，但是妳畢竟缺乏經驗，妳不懂得世人的僞裝有多麼巧妙。一個狡猾的壞人很可能對妳的愛好進行一番研究，以便想辦法來引誘妳，在妳的面前吹噓他有種種的美德，其實他是沒有那些美德的。蘇菲，也許妳還來不及發現妳上了他的當，妳就被他毀滅了，等到妳發現妳的錯誤的時候，已經是悔之不及了。我們的感官給我們造成的陷阱是最危險的，而且也是我們的理性很難避免的；萬一妳不幸而掉入了這個陷阱，則妳所看到的便都是虛幻的情景，妳的眼睛將感到迷惑，妳的判斷的能力也無法發揮，妳的意志將受到敗壞，妳甚至還覺得妳所犯的錯誤是值得豔羨的；這時候，即使妳瞭解到那是不對的，妳也捨不得改正了。我的女兒，我希望妳聽從妳的理智，我不願意妳受妳心中的傾向的擺布。只要妳的頭腦很冷靜，妳就可以判斷妳自己的行爲；但是，一到妳有了情人，妳就必須爭取妳的母親對妳的關心。」

「我現在向妳提出一個既能表達我們對妳的尊重又能證明我們之間的自然秩序的條件。習慣的做法是：父母替他們的女兒選擇丈夫，而只是在形式上問她是不是同意。我們的做法要同習慣的做法完全相反，由妳去選擇，而只是在形式上徵求一下我們的意見。蘇菲，妳要使用妳的權利，妳要自由地和明智地使用妳的權利。應當由妳自己去選擇同妳相配的人，而不能由我們去選擇；不過，妳在雙方相配的條件方面是不是選錯了，那就要由我們來判斷，我們要判斷妳是不是在不知不覺中按照著妳自己的願望去選擇的。出身、財產、社會地位和人們的輿論，我們是用不著去考慮它們的。妳要選擇一個誠實的男人，他的人品要能夠使妳感到喜歡，他的性格要同妳的性格相適合；不管他是什麼人，我們都願意以這樣的人做我們的女婿。只要他有幹活的能力，只要他有好的品行和愛他的家，他就可以算是一個有相當財產的人。如果他能以自己的美德使他的職業受到人們的尊重，他的社會地位就是很光榮的。即使全世界的人都責備我們，那有什麼關係呢？我們所考慮的並不是別人是否贊同，而是妳的幸福。」

讀者諸君，我不知道這樣一番話將對那些按照你們的方法培養起來的女子產生什麼影響。至於蘇菲，她對這一番話是無言回答的，羞怯和溫柔的心使得她很難把她的想法加以表述；然而，我充分相信，這一番話將深深地刻劃在她的心裡；如果說對於人的決心是可以相信的話，那我們就應當相信這樣一種決心了，即決心要成為一個值得她的父母尊重的人。

即使把事情說得壞一點：假定她的性情很急躁，覺得這樣長時間的等待是一件很痛苦的事情，我認為，她的理智和她的常識、愛好、審慎，特別是童年時期在她心中培養的感情，是可以抵制她急躁的心情和戰勝她的感官的，即使不能戰勝，至少也能抵抗一個很長的時期。她寧可做一個烈女而死，也不願意因為嫁給一個沒有品德的人，因為誤選配偶而遭到種種痛苦，使她的父母感到傷心。正是由於她的父母讓她享有完全的自由，因此她才更加注意於培養她的心靈，才更加苛於選擇她的丈夫。儘管她像一個義大利女人那樣熱情，像一個英國女人那樣敏感，但她在控制她的心情和感官方面卻像一個西班牙女人那樣自尊，在尋找情人的時候很不容易找到一個她認為是配得上她的人。

並不是所有的人都能意識到熱愛誠實的事物就可以使人的心靈獲得巨大的動力，意識到為人懇切和行為端正就可以使一個人從他的本身獲得巨大的力量。有一些人認為一切偉大高尚的事物都是空幻的，這些人的卑微和邪惡的頭腦永遠也認識不到正是因為愛道德愛得入了迷，所以才能控制人的欲念。對於這些人，只能拿實際的事例去教育他們；如果他們硬不承認我所說的事例是正確的，那他們的結果是會更糟糕的。如果我告訴他們說蘇菲並不是一個想像出來的人物，只不過她的名字是由我取的罷了；她所受到的教育，她的脾氣和性格，甚至她的面貌，都是眞眞實實確有根據的，而且現在還有一個忠厚人家的人一回想到她就傷心流淚；毫無疑問，如果我這樣向他們講，他們對我所說的一切是不相信的；不過，如果我把一個同蘇菲這樣相像的女孩子的故事在這裡照實地講出來，如果大家不感到奇怪，從而把這個故事看作是她的故事，那對我有什麼妨害呢？大家相不相信這個故事是眞實的，那沒有什麼關係；如果大家願意的話，就把我講的故事看作是虛構的小說好了，不過，我的意圖是在於闡述我的方法，而我的目的終究是要達到的。

這個少女不僅具有我希望蘇菲具有的那種氣質，而且在許多方面也是那樣地像蘇菲，所以我們索性就用蘇菲這個名字叫她，她也是當之無愧的；現在我就把這個名字給她好了。她的父母同她談過了我在上面所記述的那一段話之後，覺得是不可能有求婚的人來到他們所居住的那個小村莊的，因此在有一年的冬天就把她送到城裡的一個姑母的家中，並且把到城裡去的目的秘密地告訴了她的姑母，因為自尊的蘇菲在心靈深處是很驕傲的，是能夠克制自己的情感的，不管她多麼地需要一個丈夫，她也寧可終生不嫁，而不願意由她去找他。

爲了滿足她的父母的願望，她的姑母帶著她去拜訪別人的家，帶著她進入社交場合和熱鬧的場所，讓她看一看各種各樣的人，或者說得更確切一點，讓各種各樣的人看到她，因爲蘇菲對所有那些狂歡狂樂的事情是根本不感興趣的。她的姑母發現，她見到那些容貌俊秀舉止穩重的青年並不躲避。她那種端莊的樣子，本身就有吸引他們的魅力，其效果同撒嬌賣俏是差不多的；但是，她同他們談過兩三次話之後，便不理睬他們了。不久以後。她就改變了這種似乎是硬要人家膜拜的神氣，而代之以比較謙和的態度和冷冷淡淡的禮貌。她經常是十分注意自己的行爲，她絕不讓他們找到一點點爲她效勞的機會，這一切就充分地說明了她不願意做他們當中的任何一個人的妻子。

聰明有識的人是不喜歡鬧鬧嚷嚷、玩玩樂樂的事情的，只有那些沒有思想的人才喜歡這種無聊的事情，才認爲糊糊塗塗地過日子是幸福的。由於蘇菲找不到她所要尋找的人，很失望地發現她所見到的人不過如此，所以她對城市便感到厭膩。她深深地愛她的父母，任何東西都不能夠消除她因爲見不到他們而感到的苦惱，任何東西都不能夠使她忘記他們；因此，預定的回家的日期還沒有到，她很早就提前回家了。

當她回到父母的家裡又重新做她原來所做的那些事情時，大家就發現：儘管她還保持著她原先的做法，但是她已經改變了她的心情。她顯得精神渙散，急躁不安，憂憂鬱鬱，精神恍惚，而且還時常躲在一邊哭泣。起初，大家還以爲她有了情人，因此才感到不好意思；可是一問她，她又極力否認。她說她根本就沒有看見過一個能夠打動她的心的人，蘇菲是從來不撒謊的，從來是說實話的。

她愈來愈顯得憔悴，她的健康開始敗壞。她的母親對這種變化很感不安，決定要弄清楚其中的原因。她把蘇菲帶到一邊，用那種只有溫柔的母親才有的疼愛和動人的語言說：「我的女兒，我在我的腹中孕育過妳，我心裡無時無刻不是想到妳的，所以妳要把妳的秘密向妳的母親訴說。有什麼秘密的事情不能讓母親知道的呢？除了妳的父親和我以外，誰能同情妳的痛苦，誰能分擔妳的痛苦，誰能減輕妳的痛苦？啊！我的孩子，妳願意讓我為妳的痛苦整天操心，而不讓我知道妳的痛苦究竟是怎樣一回事情嗎？」

年輕的蘇菲不僅不隱瞞她的憂慮和痛苦，反而認為母親來安慰她和做她的知心人實在是再好不過的事情；不過，由於她感到羞怯，所以不好意思講，不知道用什麼話來描述那種同她極不相稱的情形，儘管她竭力控制自己，結果仍然是感官激動，心緒不寧。最後，還是她那種羞怯的樣子提醒了她的母親，她使她吐露了她心中難過的原因。她的母親不僅不無端地責備她，反而給她以安慰和同情，摟著她哭泣。她的母親極其賢明，絕不會把她的痛苦看作是犯罪，因為，正是由於她本身素重道德，所以才使她這樣傷心的。既然要解除這種痛苦是極其容易的，而且又是合法的，那麼，我們要問，她為什麼要這樣毫無必要地忍受這種痛苦呢？她為什麼不運用他們賦予她的自由？她為什麼不接受人家的求婚？她要什麼人才中意？難道說她不知道她的命運可以由她自己獨立地掌握，而且，不管她選擇什麼人，她的父母沒有不同意的，何況她所選擇的人一定是一個誠實的人呢？她的父母把她送到城裡去，可是她不願意留在那裡；曾經有好幾個人來向她求婚，她都拒絕了。她還在等待什麼呢？她還有什麼要求呢？這種矛盾眞是令人難以解釋！

其實，其中的道理是很簡單的。如果說問題只是在於找一個年輕的夥伴，那馬上就可以選擇一個人的；不過要選擇一個終生的伴侶，就不是那麼容易的；何況雙方都要互相選擇，所以必須等待，而且往往在找到一個可以終生相處的人以前，不能不白白地浪費一些青春。蘇菲的情況就是這樣的，她需要一個情人，而且這個情人是配做她丈夫的；不過，說到要稱她心意的話，那樣一個情人和那樣一個丈夫差不多都是同樣難找的。所有那些漂亮的青年，只是在年紀上和她是相當的，至於在其他方面，那就不相當了；由於他們顯得很輕浮、愛好虛榮和說雜七雜八的廢話，而且一舉一動都沒有規矩，互相模仿那種裝腔作勢的樣子，所以她很不喜歡他們。她要尋找的是一個人，可是所遇到的儘是猴子；她要找一個高尙的靈魂，可是一直沒有找到。

「我是多麼不幸啊！」她對她的媽媽說：「我需要寄託我的愛情，可是找不到一個我所喜歡的人。那些人儘管引起了我的注意，但是我的心是討厭他們的。我還沒有見到過一個使我產生而不使我打消希望的人；相愛而不相敬，是不能持久的。唉！這樣的人，妳的蘇菲是不要的！她所喜歡的人的形象早就深深地刻畫在她的心裡了。她只愛這樣一個人和使他得到幸福，而她也只有同他在一起才能過愉快的生活。她寧可虛度年華，寧可不斷地同自己的感情鬥爭，寧可痛苦地然而是自由地死去，也不願意同一個她不喜歡的人在一起，使自己灰心失望、極度痛苦；她寧願死，也不願意活受罪。」

蘇菲的母親聽了這些話便大感驚異，她認爲蘇菲的這些想法是太奇怪了，所以使她不能不懷疑這當中必然有某種秘密。蘇菲從來不是一個裝腔作勢的可笑的人。既然從小就對她進行了種種教育，以便使她將來能夠適應和她一起生活的人，能夠把必然要做的事情看作是好事，那麼，她爲什麼又會產生這種過分挑剔的想法呢？她對這個可愛的人是這樣地著迷，而且在話裡一再地談到他，因此使她的母親猜想：她之所以這麼任性，必然還有她所不知道的原因，她心裡的話還沒有全部說完。這個可憐的女孩子沈浸在她秘密的痛苦中，巴不得能夠找到一個人，向他吐露眞情。她的母親催促她講，她還顯得有些猶豫；最後她竟沈默不語，一言不發地走了出去，過了一會兒才走回來，手裡拿著一本書說：「可憐妳不幸的女兒吧，她的痛苦是沒有辦法醫治的，她的眼淚是永遠也流不完的。妳想知道這當中的原因，唉！原因就在這裡。」她一邊說一邊把書扔在桌子上。她的母親把那本書打開一看，原來是一本《太累馬庫斯奇遇記》❻。起初她的母親還不懂得這個謎，經過一番盤問之後，最後才驚奇地（這種驚奇的心情是很容易理解的）從她女兒含含糊糊的回答中發現，她的女兒一心要做歐夏麗❼的情敵。

---

❻《太累馬庫斯奇遇記》是費訥龍在一六九九年發表的一本小說，表面上是為了教育路易十四的孫子布果涅公爵寫的，實際上是通過對異國風土人情和政治設施的描述，批評路易十四和在他統治下的法國的種種社會弊病。

❼歐夏麗，其前身即《奧德賽》中峨吉磯島上的女神卡利普索。尤利西斯的船遇難後，卡利普索把他接到島上去住了七年。在《太累馬庫斯奇遇記》中，卡利普索又以「歐夏麗」的名字出現，迎接尤利西斯的兒子。關於太累馬庫斯和歐夏麗相遇和相愛的故事，參看《太累馬庫斯奇遇記》，第七卷。

太累馬庫斯是希臘神話中伊撒克王尤利西斯的兒子。當他的父親去參加特洛伊戰爭的時候，太累馬庫斯還是一個小孩子。後來，他長大成人以後，就在他的老師門特的指導和陪同下，出國去尋找他的父親。

蘇菲愛太累馬庫斯，而且對他的愛情的熱烈是沒有什麼東西可以阻止的。當她的父親和母親一知道她這種狂熱的愛以後，就笑了起來，並且充分相信他們可以講一些道理使她的頭腦恢復清醒。他們的想法完全錯了，因爲不只是他們才能講出一番道理，蘇菲也有她的道理，而且能夠用她的道理去說服他們。她有好幾次把他們說得啞口無言，用他們自己的道理去反駁他們，給他們指出這些痛苦都是他們造成的，說他們培養她的目的本來就不是爲了嫁給一位這個時代的人，說要麼她必須採取她的丈夫的思想方法，否則她就要他採取她的思想方法，說由於他們對她的教養，已經使她認爲要她採取她的丈夫的思想方法是不可能的，因此必須要她的丈夫按照她的思想方法去做。她說：「假使有一個具有我這種想法的人，或者有一個我可以使他採取我這種想法的人，我就和他結婚；不過在沒有找到這樣一個人以前，你們爲什麼要責備我呢？你們應當同情我。我是心裡有痛苦而不是發了瘋。人的心不是以意志爲轉移的嗎？這不是爸爸親口說過的嗎？如果沒有我所愛的這樣一個人，那能怪我嗎？我不是一個好空想的人，我並不是想嫁給一個王子，我不是在尋找太累馬庫斯，我知道太累馬庫斯是一個虛構的人物，我所尋找的是一個同他相像的人。既然世界上有了我，而我覺得我的心和他的心又是這樣的相像，那麼，怎麼會沒有他呢？不，不要這樣看不起人類，不要以爲一個可愛的和有道德的人完全是幻想出來的。他是生存在這個世界上的，也許他也在尋找我，他要尋找一個愛他的心。不過，他是誰呢？他在什麼地方呢？這些我都不知道，在我所遇到的那些人當中，是沒有這樣一個人的；毫無疑問，在我將來遇到的人當中，也是見不到他的。啊，我的母親！妳爲什麼要使我這樣地愛美德？如果說我只愛美德而不愛其他的東西的話，那不能怪我，而應當怪妳。」

我是不是會把這個傷心的故事講到最後說它以悲慘的結局告終呢？我是不是要說它在悲慘的結局發生以前有一連串的鬥爭呢？我會不會把那位母親描寫成一個沒有耐心的人，描寫她一改當初疼愛女兒的樣子而變得很嚴峻呢？我會不會說那位父親竟大發雷霆，忘記了他當初的信約，把一個最有品德的女兒當成瘋人呢？最後，我會不會描寫這個可憐的女孩子儘管是因爲愛一個臆想的人物而遭到父母的迫害，但她反而更加愛那個臆想的人物，因此她將慢慢地走向死亡，在正是應當把她引到聖壇舉行婚禮的時候，她反而掉進了墳墓呢？不，所有這些淒慘的事情，我都要加以拋棄。我用不著那樣去描寫，我無須用我認爲是如此動人的一個例子來說明。儘管由於我們這個時代的風俗使人們產生了許多偏見，但在愛善和愛美方面女子並不比男人差，在大自然的培育之下，她們也能夠像我們一樣做種種的事情。

說到這裡，也許有人會打斷我的話頭問我：是不是大自然硬要我們花那麼多氣力去克制我們放縱無度的欲望。我的回答是：不，而且我們之所以有這樣多放縱無度的欲望，也不是大自然賜予我們的。只要不是它賜予我們的東西，都是同它相違背的，這一點，我已經證明過千百次了。

現在，讓我們把蘇菲還給愛彌兒，讓我們使這個可愛的女孩子復活起來，使她的想像力不再是那樣的奔放，然而要使她的命運更加幸福。我要描寫一個普通的女人，由於我要培養她的靈魂，所以我擾亂了她的理智，連我自己也走入了歧途。現在，我們要回到我們原來的道路。蘇菲在平凡的心靈中也只有一種良好的天性，而她勝過其他婦女的地方是受過良好的教育。

我準備在這本書裡闡述一切可能做到的事情，以便讓每一個人按他的理解在我所說的好事情中去加以選擇。一開始，我就曾經想到從早就對愛彌兒的伴侶進行培養，要爲愛彌兒培養她，同時也要爲她而培養愛彌兒，而且還打算把他們兩個人放在一塊兒培養。不過，一加考慮之後，我就發現這樣過早地安排是不好的，而且，在沒有弄清楚他們的結合是不是合乎自然的秩序，沒有弄清楚他們之間是不是有適合於結合的條件之前，就預先確定這兩個小孩將來要匹配成婚，那是十分荒唐的。我們不能把在野蠻的狀態下是自然的事情，和在文明的狀態下是自然的事情混爲一談。在前一種情況下，任何一個婦女對任何一個男人都是適合的，因爲男人和女人都只是具有原始和共同的個性；而在後一種情況下，由於每一個人的性格受各種社會制度影響而得到發展，由於每一個人的思想不僅是因爲他所受的教育，而且還因爲天性和教育之間正確或錯誤的配合，使人形成了特有的個性，因此，男女雙方要進行選擇的話，便只有把他們互相介紹，讓他們自己看一看在各方面是不是彼此相宜，或者，至少讓他們作出對彼此都最爲適合的選擇。

不幸的是，社會生活一方面發展了人的性格，另一方面也使人分成了等級；由於性格的發展和等級的劃分是不一致的，所以等級的劃分愈細，不同等級的人便愈容易混淆。正是由於這個原因，才產生了許多不相配稱的婚姻和敗壞秩序的事情；很顯然，人們愈不平等，自然的情感就愈容易敗壞；等級的差距愈大，婚姻的聯繫便愈鬆弛；貧富愈懸殊，父親和丈夫便愈是沒有恩情。不論是主人或奴隸，他們都不再愛他們的家了，他們所看重的是他們的等級。

如果你想防止這些弊病和獲得美滿的婚姻，你就必須摒棄偏見，必須把人類的社會制度忘得一乾二淨，而只按照大自然的意思去做。如果一個男人和一個女人只是在一定的條件下是相配的話，那他們是不能結婚的，因爲將來條件一變，他們彼此就不再相配了；但是，如果兩個人不論是處在什麼環境，不論是住在什麼地方，不論是占據什麼社會地位，都是彼此相配的話，那他們就可以結成夫妻了。我的意思並不是說在婚姻問題上可以不考慮社會關係，我的意思是說自然關係的影響比社會關係的影響要大得多，它甚至可以決定我們一生的命運，而且在愛好、脾氣、感情和性格方面是如此嚴格地要求雙方相配，所以一個賢明的父親（即使他是國王或君主）不應當有絲毫的猶豫，必須為他的兒子娶一個在這些方面相配的女子，儘管那個女子是出生在一個不良的人家，儘管她是一個劊子手的女兒。是的，我認為，這樣一對彼此相配的夫婦是經得起一切可能發生災難的襲擊，當他們一塊兒過著窮困日子的時候，他們比一對占有全世界財產的離心離德的夫妻還幸福得多。

因此，我沒有在愛彌兒幼小的時候就給他選定一個妻子，我等待著，要為他找一個同他相配的人。其實，根本就不是我這樣主張，而是大自然這樣主張的；我的任務只是去發現大自然替他選擇的配偶罷了。我之所以說是我的任務而不說是他的父親的任務，是因為他的父親在把他交給我的時候，就同時把父親的地位讓給我了，並且把父親的權利也交給我了，愛彌兒眞正的父親是我，是我把他教養成人的。如果我不能按照自然的選擇，也就是說按照我的選擇為他主持婚事的話，我也許已經拒絕擔任培養他的工作了。我感到快樂的是：我使他成了一個幸福的人，這種快樂可以補償我為了使他成為這樣一個人而花費的許多心血。

但是，不要以為我在替愛彌兒尋找配偶這件事情上一直是很拖延的，不要以為我會拖延到叫他自己去尋找她。我之所以要這樣叫他去尋找一番，只不過是藉此機會使他對婦女有所認識，以便他能夠瞭解同他相配的那個女人有哪些優點。蘇菲早就是找到了的，也許愛彌兒已經看見過她了；不過，只有在時機成熟的時候，他才能夠認識她。

儘管在婚姻問題上並不是非要雙方的社會地位相等不可，但是，如果雙方的社會地位相等，再加上他們在其他方面也相配，那麼，平等的社會地位就可以使其他相配的因素具有更多的價值；相等的社會地位是不能抵消任何一個相配的因素，但是，如果雙方在各個方面都是相等的話，那他們是否適於結婚，就要看他們的社會地位是否相等了。

即使一個人是君主，他也是不能想娶什麼等級的女人就娶什麼等級的女人，因爲，儘管他沒有偏見，但別人有偏見，所以，雖然一個女子和他是相配的，他也將礙於人們的偏見而不娶她的。因此，一個賢明的父親在爲他的兒子選擇女人的時候，要採取謹愼的做法，要受到限制。他不要想爲他的兒子攀一門門第比他們高的親事，因爲這是不能由他做主的。即使可能的話，他也不應當去高攀；因爲高貴的門第對年輕人，特別是對我所培養的這個年輕人來說，有什麼好處呢？如果這個年輕人果眞高攀了一門親事，則他本身將遭遇千百種痛苦，終其生都將受害的。我特別要提到的是，像高貴的地位和金錢這樣一些性質不同的事，是不可能彌補他的損失的，因爲它們給他帶來的好處，還不如他從它們當中受到的害處多；而且，即使你想使好處和害處兩相平衡也是不可能的，何況每一個人都爲自己打算，結果勢必給兩個家庭，甚至給兩夫妻埋下傾軋不和的伏機。

一個男人同比自己高貴或比自己低微的家庭聯姻，對婚姻之是否美滿是有很大關係的。同比自己的等級高的女人結婚，是完全不合道理的；同比自己等級低的女人結婚是比較合理的。既然一個家庭只能通過它的家長和社會發生聯繫，所以家長的社會地位是可以決定全家人的社會地位的。當他同一個等級比他低的女人結婚的時候，一方面他既沒有降低自己的身分，另一方面又提高了他的妻子的身分；反之，如果和等級比他高的女人結婚，他既降低了他的妻子的身分，而自己的身分也一點都沒有得到提高。所以，和等級比自己低的女人結婚有好處而無壞處，同等級比自己高的女人結婚有壞處而無好處。再說，按照自然的秩序來看，婦女也是應當服從男子的。因此，如果他娶一個等級比他低的女人的話，自然的秩序和社會的秩序便彼此吻合，萬事都很順利。但是，如果他娶了一個等級比他高的女人，情況就恰恰相反了；他就必須在後面這兩種情況之間選擇其一：不損害他的權利就損害他的恩情，不做負義的人就做受輕賤的人。在這種情況下，女人必然要覬覦男人的權威，必然要作威作福地對待男人；這樣一來，家長反而變成了奴隸，變成了人類當中最可笑和最可輕的人。和亞洲國家的皇帝的女兒結親的人，就是這樣一副可憐相：他一方面因同皇家聯姻而感到光榮，另一方面也因此而受到種種的折磨，據說，他們去和妻子睡覺的時候，也只能夠從床腳那一邊上床。

我想，有許多讀者一回憶起我曾經說過女人天生就是有一種駕馭男人的才能，就會責備我在這裡又說出自相矛盾的話了；他們把我的意思完全弄錯了。擁有指揮的權利和管束指揮的人，這兩件事情是完全不同的。女人管束男人的方法是用溫情去管束，是用巧妙的手腕和殷勤的態度去管束；她是採取關心男人的方式去命令男人做事的，她是採取哭泣的方式去嚇唬男人的。她應當像一位大臣那樣統治他的家，從而才可以想做什麼就命令男人去做什麼。從這一點上說，我可以擔保，凡是治理得井井有條的家，也就是女人最有權威的家。但是，如果她不理解她的男人的思想，如果她想竊取他的權利，想對他發號施令的話，就會把一個家庭弄得亂七八糟，造成許許多多痛苦和可羞可恥的事情。

所以，要選擇的話，就只能夠在同自己的等級相等和低於自己的等級的人之間加以選擇；我認爲，在選擇後者的時候，還需要受到某些限制，因爲在下層社會的人群中是很難找到一個能夠使誠實的男人得到快樂和幸福女人的。其所以如此，並不是由於下層社會的女人比上層社會的女人壞，而是由於她們沒有善和美的觀念，是由於上層社會的人做了許多不正不義的事情，從而使她們竟把她們的種種惡習也看作是正當的行爲。

人類本來是不大用腦筋思想的，正如他學會了其他的藝術一樣，用腦筋思想也是他後來才學會的，不過是經過了一番困難才學會的。無論就男性或女性來說，我認爲實際上只能劃分爲兩類人：有思想的人和沒有思想的人；其所以有這種區別，差不多完全要歸因於教育。有思想的男人是不應當同沒有思想的女人結婚的，因爲，如果他娶了這樣一個女人的話，他就只好一個人單獨去用他的思想，從而便缺少那種共同生活中的最大樂趣。成天爲生活勞碌的人，他們心中所想的完全是他們的工作和利益，他們的精神似乎全都灌注在他們的兩隻胳臂上了。這種無知的狀態是無礙於他們的誠實和道德的，反而常常還有助於他們的誠實和道德；我們對於我們的天職往往是想得多，但結果只是說了一番空話而不實行。良心是哲學家當中最明智的哲學家，爲了要做一個忠厚的人，倒不一定先要把西塞羅的《論職分》這本書研究一番；世界上最誠實的婦女也許是最不明白什麼叫誠實的。千眞萬確的是：只有同有教養的人交往才有樂趣；一個做父親的人即使很喜歡他的家，但如果在家裡的時候只有他自己才瞭解他自己，如果他心裡的事情誰也不明白的話，這確實是大煞風景的。

此外，一個女人如果沒有運用思想的習慣，她又怎能培養她的孩子呢？她怎能判斷什麼事情是適合於她的孩子去做呢？連她自己都不懂得什麼是美德，她又怎能教她的孩子去愛美德呢？她只會寵愛或嚇唬孩子，不把孩子們養成專橫的人便會把孩子們養成膽怯的人，不把孩子們養成模仿大人的猴子便會把他們養成魯莽的頑皮兒童，在她手裡是不可能養出聰明可愛的兒童的。

因此，一個受過教育的男人是不宜於娶一個沒有受過教育的女人，他不應該到沒有受教育機會的階層中去選他的妻子。不過，我倒是十分喜歡樸實和受過粗淺教育的女子，而不喜歡滿肚皮學問和很有才華的女子，因爲她將把我的家變成一個由她主持的談論文學的講壇。對丈夫、孩子、朋友、僕人以及所有其他的人來說，有才華的女人都是災禍。由於她認爲她有很高的才情，所以她看不起婦女們應盡的天職，並且硬要照德朗克洛小姐那樣把自己變成一個男人。她一到社會上去，就會做出許多可笑的事情，使自己受到人家理所應當的批評，因爲，一方面只要她不守她的本分，她就一定要變成一個可笑和受人家批評的人，另一方面她想學男人的樣子也是學不會的。一個有大才的女人是只能夠嚇唬傻瓜的。我們知道當她們做畫或做文章的時候，實際上是有另外一個男畫家或男朋友在替她們執筆，有一個不露面的文學家在暗中指點她們的。一個誠實的婦女才不屑於搞這種吹牛騙人的花招。即使她有一些眞正的才能，但要是她自負不凡的話，那也是有害於她的才能。她的尊嚴在於不爲人知，她的光榮在於她的丈夫對她的敬重，她的快樂在於她一家人的幸福。讀者諸君，我要請你們自己去判斷，請你們老老實實地告訴我，當你們走進一個女人的房間時，是什麼東西使你們對她作出更高的評價，是什麼東西使你們懷著敬意走到她的身邊；是看見她忙於針線活兒，忙於料理家務，周圍擺滿了孩子的衣服，還是看見她在梳粧檯上做詩，周圍是各種各樣的小書和五顏六色的小紙片，更使你們對她心懷敬意？要是地球上的男人個個都是頭腦很清醒的話，這樣一種滿肚皮學問的女子也許會終其身都是一個處女：

「嘉拉，妳問我爲什麼不願意娶妳嗎？因爲妳說話太斯文了。」⑬

談了以上幾點之後，就應該談一談女人的相貌了。首先引起我們注目的是相貌，然而我們應當放到最後才考慮的也是相貌，不過，我們不能因此就說相貌好不好是不要緊的。我覺得，不僅不應當追求而且還應當避免討一個花容月貌的女人做妻子。當你一占有了一個女人的時候，你不久就會覺得她的姿色是不美的；六個星期之後，儘管在你看來她的姿色不過如此，但只要她這個人還存在，她就會給你帶來許多的危險。除非一個美麗的女人是天使，否則她的丈夫將成爲人類當中最痛苦的人；再說，即使她是一個天使，她怎能不使他時時刻刻都處在敵人的包圍之中呢？如果說極其醜陋的相貌不是那麼令人厭惡的話，我倒是寧可選極其醜陋的女人而不選極其美麗的女人；因爲，用不著過多久的時間，丈夫就會覺得美或醜是無所謂的，美人會招來麻煩，而醜陋的人反而會帶來好處。不過，如果醜得令人討厭的話，那就最糟糕不過了；討厭的感覺不僅不會消失，而且會不斷地增加，以至最後會變成怨恨。這樣的婚姻無異於是地獄，娶了這樣的女人，還不如死了的好。

對一切事物，都求它一個中等；就拿美色來說，也不例外。清秀而楚楚可人的容貌，雖然不能引起

⑬ 馬希埃利斯：《諷刺詩》第十一篇，第二十節。

你的愛戀，但能討得你的喜歡，所以我們應當選擇這種容貌；這種容貌的女人一方面對丈夫既沒有什麼損害，另一方面對雙方都有好處。溫雅的風度是不會像姿色那樣很快就消失的，它是有生命的，它可以不斷地得到更新；一個風度溫雅的女人在結婚三十年之後，仍能像新婚那天一樣使她的丈夫感到喜悅。

正是因爲考慮到這幾個方面，所以我才選擇了蘇菲。她也像愛彌兒那樣是一個大自然的學生，她長得比任何一個女子都更配得上他，她就是他將來的妻子。她在出身和各種長處方面同他是相等的，而在財產方面則比他略遜一籌。乍看起來她並不漂亮，但你愈看就愈覺得喜歡。她巨大的魅力是逐漸地發生作用的，而且是要同她親密相處才能看得出來的，在世界上只有她的丈夫才能最深刻地體會這一點。她所受的教育既不深也不淺，她有一些無一定目的的愛好，有一些缺乏技巧的才藝，有一定的判斷能力，但她的知識還不夠多。她心中沒有什麼學問，但是她受過研究學問的訓練，好比一塊經過仔細耕耘的土地，只要你播下種子，就一定有收成的。除了巴勒姆做的算術書和偶然落在她手中的《太累馬庫斯奇遇記》以外，她就沒有讀過其他的書；但是，一個能對太累馬庫斯表示深情厚愛的女孩子，難道還會具有一顆無情的心和缺乏智力的頭腦嗎？啊，可愛的天眞的姑娘！將來要擔任她的教師的人是多麼幸福！她不是她丈夫的老師，而是他的學生，她不僅不硬要他按照她的興趣去做，而且自己還願意照他的興趣去做。要是她是一個女學士的話，她還不如她現在這個樣子對他更有用處，他將來是很願意教導她的。他們見面的時刻終於到來了，我們趕快設法使他們相會吧！

我們懷著憂鬱和沈思的心情離開巴黎。這個亂哄哄的城市不是我們活動的中心。愛彌兒對這個大城市輕蔑地瞟了一眼，以憤懣的語氣說：「我們在這裡枉自尋找了好些日子！啊！我稱心的妻子是不會在這裡的。我的朋友，這一切你是知道得很清楚的，可是你對我的時間一點也不愛惜，你對我的痛苦一點也不動心。」我兩隻眼睛緊緊地注視著他，很冷靜地對他說：「愛彌兒，你想一想你說的這些話對不對？」他一下子就蹦過來抱著我的脖子，表現很難過的樣子，緊緊地摟著我，一句話也沒有說。當他發現他做錯了事情的時候，他總是這樣表白他的心。

我們走過原野，眞是像兩個遊俠，不過，我們並不是像他們那樣爲的是去闖江湖、歷奇險；恰恰相反，我們是採取離開巴黎的辦法，避免遇到那些奇怪的事情；然而我們還是要仿照他們那樣東遊西蕩，飄忽不定，時而快速前進，時而緩步慢行。由於他是按照我的辦法培養的，所以他能夠領略這當中的旨趣，我想，沒有哪一個讀者會那麼呆板，以爲我們兩個人會在一輛門窗緊閉的舒適驛車中打盹兒，什麼都不看，什麼都不瞧，從起點到終點這一段路等於白過，在趲程前進中反而浪費了我們本來想節省的時間。

人們說生命是很短促的，我認爲是他們自己使生命那樣短促的。由於他們不善於利用生命，所以他們反過來抱怨說時間過得太快；可是我認爲，就他們那種生活來說，時間倒是過得太慢了。由於他們時時刻刻都在想望一個目標，所以他們常常是那樣傷心地看到他們和目標之間隔著一段距離，這個人希望明天怎樣生活，那個人希望下個月怎樣生活，另一個人又希望十年以後怎樣生活，其中就沒有哪一個人在那裡考慮今天怎樣生活，沒有哪一個人滿足於當前這一小時的情景，所以大家都覺得這一小時實在是過得太慢了。他們抱怨說時間過得太快，這完全是胡說；他們是自己願意花錢去促使時間加速流過的，他們是自己願意用他們的財產去消耗他們的生命；其實，如果一個人能夠隨意消除他所感到的煩惱，能夠隨意消除他那種使他急切等待他所想望的時刻儘快到來的心情，如果能夠做到這些的話，也許大家都是願意把壽數縮短成幾個小時。從巴黎跑到凡爾賽，從凡爾賽又跑到巴黎，從城市走到鄉村，從鄉村又回到城市，從這個區走到那個區，他一生的一半的時間就是這樣消磨的，要是他沒有這麼一套浪費時間的秘訣，特地把自己的事情放下來，然後又忙忙碌碌地去找事情做，也許他還拿著他的時間發愁哩。他認爲這樣是爭取時間，不這樣，就不知道怎樣做才好；恰恰相反，他是爲了奔波而奔波，坐驛車來的目的只是爲了照樣跑回去。世人啊，難道說你們硬要不斷地譭謗自然嗎？既然人生不可能按照你們的心意儘量縮短，你們爲什麼又要抱怨它太短促呢？如果在你們當中有一個能節制欲望的人，不希望時光趕快流過的話，那他是一點也不覺得人生太短促的；在他看來，生活和享樂是同一回事情；即使他年紀很輕就死去了，他也是活夠了他的天年才死的*。

即使說我的方法只有這麼一點好處，我也願意單單因爲這點好處而採取我的方法，不採取其他的方法。我之所以培養愛彌兒，並不是爲了叫他希望或等待什麼未來，而是爲了使他享受現在；當他的希望超過了現在的時候，他的心情也沒有那麼著急，絕不會抱怨說時間過得太慢了。他不僅要享受希望的樂趣，而且還要享受去尋求他所希望的目標樂趣；而他的欲望是這樣的有節制，以至他享受現在的樂趣都

---

* 「把每時每刻都用在自己事業上的人，是不想望明天……也不害怕明天的。這就是為什麼不論壽數多少，對他來說都是足夠的；當末日來臨的時候，睿智的人會毫不猶豫地去迎接死亡。」見塞涅卡：《論生命的短促》，第七、十一章。

享受不完，哪裡還會再想望什麼未來。

因此，我們在路上不是像驛夫那樣追趕路程，而是像旅行家似地沿途觀賞。我們心中不只是想到一個起點和終點，而且還想到起點和終點之間相隔的距離。對我們來說，旅行的本身就是一種樂趣。我們沿途並不像兩個囚犯那樣憂鬱地坐在一輛關得嚴實的小籠子裡。我們也不像女人那樣舒舒服服地走一陣歇一陣。我們要冒著大風，要觀賞周圍的景物，愛看什麼就看什麼。愛彌兒從來不到驛站上去坐下休息，而且，除非是為了趕路，他也絕不坐驛車。不過，愛彌兒怎麼會有趕路的理由呢？理由只有一個，那就是享受生活。除此以外，我還可以補充這樣一個理由，即只要可能，是不是做一些有意義的事情？是的，因為做有意義的事情，其本身就是對生活的享受*。

就我所知，只有一個辦法比騎馬旅行還要愉快，這個辦法就是步行。我要走就走，要停就停，愛走多少路就走多少路。我可以觀察各地的風土人情，我愛向左走就向左走，愛向右走就向右走；我覺得什麼東西有趣味就去看什麼東西，凡是風景優美的地方我就停下來欣賞欣賞。遇到小溪，我就沿著它的岸邊漫步；遇到茂密的森林，我就到樹蔭下去乘涼；遇到岩洞，我就進去看一看；遇到礦場，我就去研究

---

* 「我覺得，旅行是一種有益的運動……如果認為走右邊那條路不舒服，我就走左邊那條路。如果我有什麼東西漏看了，我就再回頭去看一看；我總是往前走的……大多數人都是原路去原路回來；他們悄悄地坐在車子裡，不同外界接觸，生怕自己沾染了什麼新鮮的空氣。」蒙台涅：《論文集》，第三卷，第九章。

它含的是什麼礦物。我覺得哪個地方好，我就在哪個地方歇息。歇息夠了，我就繼續前進。我既不依靠馬匹，也不依靠馬夫。我用不著非走大道不可，也用不著硬要選平坦的小路；只要一個人能夠走過去，我就可以從那裡走；凡是一個人能夠看的東西，我就可以去看，我可以隨心所欲地享受完全的自由。如果天氣不好，不能前進，或者，如果我走累了，我就騎馬。如果我太疲乏了……可是愛彌兒是永遠也不覺得累的，他的身體很壯，所以，他怎麼會感到疲乏呢？他是一點也不著急的。即使他停了下來，哪裡就能說他感到厭膩了呢？他到處都能找到一些有趣的事情。他可以走進一個手工匠人的家，去爲他幹活，他可以借這個鍛鍊胳臂的機會歇一歇他的腳。

要徒步旅行，就必須仿照塞利斯❽、柏拉圖和畢達哥拉斯那樣去旅行。我很難想像一個哲學家會採取另外一種旅行的方式，不去研究擺在他腳下和眼前的琳琅滿目的東西。凡是對農業有一點興趣的人，誰不想研究一下他所經過的地方有哪些特產和哪些耕作的方法？喜歡自然科學的人，見到一塊土地哪有不去研究的？見到一塊岩石哪有不去敲它幾下的？見到叢山哪有不去採集植物的？見到亂石哪有不去尋找化石的？待在城市裡的博物學家在研究室裡研究自然科學，他們也蒐集了一些標本，知道那些東西的名稱，可是就是不瞭解它們的性質。愛彌兒的研究室裡的東西比國王的研究室裡的東西還豐富得多，他的研究室就是整個的地球，每一種東西在那裡都安排得恰到好處，主管這個研究室的自然科學家把一切

❽ 塞利斯（西元前六四〇－前五四六），古希臘哲學家和數學家，自發的唯物主義的米利都學派的奠基人。

東西都擺得很有條理，即使是多邦通[9]也不見得能比他做得更好。

用這樣一種美好的辦法旅行，眞是其樂無窮！何況它還能增進健康，使人心情愉快哩。我經常發現那些坐著舒服馬車旅行的人，在車子裡沈思夢想，憂憂鬱鬱，滿腹牢騷，受了許多的罪；而徒步旅行的人反而輕鬆愉快，覺得一切都是很如意的。當我們快要走到過夜住宿的地點時，我們的心裡是多麼痛快！一頓簡單的晚餐吃起來是多麼有味！進餐的時候心裡是多麼快樂！在一張木板床上睡覺是多麼香甜！如果你的目的只是想到某一個地方去，你當然可以坐驛車，但是，如果是爲了旅行遊歷，那就要步行了。

如果照著我所說的這個辦法旅行了五十英哩，愛彌兒還沒有忘掉蘇菲的話，那就表明：也許是我的做法不夠巧妙，否則就是他沒有一點兒好奇心；因爲，由於他已經有了許多的基本知識，所以他是不會不把他的心用去追求更多的知識的。一個人的好奇心同他所受的教育是成比例的；愛彌兒受教育恰恰已達到希望學習更多東西的時候了。

我們看了一個地方又想看另外一個地方，我們繼續不斷地前進。我把我們第一次行程的終點定得很遠。要把終點定得很遠，是很容易找一個藉口的，因爲我們之所以從巴黎出來，就是爲了到遠方去尋找一個妻子。

有一天，我們比平常多趕了些路程，走入了不辨路徑的群山和幽谷之中，迷失了前進的道路。沒有

[9] 多邦通（一七一六－一八〇〇），法國博物學家，百科辭典派學者之一。

關係，隨便走哪一條路都可以，只要能達到終點就行了；不過，我們的肚子餓了，總得找一個地方吃東西呀。幸運得很，我們找到了一個農民，他把我們帶進了他的茅屋；我們津津有味地吃完了他給我們做的那一頓簡便的晚餐。當他發現我們這樣疲勞和這樣饑餓的時候，他對我們說：「如果上帝把你們引到了山那邊的話，你們也許還可以受到更好的招待咧……你們將找到一個忠厚的人家……將找到樂善好施的人……找到極其善良的人！……這並不是說他們的心比我的心更好，而是說他們比我更富裕，而且據人家說，他們在從前比現在還要富裕哩……謝謝上帝，他們現在也不算窮，這一鄉的人都領受到了他們剩下來的那一點財產的好處。」

一聽說有善良的人，愛彌兒的心就高興起來了。他望著我說道：「我的朋友，我們到那裡去吧；這附近的人都因爲有這一家人而得了福，我很樂意去拜訪這一家的主人，也許他們也是很喜歡看到我們的。我相信，他們會很好地接待我們，如果他們把我們當一家人看待，我們也將把他們當成我們的親人。」

這個農民清楚地向我們講明瞭那一家人的房子在什麼方向以後，我們就出發了，我們在樹林中左彎右轉地前進，我們在半路上遇到了一場大雨，大雨可以延遲我們到達的時間，但不能夠阻止我們前進。我們終於走出了樹林，在黃昏的時候到達了那個家。它的四周是一個小小的村落，它的建築儘管簡單，但樣子也頗別致。我們走進屋去，要求主人留宿我們。僕人領我們去告訴主人，主人問了我們一些問題，但態度是很禮貌的。我們沒有把我們旅行的目的告訴他，但是把我們繞道的原因向他講了。由於他從前曾經是一度富有，所以很容易從來客的風度看出我們是什麼樣的人；見過大市面的人，對這一點是不會弄錯的，一看我們的這個「護照」，他就留我們住在他家了。

主人讓我們住在一個非常之小，然而是十分清潔和舒服的房間裡，房間裡生著火，還給我們預備了一些洗換衣服和各種需用的東西。「啊！」愛彌兒吃驚地說道：「他們對我們眞是殷勤，那個農民說的話確實不錯！眞是周到！眞是一片誠意！對陌生人這樣無微不至地關心！我簡直覺得我們是生活在荷馬的時代似的。」「你體會到了這一點，」我向愛彌兒說道：「不過，你用不著感到奇怪；凡是外鄉人很少去的地方，外鄉人一去就是很受歡迎的。正是因爲客人少，所以主人才這樣殷勤好客。客人常常去，主人就不那麼好客了。在荷馬的時代，人們是很少到外地去旅行的，所以旅行的人走到哪裡都很受歡迎。也許，我們是他們今年所見到的唯一過路人。」「不要緊，」他接著說道：「他們雖然難得見到客人，可是客人來了又招待得這樣好，這本身就是很值得稱讚的。」

我們擦乾身子和換好衣服之後，就去見我們的居停主人；他把我們介紹給他的妻子，她對我們不僅十分客氣，而且還很關心。她的兩隻眼睛注視著愛彌兒。作爲一個母親，而且又處在她現在這樣的環境，看見這樣一個年輕的男子走進她的家，是不能不心情激動的，或者，至少也會感到稀奇的。

他們趕快爲我們做好了晚餐。在走進飯廳的時候，我們看見了五份食具；我們都坐好了，可是還剩下一個空位子。一個年輕的姑娘走進來，向我們深深地行了一個禮，然後一言不發地端端正正地坐著。愛彌兒一方面忙著進餐，一方面忙著回答主人的問題，所以在向她還了一個禮之後，便繼續談他的話，吃他的東西。由於他以爲他現在距離行程的終點還很遙遠，所以他當時根本就沒有聯想到他這次旅行的主要目的。話題談到了我們迷路的情形。「先生，」我們的主人向他說道：「我認爲你是一個聰明可愛的年輕人，這使我想起你們，你和你的老師，雨淋淋地拖著困乏的身子到達這裡，其情形就好像太累馬庫斯和門特到達卡利普索的島上一樣。」「是的，」愛彌兒回答道：「我們在這裡也受到了卡利普索的款待。」他的門特跟著就補上一句：「還看到了歐夏麗的美妙風姿。」不過，愛彌兒唯讀過《奧德賽》，但沒有讀過《太累馬庫斯奇遇記》，所以他不知道歐夏麗是什麼人。至於那個女孩子，我看見她的臉兒一直紅到了耳根，埋著頭看她的菜盤子，連呼吸都不敢呼吸。她的母親看出了她這種難爲情的樣子，便向她的父親使了一個眼色，於是他就變換了話題。在談到他目前這種隱居生活的時候，他不知不覺地便談到了使他過這種生活的緣由，談到了他生活中的痛苦和他妻子的忠貞，談到了他們共同生活中的安慰，談到了他們隱居生活中的安閒情景，但自始至終一句話也沒有談到那個年輕的姑娘；所有這一切構成了一個美麗動人的故事，使人聽了不能不感到興趣。愛彌兒聽入了迷，竟連東西都不吃了。最後，當這位最誠實的男人高高興興地談到最端莊的女人愛情時，我們這位年輕的旅行家竟不由自主地伸出一隻手抓著男主人的手，伸出另一隻手抓著女主人的手，一邊激動地吻著，一邊還流著眼淚。這種年輕人天眞的熱情，使大家都深爲感動；可是那個女孩子比任何人都更加敏銳地感到他有一顆善良的心，因此她覺得眼前這個人就是爲菲洛克提提斯[10]的痛苦而感到悲哀的太累馬庫斯。她偷偷地觀察他面部的表情，發現所有一切都說明把他同太累馬庫斯相比是比得很恰當的。他的態度瀟灑而不傲慢，他的舉止靈活而不粗笨，他神采奕奕，眼光柔和，相貌很討人喜歡。這個年輕的姑娘看見他流眼淚的時候，幾乎

---

[10] 菲洛克提提斯，希臘神話中參加特洛伊戰爭的希臘勇士之一。

自己也同他一起流出眼淚了。儘管是可以找一個很好的藉口流幾滴眼淚，但畢竟害羞的心制止了她。她責備她的眼淚流到了眼皮邊，因爲爲自己家裡的事情哭泣是不對的。

她的母親從晚餐一開始就不斷地注意著她，發現她這種侷促不安的樣子，便藉口叫她去辦一件事情，使她擺脫這種難爲情的境地。過了一會兒，這個女孩子又回到飯廳來了，但她還是沒有恢復平靜，慌亂的樣子大家都看出來了。她的母親很溫柔地對她說：「蘇菲，坐下來，爲什麼要爲妳父母的不幸遭遇而哭個不停呢？妳是安慰妳父母的人，所以不應當比妳的父母對那些痛苦更感到傷心。」

一聽見「蘇菲」這個名字，你可以想像愛彌兒是多麼吃驚。這個多麼親切的名字使他愣了一下，但他立刻清醒過來，以急切的目光去看那個竟敢取這個名字的人。蘇菲，啊，蘇菲！我一心尋找的人就是妳嗎？我心中所愛的人就是妳嗎？他觀察她，他以一種又害羞又不相信的目光仔細地端詳著她。他所看見的臉兒並不恰恰就是他所想像的那個樣子，他也說不出他所看到的這個女孩子要比他所想像的那個女孩子好一點還是差一點。他詳詳細細地看她的每一個特徵，他窺察她的每一個動作和每一個姿勢，他覺得對她的一切可以作千百種不同的解釋；只要她願意開口說一句話，叫他付出半個生命的代價，他也是情願的。他慌亂不安地看著我，他的眼睛既好像是在問我，又好像是在責備我。他的每一道目光都好像是在說：「在這緊要關頭妳要指導我，萬一我的心入了迷和走了錯路，我這一生就無法挽回了。」

在這個世界上，愛彌兒這個人可說是最不善於弄虛作假的了。他旁邊有四個人在詳詳細細地看他，而且其中有一個人在表面上蠻不在乎而實際上對他是十分注意的。在他這一生中最感到狼狽的時刻，他怎麼能掩飾自己的情感呢？蘇菲銳利的眼睛把他這種慌亂的樣子看得一清二楚；他的目光正好向她說明她就是他注視的對象。她認為這種不安的樣子還不能表示他是愛她，不過，這有什麼關係呢？只要他在注意地瞧她就夠了；如果他在看她的時候顯得無所謂似的，那她才感到難過咧。

做媽媽的人和她的女兒的眼力是差不多的，不過媽媽的經驗要比女兒的經驗多些。蘇菲的母親因為我們的計畫成功而露出了微微的笑容。她看出了兩個年輕人的心，她認為現在是到了應該使這位新太累馬庫斯下定決心的時候，因此，她設法使她的女兒開口說話了。她的女兒現出了一副天然的溫柔神情，以一種使人不能不感動的羞怯聲音回答她。一聽到這種聲音，愛彌兒便投降了；這個女孩子就是蘇菲，他現在對這一點已沒有什麼懷疑了。即使說她不是蘇菲，現在也來不及說不是了。

這時候，那位迷人女子的魅力像洪流似地沖進了他的心，而他也開始大口大口地吞下她用來迷醉他的毒汁。他現在一句話也不說了，別人問他的話，他也不回答了；他的兩眼只看著蘇菲，他的兩耳也只聽著蘇菲；她一開口說話，他也跟著說起來；她一埋著頭，他也埋著頭；他看見她嘆息，他也嘆息。看來，蘇菲的靈魂已經在指揮他了。他的靈魂在這短短的一會兒工夫起了多麼大的變化啊！現在，不是蘇菲而是愛彌兒在那裡戰慄了。自由、天真和坦率，全都沒有了。他慌慌張張，侷促不安，不敢正眼看他周圍的人，以免瞧見別人在看他。他生怕大家看穿了他的心，他希望大家都看不見他，以便讓他仔仔細細地端詳她，同時又不讓他被她所看見。蘇菲則相反，害怕愛彌兒的心已經消失，她發現她已經獲得了勝利，她享受著勝利的滋味。

儘管她心裡暗中歡喜，但她並不形之於言表*。

她的臉色一點也沒有改變；但是，儘管她看起來是那樣羞羞答答、兩眼低垂的樣子，但她溫柔的心是樂得蹦蹦直跳，並告訴她說太累馬庫斯已經找到了。

我在這裡所描寫的他們天眞無邪的愛情產生的經過，當然是太簡單和太樸素了，但如果因此就把我所描寫的這些情節看作是茶餘酒後說來開心的笑話，那就完全錯誤了。大家對一個男人和一個女人初次見面時候的情形給予他們兩個人一生的影響，是認識不足的。大家不知道，雙方初次見面的印象，同愛情的印象以及驅使他談愛心情的印象，是同樣很深刻的；它將產生深遠的影響，而且這種影響將隨著年齡的增長而一直延續到人死了以後，它的作用才能停止。有些人在論述教育的著作中，板著一副學究面孔囉囉唆唆、空話連篇地大談那些莫名其妙的所謂孩子們的本分，可是對教育工作中最重要和最困難的那一部分——從童年到成人這一階段中的緊要關頭卻隻字不提。我之所以能夠使我的這一部教育論文有幾分用處，其原因特別是在於我在這部著作中不害怕人家挑剔和文字表達上的困難，決心對其他著述家所略而未提的這一重要的部分作很詳細的闡述。如果我把應當採取的做法都講清楚了，那我也就把我應該講的話都說出來了，即使說我把這本書寫成了小說，那也沒有關係。描寫人類天性的小說，是一本很有意義的小說。如果說只是在這本著作中才看到過這種小說的話，那能怪我嗎？它可以說是我們人類的

* 塔索：《解放了的耶路撒冷》，第四篇，第三十三節。

歷史。只有你們這些使人類趨於墮落的人，才把我這本書看成小說。

另外還有一個使這第一次感受特別強烈的原因，那就是我們在這裡所講的這個年輕人，並不是從小就是那麼膽怯、貪婪、妒忌和驕傲的，並不是具有可以供一般的老師在施行教育時用來控制其學生的種種欲念的；這個年輕人不僅在這裡是第一次產生愛情，而且還是在這裡才開始產生種種欲念中的第一個欲念的；這個欲念也許將是他這一生當中唯一感覺得最強烈的欲念，因此，他最終會形成怎樣一種性格，也將取決於這種欲念。他的思想方法，他的感情和他的愛好都將因一種持久的欲念而形成一定的形式，不再改變。

你可以想像得到，愛彌兒和我經過了那樣一頓晚餐之後，是不會一覺就睡到天亮的。怎麼！單單是因爲一個人的名字同我們所設想的名字相符合，竟使一個聰明的人如此吃驚嗎？難道說世界上就只有一個蘇菲嗎？難道說她們的靈魂也像她們的名字一樣是完全相同的嗎？難道說凡是名叫蘇菲的女孩子都是他的嗎？對一個從來沒有交談過的陌生人竟這樣大動感情，是不是發了瘋呢？「等一等，年輕人，你要仔細地觀察觀察和研究研究。你甚至連我們的主人是怎樣一個人都還不知道；一聽你所說的這些話，人家還以爲你是在你自己的家裡呢！」

現在不是給他上課進行教育的時候，給他上課他是聽不進去的。如果你對他講應該這樣或那樣的話，反而會使這個年輕人更加對蘇菲發生興趣，因爲他現在是急於想證明他的傾向是正確的。由於名字的符合，由於他認爲他見到她是一種幸運的巧遇，由於我採取了一種愼重的態度，因此愈加使他心情激動，蘇菲在他看來實在是太可愛了，所以他深深相信我也不會不喜歡她。

第二天早晨，我猜想愛彌兒儘管還是穿他那一身舊的旅行裝，但總會細心地穿得整齊一點。果然不出我的預料；不過，我覺得好笑的是，他趕忙把主人給我們預備的衣服都穿在身上了。我看出了他的心意，我高興地發現，他是打算借換衣服和還衣服的機會建立一種聯繫，以便在正大光明地去還主人的衣服時，再一次見到他們的面。

我希望看到蘇菲也打扮得更加漂亮一點，可我的想法完全錯了。那種庸俗的搔首弄姿的做法，是只適合於那些想取得人家喜歡的女人。眞正愛情的嬌豔是更加微妙的，打扮的方法是完全不同的。蘇菲穿得比昨天還要簡單，甚至可以說是非常的隨便，當然，她一身的衣服還是極其清潔。我在她這種隨隨便便的穿扮上也看出了她在賣弄風情，因爲我發現這當中有一些忸忸怩怩的樣子。蘇菲知道濃妝豔抹是求愛的一種方式，但是她不知道過分隨便也是一種求愛的表示，那就是說，她不願意以穿扮而要以她的人品求得對方的歡心。唉！只要一個情人知道她在想他，那她穿哪種衣服，有什麼要緊呢？蘇菲瞭解到她已經掌握了他的心，因此她不僅要以她的媚態去刺激愛彌兒的眼睛，而且還要刺激他的心去猜想她是多麼動人；她不僅希望他看她的姿色，而且還希望他在心裡想像她有哪些美。難道說他還沒有看個仔細，還猜想不出她有其他的美嗎？

可以肯定的是，在昨天晚上我同愛彌兒談話的時候，蘇菲和她的母親也是在那裡議論的。她的母親探出了她的心事，而且還給了她一些指導。第二天，我們見面的時候，大家都是有準備的。這兩個年輕人見面將近十二個小時，他們之間一句話也沒有交談過，但他們已經互相瞭解了。他們打招呼的時候態度很拘謹；他顯得有點難爲情，有點害羞；他們兩人一句話也不說；他們埋著頭，好像是爲了避免你看著我、我看著你；這種做法的本身就向我們說明了情況；他們互相躲避，但步調是一致的。他們已經感覺到，在沒有把事情說出來以前，是需要保持秘密的。當我們離開那裡的時候，我們要求主人允許我們親自來送還我們帶走的東西。愛彌兒的話是向著她的父母說的，但他焦急的眼光卻望著蘇菲，硬要她表示答應。蘇菲一句話也沒有說，也沒有什麼表情，好像是什麼也沒有看見，什麼也沒有聽見似的；但是她的臉上卻泛出了紅暈，這紅紅的臉兒比她父母回答的話還能說明問題。

他們雖然沒有留我們住下去，但請我們以後再去看他們，這是做得很恰當的；你可以留宿找不到住處的旅客，但讓一個情人住在情婦的家裡，那就不對了。

我們剛剛走出那可愛的房屋，愛彌兒就打算在附近找一個住處，離得最近的那間茅屋，他也覺得是太遠了，情願睡在屋子外面的那條壕溝裡。「你眞是一個小傻瓜，」我用一種同情的語氣向他說：「怎麼！你已經被情欲弄迷糊了！你連規矩和理智全都忘記啦！你這可憐的人啊！你以為你是在愛你的情人，其實是在損傷她的名聲！如果人家知道從她家裡走出來的那個年輕人睡在附近，人家將怎樣說呢？虧你還說愛她咧！你這樣做豈不是敗壞她的名譽麼？這就是她的父母殷勤地款待了你之後得到的報酬麼？難道說你想糟蹋那個關係到你幸福的女子的名聲嗎？」「啊！」他激動地回答道：「別人將說些什麼廢話和胡亂的猜疑，那打什麼緊？你不是教導過我別把他人的議論看在眼裡嗎？哪一個人能夠比我自己更清楚我是多麼地尊敬蘇菲，我是多麼地想向她表示敬意？我對她的愛不僅不會使她遭到羞辱，而且還會使她感到光榮，我是配得上愛她的。既然我的心和我的行為處處都使她受到應得的尊敬，我怎麼會損害她的名聲呢？」「親愛的愛彌兒，」我一邊擁抱他，一邊說道：「你為自己著想，同時也要為她著想。男性的榮譽同女性的榮譽是不能相比的，它們的依據是完全不同的。這些依據都是確確實實、合乎情理的，因爲它們都同樣是來之於自然的；你把別人說長道短的話視同等閒，但你不能不爲了你的情人而重視別人的議論。你的榮譽只是在於你的自身，而她的榮譽則有賴於別人的評價。你如果採取毫不顧忌的做法，就連你自己的榮譽也會受到損害的；如果是因爲你，別人就不對她表示她應得的尊敬，那麼，你自己應得的尊敬也是得不到的。」

我一面向他解釋這些道理，一面就使他意識到，如果把別人的議論不當成一回事，那是很不對的。她有哪些性情，他不知道；她的心是不是早有所屬，他的父母是不是早已給她訂了婚，他對她一點也不瞭解，也許他和她之間根本就不具有結成美滿婚姻的條件，所以誰能向他擔保他將來一定要娶蘇菲爲妻呢？難道說他不知道丟人的事情將給一個女孩子造成不可磨滅的污點？難道說他不知道即使她同那個使她丟人的男子結了婚，這個污點也是洗不清的？一個人如果竟想使他所喜愛的人丟失名譽，這哪裡是聰明的人？如果他想使一個不幸的女孩子因討得了他一時的歡心而永遠爲這件事情所招來的痛苦哭泣，這哪裡是一個誠實的人？

這個年輕人一聽我向他指出的這些後果，便大吃一驚；由於他愛走極端，所以他現在覺得離開蘇菲的家愈遠愈好，他加快腳步，趕快走開；他向四周打量，看是不是有人在偷聽我們；他願意爲了他所喜愛的人的榮譽而犧牲他自己的幸福一千次。他情願終生不見她，也不願意給她造成一次不愉快的事情。我從他的童年時期起就培養他有一顆懂得愛情的心，現在，我花費的這番苦心得到了第一次收成了。

因此，現在的問題是要找到一個距離遠而又能夠聽到她消息的住所。我們到處尋找，到處打聽；我們打聽到離這裡八公里遠的地方有一座城，我們寧願到那裡去住而不願住在附近的村子裡，因為住在附近會引起人家的猜疑。這個初嚐愛情滋味的人終於走到了那個城裡，他心裡充滿著愛，充滿著希望和歡樂，特別是充滿著種種眞摯的感情。我就是這樣逐漸逐漸地把他日益增長的欲念引向善良和誠實的，我要在他不知不覺中使他的一切傾向都朝著這個方向發展。

我的事業即將完成，我早就看出完成的時間即將到來了。所有一切巨大的困難都克服了，所有一切巨大的障礙都越過了，現在要注意的是不要因急於求成而前功盡棄。在變化無常的人生中，我們要特別避免那種為了將來而犧牲現在過於謹愼的畏首畏尾的做法；這種做法往往是為了將來根本就得不到的東西而犧牲現在能夠得到的東西。我們應當使一個人在什麼年齡就過什麼年齡的快樂生活，以免花了許多心血之後，還沒有過快樂的生活就死了。如果說我們每一個人都有一個享受生命的時候的話，那就是在少年時期結束的時候，因為在這個時候一個人的身心各個部分的發育最為健全，同時，在這個時候正是達到他一生過程的中途，離開他覺得很短促的兩端最遠。如果說糊塗年輕人的做法是很錯誤的話，那不錯在他們貪玩，而是錯在他們所尋求的不是他們目前即能享受的樂趣，錯在他們由於希求暗淡的未來，而不知道利用他們當前就能享用的時間。

請你看一看我的愛彌兒：他現在已經年過二十，長得體態勻稱，身心兩健，肌肉結實，手腳靈巧；他富於感情，富於理智，心地是十分的仁慈和善良；他有很好的品德，有很好的審美能力，既愛美又樂於為善；他擺脫了種種酷烈欲念的支配和偏見的束縛，他一切都服從於理智的法則，他一切都傾聽友誼的聲音；他具有許多有用的本領，而且還通曉幾種藝術；他把金錢不看在眼裡，他謀生的手段就是他的一雙胳臂，不管他到什麼地方去，都不愁沒有麵包。可是現在，他被一種日益增長的情欲弄得迷迷糊糊的，他的心燃起了第一道情火；他甜蜜的幻想給他打開了一個歡樂的新天地；他正在愛著一個可愛的人，而且從這個人的性格上看，比從她的樣子上看還要可愛；他滿懷希望，等待著他應得的報酬。由於他們心心相印，由於他們純潔的感情互相投合，才產生了他們最初的愛情，這種愛情是能夠持續長久的。憑著他的信心，尤其是憑著他的理智，他無所畏懼、無所悔恨地如醉如癡地愛著；他無所憂慮，他所考慮的只是他和她的不可分離的幸福。在他的幸福中還缺少什麼東西呢？讓我們看一看，找一找，想一想他還需要些什麼，除了他已經有了的以外，我們還可以給他些什麼？一個人可能獲得的一切好東西他全都有了，你如果再給添加什麼東西的話，就不能不使他在另外一方面損失一種東西；一個人能夠多麼快樂，他就有多麼快樂。在這種時候，我會不會剝奪他這樣美好的命運呢？我會不會干涉他這樣純潔的歡樂呢？啊！他所嚐到的這種幸福，就是我辛勤一生的報酬。要是我使他有所損失的話，我拿什麼東西去補償他呢？即使我給他的幸福加上一頂王冠，我也會使它所包含的最令人神迷的樂趣遭到犧牲。在希望得到這種最大的幸福的時候，其樂趣比實際得到它的時候還甜蜜一百倍；在等待的時候，其滋味比嚐到的時候還好得多。啊，可愛的愛彌兒，你愛她和爲她所愛吧！在占有這種幸福以前，要把它好好地享受一個時期；既要享受愛情，也要享受天真；在你等待另外一個天堂的同時，要建築你在地上的天堂。我決不剝奪你生命中這一段快樂的時光，我將爲你選取其中令人銷魂的東西，我將盡可能把它加以延長。唉！可惜它終歸是要結束的，而且是在很短的時間內就要結束的；不過，我最低限度要使它保持在你的記憶裡，使你不因享受過它而感到悔恨。

愛彌兒沒有忘記我們要去送還主人的東西。當我們把這些東西準備好了以後，我們就騎著馬趕快跑，因為這一次他巴不得一出發就立刻到達那裡。當一個人的心有了情欲以後，它就對平常的生活感到乏味了。不過，只要我的時間沒有白白地浪費，他就不會在百般無聊的狀態中度過。

可惜的是，道路很複雜，鄉下的路很難走。我們迷失了方向。他第一個發現我們走錯了路，可是他並不性急，沒有抱怨，他把全副精神都用來尋找道路，他東找西找地找了好久才把路找到了；不過他自始至終都是保持冷靜的。這一點，在你看來也許覺得沒有什麼關係，可是對我這個瞭解他性情素來急躁的人來說，就是很了不起的一件事情，因為我從他的童年時候起，就注意到使他在必要的時候要沈得住氣，現在我發現我這一番苦心已經是收到了成效。

我們終於到達那裡了。他們對我們的招待比第一次簡單得多和親熱得多，因為我們已經是熟人了。愛彌兒和蘇菲打招呼的時候有一點兒不好意思的樣子，他們兩個人自始至終一句話都沒有說。他們在我們面前有什麼好說的呢？他們的談話是不需要別人作見證的。我們到花園中去散步，花園中有一塊很大的菜地，有一塊種著各樣果樹的果園，果樹長得很高大、很好看，果園中小溪密布，而且還有許多的花壇。「這個地方多美啊！我認為這裡就是阿耳西諾烏斯[11]的花園。」愛彌兒說道，心中充滿著荷馬的詩意，充滿著火也似的熱情。蘇菲想知道阿耳西諾烏斯是什麼人，於是她的母親便問我。「阿耳西諾烏

⓫ 阿耳西諾烏斯，希臘神話中腓希人的國王；尤利西斯的船遇難後，曾受到他的熱情招待。關於他的女兒諾西卡和尤利西斯相會的情形，請參看荷馬：《奧德賽》，第六卷。

斯，」我向她們說道：「是科西爾的一個國王，據荷馬說，阿耳西諾烏斯的花園，曾被人家批評說這個花園太單調，種植的花木太少了⑭。阿耳西諾烏斯有一個漂亮的女兒，她在她的父親留宿一位陌生人的前一天夜裡夢見她不久就要有一個丈夫。」蘇菲吃了一驚，臉兒通紅，埋著頭，說不出話來；你怎麼也想像不出她當時是多麼狼狽。她的父親看到她這種狼狽的樣子反而很高興，而且故意使她更加狼狽，他說那位公主還親自到河裡去洗餐巾。他接著還問道：「你們可曾想到，她對髒了的餐巾摸都不摸一下的，她說她聞到它們有一股油味。」蘇菲一聽這話便知道是說給她聽的，於是便馬上忘記了她那種天然的羞怯，很激動地替自己辯護。她的父親當然知道，如果他們叫她去做的話⑮，所有的餐巾她都會洗得

⑭「在走出宮廷的時候，人們看到一個占地二十多畝的大花園，花園的四周築有圍牆，其中種有許多開著花朵的樹木，有梨樹和石榴，還有許多其他很好看的果樹、甜美的無花果和青橄欖。一年四季樹木上都是結著果實的。冬天和夏天，溫和的西風使這種樹木開始結果，同時又使另一種樹木的果實開始成熟。梨子和蘋果在樹上簡直是熟透了，無花果樹上結滿了無花果，葡萄架上掛滿了葡萄。葡萄園中的新葡萄，任你怎麼摘也摘不完；人們把一部分葡萄放在地上讓太陽曬乾，同時，在摘葡萄的時候，把那些還沒有成熟的酸葡萄或剛剛才開始變紅的葡萄留在葡萄藤上讓它們成長。在花園的兩端有兩塊花圃，終年都盛開著鮮花；花園每一端有一股清泉，一股清泉灌溉著花園，另一股清泉經過宮廷而流入城中的一個水塔，供公民飲用。」

以上就是阿耳西諾烏斯國王的花園中的情景（見《奧德賽》，第七卷）：花園中沒有格子籬，沒有塑像、人工噴泉和草地，這是使得荷馬這個老夢想家和當時的國王們喪失體面的事。

⑮我很感謝蘇菲的母親沒有讓她把她那樣一雙細嫩的手給肥皂浸粗糙了，因為愛彌兒是常常要吻她那一雙

乾乾淨淨的，如果把這件事情交給她，即使餐巾再多一點，她也會很高興地去洗的。她一邊說，一邊帶著不安的神氣悄悄地看著我，而我禁不住笑了起來，因爲我看出她純樸的心靈驚慌不安，所以她要爲自己辯護。她的父親看到她這股傻勁，還故意捉弄她，用嘲笑的口吻問她爲什麼要替自己辯護，問她跟阿耳西諾烏斯的女兒有哪些共同的地方。她又羞又怕，連呼吸都不敢呼吸，不敢抬起頭來看人了。可愛的女孩子，現在不是故作鎭靜的時候，儘管妳不說，妳已經表示得清清楚楚了。

這一幕小小的戲大家不久就忘記了，或者說好像是忘記了；對蘇菲來說，幸而在我們當中只有愛彌兒不懂得我們講的是什麼事情。我們繼續散步，這兩個年輕人起先是挨在我們的身邊，但是要跟著我們這樣慢騰騰地走，就覺得很不習慣；他們不知不覺就走在我們的前面了，他們愈走愈接近，終於肩並肩地走在一起，並且走得離我們相當遠了。蘇菲好像是在靜靜地聽著，愛彌兒在比手畫腳地起勁地談著，看來，他們是談得很有興趣的。整整一個小時以後，我們就往回走了；我們叫他們，他們走回來，可是這一次是他們走得慢了，我們發現他們是充分地利用了這一段時間的。當他們走到我們可以聽到他們聲音的地方，他們的談話就突然中斷，他們加快步伐趕上我們。愛彌兒走近我們的時候，神色自若，令人喜悅；他的眼睛充滿著快樂的光輝，他略顯不安地看著蘇菲的母親，猜想她將怎樣對待他。蘇菲在走近我們的時候，神色卻不是那樣的泰然，她好像是因爲我們看見她同一個年輕人肩並肩地在一起走過而顯得有些羞答答的，儘管她常常同其他的男子在一起談過話，可是從來沒有什麼不安的表現，而且，即使

手的。

顯得不安，也沒有像今天這樣不安到了極點。她氣喘喘地跑到她母親的身邊，說了幾句不相干的話，好像是藉此表示她同她的母親老早就是在一起的。

一看這兩個可愛的青年的臉上露出了開朗的神情，我們就知道他們這一次談話替他們幼稚的心解除了一個沈重的負擔。他們彼此之間還照舊是那樣的穩重，但不像從前那樣拘謹了；他們之所以那樣穩重，一方面是由於愛彌兒對蘇菲的尊敬，另一方面是由於蘇菲還感到有一些害羞，同時還由於這兩個人都是十分的誠摯。愛彌兒已經敢同她說話了，而她有時候也敢回答愛彌兒的問題了，不過，她每一次都是要先看一看她母親的眼色才開口說話的。就她來說，變化得最明顯的是她對我的態度。她對我表示了一種衷心的敬仰，她很注意地看我，她對我說話的時候顯得很不自然，她仔細地觀察我喜歡哪些事物；我發現她對我是十分的尊重，而且也希望得到我的尊重。我知道，這是因爲愛彌兒已經向她談過我了；你也許會說，他們兩個人已經在共同設法爭取我的同情；事情不是這樣的，要贏得蘇菲這個人的心不是那麼容易的。也許愛彌兒還要我去討好她，而不要她來討好我哩。好一對可愛的年輕人啊……一想到我的這個年輕朋友多情的心在第一次和他的情人談話時，就這樣再三地談到我，我感到十分的高興，知道我花費的苦心已經有了代價，我得到了他友誼的報償。

我們又去拜訪了他們好幾次。這兩個青年人之間談話的次數也愈來愈多了。沈醉在愛情中的愛彌兒，以爲他的幸福即將到來。然而，他迄今還沒有得到蘇菲的正式許諾；她細心地聽著他，可是一句話也沒有說。愛彌兒知道蘇菲是很害羞的，因此對這種沈默的表示一點也不覺得奇怪；他覺得她對他的印象並不壞，他知道子女的婚姻是由父母主持的，他以爲蘇菲在等待她父母的命令，他請求她允許他去向她的父母提出求婚，她沒有表示反對。他把這件事情告訴了我，我代表他去求婚，而且是當著他的面求的。使他大為吃驚的是，他到這個時候才知道蘇菲是自己做主的，才知道他要得到幸福，那就一定要她本人表示願意！他開始對她的行為感到迷惑。他的信心減少了。他感到驚異，他發現，事情並不是像他所想像的有了很大的進展；現在，是需要用甜蜜愛情的語言才能打動蘇菲的心了。

愛彌兒這個人是不善於猜想他有哪些困難的，如果你不告訴他，他也許一輩子都不知道，而蘇菲這個人是極其自尊的，所以不願意把她的困難告訴他。使她見而生畏的困難，也許在另一個女子看來正是一種應該趕快爭取的優越條件。她沒有忘記她的父母對她的教訓。她的家很窮，而愛彌兒的家很富有，這一點她是知道的。他首先要贏得她的尊重！他需要具有怎樣的品德才能使蘇菲不至於感到這種財產上的不平等是他們的婚姻障礙呢？他對這種障礙是怎樣想的呢？愛彌兒是不是知道他的家很富有？他哪裡會去問他的父母有多少家產？謝謝老天爺，他是不需要什麼財產的；沒有財產，他也能做一切好的事情。是他的心而不是他的錢包促使他去做善良的事情的。他把他的時間、他的精力、他的愛和他這個人奉獻於窮苦的人；在談到他所做的善良事情時，他從來沒有說過他在窮人身上花了多少錢。

由於他不知道他不討蘇菲喜歡的原因何在，他便認為是由於他自己有了過錯；因為，他哪裡敢說這是由於他所鍾情的那個人脾氣古怪呢？自尊心的損傷更增加了他求愛不得的痛苦。在這以前，他接近蘇菲的時候是懷著樂觀的信心，認為他是配得上她的；而現在，則沒有這種信心了。他在她面前顯得羞怯不安。他再也不想用愛去打動她了，他現在竭力要爭取她的同情。有好幾次他幾乎失去了耐心，而且幾乎露出了抱怨的情緒。蘇菲好像是覺察到了他在生氣，於是便注意地看他。這一看就解除了他的武裝，而且使他感到不好意思，因爲他比從前更加屈服於她了。

由於蘇菲這樣頑強地抵抗和保持緘默使他感到煩惱，他便向他的朋友吐露他的心事。他要他的朋友分擔他心中的憂鬱和苦悶，他請求他的朋友給他以幫助和指導。「這是多麼難解的一個謎啊！她很關心我的命運，這一點我是毫不懷疑的；她不但不躲避我，而且很喜歡同我在一起；當我到她家的時候，她顯得很快樂，而在我走的時候，她就顯得難過；她誠懇地接受我對她的關心，我要她做什麼事情的時候，她也顯得很高興；她也樂於向我提出一些意見，有時候甚至還對我發布命令。然而她對我的請求卻表示拒絕。當我大著膽子談到結婚的時候，她馬上就很嚴肅地制止我；如果我再說下去，她就離開我。她希望我屬於她，可是又不願意聽我說她屬於我，這是什麼道理呢？她很尊敬你，很喜歡你；她不敢阻止你說話，請你去同她講吧，叫她說一說這當中的原因，你要爲你的朋友幫忙，使你的事業得到完成，不要使你的學生因受了你的教育反而淪爲犧牲。啊！如果你不助成我的幸福，我便要因爲受了你的培養而得到這番痛苦的。」

我去問蘇菲，我沒有花什麼氣力就從她口中套出了她不講我也早知道的秘密。可是，我很不容易使她同意我把這個秘密去告訴愛彌兒；最後，我終於得到了她的同意，於是我跟著就去告訴愛彌兒了。我一告訴他這當中的原因，竟使他吃驚得說不出話來。他不懂得其中的奧妙，他想像不出多幾個金幣或少幾個金幣同他的人品和德行有什麼關係。當我向他解釋金錢對人們的偏見的時候，他就笑了起來；他高興得不得了，他想馬上就走，去把所有一切的財產都毀掉，都通通拋棄，以便成爲一個跟蘇菲同樣貧窮的體面的人，回來和她結婚。

「嗯，什麼！」我一邊制止他，一邊笑他這樣性急，我說道：「你這個幼稚的頭腦還沒有長大成熟嗎？你研究了一生的哲理，還不會推理嗎？按照你這個糊塗的計畫，一定會把事情弄得很糟糕，使蘇菲更加倔強的，這一點，你怎麼看不出來呢？你比她富一點，這是你稍稍勝過於她的地方，如果你為她把一切財產都犧牲了，那你勝過她的地方就更多了；你稍稍勝過她一點點，她都那麼自尊，不願意屈居於你之下，如果你勝過她的地方再多一些，她又怎能屈服於你呢？如果她不能容忍一個丈夫說是他使她富起來的，她又怎能容忍他說他是為了她才變窮的呢？唉，可憐的孩子，你要當心，不要讓她疑心你有這樣的打算。相反地，你要為了愛她的緣故而十分節儉和謹慎，以免她說你企圖用巧妙的手腕獲得她的歡心，說你是由於平時蠻不在乎才失去了你本來是為了她而自動犧牲的財產。」

「你以為她真的是害怕巨大的財富，以為她之所以表示反對，恰恰是因為你擁有財產嗎？不，親愛的愛彌兒，她之所以反對，是有一個極其重要的理由，那就是：她考慮到了財產在擁有財產的人的心靈中所產生的影響。她深深知道，有錢的人是把他的財產看得重於一切的。他們是寧肯要黃金而不要美德的。當他們把別人為他們所做的工作和他們付給別人的金錢拿來一比，他們總覺得別人所做的工作不如他們付出的金錢多，即使別人以畢生的精力為他們幹活，他們也認為別人吃了他們的麵包，就欠了他們的債。啊，愛彌兒，你應該怎樣做才能消除她的疑懼呢？你要她能充分瞭解你，那不是一天、兩天就能做到的事情。所以，你要把你高貴心靈的寶庫打開來讓她看一看，你有哪些東西可以彌補你因為有了財產而產生的缺陷。只要你有始有終地長期做下去，你就可以戰勝她的抵抗；只要你有高尚豁達的情操，你就可以使她不能不忘記你是一個有錢人。你要愛她，為她工作，為她可敬的父母工作。你要向她表明：你爲他們工作，不是由於一時狂熱情欲的驅使，而是由於在你的內心深處有不可更易的行爲準則。你要發揚你所有一切被財產玷污了的美德，只有這樣做，才能使你的美德同她所讚賞的美德調和一致。」

大家可以想像得到，這個年輕人聽了我這一番話心中是多麼興奮，他恢復了多麼大的信心和希望，他誠實的心是多麼慶幸自己能夠做一些使蘇菲歡喜的事情，雖然這些事情，即使沒有蘇菲這個人，或者他不愛她，他也是要做的。儘管你對他的性格不很瞭解，但他在這種情況下將採取什麼做法，你還想像不出來嗎？

這樣一來，我就成了這兩個純潔青年的知心人，成了他們愛情的中間人！對一個教師來說，這的確是一種美好的工作！美極了，它簡直使我認爲我這一生當中還從來沒有達到過如此高尚的地位，還從來沒有對自己的工作感到過如此的滿意。再說，這個工作也是有它的樂趣的，因爲我在這一家人當中很受歡迎，大家托我關心這兩個青年人，看他們做事是不是合乎規矩；愛彌兒生怕得罪了我，表現得十分柔順。蘇菲給我以真實不假的全部友情，而我是只能享受我應得的那一份友誼。這樣，她就通過我而間接地對愛彌兒表示尊敬了。爲了他，她對我表現了千百種柔情，只要她能夠向他本人表現這種柔情，就是叫她死，她也是甘願的；而他，他是知道我不會損害他利益的，所以看到我這樣巧妙地對待她，簡直是高興極了。在散步的時候，如果她拒絕挽著他的胳膊，他心裡也很坦然，因爲他看見她是爲了他才挽著我的胳膊的。他毫無怨言地同我握一握手就走開了，他使了一個眼色，低聲細語地對我說：「朋友，你要爲我說話。」他很留心地看著我們，想從我們的臉上看出我們內心的情感，想根據我們的姿勢猜測我們說了些什麼話；他知道，我們所說的話句句都是和他有關係的。可愛的蘇菲啊，當太累馬庫斯聽不見我們談話的時候，妳放心地和他的門特談吧！妳是多麼坦率地讓他看出了妳這顆溫柔的心中的思想！妳是多麼高興地向他表示了妳對他學生的尊敬！妳是多麼巧妙地讓他看出了妳內心極其溫柔的情感！當那個性急的人沈不住氣，不能不打斷妳的話的時候，妳那種佯怒的神情是裝得多麼地唯妙唯肖啊！當他來到我們身邊，妨礙了妳說他的好處，妨礙了你聽我對他的評論，妨礙了妳從我的話中找出愛他的理由，這時候，妳那種生氣的樣子是做得多麼可愛啊！

這樣，愛彌兒終於被大家當作一個公然的情人，而他此後也就充分地利用了這個地位的一切便利；他述說，他催促，他請求，他再三地糾纏。即使蘇菲用生硬的語句和態度對他，也沒有關係，只要他的話能夠被她聽到就行了。他花了許多氣力之後，終於使蘇菲自己願意公開地對他行使一個情人的權威：她規定他應該做什麼，他命令他而不請求他，她接受他的幫助而不說什麼感謝的話，她規定他去看她的次數和時間，規定他必須到了某一天才能去，而且只能夠在她那裡待多少小時。所有這些都不是鬧著玩，而是十分嚴格地執行的；正因她是經過了審慎的考慮才接受這些權利，所以她行使這些權利的時候就非常認眞，以至往往使愛彌兒後悔他不應該把這些權利給她。不過，不管她命令他做什麼，他都是毫不推諉的；而且，在按照命令離開蘇菲的時候，他總要喜形於色地看我一眼，好像是對我說，「你看，她已經占有了我。」這時候，莊重的蘇菲在悄悄地觀察他，在暗中笑她的這個奴隸這麼驕傲。

阿耳邦[12]和拉斐爾[13]，把你們的筆借給我，讓我來描繪這沈溺於愛情的情景！彌爾頓[14]，請教導我怎樣用我這枝粗大的筆敘述他們快樂的愛情和天真！不，在神聖的大自然面前，把你們那些故弄玄虛的伎倆收藏起來吧。首先，我們只要有一顆敏感的心和誠實的靈魂就行了；然後，讓我們放開胸懷，自由自在地想像這兩個年輕情人的快樂心情。他們在他們的父母和導師的照顧之下，無拘無束地追逐那使他們感到陶醉的甜蜜幻想，他們滿懷希望，從從容容地走向美滿的結局，用鮮花和花環裝點著使他們偕同到老的幸福婚姻。有許多美妙的形象使我自己也感到迷醉，我零零散散地把它們都蒐集起來，它們使我感到如此的心醉神迷，以至使我不知道怎樣把它們組合在一起才好。啊！只要有一顆心，誰不會自己把那父親、母親、女兒、教師和學生的各個不同的情境組成一幅美妙的圖畫，誰不會自己想像他們彼此是如何地共同努力，使這一對可愛的情人結合，讓他們的愛情和美德給他們帶來幸福？

只是在這個時候，由於他急於想使蘇菲感到歡喜，他才開始感覺到他所學的那幾種藝術確有用處。蘇菲喜歡唱歌，他同她一起唱；不僅如此，他還教她樂理。她長得很靈敏，喜歡跳舞，他同她一起跳；他按照步法改正她那種亂跳一陣的樣子，使她跳得又熟又好。教唱歌和跳舞，是很有趣的，快樂活潑的情趣使他們感到興奮，把他們的愛情和他們那種羞羞答答的樣子融合在一起；一個情人是可以大著膽子

⓬ 阿耳邦（一五七八—一六六〇），義大利畫家。
⓭ 拉斐爾（一四八三—一五二〇），義大利畫家。
⓮ 彌爾頓（一六〇八—一六七四），英國詩人。

放手地教她跳舞和唱歌的，他是有權做她老師的。

她家裡有一架破舊的風琴，愛彌兒把它修理好，而且還調好了音。他是一個木匠，又是一個製作和修理樂器的人。他始終奉行著這麼一句格言：凡是自己能夠做的事，他都學著自己做，而不求助於別人。她們的家修建在一個風景優美的地方，他以它做背景畫了幾幅圖畫；蘇菲有時候也幫他畫上幾筆；畫好後，就掛在她父親的房間裡做裝飾。他們裝畫的框子全都沒有塗上金色，因爲它們不需要這種顏色來陪襯它們。她一面看愛彌兒作畫，一面就模仿他，逐漸逐漸地她也畫得很好了；她開始培養各種藝術才能，有了她的美，她的藝術才能就更顯得優秀了。她的父親和母親看見琳琅滿目地擺滿了那麼多藝術作品，便想起了他們當年的富裕，只有藝術作品才能使他們覺得從前富裕的生活很有樂趣；愛情裝飾了他們的家，只有愛情才能使他們的家在既不花錢又不費力的情況下，獲得他們在從前必須花許多金錢和心思才能獲得的快樂。

崇拜偶像的人用他所喜愛的珍寶去裝飾他所崇拜的偶像，把他所敬奉的神打扮得十分漂亮；同樣，在一個男人的眼裡，即使他的情人已經是十全十美了，他也是不滿足的，他要不斷地用新的東西去裝飾她。這並不是因爲她需要有那些東西才能使他感到快樂，而是他認爲他需要打扮她，他認爲這樣做，才能對她再一次表示敬重，才能在觀看她的時候感到一番新的樂趣。他覺得，如果他不用他所有的一切好東西去裝飾她，他那些好東西就無處使用。愛彌兒巴不得一下子把他所知道的東西全都教給蘇菲，而不問她是不是願意學，也不考慮那些東西對她是不是適合，看到他那種性急的樣子，實在又令人感動，又令人好笑。他懷著一種孩子似的著急心情把他所知道的東西都向她說，都向她講；他以爲只要他一講，她馬上就懂得。他自己在那裡想：要是和她討論一番，和她談一番哲理，是多麼的快樂；他肚子裡的一切知識，如果不能夠拿出來給她看一看，他那些知識就沒有用處；要是他知道的東西不讓她知道，那他是很不好意思的。

現在，他給她講哲學，講物理，講數學，講歷史，一句話，什麼都講，蘇菲看到他那麼熱情，心裡也很喜歡，而且想儘量利用這個機會學一些東西。當她允許他坐在她身邊教她的時候，他心裡是多麼高興！他覺得天堂已經向他打開了大門。然而在這種情況下教課，對老師來說固然是無所謂，可是對這個女學生來說就很爲難，所以是不利於學習的。她不知道她的眼睛要怎樣才能躲開他那一雙緊緊地盯著她的眼睛，當他們的眼光一相碰上的時候，課程就進行不下去了。

婦女們並不是一點思想方法都不懂的，不過她們推起理來只能推一個表面。蘇菲對什麼東西都要動腦筋去想，但是卻想不出一個大道理。她在倫理學和藝術方面學習得最好；至於物理學，她只對幾個一般的法則和宇宙體系取得了一點點概念。有幾次，當他們在散步中看到了大自然的奇景，他們也敢於運用他們白璧無瑕的心去思考自然的創造者。他們在造物主面前一點也不害怕，他們要共同向他傾吐他們的心。

怎麼！兩個年華正盛的情人在幽會的時候竟談起宗教來了！他們把他們的時間用去講教義！幹嘛要褻瀆崇高的上帝呢？是的，他們在談論宗教的時候，是陷入了一種甜蜜幻想的：他們彼此都覺得對方是很完美，他們彼此相愛，他們熱情洋溢地談論美德爲什麼是那樣的高貴。爲了美德，他們作了種種的犧牲，從而感到美德更加可愛。他們必須克制奔放的情感，有時候兩個人竟因此而流下了比甘露更純潔的眼淚，這些甜蜜的眼淚使他們沈迷於生命的享受；他們這種如醉如癡的情景，還從來沒有哪一個人體會過哩。他們的自制更增加了他們的快樂，使他們看出這種犧牲是很高尚的。耽於肉欲的人，有軀體而無靈魂的人啊，你們將來有一天會明白這一對情人的快樂在什麼地方，而且必然會因爲在這幸福的時候沒有享受到這種快樂而感到終生遺憾的！

儘管他們是這樣有理智，他們有時候也難免不鬧一些意見，甚至吵起來；蘇菲並不是一點脾氣都沒有，愛彌兒也不是一點也不性急；不過，小小的暴風雨很快就會過去，從而使他們比以前更加親密；愛彌兒從經驗中知道，這種暴風雨並不可怕；他知道，兩個人爭吵固然會給他帶來害處，但爭吵以後又和好如初，是可以給他帶來更大的益處。由於第一次爭論使他得到了一些益處，因此他希望再發生爭論的時候也可以給他帶來好處，他這種想法當然是錯了；不過，雖說他並不是在每一次爭論中都獲得了顯著的好處，但他在每一次爭論中都發現蘇菲是眞心誠意地愛他的。你也許想知道他究竟得到了什麼好處。我很願意告訴你，我很願意藉此機會向你闡述一個重要的原理，同時，還藉此機會批駁一個很有害處的說法。

愛彌兒在愛蘇菲，但他並不是一個冒冒失失地做事情的人；我們也可以想像得到，莊重的蘇菲是不允許他做出什麼狎昵的樣子。在任何事情上，再嚴肅也應當嚴肅得有個分寸，所以，如果說她有什麼可以責備的地方的話，那就是她的做法太生硬而不是太浪蕩，就連她的父親也擔心她這種極端的自尊會變爲高傲。即使在秘密的幽會中，愛彌兒也不敢請求她給他一點點愛情的表示，甚至連希望她愛他的樣子也不敢做出來；在散步的時候，她願意挽著他的胳臂才挽著他的胳臂，而不允許他認爲他有權利要她這樣做，所以，在她挽著他胳臂的時候，他也只偶爾敢一邊嘆息，一邊使她的胳臂挨著他的胸膛。克制了一個很長的時期之後，他才大著膽子去偷偷地吻她的衣服，他有好幾次都碰上了好運氣，因為她裝著沒有看見的樣子。有一天，他想在吻她衣服的時候，把動作做得更明顯一點，果然，蘇菲就說他這樣做是不對的。他堅持要去吻她衣服，於是她生氣了，而且向他說了幾句刺耳的話；愛彌兒也受不了，也回了她幾句刺耳的話。兩個人在這一天當中都是那樣氣衝衝地鬧著彆扭，兩個人都很不痛快地各自走開了。

蘇菲很感不安。她的母親是她的心腹人，她怎能向她的母親隱瞞她心中難過的事情呢？這是她第一次同愛彌兒爭吵，他們爭吵了一個小時，所以這的確是一件很嚴重的事情！她責備她自己的過錯；她的母親允許她去彌補她的過錯，她的父親也命令她這樣做。

第二天，內心不安的愛彌兒比平常來得更早一些。蘇菲在幫助她的母親梳妝，她的父親也在同一個房間裡；愛彌兒很有禮貌地走進去，但臉兒是顯得很憂鬱的。父親和母親剛一招呼他，蘇菲馬上就轉過身來，向他伸出手去，用一種寬慰的語氣向他問好。很顯然，她這隻漂亮的手是伸過來讓愛彌兒吻它的；他握著它，但是不吻它。蘇菲雖然是有一點害羞了，但仍然是極其從容地把手縮了回去。愛彌兒這個人是不懂得婦女們那一套做法的，他不知道婦女們那樣鬧脾氣有什麼用處，他不可能把蘇菲那種任性的表現輕易就忘記了，不可能很快就把他的怒氣平息下去。蘇菲的父親看見她那種窘態，便笑了起來，這一笑，便把蘇菲弄得狼狽不堪。這可憐的女孩子，既感到不安又感到受了羞辱，手足失措，巴不得大哭一場。她愈克制自己，她心裡就愈是難過；最後，儘管她不哭，她的眼淚還是流了出來。愛彌兒一看見她流下了眼淚，便跪下去捧著她的手，用力地吻了幾下。「老實說，你眞是太好了；」蘇菲的父親一邊哈哈大笑，一邊說道：「如果是我，我才不能容忍這種發脾氣的做法，我一定要懲罰那一張冒犯我的嘴。」這一句話使愛彌兒鼓起了勇氣，他用請求的目光轉過去看蘇菲的母親，而且還以為看見她做出了同意的表示，於是便戰戰兢兢地去貼近蘇菲的臉；蘇菲掉過頭去保護她的嘴，然而卻讓他吻到了她那玫瑰色的臉蛋兒。冒失的愛彌兒還不滿意，蘇菲微微地掙扎了一下。要不是她的母親在旁邊看見的話，不知道他要吻到什麼時候哩！嚴肅的蘇菲啊，妳要當心啦，要是妳再拒絕的話，他更是要常常吻妳的衣服了。

在愛彌兒這樣懲罰了蘇菲之後，她的父親就走出房間去做什麼事情了，跟著，她的母親也找了一個藉口叫蘇菲走開了；在蘇菲走開以後，她便用一種嚴肅的語氣向愛彌兒說道：「先生，我想，像你這樣一個出生在良好的人家而且又受過良好教育的青年人，是有感情和品德的，是不會用羞辱來報答一個對你表示友情的人家。我並不是一個故作嚴肅和難於接近的人，我是能夠諒解青年人那種癡狂的行為，我容忍了你當著我的面做出這種行為，這就充分地證明了這一點。你問一問你的朋友，請他告訴你有哪些應守的規矩；他將告訴你，在父親和母親當面許可的嬉戲行為和背著他們放肆胡鬧的行為之間有什麼區別。背著他們胡鬧，不僅濫用了他們的信任，而且還把濃厚的情誼變成了一種害人的陷阱；然而，要是你當著他們的面表示你這種濃厚情誼的話，那就沒有什麼關係。你的朋友將告訴你，我的女兒錯就錯在她在你第一次放肆的時候，沒有看出哪些行為是不能允許你做的。他將告訴你，只有在她認為你對她是友好的時候，你的行為才能成為一種友好的行為，而一個有榮譽心的人是不應該利用一個女孩子的天真，背地裡對她那樣放肆的，儘管她當著大家的面可以允許你那樣做。因為，我們知道哪些行為是端正的，可以當著衆人的面做，但是我們不知道在神祕幽暗的地方，當一個人自己判斷他行爲的時候，他將放肆到什麼程度。」

這一番義正詞嚴的責備，顯然是向我說的而不是向我的學生說的，這位賢明的母親說完這一番話以後就離開我們了。的確，她使我不能不佩服她看問題是那樣周到。愛彌兒當著她的面吻她女兒的嘴，她認爲沒有關係，但是她害怕愛彌兒背地裡去吻她女兒的衣服。我們一般人所奉行的箴規格言眞是荒謬，因爲它們往往使我們爲了要做出一本正經的樣子，便使我們喪失了一顆眞正誠實的心；當我一想到這點的時候，我便豁然明白：爲什麼話愈是說得乾淨，心地愈是骯髒；舉動愈是謹嚴，做出這種舉動的人愈是不講道德。

當我趁此機會向愛彌兒講述我早就應該告訴他的那些規矩的時候，我產生了一種新的看法，這種看法如果讓蘇菲知道了的話，她也許會更加自尊的，所以我千萬不能告訴她的情人；這個看法是：她這種所謂的高傲做法儘管受到了人們的責難，然而是一種很明智的自我防備的措施。由於她知道她自己性情激烈，所以她連最小的火花也感到害怕，要盡一切力量遠遠地躲避它。她之所以那樣嚴肅，並不是由於她爲人驕傲，而是由於她爲人謙卑。她能夠控制愛彌兒，然而她害怕她不能控制她自己；她要通過對愛彌兒的控制來控制她本人。如果她對自己有更大信心的話，她也許就不會那樣高傲了。除去這一點，在世界上還有哪一個女孩子比她更溫柔呢？還有哪一個女孩子比她更能夠耐心地忍受那種無禮的行爲呢？還有哪一個女孩子比她更不願意冒犯別人呢？除了道德的行爲以外，在任何事情上，哪一個女孩子是像她那樣沒有一點兒矯揉做作的表現呢？再說，她並不是因爲自己有種種美德而驕傲的，她之所以顯得那樣驕傲，只不過是爲了保存她的美德罷了；如果她能夠毫無危險地按照她內心的傾向去做的話，她眞是願意擁抱她的情人哩。這些情形，她那謹愼的母親甚至對她的父親都沒有談過，因爲男人是不應該把女人所有一切的做法都知道得清清楚楚的。

蘇菲不僅沒有因爲征服了他而感到驕傲；相反地，除了對那個造成這種變化的人以外，她對任何人都更加寬厚，不再是那樣的苛求。她意識到她是獨立的，然而她高尚的心靈並沒有因此而妄自尊大。她謙遜地慶祝她犧牲了自由而取得的勝利。她聽到「情人」這個詞的時候，臉兒也不再發紅了；然而從此以後，她的態度就沒有那樣隨便，說話就比從前含羞了；不過，儘管她顯出難爲情的樣子，但內心是洋溢著喜悅心情的，而且，她那種羞答答的樣子本來就不是出於一種爲難的心情。特別是對來到她家的年輕人，她的態度跟以往是大不相同了。自從她不再害怕他們以後，她從前對他們所採取的那種極端穩重的做法就大有改變了。由於她已經選好了她的情人，所以她對一般的人就表現得無拘無束、十分灑脫；她既然不過問他們是不是有長處，所以她也就不再像從前那樣對他們的行爲有很多的責難，她覺得他們都是很討人喜歡的。

如果說眞正的愛情可以使用賣弄風騷的做法，我覺得蘇菲在她情人面前對其他的年輕人就有幾分賣弄風騷的跡象。你也許會說，儘管她已經使用了那種又羞又愛的微妙手段燃起了愛彌兒心中的情欲，但她還不滿足，還要使他發一點兒急，從而更加刺激他的情欲；你也許會說，她之所以故意取悅那些年輕人，是因爲她不敢同愛彌兒這樣痛痛快快地玩，所以才特地做出這種樣子來折磨他；可是，蘇菲這個人是十分愼重、十分善良和有理智的，所以她絕不會存心折磨他。爲了緩和這種危險的刺激作用，她拋棄了那種前顧後慮的做法，而代之以愛情和誠懇；她知道什麼時候該使他吃驚，什麼時候該使他安心；雖說她有幾次曾經使他感到不安，但她從來沒有使他傷過心。由於她擔心她所愛的人還沒有對她燃起足夠的愛情火焰，所以她故意要使他感到憂慮，這種做法是可以原諒的。

這樣一個小小的手段對愛彌兒產生了什麼影響呢？他會不會嫉妒呢？難道說他永遠也不會產生嫉妒的心嗎？我們必須考慮的，正是這一點；由於這些枝枝節節的事情也屬於我這本書所要探討的範圍，所以不能說我談論這些事情就是離開了本題。

我在前面已經論證過，在一切以個人的偏見爲轉移的事物中，人們的心是怎樣產生嫉妒情緒的。但在愛情上，那又是另外一回事情了；表面上看來，嫉妒是如此的近似天性，所以大家都很難相信它不是從天性中產生的；有幾種動物的嫉妒心之大，簡直可以使它們發瘋，然而，就以它們爲例，也可以無可爭辯地證明我所持的相反看法。公雞打得頭破血流，雄牛鬥得你死我活，是人教它們的嗎？

我們對所有一切擾亂和妨礙我們的快樂事物，都是懷有反感的，這種反感是一種自然的衝動，這一點是無可爭辯的。要獨一無二地占有我們喜歡的東西，這種願望在一定程度上也是屬於這種類型。但是，當這種願望變成了欲念，變成了瘋狂，或者變成了痛苦和憂鬱的夢想，即所謂的嫉妒，那又是另外一回事情了；這種嫉妒的心理，也可能是自然的，也可能不是自然的，所以我們應當把它們加以區別。

在《論人類不平等的起源》這本書中，我已經把從動物中引證的例子做過一番分析；現在，我對這個問題又重新考慮了一下，我覺得我所闡述的論點是有相當依據的，所以我敢於請讀者再去把那些論點閱讀一下。我對我在那本書中所說的區別只補充這一點：由天性產生的嫉妒，在很大程度上是由性能力引起的，當性能力是或者好像是無窮無盡的時候，這種嫉妒的心理就達到了最高點，因爲，雄性的動物在這個時候要按照它的需要來行使它的權利，所以不能不把另外一個雄性的動物看作一個可惡的競爭者。在這一類動物中，由於雌性動物總是服從頭一個來到它身邊的雄性動物，所以它完全是因爲被雄性動物所征服而隸屬雄性動物的，同時它也將因此使雄性動物爭吵不休。

相反地，在有些動物中，一個雄性只同一個雌性相結合，它們的結合有一種道德的聯繫，從而形成了一種婚姻；雌性動物是通過它自己的選擇而委身於雄性動物的，所以它必然要拒絕另一個雄的，而雄性動物因爲有這種偏愛保證了雌性動物對它的忠實，所以它在看見其他的雄性動物時，也不至於怎樣不安，可以同它們比較和平地相處在一起。在這種動物中，雄的也分擔了養育小動物的責任，這是自然的法則之一；我們看到雄性動物養育它的小動物的時候，不能不有所感動，看來，雌性動物正是由於雄性動物愛它的子女，所以它才那樣報答它們的父親。

如果我們按照原始的樸實情況來看一看人類，我們就很容易看出，由於男性的性能力有限，由於他的欲望適度，所以他是自然而然地只要有一個女人就會感到滿足的；這一點，至少在我們這個國家裡可以用男女兩性人數相等這個事實來證明；在有些人種中，男子的性能力特別大，一個男子擁有幾個女人，所以，在這種人種中，男女兩性的人數是大不相等的。儘管男人不會像鴿子那樣去哺育小孩子，他也沒有乳汁去餵他們，但他在這方面是可以歸入四足動物這個範疇的；由於小孩子在很長一個時期都是那樣柔弱，所以他們和他們的母親沒有父親的疼愛就不行，他們是不能不需要他的關心。

以上所述，說明我們是不能拿某些雄性動物的強烈嫉妒的表現來闡述人類的情形；在有些熱帶地區是實行一夫多妻制的，這種例外的情形更能證明我所說的原理，因爲，正是由於一個丈夫的妻子太多了，所以他才實行那樣專制的管制，同時，由於他意識到他體力上的弱點，所以他要依靠壓制的辦法來逃避自然的法則。

在我們中間，儘管大家在這方面不像熱帶的人那樣逃避這個法則，但從另一個意義來說，大家仍然是在逃避這個法則的，而且逃避的原因是更加見不得人的，因爲，我們之所以產生嫉妒的心理，是由於社會的欲望而不是由於原始的本能。在大多數男女的風流行爲中，男子對情敵的憎恨，遠遠超過了他對情婦的愛。他之所以害怕他的情婦不單單愛他，那是由於他有一種自私心（我在前面已經論述過這種自私心產生的根源），他的動機是來源於虛榮而不是來源於愛情。再說，我們愚蠢的社會制度也已經使婦女們變得這樣的矯情[16]，燃起了這樣強烈的情欲，以至我們對她們所表示的最眞誠的愛情也是不敢相信的；即使她們向你表白了她們對你的情感，那也是靠不住的；即使她們有偏愛你的表示，也是不能使你安心地不害怕遇到任何情敵。

至於眞正的愛情，那又是另外一回事情了。我在前面提到的那本書中已經指出過，這種感情並不是像人們所想像的那樣自然，溫柔的情意和火熱的情欲是大有區別的：前者使一個男人鍾愛他的伴侶，而

⑯ 我在這裡所說的矯情，同適合於她們的性別、來源於天性的矯情是恰恰相反的：後者的目的在於掩飾她們確有的情感，而前者的目的在於假裝她們沒有的情感。每一個社交界的婦女，成天都在那裡吹噓她們所謂的情感，但在實際上，她們除了她們自己以外，是誰也不愛的。

後者則使一個男人被一個女人的虛假姿色所迷惑，從而把她看得比她本來的樣子還美。愛情是排他的，是希圖對方偏愛自己的。它同虛榮的區別在於：虛榮是只向對方提出種種要求而自己卻什麼也不給予對方，是極不公平的；反之，愛情是向對方提出了多少要求，而自己也給予對方多少東西，它本身是一種充滿了公平之心的情感。再說，他愈是要求對方的愛，便愈是表明他相信對方。當一個人產生了愛情幻想的時候，是容易相信對方的心的。如果說愛情使人憂心不安的話，則尊重是令人信任的；一個誠實的人是不會單單愛而不敬的，因爲，我們之所以愛一個人，是由於我們認爲那個人具有我們所尊重的品質。

當我們闡明了這幾點以後，我們就可以很有把握地說出愛彌兒將產生什麼種類的嫉妒心了，因爲，既然嫉妒心在人的心中只不過是一顆種子，則它以後將發展成什麼形式，那完全是由一個人所受的教育決定的。又鍾情又嫉妒的愛彌兒絕不是一個脾氣乖戾、疑心病很重的人，他這個人是非常溫柔、敏感和害羞的；蘇菲的做法可以使他感到驚異，但不會使他感到憤怒；他採取的方法是爭取他的情人而不是威脅他的情敵，他將把他的情敵看作一個障礙而不看作一個敵人，他儘量避開他而不恨他；即使恨他的話，那也不是因爲他敢於同他爭奪他企圖占領的心，而是因爲他使他遇到了失去這顆心的危險；他絕不會那樣愚蠢地認爲別人敢於同他競爭就是傷害了他的自尊心。由於他知道他之能否得到對方的偏愛，完全在於他是不是有美德，他之能否獲得榮譽，要看他是不是能夠取得成功，所以，他將加倍地努力，使自己成爲一個可愛的人，這樣，他才有成功的可能。豁達的蘇菲儘管有好幾次採取了使他感到驚異的辦法來刺激他的愛情，但她也善於採取一些辦法來減輕他吃驚的程度，使他得到一些補償；她只不過是爲了考驗他才利用那些年輕人的，所以，一考驗完畢，馬上就把他們遣走了。

這樣慢慢地下去，怎麼得了呢？啊，愛彌兒，你變成了什麼樣的人，我還能認出你是我的學生嗎？我發現你是多麼的頹廢！那個體格這樣壯實，不怕寒暑，不畏勞累，一切聽憑理智的年輕人，那個不爲一切偏見和欲念所動的年輕人，那個愛眞理，服從理性，把自己身外的一切東西看作等閒的年輕人，到哪裡去了？現在，安樂悠閒的生活使他的意志日趨薄弱，竟讓自己受制於女人；他成天所想的是如何討取她們的歡心，他把她們的意志當作法律；他把他的命運交給一個年紀輕輕的女孩子，他俯首帖耳地拜倒在她的面前；莊重的愛彌兒竟變成了一個女孩子的玩具！

生活就是這樣一幕一幕地變化的。儘管一個人由於年齡不同而有不同行動的動機，但人終歸還是原來那個人。他在十歲的時候是聽糕點指揮的，在二十歲的時候是聽情人指揮的，在三十歲的時候是只知道追逐享樂的，在四十歲的時候是只知道追逐野心的，在五十歲的時候是只知道追逐錢財的。他在什麼時候才一心只追逐理智呢？當一個人受到指引，從而不知不覺地奔向了理智，這個人是多麼的幸福！只要那個指引他的人能夠把他引到他的目標，又何必去管那個指引他的人究竟是誰呢？就連英雄和聖賢也是讚賞人類的這個弱點；任何一個人，儘管他爲女人紡過紗，也不能因此就不算是一個偉大的人。

如果你想使一種良好的教育的效果對一個人的一生都發生作用的話，你就要使那個人在青年時期保持他在童年時期養成的良好習慣；當你的學生已經變成了你所想像的人，你就要使他在任何時候都始終是那個樣子。要做到這一點，你的工作才算最後完成。正是由於這個緣故，所以必須讓老師和他的學生常常在一起，因爲，年輕人沒有老師的指導，是不知道應當怎樣追逐愛情的。一般的老師，尤其是一般的父親做得不對的地方是：他們以爲孩子們有了這種生活方式以後，就一定會丟掉從前的生活方式，以爲孩子們一旦成長爲大人，就必然會拋棄他們在童年時期養成的種種習慣。如果說童年時期養成的或好或壞的習慣要隨著童年時期一起消失，如果說採取了跟童年時期絕對不同的生活方式，就必然會採取另外一種思想方法，那麼，我們爲什麼要在他們的童年時期花那麼多氣力去教育他們呢？

正如一切大病將中斷我們記憶力的延續一樣，一切強烈的欲念也將中斷我們性情的延續。儘管我們的愛好和傾向都起了變化，而且這種變化有時候是相當突然的，但這種變化將因我們的習慣而受到緩和。在我們的傾向漸次發展的過程中，也像在色彩的漸次減淡的過程中一樣，巧妙的藝術家應當使它們漸次的過程不至於被人家看出來，他應當把幾種顏色調配在一起，而且，爲了不至於使任何一種顏色突然消失，他應當把某幾種顏色塗遍整個畫面。這個做法已經被我們的經驗證明是正確的。漫無節制的人天天都在改變他們的愛好、他們的興趣和他們的感情，但就是不改一改他們這種變化多端的毛病；生活有規律的人，始終是按照他們舊有的習慣去做的，甚至在老年的時候也仍然喜歡做他們在童年時期所喜歡做的事情。

如果你能夠使年輕人在進入人生的一個新階段以後，仍然不忘記他們所經歷的前一個階段；使他們養成新習慣以後，仍然不拋棄他們原來的舊習慣；使他們自始至終都喜歡做善良的事情，而不管他們是從什麼時候開始做的，如果你能夠做到這幾點，你就能夠保持你的事業成果，而且，一直到他們死的時候，你都可以放心他們不至於做壞事情，因爲，最令人害怕的變化，正是你現在所密切注意的年齡變化。有些人因爲在以後不容易改掉他們所保持的童年時期的習慣，反覺歉然，其實，要是一旦把它們都改掉了的話，他們這一輩子也就再也培養不成那些習慣了。

你認爲你已經使兒童和青年養成了許多習慣，然而其中有一大部分都不是眞正的習慣，因爲他們是被你強迫著那樣做的，而且在他們迫不得已地那樣做的時候，他們一有機會就不再那樣做的。一個人不論在監獄裡住了多麼久，他都不會養成愛坐監獄的興趣；在監獄裡住久了，不僅不能減少他對監獄的憎恨，而且會使他更加厭惡監獄的。愛彌兒絕不會拋棄他童年時期養成的習慣，因爲，他在童年時期是只做他願意做而且喜歡做的事情的，等到長大爲成人的時候，他也是這個樣子，所以，習慣的勢力是必然會使他更加領略到自由的樂趣。活躍的生活、體力勞動和體育運動，對他來說是這樣不可缺少的東西，以至於如果不許可他做這些活動的話，他是一定會感到很難過的。如果一下子就要他去過那種安安閒閒、坐著不動的生活，那等於是把他投入了監獄，把他用鏈子束縛起來，使他處在一種拘束不安的境地。我毫不懷疑，他的精神和身體都將因此而受到損害。在一間關得嚴嚴實實的屋子裡，他覺得呼吸都很難呼吸，他需要大量的空氣，需要運動和使身體感到疲勞。甚至當他坐在蘇菲身邊的時候，他也禁不住時而斜著眼睛去瞧瞧田間的景色，並且希望同她一起到田間去跑一跑。然而，在他必須好好地待在家裡的時候，他也能夠待下去，但他心裡是感到激動不安的，他好像在同他自己鬥爭；他之所以待在家裡，是因爲他受到了束縛。你也許會說，這是我使他感到有這種需要的，是我使他受到這種束縛的。你說得不錯，我使他受到了成人時期的束縛。

愛彌兒愛蘇菲，但是，是什麼東西首先使他那樣愛她的呢？是感情、美德和對誠實事物的愛。他既然對他的情人愛誠實的事物感到喜悅，那麼，他自己是不是會喪失對誠實事物的愛呢？從蘇菲那方面來說，她提出了哪些要求呢？除了他天生的種種情感以外，她還要求他尊重一切眞正的善，要求他為人儉樸、天眞和慷慨無私，要求他不要把一切浮華和財富看在眼裡。實際上，在他的情人還沒有要求他這樣做以前，愛彌兒早就是具有這些美德了。那麼，愛彌兒究竟在哪些方面起了變化呢？他有許多新的理由要他保持他原來的樣子，他跟他從前不同的地方就只是在於他愛上了蘇菲。

我想，任何一個稍稍留心地看這本書的讀者，都不會認為愛彌兒現在的環境是偶然湊合起來的。在各個城市裡都有許多可愛的女孩子，然而他所喜愛的這個女孩子卻居住在遠離城市的鄉村，這是偶然的嗎？他遇到她，這是偶然的嗎？他們兩個人十分相配，這是偶然的嗎？他們不能住在同一個地方，這是偶然的嗎？他不得不在離她很遠的地方找一個住所，這是偶然的嗎？他們見面的機會是那樣的少，而且，他必須花費很多的氣力才幸而能見她一次，這也是偶然的嗎？你也許以為他已經變成了一種弱不禁風的樣子了。恰恰相反，他變得愈來愈堅強了，他必須保持我以前給他養成的那一副強壯的體格，才受得住蘇菲叫他去忍受的疲勞。

他住在離她八公里之遠的地方。這個距離便好似熔爐的風箱，我可以利用它去鍛鍊愛情的鋒芒。如果他們住在兩個大門對大門的房子裡，或者，如果他可以舒舒服服地坐著一輛漂亮的馬車去看她，那麼，他就可以隨隨便便地去親近她了，就可以按照巴黎人的方式去愛她了。要不是大海把赫羅和林德爾隔開了，林德爾怎麼會願意為赫羅而死呢[15]？讀者諸君，請讓我把話就說到這裡吧；如果你們能夠理解

---

[15] 據希臘神話故事說，希臘人林德爾同住在海勒斯滂海峽對岸塞斯托斯城的女祭師赫羅相愛；有一天，林

我的意思，你們是可以在我所敘述的這些情節中找出我所遵循的原理。

我們頭幾次去看蘇菲的時候，都是騎著馬去的，因爲騎馬可以走得快一點。我們覺得這個辦法很好，所以我們第五次還是騎著馬去。他們在等候我們；在離他們的家半英哩多遠的地方，我們就看見路上有許多人在等我們。愛彌兒看見這種情形，心裡就怦怦地跳起來；在走近他們的時候，他一眼就看見了蘇菲；他立刻跳下馬來，飛也似地跑到那一家人的跟前。愛彌兒是喜歡好馬的，他那匹馬是很活躍的；它一得到了自由，就跑到田野裡去了；我去追它，花了很多氣力才追著它，把它牽了回來。不巧，蘇菲是很害怕馬的，所以我不敢走近她。愛彌兒沒有看見這一段經過，於是蘇菲就悄悄地告訴他說他給我增加了許多麻煩。他很難爲情地跑過來，牽著馬跟在我們的後頭。每一個人輪流牽馬，這個辦法是很公平的。爲了把我們的馬帶開，他只好在前頭先走。這樣一來，就把蘇菲留在後面了，因此，他再也不覺得騎馬是一件很舒服的事情了。他氣喘喘地跑回來，在半路上接著我們。

下一次去，愛彌兒就不願意騎馬了。「爲什麼？」我問他：「我們帶一個馬夫去照管馬匹好了。」「啊！」他說道：「我們騎馬去，豈不給那一家可尊敬的人增加很多負擔嗎？你想一想，他們既要供給我們的飲食，又要餵養我們的馬。」「的確，」我說道：「儘管他們很窮，但也十分豪爽好客。富人們雖然在表面上是那樣的闊氣，但只招待他們的朋友，可是窮人，連他們朋友的馬也是要管的。」「我們走路去罷，」他說道：「像你這樣一個始終是那樣歡喜同你的學生在勞累中尋求快樂的人，難道說還沒

德爾擬游過海峽去看赫羅，途中突遇暴風雨，因而溺死；赫羅聞訊後，也蹈海以殉。

有走路的勇氣麼？」「走路去，那太好了，」我馬上回答道：「而且，在我看來，談戀愛的時候是用不著鬧得那樣烏煙瘴氣。」

在快要到達的時候，我們發現蘇菲和她的母親比上一次還要走得遠來接我們。我們像箭也似地一下就走到了她們的身邊。愛彌兒滿身是汗，蘇菲可愛的手立刻用手絹去擦他的臉。從這一次以後，即使世界上的馬再多，我們也不願意騎了。

不過，兩個人始終不能夠在黃昏的時候相會，這是相當地令人難過的。夏天慢慢地過去了，白天逐漸逐漸地短了。不管我們怎樣說，主人都是不答應我們在他們那裡玩到夜裡才動身回我們的住所，所以，如果我們不一清早就去的話，我們差不多就只好一到那裡馬上就轉身回來。由於蘇菲的母親很體諒我們和關心我們，所以她終於認為我們可以在村子裡找一個地方偶爾過一次夜。一聽到她這樣說，愛彌兒馬上就拍手叫好，高興得跳起來；而蘇菲也沒有動腦筋去想一想這當中的究竟，反而在她母親想出這個權宜的辦法這一天，更加親熱地去吻她的母親。

我們之間就漸次地建立和鞏固了甜蜜的友誼和天眞無邪的交情。一到蘇菲或她的母親所規定的日子，我大部分都是同我的朋友一起去的，不過，我有時候也讓他一個人單獨去。我對他的信任，可以培養他的心靈，何況現在再也不能把他當小孩子看待；既然我的學生値得我的尊重，我爲什麼非同他一道去不可呢？我有時候也不帶他而獨自一個人去；這時候，儘管他很難過，但他從來不發牢騷，發牢騷有什麼用？再說，他也知道我是不會損害他的利益。此外，不論我們是一塊兒去還是分開去，你都可以想像得到，不論颱風或下雨都是阻擋不了我們的，如果我們一身雨淋淋地走到他們那裡，因而引起了他們的同情，我們反而感到更加快樂。可惜，蘇菲不讓我們這樣做，不准許我們在天氣不好的時候到他們那裡去。我發現，她對我秘密傳授她的做法，就只有這一條她是沒有照著我的話去做。

有一天，他單獨一個人去了，我原來以爲他要到第二天才回來的，可是當天晚上他就回來了；我一邊擁抱他，一邊說：「啊！親愛的愛彌兒，你回來看你的朋友啦！」可是，他不僅不回答我，反而有一點兒生氣似地說：「你不要以爲我是自己願意這麼早就回來的，我是不得已才回來的。她叫我回來，所以，我回來是爲了她而不是爲了你。」一聽到他這樣天眞的說法，我又重新擁抱他，並且向他說：「坦率的人，誠實的朋友啊，關係到我的事情，是隱瞞不了我的。如果說你是爲了她才回來，那麼，你是爲了我才這樣說的。叫你回來的人是她，而使你心地這樣坦白的人是我。你要永遠保持這種高尚坦率的心靈。我們可以讓那些同我們不相干的人愛怎樣說就怎樣說，可是，讓一個朋友認爲我們具有我們本來沒有的美德，那是犯罪的。」

我要盡可能使他不要小看他說話這樣坦率的意義，因爲我發現，他之所以直截了當地說是蘇菲叫他回來的，大部分是出於他對蘇菲的愛，而不是因爲他本來就處事豁達，所以我告訴他說，他不願意說這次回來是出自他自己的主張，是因爲他想把這個功勞歸給蘇菲。他料想不到無意中就在這句話裡向我透露了他的內心：如果愛彌兒慢條斯理、一步一步緩緩地回來，同時，一邊走一邊又在心裡夢想愛情的美景，那麼，他充其量也只能算作是蘇菲的情人；但是，如果他大踏步地匆匆忙忙地跑回來，跑得滿身是汗，那麼，儘管他有點兒生氣，我們也可以看出他的確是算得上門特的朋友。

大家可以看出，由於我們做了這些安排，所以這個年輕人是不可能成天同蘇菲待在一起的，是不可能想去看蘇菲就去看蘇菲的。每個星期頂多只讓去一次或兩次，而且去一次，也只能夠在那裡玩半天，很難得在那裡待到第二天的。他常常盼望看到她，而在見她一次之後，又要花許多時間去甜蜜地回味同她見面的情景，他在這兩方面花的時間比他實際同她見面的時間多得多。即使他去看她，他一來一去花費在路上的時間，也要比同她待在一起的時間多。正是這種眞誠的、純潔的、甜蜜的、想像多於實際的快樂，能夠刺激他對蘇菲的愛情，而又不至於使他變得懦懦弱弱像一個女人的樣子。

在他不去看蘇菲的日子裡，他也並不是懶懶散散地待在家裡不動的。在這些日子裡，他還是原來那個愛彌兒，一點也沒有改變。他經常到附近的田野去，繼續研究他的博物學；他研究當地的土壤、物產和耕作的情形；他把他所見到的耕作方法同他所熟習的方法加以比較，他研究它們之所以不同的原因；當他發現其他的方法比當地的方法好的時候，他就把他所知道的好方法傳授給當地的農民；當他設計了一種樣式更好的犁頭時，他就叫人按照他所繪的圖樣去製作；他發現了泥灰岩，他就把泥灰岩的用處告訴他們，因爲這裡的人還不知道泥灰岩的用處；他經常親自動手去耕作，當地的人都感到驚異，因爲他們看見他用起工具來比他們還用得熟練，看見他在田間翻土比他們翻得深，砌壟比他們砌得直，播種比他們播得匀，管理苗床比他們管理得好*。他們並不嘲笑他談起莊稼活來就瞎吹牛，因爲他們看見他對

*「苗床」一詞的本意，是指沿著向南的牆根砌起來的一排土堆，其作用是使撒在其上的種子可以迅速生長。但是，這個詞也用來指順著田塍堆起來的畦：在種植穀物的時候就需要做這種畦，使水易於流通。畦的高度、寬度和方向，隨土地的土壤性質和位置而有所不同。

莊稼活確實是十分的內行。總之，他對一般重大的公益事情都是很熱心地去做的。不僅如此，他還到農民家裡去拜訪他們，瞭解他們的社會地位和家庭情形，調查他們有多少子女和多少土地，調查他們的產品和銷路，調查他們有哪些權利、有多少負擔和債務等等。他只拿很少的現金去發給他們，因爲他知道他們一般是不善於支配金錢的；即使他把錢給他們了，他也要親自去指導他們怎樣使用。他找工人來幫他們幹活，而且常常是由他給他們償付工人替他們幹活的工資。他幫助這個人修繕半已倒塌的茅屋；他幫助那個人整治因缺乏資金而荒棄的土地；他供給這個人一頭母牛、一匹馬或其他的牲口，以彌補他所受的損失；當兩個鄰居要去打官司的時候，他勸服他們言歸於好；如果一個農民生病了，他便請人去照護他，並且還親自去照顧他⑰。當一個農民受到豪強的鄰居欺凌的時候，他去保護他；當青年男女互相追求的時候，他幫助他們結成夫妻；當一個善良的婦女失去了她親愛的孩子的時候，他去看她和安慰她；他並不是去瞅她一眼就轉身走開的，他一點也不輕視窮人，他願意同受苦的人長久地待在一起；當他去幫助農民的時候，他往往要同那個農民一起吃飯；有些人雖然不需要他的幫助，但他也接受他們的邀請，到他們家裡去作客；他在成爲一些人的恩人和另外一些人的朋友的同時，始終把自己看做是同他

---

⑰ 所謂照顧一個生病的農民，這並不是說替他打掃屋子、給他藥吃和為他請醫生。所有這些，窮苦的人在生病的時候都是不需要的；他們所需要的是比較好和比較豐富的食物。你們在發燒的時候，不吃東西，病就好了；農民在發燒的時候則需要吃東西，需要吃肉，需要喝酒；他們的病差不多都是因為窮困和勞累而得的，所以，他們最好的藥水在你們的酒窖裡，他們最好的藥劑師是你們的屠夫。

們平等的人。總而言之，正如他善於使用他的金錢去幫助他們一樣，他也善於使用他的體力去幫助他們。

他有時候走到那個幸福人家的近旁，希望在一個隱蔽的地方看見蘇菲，看見她散步而自己又不被她看出來。不過，愛彌兒的一舉一動始終是很坦然的，他不會也不願意有越軌的行爲。他這種可愛的天性能夠激勵他的自尊心，對他自己的行爲作公正的見證。不准許他做的事，他就嚴格遵守，絕對不做；他絕不走得太近，絕不想在偶然中得到只有經過蘇菲的許可才能得到的機會。反之，他倒樂於在附近漫遊，尋找他的情人走過的足跡，甜蜜地想像她爲了使他感到歡喜，曾經在這條路上花費了許多苦心。在他去看蘇菲的前一天，他就到附近的村莊去訂第二天吃的東西。我們在表面上好像是無意之間向那個方向走去的，好像是偶然走近那個村莊的；我們買到了一些水果、糕點和奶油。考究飲食的蘇菲當然能看出我們在這方面花費了一番心思，她稱讚我們準備得十分周到。我雖然在這方面沒有出多少主意，但她在稱讚的時候也說我有一份功勞；這個女孩子之所以這樣做，是因爲她不好意思直接感謝她的情人。她的父親和我一邊吃點心一邊喝酒，而愛彌兒則同她們在一起，注意地瞧著蘇菲的匙子接觸過哪一個奶油碟子，就急忙把它拿過來自己吃。

提起糕點，我便向愛彌兒談到他從前賽跑的故事。大家都想知道是怎麼一回事情，我把它詳細地敘述了一下，大家都笑了起來，並且問愛彌兒現在還能不能跑。「比以前跑得更快，」他回答道：「要是把賽跑的法子忘記了的話，那太可惜了。」在我們當中有一個人很想看他怎樣一個跑法，可是不敢說出來；另外一個人建議請愛彌兒再跑一次，他接受了這個建議，於是就在附近找了兩、三個年輕小夥子來；我們確定要給一個獎品，並且仿照從前做遊戲的樣子，在終點放一塊點心。每一個人都準備好了，蘇菲的爸爸雙手一拍便發出了起跑的信號。矯捷的愛彌兒像疾風似地跑到了終點，那三個笨手笨腳的年輕人才跑出去幾步路哩。愛彌兒從蘇菲手中接過了獎品，並且像伊尼阿斯⑯那樣慷慨大方地把它分給那幾個跑輸了的人。

正當大家歡歡喜喜慶祝勝利的時候，蘇菲竟大著膽子向勝利的愛彌兒挑戰，說她跑得不比愛彌兒差。他馬上贊成同她比賽一下。當她準備進入跑道的時候，當她把衣服的兩邊捲起來的時候，當她懷著比在賽跑中勝過愛彌兒更急切的心情把一條美麗的腿呈現在愛彌兒眼前的時候，她把她的裙子看了一下，看它是不是夠短，同時悄悄地在她母親的耳朵邊上說了一句話，她的母親微微地笑了一下，並且還做了一個贊成她那麼辦的手勢，她來到她的對手旁邊；起跑的信號剛一發出，大家就看見她像鳥兒似地向前飛跑去了。

婦女們生來就是不善於跑步的，即使她們向前飛奔，那也是可以被人家趕上的。儘管跑步不是婦女們做起來唯一顯得笨拙的事情，然而是她們做起來姿勢唯一難看的事情。她們的兩個胳臂肘緊緊地貼在身子後邊，使我們一看就覺得好笑，而且，她們穿的是高跟鞋，所以跑起來就好像會跑而不會跳的蚱蜢似的。

愛彌兒沒有想到蘇菲比其他的婦女善跑，所以不僅待在起跑的地方動都不願意動一下，並且還帶著

---

⑯ 伊尼阿斯，希臘神話中特洛伊戰爭的著名勇士之一。

輕蔑的微笑看著她跑。但是，蘇菲的腳步很輕快，而且穿的是平底鞋，她是不需要用高跟鞋來使她的腳顯得小巧的；她是那樣迅速地一下子就跑到前面去了，以致在愛彌兒發現她領先那樣遠的時候，他得馬上起跑，否則，他還沒有追上去，這位當今的阿塔蘭特⑰就已經跑到終點了。他立刻像老鷹捕小鳥似地跑去，他趕快追，緊緊地在她腳跟後面跑，最後，終於在她跑得喘不過氣的時候趕上了她，輕輕地用左手去扶著她的腰，把她像一片羽毛似地摟在胸前，一直跑到終點，使她領先到達目標，這時候，他一邊高聲喊道：「蘇菲勝利了！」一邊把一條腿跪下去承認他跑輸了。

除了以上所說的事情以外，我們也到另外的地方去做我們以前所學的手藝活兒。我和愛彌兒每個星期至少要到一個木工師傅家裡去幹一天活，而且，凡是因天氣不好，不能到田間去工作的時候，我們也要到他家裡去幹活。我們不像那些身分比木工師傅高的人那樣，只是到他家裡去做個樣子給人家看，而是誠心誠意地以工人的身分去替他幹活的。蘇菲的父親有一次來看我們的時候，正好看見我們在工作，因此他一回去就十分稱讚地把他所看到的情形告訴他的妻子和女兒。他說：「你們去看一看那個在工廠裡工作的年輕人，你們去看他是不是看不起窮人！」我們可以想像得到蘇菲聽到這一番話心裡是多麼高興。他們反覆地談論這件事情，而且想出其不意地去看他工作的情形。她們問我，而且在表面上裝著是

⑰ 阿塔蘭特，希臘神話中西羅斯王的女兒，以善跑著稱，據說，她立下誓言：誰跑得過她，她就嫁給誰。後來，希波米尼斯同她賽跑，在途中接連扔下三個金蘋果去誘惑她，趁她去拾蘋果，耽誤了時間，終於勝過了她。

隨便問一問似的，把我們去幹活的日期打聽確實以後，母女兩人就坐著一輛馬車到鎮上來看我們了。

一走進工廠，蘇菲就看見那邊有一個身穿背心、頭髮極其散亂的年輕人：他是這樣專心幹他的活兒，以致在她進去的時候，他一點也沒有看見她。她停下來，並且向她的母親做了一個手勢。愛彌兒一手拿鑿子，一手拿榔頭，即將鑿好一個榫眼；鑿好榫眼之後，他又去鋸木板，鋸好之後又用夾子把它夾住，以便把它刨光。蘇菲見到他這種工作的情形，一點也沒有笑；相反地，她很受感動，對他產生敬意。女人啊，妳要尊重妳的主人，他爲妳工作，爲妳掙錢買麵包，這樣的人才算是男人啊！

當她們注意地看他的時候，我便瞧見她們了，我把愛彌兒的袖子拉了一下，他一轉過身來，就看見她們了，於是，扔下工具，一邊高興得叫起來，一邊向她們跑過去。他歡喜一陣之後，就找個地方請她們坐下，然後，他又繼續去幹他的工作。可是蘇菲不能安靜地坐下來，她興奮地站起來，在工廠裡跑來跑去，一會兒看看工具，一會兒又去摸一摸刨光的木板，一會兒又到地上去拾刨花，一會兒又來看我們的手，並且說她喜歡這門手藝，因爲它是十分清潔的。這個活潑的女孩子還學了一下愛彌兒幹活的樣子。她用她白嫩的手拿著一把鉋子去刨木板，鉋子在木板上滑來滑去，就是沒有刨下木花來。我好像是看見了愛神在空中一邊飛一邊笑，我好像是聽見了它在歡歡喜喜地叫道：「海格立斯報了他的仇了。」

這時候，蘇菲的母親去問那位木工師傅：「師傅，你一天給他們兩個人多少錢？」「夫人，我每人每天給二十個銅子，另外還管他們的伙食；但是，如果這個年輕人願意的話，他還可以掙更多的錢，因爲他在這裡要算是最好的工人了。」「一天二十個銅子，還管伙食！」蘇菲的母親一邊說，一邊用溫柔的目光看著我們。「是的，夫人。」木工師傅說道。說完這句話，她就跑過去擁抱愛彌兒，流著眼淚緊緊地把他抱在懷裡，接連喊了幾聲：「我的兒子！我的兒子！」

她和我們談了一陣話（但沒有耽誤我們的工作）之後，就向她的女兒說道：「我們回去罷，時間已經不早了，不要讓家裡的人等我們。」說完之後，她又走到愛彌兒的身邊，輕輕地摸著他的臉兒說道：「啊！出色的工人，你願不願意跟我們一塊兒回去？」他很難過地回答道：「我跟這個師傅訂了合同，所以妳要去問一問他。」她去問師傅是不是可以讓我們走，師傅回答說不可以。「我們的活兒很緊迫，後天就得完工。由於我信任這兩位先生，所以我謝絕了許多前來找工作的工人；如果沒有他們這兩個人，我現在就找不到另外的工人來代替，因此我就不能按期交貨。」蘇菲的母親一句話也沒有說，她等著瞧愛彌兒怎樣講法。愛彌兒把頭低下去，一句話也沒有講。這種沈默的樣子使她有點兒感到吃驚，她說：「先生，你怎麼不講話呢？」愛彌兒用溫柔的目光看著她的女兒，只簡簡單單地說道：「你們看，我必須留在這裡幹活。」一聽到這句話，她們轉過身就走了。愛彌兒陪著她們走到門口，目送她們一直到看不見的時候，才嘆了一口氣，一言不發地繼續去幹他的活兒。

在回家的路上，蘇菲的母親因爲對愛彌兒回答她的話感到有點不痛快，便和她的女兒談起他這一次爲什麼這樣古怪。「怎麼，」她說：「難道說木工師傅就那樣難於對付，不留下來就不行嗎？還有，愛彌兒本來是很大方的，在不必要的時候尚且不吝惜金錢，怎麼在該花錢的時候反而捨不得花了呢？」「啊，媽媽！」蘇菲回答道：「謝謝上帝，愛彌兒並不那麼相信金錢的魔力，所以他不願意利用金錢去破壞他個人的信約，不願意依靠金錢的力量使他自己和另外一個人都同時違背各自的諾言！我知道，他是可以花點錢去彌補那個師傅因他們離開而受到的輕微損失；但如果他這樣做了，他就會使他的靈魂變成財富的奴隸，他就會常常用金錢去代替他應當履行的義務，他就會認爲只要花錢，什麼事情都可以辦得到。愛彌兒絕不會抱這種想法的。我希望他不要因爲我而改變了他原來的想法。妳以爲他留在那裡是沒有意義的嗎？媽媽，你不要搞錯了，他是爲了我才留在那裡繼續工作的，這一點，我在他眼睛的表情裡看得很清楚。」

這並不是說，蘇菲對別人是不是眞正愛她，是看得無所謂的；恰恰相反，她在愛情上是要求得極其嚴格的；她寧可不爲任何一個人所愛，也不願意被一個人半心半意地愛。她對她自己的美德有一種高貴的驕傲感，她認爲而且也希望別人對她的德行給予應得的尊重。要是一個人意識不到她的美德的價値，要是他不像愛她的美色那樣愛，而且加倍地愛她的美德，要是他不知道他應當首先盡他應盡的義務然後才去愛她，要是他不知道他愛她應當勝於愛其他一切的東西，那麼，她是看不起這樣一個人的。她並不希望得到一個完全按她的意志辦事的情人，但是她希望駕馭一個不因爲她而損壞其本身優點的男子。西爾塞把尤利西斯的同伴敗壞成下賤的痞子以後，就通通加以鄙棄，而唯一無二地委身於她無法敗壞的尤利西斯[18]。

除了這個神聖不可侵犯的權利以外，蘇菲對所有一切的權利也是極端重視的。她暗中窺察愛彌兒是不是眞誠地尊重她的權利，是不是熱心熱腸地照她的心意去做，是不是善於猜測她的心，是不是準確無

[18] 事見荷馬史詩《奧德賽》。在希臘軍攻陷特洛伊後，尤利西斯於回國途中，遇到女妖西爾賽用魔法把他的夥伴們變成了豬，但只有尤利西斯不為她的魔法所動，是她無法改變的。

誤地按她規定的時間到她那裡去，她既不希望他去得太晚，也不希望他去得太早，她希望他準時到達她那裡。去得太早，這表明愛彌兒是爲他自己而不是爲她；去得太晚，這表明他對她蠻不在乎。對蘇菲蠻不在乎！只要對她有一次蠻不在乎，就不用想再來第二次。即使她的懷疑沒有根據，那也會把整個的希望一筆勾銷的；不過，蘇菲是很公正的，她一發現她做錯了，她就會想辦法彌補她的過失。

有一天黃昏，他們在等我們到他們那裡去，愛彌兒是已經接到了命令。他們到路上來迎接我們，可是我們沒有去。出了什麼事情嗎？遇到了什麼意外嗎？怎麼沒有人給他們送個信去！他們等我們一直等到天黑。可憐的蘇菲以爲我們死了，她感到傷心，感到難過，她哭了整整的一個夜晚。當天晚上他們派了一個人來探問我們，並且叫他第二天早晨把我們的消息帶回去。我們也派了一個人同那個人一起去，替我們說明我們的歉意，並且告訴他們說我們的身體都很平安。過了一會兒，我們也親自到他們那裡去了。這時候，他們的心才放下來，蘇菲擦乾眼淚，或者，如果說她還在哭的話，那是因爲她很不高興才哭的。我們還活著，固然是使她放下了心，但是，她高傲的心並沒有因此而消失不愉快的感覺，因爲愛彌兒雖然活著，可是叫她白白地等了一個夜晚。

當我們到達的時候，她就想回到她的房間去。她的父母叫她不要走，於是她只好留下來；但是，她立刻打定主意，假裝一副鎮靜和滿意的神情來騙過大家的眼睛。她的父親來迎接我們，並且向我們說：「你們使我們等得好苦啊，在這個屋子裡，有一兩個人是不會輕易就原諒你們的。」「誰呀，爸爸？」蘇菲說道，儘量裝出一副泰然自若的笑臉。「只要沒有說妳，關妳什麼事？」她的爸爸回答道。蘇菲沒有爭辯，埋著頭繼續幹她的活兒。她的母親很冷淡但有禮貌地接待我們。愛彌兒覺得很難爲情，不敢走近蘇菲。她先向他說話，問他身體好不好，並且請他坐；她表面的樣子假裝得那樣好，以致這個還聽不懂憤怒語言的年輕人簡直被她這種表面上冷靜的樣子騙過了，而且幾乎要怪自己做得不對。

爲了使他不繼續蒙在鼓裡，我走過去抓著蘇菲的手，像往常那樣拿到嘴唇邊去親吻，她突然一下把手縮回去，並且用一種極其特別的聲音叫了一聲「先生」，於是，這無意之間流露出來的態度才立刻使愛彌兒明白了她眞正的心情。

至於蘇菲本人，由於她發現她眞實的心情已經曝露，便索性不再是那樣克制自己的情感了。她表面上的冷靜態度也變成一種帶譏諷的樣子了。無論你向她說什麼，她都只慢吞吞地、用疑惑不定的口氣說一、兩個簡單的字眼來回答你，好像是生怕你看不出她在生氣似的。愛彌兒嚇得半死，懷著很痛苦的心情看著她，竭力想使蘇菲把眼睛轉過去望他，以便看出她內心的眞正情感。蘇菲對他這種冒失的做法更感到生氣，就看了他一眼，這一看就打掉了愛彌兒想再看她第二眼的念頭了。幸虧愛彌兒因爲嚇得發抖，所以才沒有大著膽子正眼看她和向她說話；因爲，即使他沒有做什麼錯事，但要是他看見她生氣的時候也鑾不在乎、談笑自若的話，她也許永遠不會原諒他的。

我認爲，現在是我應該出來講話，應該做一番解釋的時候了，因此，我又走到蘇菲的身邊。我拉著她的手，這一次她沒有把手縮回去，因爲她快要暈倒了。我用很溫柔的語氣向她說道：「親愛的蘇菲，我們的心裡是很難過的；不過，妳是一個非常明白事理的人，妳在沒有聽到我們講一講這次事情的經過以前，不要就斷定我們是做錯了；現在，請妳聽我說一說昨天的經過。」她沒有吭聲，跟著，我就說道：

「我們昨天是四點鐘出發的，儘管規定我們到達的時間是七點鐘，但我們總是提前動身，以便在快要到達這裡以前略事休息。當我們走了三分之二路程的時候，突然間聽到離我們不遠的山谷裡傳來了痛苦的叫聲，我們向那個地方跑去，發現一個可憐的農民因爲從城裡回來喝醉了酒，從馬上摔下來，跌斷了大腿。我們叫喊，請人來幫助，然而喊了一陣也沒有人回答，我們只好試著再把他扶上馬去，可是沒有成功，因爲稍稍動一下，那個人就痛得受不了。於是，我們決定把馬拴在林中一個僻靜的地方，然後用我們兩個人的胳臂交叉地搭成一個擔架，把他抬起來，按照他所指的方向和道路，儘量穩妥地把他抬回家去。路很遠，我們在路上休息了好幾次。我們終於走到了，但身體已經是十分的疲乏；我們極其吃驚地發現，這個農民的家我們是去過的，我們費了許多氣力抬回去的這個人，正是在我們第一次到這裡來的那一天曾經熱情地招待過我們的那個農民。不過，由於一路上弄得手忙腳亂，所以一直到走到了他的家，才把他認出來。」

「他家裡只有兩個小孩子。他的妻子不久就要生第三個孩子了，由於在看見我們把他抬回去的時候吃了一驚，所以幾個小時以後她便生了。在一個孤孤單單的茅屋裡，遇到這種情況的時候沒有人來幫助，怎麼辦呢？愛彌兒出了一個主意：他去把我們拴在樹林中的馬牽出來，他騎上馬去，飛也似地跑到城裡去找醫生。他把馬給醫生騎。由於他不能及時找到一個看護，所以在他派人給妳送信來以後，就和一個僕人又走回那個農民的家；妳可以想像得到，要照管一個斷了腿的男子和一個生孩子的女人，我是很忙的，凡是我認爲他們兩個人需用的東西，我都要替他們做好準備。」

「其他的細節我就不談了，因爲它們同我們的事情沒有關係。我們一刻不停地一直忙到半夜兩點鐘。最後，在天亮以前我們才來到附近的一個屋子裡，等你們醒了以後，把我們經過的情形告訴你們。」

我說到這裡就停止了，就不再多說了。這時候，誰都沒有說話；愛彌兒走到他的情人的身邊，提高嗓門，以我料想不到的一種堅定的語氣說道：「蘇菲，妳是我的命運的主宰，這一點妳是很清楚的。妳可以使我傷心而死，但是妳不可能使我忘掉仁愛的權利；我認爲，這種權利比妳的權利是更加神聖的；我絕不能夠因爲妳就把這種權利完全拋棄了。」

一聽到這些話，蘇菲就站了起來，一聲不響地用一隻胳臂去摟著愛彌兒的頸項，並且在他的臉上吻了一下；吻完以後，便用一種無法形容的溫雅姿態向他伸出一隻手去，向他說道：「愛彌兒，握著這隻手，它是屬於你的。你什麼時候願意，你什麼時候就可以做我的丈夫和我的主人，我要盡我的力量來享受這個榮譽。」

在她剛一親吻愛彌兒的時候，那位樂得心花怒放的父親便拍手叫道：「再吻一次，再吻一次！」而蘇菲也果眞不慌不忙地又在愛彌兒的臉上吻了兩下；然而，也就是在她吻他的同時，她對她剛才所作的舉動感到吃驚，因此便撲在她母親的身上，把羞得通紅的臉兒藏在她母親的懷裡。

大夥兒在當時的喜悅心情，我在這裡就不描寫了，因爲這是我們可以想像得到的。飯罷以後，蘇菲便想去看一看那兩個生病的人，她問我們到那裡去有多少路程。蘇菲想去看他們，這當然是一件好事情。我們到達那個農民的家裡，發現他們兩個人分躺在兩張床上（因爲愛彌兒派人去搬了一張床來），我們看到有些人在照顧他們，這些人也是愛彌兒請來的。但除此以外，他們兩個人的床上的東西都很零亂，以致使他們既生病，又睡得不舒服。蘇菲圍上一條女傭人的圍裙，便去整理那個農婦的床，隨後又去整理那個男子的床；由於她靈巧的手摸得出哪些東西將刺痛他們的身體，所以她能夠把他們的床舖墊得很軟和，使之適合於他們疼痛的身軀。這兩個病人一看見她去，已經是感到很大的安慰了，大家都說她能夠估計得到哪些東西將使那兩個病人感到不舒服。本來是極其嬌氣的這個女孩子，現在既不嫌髒，也不嫌臭；她既不要人家幫忙，也沒有打擾那兩個病人，一會兒工夫就把屋子收拾得乾乾淨淨，沒有臭氣。平常大家都覺得她是十分害羞，而且有時候還顯得十分倨傲；她，在世界上連指尖兒都沒有接觸過男人的床，現在竟毫不遲疑地去扶起那個受傷的男子，替他換包傷口的布，使他睡得更舒服，能夠多睡一會兒。慈善的心腸勝過了害羞的心。無論她做什麼事情，她的動作都是極其輕巧和敏捷的，所以把病人的痛苦減輕了，病人還沒有看見她摸著他們的身子哩。那個農民和他的妻子都異口同聲地祝福這個來幫助、同情和安慰他們的可愛女子。她是上帝給他們派來的天使，她具有天使的容貌和風度，她具有天使的溫存和善良的心。愛彌兒悄悄地看著她，內心十分地感動。男人啊，你要愛你的伴侶，因爲上帝之所以把她賜給你，是爲了在你痛苦的時候由她來安慰你，在你生病的時候由她來照護你，這樣的女人才算是妻子。

大家給新生的嬰兒施洗禮。這兩個情人把嬰兒抱到洗禮盆裡的時候，內心都在急切地盼望他們不久也將有自己的嬰兒。他們祈求他們期望的時刻早日到來，而且認爲這個時刻已經到來。蘇菲心中的一切疑慮已完全消失，可是這時候我的疑慮反而產生了。他們還沒有達到他們所想像的那樣好的程度，每一個人都有他產生疑慮的時候。

他們有兩天沒有見面了，第三天早晨，我手裡拿著一封信走進愛彌兒的房間，我兩隻眼睛緊緊地盯著問他：「如果有人來告訴說蘇菲死了，你怎麼辦？」他大叫一聲，把手一拍，站了起來，一言不發地用茫然的目光看著我。「你回答我怎麼辦？」我仍然是那樣沈著地問道。他對我這種冷靜的樣子感到生氣，他向我走過來，眼睛裡冒出了憤怒的火焰，並且擺出一副嚇人的姿勢站在那裡說：「怎麼辦？……我不知道；不過，我要說明的是，誰把這個消息告訴我，我這一生就永遠不再見他。」「你放心吧，」我微笑地回答道：「她活著，她身體很好，她在想念你，而且還在等我們今天晚上到他們那裡去哩。現在，讓我們出去散一會兒步，聊一聊天。」

他心中充滿了情欲，所以不可能再像從前那樣同我談純粹理性的問題，因此，我必須利用他這種情欲的本身去引起他對我給他的教訓加以注意。我之所以要在我們談話之前向他提出這樣一個可怕的問題，其原因就在於此。我深深相信，他現在可以傾聽我向他講的話了。

「我們應當生活得很幸福，親愛的愛彌兒，這是一切有感覺的人的最終目的，這是大自然使我們懷抱的第一個欲望，而且也是我們永遠也不會放棄的唯一願望。但是，幸福在什麼地方？誰知道它在哪裡？每一個人都在尋找它，可是就沒有一個人找得到它。我們用一生的時間去追求它，一直到死的時候也得不到它。我的年輕朋友，當你出生的時候，我把你抱在手裡，憑至高的上帝爲證，我大膽地許下諾言：我要以我畢生的精力爲你謀求幸福。我對我自己承擔的工作是不是充分瞭解呢？不瞭解，我只知道我使你幸福了，我自己也就得到了幸福。在爲你追求幸福的同時，我要使我們兩個人都共同來承擔這個工作。」

「當我們不知道我們應當做什麼事情的時候，最聰明的辦法就是什麼事情也不做。在一切格言中，這是對人最有用處的格言，同時也是人們最最難於奉行的格言。如果你還不知道幸福在什麼地方就去追求幸福，那就會愈追愈遠，就會走多少道路便遇多少危險。但是，並不是所有的人都知道這種無所爲然後才有所爲的辦法。當一個人懷著滿腔熱情，急於得到幸福的時候，他是寧可在尋求的過程中走錯道路，也不願意爲了尋求幸福而待在那裡一點事情也不做；然而，只要我們一離開我們有可能發現它的地方，我們就再也不能夠回到那個地方去了。」

「正因爲我對我承擔的工作不十分瞭解，所以我要儘量避免在這方面發生錯誤。在教育你的過程中，我下定決心不走一步彎路，同時也防止你去走彎路。我按照自然的道路前進，以便它給我指出通往幸福的道路。我最後發現，自然的道路就是幸福的道路，我們已經在不知不覺中按照這條道路前進了。」

「你要做我的見證，做我的裁判，我絕不反對你所作的判斷。你出生的頭幾年並沒有白白地浪費，它們對你以後的年歲是有益處的；你享受了大自然賦予你的一切美好的禮物。在大自然使你遭受疾病的時候，我保護著你不受疾病的危害，而你所遭受的疾病都有助於你的身體，使它能夠忍受其他的疾病。你之所以要經歷那些疾病，其目的在於使你能夠避免更大的疾病。你沒有經歷過仇恨和奴役的事情。你過著自由和快樂的生活，你保持了公正和善良的人品，因爲痛苦和邪惡是分不開的，而一個人是只有在他過著痛苦的生活的時候才會變成壞人。但願你能夠把童年的記憶一直保持到你的晚年！我深深相信，你那顆善良的心在回憶童年的時候，一定會祝福那隻在你童年時期教育過你的手。」

「當你長到明白事理的年歲時，我保護著你不受人們偏見的影響；當你的心變得能感受情感的時候，我保護著你不受欲念的支配。如果我能夠把這種內心的寧靜延長到你生命結束的時候，我的事業的成績就有了保證，而你也就可以得到一個人可能獲得的最大幸福；可是，親愛的愛彌兒，我徒然把你的心靈放在冥河的水裡去浸過，我沒有使它能夠堅強到可以抵抗一切力量的襲擊；你現在遇到了一個你不知道怎樣去戰勝的新敵人，而我也不知道要怎樣才能把你從這個敵人的手中挽救出來。這個敵人就是你自己。大自然和命運讓你過著無拘無束的自由生活。你能夠忍受貧窮，你能夠忍受肉體的痛苦，至於精神上的痛苦，你是從來沒有遇到過的，那時候，你一切都取決於你這個人，而現在，你一切都取決於你所迷戀的事物，完全以它們爲轉移；在你開始產生欲念的同時，你使你自己也變成了你欲念的奴隸。儘管沒有任何東西來侵犯你，儘管你身體上沒有發生任何的變化，然而你的心靈可以產生無限的哀傷！你沒有生病也將感到巨大的痛苦！你沒有死也覺得自己是死了千百次！或者是誰造了一個謠言，或者是誰弄錯了一件事情，或者是誰產生了一個懷疑，都將使你感到灰心喪氣。」

「在戲院裡，你看到戲臺上的英雄像痛斷肝腸似地號啕大哭，使整個的戲院也迴響著他們的哭聲；他們像婦人似地咽咽哀鳴，像小孩似地哭出了眼淚，從而贏得了觀衆的掌聲。你可記得：你本來是想看到那些人表現出堅定果斷的行爲的，然而一看到他們訴苦訴怨、哭哭啼啼的樣子，你說他們是多麼可恥啊。『怎麼！』你以輕蔑的語氣說道：『這就是人們要我們學習的榜樣，要我們仿效的模範！他們要把人類的弱點蒙上虛假美德的外衣來加以吹噓，是不是他們認爲人類還不夠渺小，不夠可憐，不夠軟弱嗎？』我的年輕朋友，你從今以後要對戲臺上的人物表示寬容，因爲你現在已經變成了這種人物當中的一個了。」

「你不害怕痛苦和死亡。當你肉體上遭遇痛苦的時候，你能夠忍耐需要法則的制約，但是你還沒有做到用法則去約束你心中的貪欲；我們一生中之所以有許多煩惱，正是由於我們有所愛好而不是由於我們有所需要。我們的欲望愈增加，我們的力量就幾乎要等於零了。一個人按他的欲望來說，他必須要依賴千百種事物，而按他本身來說，他對任何事物都是不需要依靠的，甚至可以不依靠他自己的生命；可是，如果他喜愛的東西愈多，他的痛苦就必然會愈益增加。世界上的一切都有一個完結的時候，我們所喜愛的東西早晚是會失去的，然而我們卻緊緊地依戀著它們，好像它們要永遠存在似的。一想到蘇菲死了，你爲什麼就那樣害怕？難道說你以爲她會長生不死嗎？有一些像她那樣年紀的人不也是死了嗎？她終歸是要死的，我的孩子，也許還會比你先死咧。誰知道她在此刻是不是還活著？大自然只不過是要你死一次，而你自己卻要你再死一次，你現在的做法是會使你死兩次的。」

「你成了你自己放縱欲念的奴隸，這是多麼可憐啊！你經常在感到空虛，經常在患得患失，經常在驚惶恐懼，甚至連讓你享受的自由，你也不能享受。你什麼也捨不得犧牲，結果你是什麼也得不到。由於你一心追逐你的欲念，結果你是永遠也不能夠滿足你的欲念。你時時想心靈保持平靜，然而你的心靈卻一時一刻也得不到平靜；你將成爲一個可憐的人，你將成爲一個壞人。像你這樣使一切都屈從於你的欲念，你怎能不成爲壞人呢？如果你不能夠忍受迫不得已的窮困，你又怎能自覺自願地拋棄你已經占有的東西呢？你又怎能爲了履行你的天職而犧牲你的愛好，爲了聽從理智而反抗你的欲念呢？你說，誰要是來告訴你說你的情人死了，你就再也不願意看見那個人，既然是這樣，那麼，要是一個人把她從你手中活活地奪去，要是他敢於向你說：『你必須把她看作是已經死去，美好的德行要你和她分離，』你又怎樣對待這個人呢？如果說，不管後果如何，不管蘇菲是不是已經嫁人，不管你是不是已經結婚，不管她是愛你還是恨你，不管她的父母是把她許配給你還是不許配給你，不管怎樣你都要和她生活在一起，那麼，這是你的志願，你可以不計代價地占有她。但是，請你告訴我，要是一個人心中想做什麼就做什麼，要是他一點也不抵抗他自己的貪欲，他還有什麼罪惡的事情做不出來呢？」

「我的孩子，沒有勇氣就得不到幸福，不經過鬥爭就不能完成德行。『德行』這個詞就是從『力量』這個詞產生出來的，力量是一切德行的基礎。一個力量微弱的人之所以能夠實踐德行，固然是由於他的天性，但必須憑藉他的意志，他才能堅決果斷地去完成；正直的人們之所以能夠贏得我們的稱譽，其原因就在於此；儘管我們說上帝是善良的，但我們不說他是有德行的，因爲他做善良的行爲是不需要經過一番努力的。這樣一句如此褻瀆上帝的話，我一直等到你具有理解的能力時才告訴你*。當我們不花什麼代價就能夠完成德行的時候，我們是不需要對它作一番認識的。只有在我們的欲念已開始產生，我們才感覺到有認識德行的必要。對你來說，這種時刻已經到來。」

「我在樸實的大自然中把你撫養起來，在這段期間，我一方面沒有向你講述那些難以履行的天職，

* 「看來，德行這個詞就含有困難和鬥爭的意思，沒有果敢的心是不能夠完成的。也許就是因為這個緣故，我們才說上帝是善良的，是威嚴、自由和正直的，而不說他是有德行的。上帝的行為是十分的天真，是用不著費什麼力量的。」蒙台涅：《論文集》，第二卷，第十一章。

另一方面我還保護著你不受惡習的浸染，以免使你感覺到履行天職是一件很困難的事情；我使你認爲種種謊言是無益的，但不是可恨的；我很少教導你像重視你自己的權利那樣重視他人的權利；我已經使你成爲一個善良的人，但尚未使你成爲有德行的人。但是，一個善良的人是只有在他願意做善良的人的時候，他才能夠保持他的善良，因爲在人類欲念的衝擊之下，他善良的心會被破壞和消失。一個善良的人只不過是就他自己來說是一個好人罷了。」

「要怎樣才算是一個有德行的人呢？一個有德行的人是能夠克制他的感情的，因爲，要這樣，他才能服從他的理智和他的良心，並且能履行他的天職，能嚴守他做人的本分，不因任何緣故而背離他的本分。到現在爲止，你只不過在表面上是自由的，正如一個奴隸一樣，只不過因爲主人沒有使喚而享受暫時的自由罷了。現在，你應當取得實際的自由，你要學會怎樣做自己的主人，指揮你自己的心，啊，愛彌兒，要這樣你才能成爲一個有德行的人。」

「所以，你還需要再刻苦學習一個時期，這次學習的內容比你以前所學的東西要困難得多，因爲，大自然可以替我們解除它強加在我們身上的痛苦，或者教導我們怎樣忍受那些痛苦，但是，它從來沒有說過它可以解除我們自己造成的痛苦，它將拋棄我們，讓我們做我們自己欲念的犧牲品，讓我們去遭受我們無謂的煩惱折磨，讓我們拿我們本來是應該覺得可羞的眼淚來誇耀自己。」

「你的第一個欲念現在已經產生，也許這是你應得的唯一欲念。如果你能夠以男人的氣概對它加以控制的話，它也許就會成爲你最後一個欲念，而你也就可以遏制一切其他的欲念，也就可以除了受美德的驅使以外，不再受其他的欲念驅使了。」

「不能把產生這種欲念看作是犯罪的事情，這一點我是很清楚的；它和感受它的心靈是同樣的純潔。它產生於純潔的心地，它受到天眞爛漫的心靈培養。幸福的情人啊，對你們來說，道德的美是必然會增加你們愛情的美；你所期待的甜蜜結合既是你心地善良的報償，也是你忠實於愛情的報償。不過，誠實的人啊，請你告訴我，這個如此純潔的欲念，豈不仍然是支配你一切行動的主人嗎？而你豈不仍然是它的奴隸嗎？如果它明天不再是那樣的純潔了，你能不能夠從明天起就克制住它呢？現在正是試驗你的力量的時候，如果要等到試驗你的力量的時候才試驗的話，那就來不及了。可怕的試驗應該在危險還沒有到來以前早早進行。我們不能臨陣磨刀，我們要在打仗以前做好準備，我們必須把一切都準備好了，才去作戰。」

「把欲念分成可以產生的欲念和禁止產生的欲念，以便自己能夠追逐前一種欲念而克制後一種欲念，這是不對的。任何一種欲念，只要你能夠控制它，它就是好的；如果你讓它使役你，它就會成爲壞的欲念了。大自然不許可我們使我們的愛好超過我們的力量可能達到的範圍，理性不許可我們希望得到我們不可能得到的東西，良心並不是不許可我們受到引誘，而是不許可我們屈服於引誘。產生或不產生欲念，這不取決於我們，但是，能不能夠控制欲念，那就要由我們自己來決定了。所有一切我們能夠加以控制的情感都是合法的，而所有一切反過來控制我們的欲念就是犯罪的。一個人去愛他人的妻子，這並不算是犯罪，如果他能夠使他這個不好的欲念受到天職法則的約束的話；反之，如果他愛他自己的妻子竟愛到不惜犧牲一切去取悅她的話，那就是犯罪了。」

「你不要以爲我會向你講許多囉唆的道德格言，我只向你講一個格言，而這個格言實際上也就包括了所有其他的一切格言。你要做一個人，把你的心約束在你的條件所能許可的範圍。你要研究和瞭解這個範圍，不管這個範圍多麼窄，只要你不超過它，你就不會遇到痛苦；如果你想超過的話，你就必然會遭遇許多不愉快的事情；我們之所以有許多痛苦，正是由於我們毫無節制地追逐我們的欲念；當我們忘記了我們做人的環境，而臆造種種想像的環境，從想像的環境中回到現實環境的時候，我們就會覺得我們的生活是很不幸福的。只有在我們缺少我們有權利占有的東西的時候，我們才值得花力氣去獲取那些東西。如果事情已經很明顯地表明我們不可能得到我們所想望的東西時，我們就應該轉移我們的念頭；當我們的願望沒有實現的希望時，我們就不能因之而感到苦惱。一個乞丐儘管有當國王的願望，但他絕不會因爲這個願望而感到苦惱；一個國王正因爲他認爲自己不僅僅是一個人，所以他才想成爲神。」

「妄自驕傲是我們一切巨大的痛苦根源，所以，對人間的苦難一加沈思，睿智的人就會變得很有節制。他將牢牢地守著他的地位，而不做任何超出他地位的事；他絕不會浪費他的精力去尋求他不可能保持的東西；他將用他全部的精力去享用他確實占有的東西；他絕不會像我們這樣想得到這個又想得到那個，因此他實際上比我們富得多和強得多。在這個世界上，一切都是在變化著，一切都是要成爲過去的，而我也許明天就會從這個世界上消滅，作爲一個終歸要死亡的人，要不要在這個世界上建立一些永久不解的關係呢？啊，愛彌兒，我的兒子！如果我失去了你，我豈不是什麼都沒有了嗎？然而我必須想到我有失去你的可能，因爲，誰知道你什麼時候會被人家從我手中奪去呢？」

「如果你想生活得又快樂又嚴肅，你的心就只能夠去愛那永恆不變的美，你應當按你的條件去限制你的欲望，應當先履行你的天職然後才去滿足你的欲望，你應當把需要的法則也用之於道德的行爲，你應當學會在你失去了你可能失去的東西時怎樣應付，你應當學會在實踐美德的時候，如果必要的話，怎樣拋棄一切的東西，怎樣應付各種事變，怎樣轉移你的心，使它不受事變的摧殘，怎樣鼓起勇氣應付逆境，以便使你永遠不會落到悲慘的境地，怎樣堅定地履行你的天職，從而使你永遠也不會做犯罪的行爲。這樣一來，儘管你的命運作祟，你也會生活得很愉快；儘管你的欲念叢生，你也會生活得很嚴肅。你將發現即使你所占有的東西是容易喪失的，你也會從中享受到極大的快樂，而不會有任何忐忑不安的心理；是你占有它們，而不是它們占有你；你將認識到，對人來說，一切東西都是有失去的一天，所以要捨得犧牲，才能夠得到享受。的確，這樣一來，你就不會幻想什麼虛假的快樂，從而也就不會嚐到從虛假的快樂中產生的痛苦。這樣一轉變，將使你獲益匪淺，因爲這些痛苦是經常和實際的，而快樂則是很稀罕的，是空的。你不僅將打破許多騙人的偏見，而且還將打破認爲生命有了不起價值的說法。你可以毫無憂慮地享受你的生命，你可以毫無恐懼地結束你的生命，你可以像捨棄一切東西似地捨棄它。其他的人因爲害怕得不得了，所以認爲一沒有生命就停止存在了；可是你，由於你深知生命是可有可無的東西，所以你將認爲在離開生命的時候才眞正地開始生活哩。死亡對惡人來說是生命的結束，然而對正直的人來說卻是生命的開始。」

愛彌兒很專心地聽著我，但也時而流露出不安的表情。他擔心我先把這一段話說完之後，便跟著做出可怕的結論。他料想，我在向他講述爲什麼一定要鍛鍊心靈的力量以後，便要使他去受這種嚴格的鍛鍊；正如一個受了創傷的人，一看見外科醫生走來便打哆嗦一樣，他感覺到那極其厲害，然而是治人疾病和使人免於腐敗的手，已經接觸到他的創傷了。

由於他感到疑惑，感到不安，急於想知道我將做出什麼結論，因此，他不但不回答我，反而問我，而且在問我的時候是顯得有一點兒害怕似的。「怎麼辦呢？」他戰戰兢兢地問道，連眼睛都不敢抬起來看我。「怎麼辦？」我以堅定的語氣回答道：「應該離開蘇菲。」「你說什麼？」他氣衝衝地叫道：「離開蘇菲！離開她，欺騙她，要我成爲一個背信棄義的人，成爲一個壞人，一個發假誓的人！……」「怎麼！」我打斷他的話說道：「愛彌兒，你以爲我要你去做這種人嗎？」「不，」他仍然以激烈的語氣說道：「你不會這樣，別人也不會這樣；即使你這樣做，我也能夠保持你對我的教育，絕不會成爲這種人的。」

我早就料到他會這樣突然生氣的，所以我做出蠻不在意的樣子，讓他生氣。如果我沒有這種我再三教導他的鎮靜態度，我又怎能反覆地教導他做事鎮靜！愛彌兒對我是極其瞭解的，所以他相信我絕不會叫他去做任何壞事，但是，就他所瞭解的「壞事」這個詞的意思來說，離開蘇菲就是一件壞事，因此，他等待著看我怎樣解釋。於是我又繼續說道：

「親愛的愛彌兒，你相不相信有人（不管他是什麼身分的人）比你這三個月來的生活過得更快樂？如果你相信的話，你便應該拋掉這種錯誤的想法。在領略生命的樂趣以前，你已經把生命的快樂享受盡了，除了你這三個月中經歷的樂趣以外，就再沒有什麼可享受的了。感官的享受是瞬息即過的，內心的習慣始終是要忘掉它們的。你在希望中享受到的樂趣，比你將來實際享受的樂趣要大得多。想像力給你所想望的東西披上了美麗的外衣，但是，等到你得到那個東西的時候，它就會把外衣取走的。除了自在的上帝以外，便只有不存在的東西才眞正是美的。如果這種狀況能夠長久持續的話，你也許就找到了至高的幸福了。但是，所有一切屬於人的東西都是要衰老的；在人生中，一切都是要完結的，一切都是暫時的。如果使我們感到快樂的環境無止境地存在下去的話，則我們將因對它享受慣了，而領略不到它的趣味了。如果外界的事物一點都不改變，我們的心就會變；不是幸福離開我們，就是我們離開幸福。」

「在你迷迷醉醉的日子裡，時光悄然地過去了。夏天已過，冬天即將到來。即使我們的體力許可我們在如此酷熱的季節繼續去看他們，他們也是不同意的。不管我們願不願意，我們都必須改變我們的生活方式，目前這種生活方式是不能長久下去的。我從你焦急的目光中看出，要改變這種方式是不困難的，因爲憑著蘇菲的誓言和你自己的願望就可以很容易地想一個辦法躲避大雪，不再到他們那裡去看她。臨時的措施當然很好，但當春天到來，大雪一融化，就只好結婚了；所以我們應當考慮一個一年四季都適用的辦法才行。」

「你想和蘇菲結婚，可是你認識她還不到五個月！你之所以想娶她，不是由於她和你相配，而是由於她使你感到喜歡；難道說你愛她就保證她和你是相配的，難道說最初是彼此相愛的人以後就不會變得彼此相恨！她是一個很有品德的人，這一點我是知道的。一個人光是有品德就行了嗎？兩個人都爲人誠實就算是兩個人相配了嗎？我擔心的不是她的品德而是她的性情。一個女人的性情哪裡是一天就可以看出來的？你知不知道要在多少種情況下觀察才能把她的脾氣觀察得透徹？四個月的愛情就能保證你會愛她一輩子嗎？也許離開兩個月你就會把她忘得一乾二淨的，也許你一離開，馬上就會遇到一個人把她從你的心中完全排除的。也許你回來的時候，你將發現她對你冷冷淡淡，其情形恰和她現在對你親親熱熱的樣子形成對照。感情和她的品德是不相干的，她也許依然是那樣的誠實，但她已經不愛你了。我相信她將來必然是同樣的忠貞，但是不經過一番考驗，誰敢向你擔保她仍然愛你？反過來，誰又敢向她擔保你仍然愛她？你要等到已經用不著考驗的時候才去考驗嗎？你想等到你們兩個人已經不可能分離的時候才互相瞭解對方的眞正性情嗎？」

「蘇菲還不到十八歲，而你也剛剛才滿二十歲，這是戀愛的時候，但不是結婚的時候。在這樣的年齡就想做父親和母親啦！啊！要想把孩子們撫育好，至低限度你自己就不能是孩子。你知不知道有多少年輕的女人因爲還不到年齡就生男育女而敗壞了身體和縮短了壽命？你知不知道有多少孩子因爲母親的身體不好而長得很瘦弱？如果母親和孩子都同時發育，如果把身體發育所需要的一份養料分給兩個人，結果母親和孩子都得不到大自然所定的份額，兩個人豈不是都長得不好嗎？如果我對愛彌兒的認識不錯的話，他就會寧可晚一些結婚，娶一個健壯的妻子和養育健壯的子女，而不願意爲了滿足自己急切的欲望就犧牲他們的生命和健康。」

「現在來談一談你自己。你急於想做丈夫和做父親，可是你考慮過做丈夫和做父親的人有哪些責任嗎？當你成爲一家之長的時候，你也就成爲國家的一個成員了。怎樣才是國家的一個成員呢？這一點你知不知道？你研究過做人的責任，可是做公民的責任你知不知道呢？你知不知道什麼叫政府、法律和祖國？你知不知道你要花多大的代價才能夠生活？你知不知道你應當爲誰而死？你以爲你什麼都懂得了，而實際上你是一點都不懂的。在占有社會秩序中的一個席位以前，你應當研究和瞭解什麼地位最適合於你。」

「愛彌兒，你應當離開蘇菲，我的意思並不是叫你拋棄她。如果你能夠離開她，不同她結婚，對她來說，那是太好了。你現在要離開她，以便在回來的時候更適於做她的丈夫。你不要以爲你已經配得上娶她了。啊！你還有許多必須做的事情沒有做咧！你要去完成那高尙的使命，你要學會忍受離別的痛苦，你要去獲取忠貞的報償，以便在回來的時候，使你有能夠體面地同她在一起的權利，能夠不需要她的恩賜而是直截了當地要她報答你，答應你的求婚。」

由於這個年輕人還沒有經歷過自我爭鬥，還不習慣於用意志去克制欲望，所以很不服氣，他表示反對，他同我進行爭論。即將到手的幸福爲什麼不要呢？她願意嫁給他，而他不娶她，這是不是意味著他看不起她？爲了要學習他應當知道的東西，爲什麼就一定要遠遠地離開她呢？即使說非離開她不可，爲什麼又不讓他等到他和她已經結成了不可分解的關係，有了保證之後才離開呢？總之，他的意思是：等他做了她的丈夫之後，他才願意跟著我走；等他們結了婚之後，他才能夠放心地離開她……「正是爲了要離開她，所以才必須先和她結婚，親愛的愛彌兒！你這種想法是多麼矛盾啊！要是一個男子在他的情婦不在身邊的時候也照樣能夠生活的話，這個人的確是值得我們稱讚的；然而，一個做丈夫的人就不應當在沒有必要的時候離開他的妻子了。你不要狐疑不定，我已經看出，你這樣並不是出自本心的，你應當大著膽子去告訴蘇菲說你不能不離開她。好了！鼓起勇氣來，你既然是不服從理性，那你就要聽從另外一個導師。你還沒有忘記你同我所訂的信約。愛彌兒，你必須要離開蘇菲，我要你這樣做。」

聽完了我所說的這些話，他低著頭默默地想了一會兒，然後，抬起頭來，用很堅定的語氣問我：「我們什麼時候走？」「一個星期以後，」我回答道：「必須使蘇菲對我們的走在思想上有一個準備。女人是比較軟弱的，我們應當對她們做一番安排；對你來說，這一次走是必不可免的，然而對她來說就不是這樣了，所以我們應該原諒她不能夠像你這樣以巨大的勇氣來對待這件事情。」

我很想把這兩個年輕人的愛情故事繼續講下去，一直講到他們分別的那一天為止；不過，我花費各位讀者的時間已經是夠多的了，因此，讓我們長話短說，把他們的故事在這裡告一結束。愛彌兒敢不敢像他剛才向他的朋友那樣向他的情人表示堅決的態度呢？在我看來，他是敢的；他之所以能夠這樣堅決，正是由於他對蘇菲的愛情是十分的眞誠。如果他不花什麼代價就可以離開她的話，他反而會不好意思去向她說的；他以罪人的身分離開她，對一個心地誠實的人來說，這個角色總是很難承擔的，因此，他的犧牲愈大，則他在使他去遭遇犧牲的人的眼中看來便愈值得尊敬。他並不害怕她對他離開她的動機發生誤解。他每看她一眼，就好像在對她說：「蘇菲呀，妳要瞭解我的心，妳要忠實於妳的愛情；妳的情人並不是一個沒有品德的人。」

至於自尊的蘇菲，她是竭力以穩重的態度來對待這突然的打擊，她盡可能表現得無所謂似的。但是，如同愛彌兒一樣，由於她沒有爭鬥和勝利的經驗，所以她堅定的樣子不久就軟下來了。她情不自禁地時常哭泣和戰慄，她害怕愛彌兒會把她忘掉，因此，對這次分離更加感到傷心。她不當著她的情人哭，她從來不向他表示她的擔心；她在他面前盡可能克制她的情感，甚至連氣都不嘆一口；她的眼淚是向我流的，她的苦是向我訴的，她是把我當做她的知心的。婦女們是很聰明和善於偽裝。她愈是暗中在抱怨我的專制做法，她愈是對我表現得很殷勤，她知道她的命運是掌握在我的手裡。

我安慰她，我竭力使她放心，我向她擔保她的情人，或者說得更確切一點，擔保她的丈夫是忠實於她的；只要她也像他對她那樣的忠實，我向她保證他兩年之後就會和她結婚。她對我是相當地尊重，所以她相信我是不會騙她的。我現在成了他們之間互相的擔保人。他們的心，他們的品德，我的正直，以及他們父母的信心，所有這些都使他們對他們的命運放心。不過，只要一個人的心很軟弱，即使他有理智，那又有什麼用呢？他們覺得這一次分離就好像是再也不能見面似的。

這時候，蘇菲想起了歐夏麗也曾懷抱過一番隱憂，她認為她現在正好處在歐夏麗的地位。我們不可讓她在他離開的時候再產生那種狂熱的愛情。「蘇菲，」我有一天向她說道：「妳和愛彌兒互相贈送一本書吧。妳送他一本《太累馬庫斯奇遇記》，使他可以學一學太累馬庫斯的樣子；讓他送妳一本妳所喜歡的《旁觀集》⑲。妳可以在這本書中研究誠實的婦女有哪些天職，而且隨時想到兩年以後就要盡那些天職。」互相贈送一本書，結果使兩人都感到喜歡，使他們彼此都產生了信心。可是最後，傷心的日子終於到來了，他們非分離不可了。

那位可敬的父親（我一切都是同他商量著辦的）在我向他告別的時候擁抱我，並且把我拉到一邊用很沈重而略帶嚴肅的語氣說道：「我已經盡了我的一切力量使你感到喜歡，我知道我是在同一個重榮譽的人一起做事的；現在，我只有一句話向你說了：請你記住你的學生已經吻過了我女兒的嘴唇，簽訂了婚約。」

這兩個情人的表情是多麼不同啊！愛彌兒表現得十分激動，情不自禁地哭了起來，眼淚大把大把地

⑲《旁觀集》是從英國文學家艾迪生（一六七二－一七一九）和斯蒂爾（一六七二－一七二九）合辦的報紙《旁觀者》中選錄的許多短文。

流在蘇菲的父親和母親的手上，流在蘇菲的手上，哽哽咽咽地擁抱蘇菲家中所有的人，翻來覆去地老是講那麼幾句話。要是在另外一個場合，像他這樣語無倫次地講了一遍又一遍的話，會引起大家發笑的。至於蘇菲，她面色蒼白，眼神幽暗，沒精打采地站在那裡動也不動，既不說話，也不哭泣，也不抬起頭來看任何一個人，甚至連愛彌兒也不看一看。儘管他拉著她的手，把她緊緊地抱在懷裡，也不能改變她的表情；她仍然站在那裡一動也不動，對他的哭泣，對他的擁抱，對他所做的這一切，好像都沒有什麼感覺似的；在她看來，他已經是早就離開她了。這種表情，比她的情人所表現的那種哭哭啼啼、難捨難分的可憐樣子還動人得多！他看見和感受到了蘇菲的這種表情，他的心都碎了。我用了很大的氣力才把他拉走了；如果我讓他在那裡再待一會兒的話，也許他就不願意走了。我感到高興的是，他走的時候看到了這種悲慘的樣子。萬一他將來受到什麼人的誘惑，使他忘記了蘇菲對他的情感，那麼，我就要提醒他在啓程那一天所看到的情景，這樣一來，只要他的良心未死，我是一定能夠再把他帶回到她身邊的。

遊歷

有些人問，年輕人出外遊歷是不是好，並且對這個問題進行了許多爭論。如果我們換一個提法問，已經出外遊歷過的人是不是好，也許爭論的意見就沒有那樣多了。

濫讀書的結果是有害於科學研究的。當一個人自以爲他已經曉得了他在書本中讀到的東西時，他就以爲他可以不去研究它了。讀書讀得太多，反而會造成一些自以爲是的無知的人。沒有哪一個世紀的人所讀的書有如本世紀的人所讀的書這樣多，然而也沒有哪一個世紀的人所知道的東西是像本世紀的人所知道的東西這樣少*。在歐洲所有的國家中，沒有一個國家是像法國這樣印行過那麼多歷史、文學和遊記之類的著作，然而也沒有任何一個國家是像法國這樣對其他民族的天才和風俗知道得那麼少的。書籍多了，反而使我們不去看世界這本書了；或者，即使去看的話，每一個人也只是看他所看到的那一頁的。要是我不知道確實有人說過：「怎能做一個波斯人！」我一聽之下，還以爲這句話是民族偏見最重的國家的人說的，還以爲是最愛散布民族偏見的女人說的。

一個巴黎人自以爲他瞭解所有各種民族的人，其實他只瞭解法國人；在巴黎城中，成天都有許多的外國人，然而在巴黎人看來，每一個外國人都是特別奇怪的，在普天之下是找不到第二個的。必須在仔細地研究過這個大城市的有產者之後，必須在同他們一起生活一段時間之後，你才能相信他們儘管是那樣聰明，但同時也是十分愚蠢。令人奇怪的是，他們每一個人也許都讀過十來遍有關一個國家的著作，然而在眞正見到那個國家的人的時候，他們仍然是感到迷惑不解的**。

* 「滿足於純粹的書本知識，是極其糟糕的！在學哲學的時候，所有一切呈現在我們眼前的東西都可以作爲我們的書。這個巨大的世界是一面鏡子，我們應當在這面鏡子面前好好地瞧一瞧我們自己。所以，我希望我的學生把這個世界當作他們的書。」蒙台涅：《論文集》，第一卷，第二十五章。

** 「一個人的心靈（在旅途中）可以繼續不斷地得到訓練，去觀察那些我們從前不認識的新東西；要形成一種生活的方式，我想，無論哪一個學校的方法都沒有這樣做好，那就是不斷地使他去研究別人的生活和奇異的思想，使他去觀察我們千千萬萬種不同的人的性情……說來也眞不好意思，我們當今的人實在要透過作者的偏見和我們自己的偏見去看出事情的眞相，這的確是不容易的。我這一生中曾經讀過許多遊記，然而我從來沒有發現過哪兩本遊記對同一個民族的敘述是一致的。把我所見到的一些情況同我在書中所讀到的情況一加比較之後，我終於決心把所有一切遊歷家的著作都束之高閣，後悔我不應該把我的時間用去讀他們的書，並由此而深深相信，要做各種各樣的研究，就應當實地去觀察而不應當僅僅是念書本。事情確實是這樣的，因爲，即使遊歷家們個個都是很忠實的，但他們所敘述的也只是他們所見到的或想當然的情形，他們必然要用自己的看法給事情的眞相塗上一層虛假的顏色。如果還要進一步分析哪些是他們的謊言和壞話，其結果又將怎樣呢？

既然有些人向我們吹噓讀書的用處，我們就讓那些生來就愛讀書的人去採用這個辦法好了。同雷蒙·路爾*的辦法一樣，這個辦法也有一個好處：它可以教會他們誇誇其談地講他們根本就不懂得的事情。它還可以把一些年方十五的人訓練成柏拉圖，在一小撮人中間大談其哲學，並且照著保羅·呂卡

是蠢透了，硬要發瘋似地不喜歡一切同他們性情相反的人，好像同那些人根本就合不來似的；當他們離開了他們的本鄉，不管他們走到哪裡，他們都仍然按他們的章法行事，並且還憎恨外人。」蒙台涅：《論文集》，第三卷，第九章。

* 雷蒙·路爾於一二三六年生在馬召爾卡，他有一個別號叫「啓蒙先生」，在他那個時代很負盛名，被大家當做一個無所不曉的人。他寫了許多有關各種學問的文章，其文筆和思想在當時是很受尊重的。

斯[20]或塔韋尼埃[21]的話向人們講埃及和印度有怎樣的風俗。

我認爲這一點是無可爭辯的，即：任何一個人，要是他只看見過一個民族的人，便不能說他瞭解人類，而只能說他瞭解曾經同他生活過的那些人。因此，我們又可以換一個方法來對遊歷提問題了：「一個有很好教養的人是不是只瞭解他本國的同胞就夠了，或者，他是不是還需要普遍地看一看各種民族的人？」這樣問法，就沒有什麼可爭論或懷疑的了。你看，要解決一個困難的問題，有時候在很大的程度上要看你對那個問題是怎樣提法的。

不過，爲了研究人類，是不是需要跑遍整個地球呢？是不是要跑到日本去觀察歐洲人呢？爲了要瞭解一個民族，是不是要把那個民族中的每一個人都一一加以研究呢？不，一個民族中的人是極其相似的，所以用不著分別地去研究他們。你觀察過十個法國人，就等於觀察了所有的法國人。至於英國人和其他民族的人，我們雖不能說看見過十個英國人或其他民族的人就等於看見了所有的英國人或其他民族的人，但有一點是肯定的，那就是每一個民族都有它自己獨有的特徵，這種特徵雖不能單單從一個人的身上歸納出來，然而是可以從幾個人的身上歸納出來的。正如你見到過十個法國人就等於見到了所有的法國人一樣，你只要對十個民族的人做一番比較的研究，你就可以瞭解這些民族的人了。

爲了要增長知識，僅僅到各個國家去跑一趟，那是不夠的，還必須懂得怎樣在那些國家從事一番

---

⑳ 保羅．呂卡斯（一六六四－一七三七），法國旅行家，曾遊歷埃及、敘利亞和波斯等地。

㉑ 塔韋尼埃（一六〇五－一六八九），法國旅行家，著有《土耳其、波斯和印度遊記》一書。

遊歷。爲了要進行研究，就需要具備一副眼光，並且把它貫注於你想要瞭解的事物。有許多人在遊歷一陣之後，所受到的教益還不如他們從書本中受到的教益多，其原因就是由於他們不懂得怎樣動腦筋去思考；他們在讀書的時候，至少可以得到作者的指導，但在他們自己去遊歷的時候，他們反而是不知道看什麼東西好的。另外有一些人，在遊歷一陣之後，也是得不到什麼教益的，其原因是由於他們沒有增長知識的願望。他們的目的是這樣的不同，所以要他們抱著學習的目的去遊歷，是不大可能的；對於你無心觀察的東西，你是不可能仔仔細細地去看它一番的。在全世界的各個民族中，法國人是最喜歡到外國去遊歷的，但是，由於他自己的習慣太多，所以往往把不屬於習慣的事情也看作是習慣了。這個世界的每一個角落都有法國人。任何一個國家都不像法國這樣有那樣多的人出去遊歷。但儘管這樣，在歐洲所有的民族中，法國人雖然比誰都看到過更多的其他民族的人，但也只有法國人對其他民族的人瞭解得最少。英國人也是愛遊歷的，但他們遊歷的方式是不同的；這兩個民族在各方面都是相反的。英國的貴族愛遊歷，而法國的貴族則從來不到外國去遊歷；法國的人民愛遊歷，而英國的人民則從來不到外國去遊歷。我認爲，這個差別正好表明英國人是值得稱讚的。法國人到外國差不多都是爲了去發點小財，而英國人不到外國去發財則已，如果要去發財，就要帶著充足的金錢去經商；他們到外國去遊歷，那是爲了到別個國家去花掉他們的金錢，而不是爲了去營謀生活的；他們爲人極其驕傲，絕不願意到國外去做低賤的事。這就可以使他們比抱著另外一個目的到外國去遊歷的法國人在國外更能增長許多的知識。然而，英國人也有他們的民族偏見，而且他們的民族偏見比任何人都多；但是，他們之所以有這種偏見，其根源在於他們內心的感情而不是由於他們的無知。英國人的偏見產生於驕傲，法國人的驕傲產生於虛榮。

正如受文化薰陶最少的人一般都比較聰明一樣，不常到外地遊歷的人出去遊歷一次，反而能收到最好的效果，其原因是由於他們不像我們這樣愛去看那些瑣瑣碎碎的事情，不像我們這樣愛尋找那些投合我們無聊好奇心的東西，因此能夠把他們全部的注意力都用去研究那些眞正有意義的問題。就我所知，只有西班牙人是這樣遊歷的。至於法國人，他到了一個國家就只知道去拜訪藝術家，而英國人則愛去臨摹古跡，德國人則帶著他的題名簿去找所有的學者；西班牙人到了一個國家便不聲不響地研究該國的政治制度、風俗和治安情形；在這四個國家的人當中，只有他能夠從他的見聞中帶回一些有益於他的國家的東西。

古代的人是很少出外遊歷的，他們也很少閱讀和寫作遊記之類的書，然而我們根據他們給我們遺留下來的著作就可以看出，他們彼此之間的瞭解，比我們瞭解我們同時代的人還瞭解得清楚。單拿荷馬這個詩人來說，我們讀他的作品，簡直是感覺到好像親身到了他所描寫的那個國家似的；即使不說他這樣的詩人，我們一提到希羅多德也是不能不表示欽佩的，因爲，雖然他寫的歷史是著重敘事而很少分析和評論，但他對當時風土人情的描寫，卻遠非我們今天的歷史學家所能比擬，儘管我們今天的歷史學家在他們的著作中描寫了許許多多的人物。塔西佗對他那個時代的日爾曼人的描寫，比當今任何一個作家對德國人的描寫好得多。毫無疑問，鑽研古代史的人，對希臘人、迦太基人、羅馬人、高盧人和波斯人的瞭解，比我們任何人對自己的鄰居還瞭解得深刻。

還須承認的是，各個民族原來的特徵是一天天地在消失，因此要認識它們也就比較困難。隨著各種族的人互相混合，民族之間的區別已經逐漸地不存在了，而在以往，這個民族和那個民族的區別是很顯著的，是一眼就可以看出來的。從前，每一個民族都是比較閉關自守的，它們之間的交通來往沒有現在這樣頻繁，它們共同或互相矛盾的利益也沒有現在這樣多，民族和民族之間政治的和群衆的聯繫也比現在少，各個國王之間也沒有像現在這樣吵吵鬧鬧地進行所謂的談判，他們互相間也很少派遣使臣或常年駐紮的使節，遠洋航行也是很少的，他們也不到遠地去通商做生意，他們之間僅有的那一點點貿易，不是由國王自己雇外國人去做，便是由那些受大家輕賤的人去做，這些人既不能對任何民族產生影響，也不可能促使民族和民族互相接近。現在，歐亞兩洲之間的聯繫遠比當初高盧和西班牙之間的聯繫還密切一百倍；單拿歐洲來說，它的人口比今天整個世界的人口還稀疏得多。

對這一點，需要補充的是：大多數古代的人都可以說是土人，即本來就是他們那個國家生長的人；由於他們在他們那個國家居住的時間相當久了，所以已經記不得他們的祖先當初是從什麼時候在那裡定居的，同時，由於住的時間相當久，所以也讓當地的風土在他們身上打下了不可磨滅的烙印；反之，拿我們現今的人來說，在羅馬人入侵之後，新近又發生了野蠻人的大遷徙，因而使各個國家、各個民族的人全都混起來了。今天的法國人，已不再是從前那種長得又高又大、金頭髮、白皮膚的法國人了；希臘人也不再是那種在藝術上作爲模特兒的希臘人了；就連羅馬人的面貌也變了樣子，甚至他們的性情也有了改變；波斯人原來是屬於韃靼族的，由於同塞加西亞人的血統相混，他們也一天天地失去了他們原先醜陋的樣兒；今天的歐洲人已不再是高盧人、日爾曼人、伊比利亞人和阿洛布羅格人了；他們全都是西塞人，只不過面貌略有不同，而性情則有較大的差異罷了。

這就是爲什麼由風土的影響而產生的古代民族特徵比之今天更能顯示民族和民族之間在氣質、面貌、風俗和性格上差異的原因；今天的歐洲是很不穩定的，所以沒有足夠的時間讓自然的原因打上它們的烙印，同時，歐洲的森林已經砍伐，池沼已經乾涸，土地的耕作情形雖然比古代壞，但耕作的方法比從前更一致了，所以，由於這種種原因，連這個地方和那個地方、這個國家和那個國家之間在外形上的差別也看不出來了。

也許，當我們考慮到這種種原因的時候，我們就不會那樣性急，一看希羅多德、提西亞斯[22]和普林尼[23]的書就加以嘲笑，說他們筆下所描寫的每一個國家的居民都有一些我們所不曾看到過的原始特徵和顯著的差異。要是能找到原來的那些人，就能從他們的身上看出原來的面貌；要是他們沒有絲毫的改變，他們就能保持原來的樣子。如果我們能夠同時把所有一切曾經在這個世界上生活過的人放在一塊兒研究的話，我們哪能不相信他們確實是一個世紀比一個世紀變得大不相同，哪能不相信在今天無論你從這個民族找到那個民族都是找不到他們那種人呢。

隨著研究工作的愈來愈困難，人們對它就愈來愈忽視，而且也做得很不徹底，這也是我們在探討人類天性的發展方面成績不佳的一個原因。一個人抱著什麼目的去遊歷，他在遊歷中就只知道獲取同他的目的有關的知識。如果他的目的是想創立一套哲學，則他便只是去看他希望看到的東西；如果他的目的

---

[22] 提西亞斯，西元前五世紀的希臘歷史學家。

[23] 普林尼（二三—七九），羅馬著述家。

是在追逐財貨，他就會把他全部的注意力貫注在同他的利益有關的事物上去。商業和手工技術固然是能夠使各國人民互相交往，然而也妨礙了他們互相瞭解，因爲，當他們彼此都想在對方身上謀求利益的時候，哪裡還有心思去過問其他事情呢？

把凡是我們能夠生活的地方都看一看，對我們來說是有益處的，因爲這樣，我們就可以選擇一個能夠使我們生活得最舒適的地方。如果每一個人都可以自給自足地靠自己的力量生活，則他只需瞭解他賴以生活的地方就夠了。一個野蠻人是不需要任何人的幫助就能生活，他對整個世界也是沒有什麼貪心的，因此，他只瞭解，而且也只想瞭解他所生活的那個地方。如果他迫不得已地要到其他的地方去生活，他也將避免來到人所居住的地方，他願意靠野獸生活，而且，只要有野獸，他也就能夠生活。可是我們，我們是需要過文明人的生活，我們不吃人就活不下去，我們每一個人爲了自己的利益都喜歡到人數最多的國家去。這就是爲什麼大家都湧向羅馬、巴黎和倫敦的原因。在各國的首都，人血的價錢總是最便宜的。到大都會去看到的都是大人物，而大人物全都是差不多的。

人們說，我們有許多學者爲了研究學問，已經到外國去遊歷了，這種說法是不對的；那些學者同其他人一樣，也是爲了利益才到外國去遊歷的。像柏拉圖和畢達哥拉斯這樣的人，在今天是再也找不到了，即使是有的話，也不在我們這個國家。我們的學者個個都是奉了朝廷的命令到外國去遊歷的；朝廷派遣他們，供給他們旅費，發給他們薪水，叫他們去研究這樣或那樣的事物，很顯然，他們去研究的事物絕不是道德方面的。他們必須把他們全部的時間都奉獻於朝廷的目的；他們太老實了，哪裡能拿了朝廷的錢不做朝廷的事。不管在哪一個國家，如果確有一些好奇的人自己花錢去遊歷的話，那也不是爲了去研究人，而是爲了去教訓人。他們所需要的不是學問而是浮華的外表。他們哪裡能想到應該在遊歷中學會擺脫偏見的桎梏呢？他們正是出於偏見才去遊歷的。

爲了觀賞一個國家的山川而去遊歷，和爲了研究一個國家的人民而去遊歷，其間是大有分別的。好奇的人總是抱著前一個目的去遊歷的，他們在遊歷中只是附帶看一下一個國家的人民。對研究哲理的人來說，則應該同他們相反，主要是研究人民，而附帶看山川。小孩子是先看東西，等他長得夠大了，他才研究人。大人則應該先研究人，然後才看東西，如果他有看東西的時間的話。

因此，我們不能夠因爲遊歷得不好就得出結論說遊歷沒有用處。不過，即使承認遊歷有用處，但我們能不能夠因此就說什麼人都可以去遊歷呢？不，恰恰相反，只有很少的人才適於去遊歷，只有那些相當有毅力的人，能夠從他人的錯誤中接受教訓而不受引誘的人，能夠借鑑別人的惡事而自己不去做惡事的人，才可以去遊歷。遊歷可以促使一個人的天性按它的傾向發展，以致最終使他成爲一個好人或壞人。一個周遊過世界的人，在回來的時候是什麼樣子，他今後一生都永遠是那個樣子。他遊歷回來之後，將變得更壞而不是變得更好，因爲他去遊歷的目的就是嚮往於壞事而不是嚮往於好事。沒有受過良好教育的行爲不端的年輕人，在遊歷中將沾染所有一切他遊歷過的國家的人的惡習，但別人的美德，他們卻一點也學不到，儘管別人在曝露其惡習的同時也顯示了美德；但是，生長在善良人家的青年，由於他們善良的天性受過良好的培養，由於他們確實是抱著受教育的目的去遊歷，所以遊歷歸來之後，個個都會變得比他們在遊歷以前更好和更聰明。我的愛彌兒就是要這樣去遊歷的。那個年輕人[24]，那個無愧於一個高尚時代的人，那個使全歐洲驚羨其美德的人，那個雖然在如花似錦的年歲就爲國捐軀但未枉活一生的人，那個以自己的美德裝飾自己墳墓的人，那個等待著外邦人來到他的墳墓上撒播鮮花以表崇敬的人，就是這樣遊歷的。

所有一切經過一番推理而做的事情，都有它自己的法則。遊歷，作爲教育的一個組成部分來說，也是有它的法則的。爲遊歷而遊歷，是在亂跑，是在到處流浪；即使說是爲了受教育而去遊歷，這個目的也是過於空泛的，因爲沒有一個明確目的的教育，是沒有意義的。我希望青年人有一種鮮明的學習意圖，這種意圖經過很好的選擇之後，就可以決定所要學習的內容了。採取我所實行的方法，就自然而然要繼續按照我在這裡所說的話去做。

但是，通過他和事物的物質關係以及他和人的道德關係對自己做了一番研究之後，他還需要通過他和本國的同胞之間的法律關係來研究他的處境。爲此，他首先需要一般地研究政府的性質，研究政府的各種形式，最後還要專門研究他出生地的政府，以便瞭解他在那個政府管轄之下生活是不是適宜，因爲，每一個人由於具有任何力量都不可能加以破壞的權利，所以在他長大成人和做了自己的主人的時候，他就可以自主地廢棄那個把他同社會聯繫起來的契約，離開那個社會所在的國家。他之所以在長大到有理智的年齡以後還被大家看作是默認了他的祖先所訂立的契約，只不過是因爲他還居住在那個地

---

[24] 盧梭在這裡所說的年輕人，據說是吉索伯爵。

方。正如他有權放棄他所繼承的父親遺產一樣，他也有權放棄他的祖國；再說，出生地是自然的賜予，他一放棄了它，也就放棄了一切了。每一個人，不論他出生在什麼地方，除非他為了取得國家保護的權利而自願受到法律的管轄以外，他要想在他出生的那個地方自由自在地生活，是不能不遇到危險的。

我用實際的例子告訴他說：「一直到現在為止，你都是在我的指導之下生活的，你還沒有管理你自己的能力。不過，你即將達到這樣的年齡了，法律將在你達到這個年齡的時候，允許你自己處理你自己的事情，從而使你自己做你本身的主人。你不久就將發現你在這個社會上是孤孤單單的，要依靠一切，甚至還要依靠你的遺產。你想創立一個家，這是很值得稱讚的，它是男人的天職之一；不過，在你結婚之前，你必須知道你自己願意成為一個什麼樣的人，你怎樣度過你的一生，你用什麼方法去可靠地為你和你的家庭謀求麵包，因為，儘管我們不應當把掙麵包看作是一件主要的事情，但也應當在這個問題上有所思考。難道說你願意依靠你所輕視的那些人嗎？難道說你願意通過那些使你要不斷地受到他人擺布的社會關係，通過那些迫使你自己也要變成壞人才能逃避壞人欺騙的社會關係，去建立你的家和確定你的地位嗎？」

說完以後，我就向他講述各種可能運用他資財的辦法，例如，或者用之於經商，或者用之於從政，或者用之於理財；我向他指出，不管他去做什麼，他都要遇到一些危險，使他處於今天不知明天如何的境地，使他事事都要看別人怎樣對他而決定他的行為，因而使他不能不按照別人的榜樣和偏見更改他的性情、他的看法和他的做法。

我告訴他說：「另外還有一個使用你的時間和精力的辦法，那就是去當兵，也就是說，受他人以高薪雇用，去屠殺那些從來沒有對我們做過壞事的人。這個職業在男子們當中是很受尊重的，大家對那些只會幹這種殺人事情的人是特別看得起的。此外，這個職業不僅不需要你放棄其他的財產，而且還使你更加需要它們；消滅那些從事這個職業的人，也是搞這個職業的人的一種光榮。當然，他們並不是通通都同歸於盡的；而且，正如種種其他的職業一樣，這個職業不知不覺地也形成了一種發財致富的方式；不過，我很擔心，在我向你講述那些在這方面取得成功的人是怎樣做的時候，我也許會使你產生好奇心，去學他們的樣子。」

「你還須知道的是，在從事這個職業的時候，也許除了追逐女人以外，即使你沒有豪壯的勇氣也沒有關係；反之，你表現得最畏縮、最卑賤和最奴才樣，反而會受到人家的特別看重，因爲如果你想認眞地全心全意地幹，你也許還會受到人家的輕視和懷恨，說不定還會被人家趕走，至少，你所有的夥伴將因你在他們梳妝打扮的時候跑到戰壕去工作，而藐視你和排擠你。」

可以想像得到，所有這種種職業都是不合愛彌兒興趣的。「怎麼！」他會向我說：「難道說我把童年時候的本領都忘得一乾二淨了嗎？我的胳臂斷掉了嗎？我的氣力全都用盡了嗎？我不會幹活了嗎？你所說的那些職業和人們愚蠢的偏見，對我有什麼關係？我只知道爲人善良和正直才是最光榮的；我只知道同我所喜歡的人一塊兒獨立生活，以自己的勞動去掙得麵包和增進健康，才是最幸福的。你向我講的那些危險，是嚇不倒我的。我只要在這個世界上有那樣一小塊土地，就滿足了。我埋頭苦幹，使土地出產東西，我就可以無憂無慮地生活。我只要有蘇菲和這樣一塊土地，我就可以過很富裕的日子。」

「不錯，我的朋友，一位妻子和一塊屬於你的土地，是足夠使一個明智的人過幸福的生活；但是，這一點點財富儘管是不算多，但並不是如你所想像的是人人都可以得到的。最稀罕難得的妻子，你已經是找到了，現在讓我們來談一談土地。」

「一塊屬於你的土地，親愛的愛彌兒！你在哪裡去選擇這樣一塊土地？在這個世界上，你站在什麼地方可以這樣說：『我是這裡的主人，這塊土地上的東西是屬於我的？』我們固然是可以知道在哪一個地方容易使人發財致富，但我們哪裡知道在什麼地方可以使人不需要財富也能生活呢？誰知道在什麼地方可以生活得既自由又不依賴他人，既不需要侵害別人也不怕別人來侵害自己呢？你以為我們可以很容易地找到一個永遠讓我們為人誠實的國家嗎？如果說確有那樣一種又合法又可靠的謀生辦法，可以使我們無須玩弄手段或同人家打交道，就能獨立地生活的話，我認為，那就是靠你的雙手勞動，耕種你自己的土地了；但是，我們在哪一個國家裡能這樣說：『我所耕種的這一塊土地是屬於我的？』在選擇這樣一個幸福的地方以前，必須要弄清楚你在那裡是不是一定能夠得到你所尋求的安寧，你必須防備專制的政府、迫害異端的宗教和不良的風俗來擾亂你的安寧。你必須要能夠避免種種苛捐雜稅，以免把你的勞動果實通通剝削乾淨，你必須要能夠避免同人家無止無休地打官司，以免把你的財富消耗得一無剩餘。你必須要能夠堂堂正正地生活，以便使你無須去討好當地的官員或他們的下屬、法官、教士、有錢有勢的鄰居和各種各樣的壞人，因為，要是你不做好預防他們的準備，他們就一定要來侵害你的。」

「你尤其要使你能夠躲避達官貴族和富豪的欺凌，因為，他們一看見拿伯的葡萄園[25]，他們就要把

[25] 拿伯的葡萄園，據基督教《聖經》上說，耶斯列人拿伯有一個葡萄園，靠近撒瑪利亞王亞哈的王宮；亞

他們土地的邊界劃過去包圍它的。如果你眞是不幸，碰上了那樣一個有地位的人在你的茅屋旁邊買下了或者修建了一座房屋，你是不是有把握可以使他找不到任何藉口以你的土地去擴大他的莊園，或者，也許在明天，你是不是有把握可以不讓他修一條大路來侵占你的土地？如果你想樹立足夠的名聲，以避免所有這些不愉快的事情，那你就要同時儲蓄足夠的錢財，因爲在這種情況下儲蓄錢財，對你是沒有什麼不好的。錢財和名聲是互相依賴的，有錢財而無名聲，或者有名聲而無錢財，都是不行的。」

「親愛的愛彌兒，我的經驗比你多，我對你這個計畫將要遇到的困難比你看得清楚。不過，你的計畫確實是一個很好的計畫，踏踏實實的計畫，它將最終使你獲得幸福，讓我們努力把它付之實行。我有一個建議：讓我們從現在起，花兩年的時間去遊歷，等你遊歷回來以後才在歐洲選擇一個可以使你和你的家人幸福生活的地方，以便避免我剛才向你講述的那些麻煩。如果我們成功了，你就可以得到其他的人尋求不到的幸福，你就不會後悔把你的時間拿來這樣利用。如果不成功，你也可以消除你的幻想，把痛苦看作是不可避免的，從而使你自己得到安慰，按照需要的法則辦事。」

我不知道，讀者諸君是不是可以看出這樣一種學習的辦法將使我們得到怎樣的結果；但是，我現在敢斷言，如果愛彌兒本著這樣一種意圖去開始和繼續遊歷一番之後回來，仍然對政治制度、人民風俗和

哈想把拿伯的葡萄園作他的菜園，拿伯不同意，說他敬畏耶和華，不敢將先人留下的產業讓給別人，於是亞哈的王后遂唆使人誣告拿伯「謗瀆上帝和王」，將拿伯處死，並占據了他的葡萄園。參見《舊約全書．列王紀上》，第二十一章。

各種各樣的政府法規一無所知的話，那必然是因爲我們兩個人都有不夠的地方：他的智慧不夠，我的判斷的能力不夠。

政治學還有待於發展，據估計，它也許永遠不會發展起來了。在這方面居於一切學者之首的格勞修斯[26]，只不過是一個小孩子，而且最糟糕的是，他還是一個心眼很壞的孩子。我認爲，根據大家一方面把格勞修斯捧上了天，另一方面把霍布斯罵得狗血噴頭的情況來看，正好證明根本就沒有幾個明理的人讀過了或理解了這兩個人的著作。事實是，他們兩個人的理論完全是一模一樣的，只不過各人使用的詞句不同罷了。他們論述的方法也是有所不同的。霍布斯是採取詭辯的方法，而格勞修斯則採取詩人的方法，其他的一切，就完全是一樣的了。

在近代的人當中，只有一個人說得上是有能力創立這樣一門既龐雜而又沒有用處的學問，此人就是著名的孟德斯鳩。不過，他避而不談政治學的原理，而只滿足於論述各國政府的成文法；在這個世界上，再沒有什麼東西比這兩門學問的內容不同的了。

然而，任何一個人，只要他想按照各個政府實際的情況認眞地研究它們，就不能不把這兩門學問結合起來。爲了要判斷它們現在是什麼樣子，就必須知道它們應當是什麼樣子。要想闡明這些重大的問題，最困難的地方在於我們能不能夠使一個人有興趣去討論和回答這兩個問題：「它們和我有什麼關

---

[26] 格勞修斯（一五八三—一六四五），荷蘭法學家，所著《論戰爭與和平法》一書，在很長的時期裡被視為國際關係的法典。

係？」以及「我怎樣對待它們？」我們已經使我們的愛彌兒能夠自己解答這兩個問題。

第二個困難之點在於我們每一個人都有兒童時期養成的偏見，在於我們都受過種種教條的薰染，尤其是在於著述家們個個都有偏心；他們時刻都在說他們闡述眞理，其實他們哪裡管眞理不眞理，他們心目中所考慮的是他們的利益，只不過他們在口頭上不講就是了。老百姓既沒有委任著述家們去做教授，也沒有給他們年金或法蘭西學院院士的席位，所以，請你想一想，老百姓的地位怎麼能夠由他們去決定！我要儘量使這個困難之點在愛彌兒眼中看來算不了一回事情。當他剛剛知道什麼叫政府的時候，他唯一要做的事情是去尋找最好的政府，他的目的並不是爲了著書立說，萬一他眞要執筆著書的話，那也不是爲了討好當今的權貴，而是爲了樹立人權。

還有第三個困難之點，這一點只是個別的人才會遇到，而且是易於解決的，所以我現在既不把它提出來，也不著手去解決它，因爲，只要我不怕它就行了。我認爲，當我們去從事這樣一種研究的時候，我們所需要的，並不是巨大的才能，而是對正義的眞誠的愛和對眞理的尊重。如果說我們可以找得到一個適當的時機對政治制度作公正不偏的研究的話，我認爲，現在就是這樣的時機了，否則，以後就再也找不到這樣的機會了。

在進行研究以前，我們必須先定出一些研究規則，我們需要有一個標準來衡量我們所研究的東西。政治學的原理就是我們的標準。每一個國家的民法就是我們衡量的尺度。

我們的基本概念是很簡單和明瞭的，是直接從事物的性質中歸納出來的。這些基本的概念將作爲我們討論的問題，而我們只是在把它們相當滿意地解決之後，才把它們表述爲原理。

舉例來說，當我們首先追溯自然狀態的時候，我們就要研究人生來是自由的還是生來是奴隸，是生來就是同他人聯合在一起的還是生來是獨立的；他們是自願聯合在一起的還是被一種暴力強迫聯合在一起的；那個強迫他們聯合在一起的暴力是否能夠制定一種永久的法律，憑著這種法律，這個原先的暴力即使已經被另外一種暴力所征服，它也仍然有要求人們服從它的權利，以致據說自從甯錄王[27]以暴力制服了人民以後，其他的暴力儘管已經把他的暴力消滅了，也仍然要看作是不合法和篡逆的，而且，只有甯錄王的後代或他所禪讓的人才是正統的國君；或者，如果原先的暴力已不存在，而在它之後出現的暴力是否可以強迫我們服從，是否可以摧毀原先那個暴力的一切束縛，因而只有在它自己對我們施加壓力的時候我們才服從它，而且一旦我們有了抵抗的力量，我們就可以不服從它。所以，法律就是暴力，只不過換了一個詞來說罷了。

我們要研究：我們是不是能說一切疾病都是上帝賜予的，因此，請醫生治病是犯罪的。

我們還要研究：當一個匪徒在大道上攔住我們搶劫的時候，儘管我們有辦法把我們錢包裡的錢藏起來，我們是不是也應該本著良心把我們的錢拿給他，因為他手中所持的槍也是一種權力。

「權力」這個詞的意思在這種情況下是不是跟合法的權力有所不同，是不是要按照法律，它才能成立。

---

[27] 甯錄王，基督教《聖經》上說，甯錄是古實的兒子，含的孫子，據說，是創建巴比倫的國王。參見《舊約全書．創世記》，第十章。

如果我們不承認暴力的法律，而拿自然的法律即父權作為人類社會的原理，我們便要研究這個權力有多麼大，它的自然根據是什麼；除了孩子的利益和身體柔弱，以及父親對孩子天性的愛以外，它還有沒有其他的存在理由；如果孩子的身體不弱了，而且他的智力又發育成熟了，他能不能在保持其自身的生命方面變成唯一自然的判斷人，並從而變成他自己的主人，不受其他人的約束，甚至不受他父親的約束，因為，千眞萬確的是：孩子之愛他本人，是遠遠勝過其父親對他的愛。

如果父親死了，孩子們是不是一定要服從他們的長兄或另外一個對他們根本沒有天然父愛的人；從這一族到那一族，是不是始終只有一個首領，而所有各族的人都要服從他？如果是這樣的話，我們就要研究他這種權力為什麼又被劃分了，為什麼統治這個世界的人又不止一個呢？

假定所有的民族都是通過自己的選擇而構成的，那我們就要分辨法律和事實的差異了；既然孩子們之所以要服從他們的兄長、叔父或其他的親族，並不是由於這些人非要他們服從不可，而是因為他們願意服從，那麼，我們就要問：這樣一種社會是不是自由自願地結合？

其次，談到奴隸法，我們要問：一個人是不是可以按照法律把他的權利毫無條件、毫無保留和限制地通通讓給別人，也就是說，他可不可以放棄他的人格，放棄他的生命和理智，放棄他的人身，是不是可以做事不問是非，一句話，是不是可以在未死以前就停止生存，儘管大自然明明是要他自己保持他自身的生命，儘管他的良心和理智已經告訴他應該做什麼和不應該做什麼。

如果在奴隸法中有某種保留和限制，那我們就要問：這個法律是不是因此就變成了一種眞正的契約；根據這個契約，雙方既然都同是訂約人，沒有共同的主人⑱，因此，他們按照契約的條件，便仍然是自己的主人，每一方都享有這一點自由，而且在一旦發現這個契約對他們有害的時候，可以馬上把它毀掉。

既然一個奴隸都不能夠毫無保留地把他的一切權利讓給他的主人，一個民族怎能毫無保留地把它的一切權利交給它的首領呢？既然一個奴隸都可以判斷他的主人是不是遵守了契約，一個民族怎麼不可以判斷它的首領是不是遵守了契約呢？

由於我們不能不這樣重新探討，研究「集合的民族」這個詞的意思，因此，我們要問：爲了要集合成一個民族，在未出現我們所說的那種契約以前，是不是還需要訂立一個契約，或者，至低限度要有那麼一個默契。

既然一個民族在尚未選擇它的國王以前就已經是一個民族了，則它不是根據社會契約而構成一個民族，又是根據什麼呢？可見，社會契約是一切文明社會的基礎，我們只有根據這種契約的性質，才能闡明按照這種契約而構成的社會的性質。

我們要研究這種契約的主要內容是什麼，我們是不是大體上可以把它概括成這樣一段話：「我們每一個人都同樣把自己的財產、人格、生命以及自己的一切能力交給全體意志去支配，聽從它的最高領

⑱ 如果有一個共同的主人的話，那就是國王了；可見，奴隸法既然是根據統治權而訂的，它便不是統治權的起源。

導，而我們作爲一個集體，將把每一個成員看作是全體的不可分割的一部分。」

如果可以這樣概括的話，那麼，爲了給我們所需要的詞下一個定義，我們就可以這樣說：這個集體的契約不僅不提締結契約的每一個人，它反而要製造一個在大會中有多少人投票就算是由多少成員組成的實有集合體。這個共同的人格一般稱爲「政治體」；這種政治體在消極的時候，它的成員就稱它爲「國家」，在積極的時候就稱它爲「主權」，在跟它的同類相比較的時候就稱它爲「政權」。至於成員的本身，總的來說就稱爲「人民」；分開來說，作爲「城邦」的一分子或主權的參與者就稱爲「公民」，作爲服從同一個主權的人就稱爲「屬民」。

我們認爲，這種聯合的契約包含一個全體和個人之間的相互約定，每一個人可以說是同他自己訂立契約，因此他具有雙重的關係，即：對別人來說，他是行使主權的一分子；對主權者來說，他是國家的一個成員。

我們還認爲，既然一個人沒有親自訂約便不一定非遵守契約不可，而全體意志雖可以根據每一個人所處的兩種不同的關係而強迫所有的屬民服從主權，但它不能強迫國家服從它。由此可見，除了唯一無二的社會契約以外，便沒有也不可能有任何其他所謂的基本法了。這並不是說政治體在某些方面不能同別人訂立契約，因爲，對外國人來說，它就是一個簡單的存在，一個個體。

訂約的雙方，即每一個個人和全體，既然沒有一個可以裁決他們之間的分歧的共同上級，那我們就要研究，是不是每一方都可以在他高興的時候破壞契約，也就是說，只要他一旦認爲契約對他有害，他就可以不遵守。

爲了闡明這個問題，我們認爲，按照社會契約，主權者是只能夠根據共同的和全體的意志行事，它的法令只能有共同和普遍的目的；因此，主權者是不可能直接損害個人的，要損害的話，便要損害所有的人，但這種情況是不會發生的，因爲這等於是自己損害自己。所以，除了公衆的勢力以外，社會契約就不需要其他的保證，因爲，只有個人才能夠破壞它，然而，破壞了社會契約，個人也不能因此就不受它的約束；反之，他卻要因爲破壞它而受到懲罰。

爲了解決類似的問題，我們要經常記住，社會契約是一種特殊性質的契約，而且只是它具有這種特殊的性質，所以人民才是同自己在訂立契約，這就是說，人民作爲整體來說就是主權者，而每一個個人就是屬民，這是政治機器在構造和運用方面非具備不可的條件，只有這個條件才能夠使其他的契約合理、合法而且不至於給人民帶來危險；如果沒有它，其他的契約就是荒唐和專制的，並且還容易產生巨大的流弊。

由於個人只服從主權者，由於主權者就是全體意志而不是其他的東西，所以我們由此可以看出每一個人爲什麼在服從主權者的時候就是服從他自己，爲什麼在社會契約之下生活，比在自然狀態中生活更爲自由。

我們從個人方面把自然的自由和社會的自由加以比較以後，我們還要從財產方面把產權和主權，把個人土地權和最高領土權加以比較。如果說主權是以財產權爲基礎的話，則財產權就是最應當受到主權者尊重的權利；只要把它看作是個人特有的一種權利，它對主權來說就是神聖不可侵犯的；然而，要是把它看作是所有公民共有的權利的話，那它就要服從全體意志的支配，這個意志就可以廢除它了。所以說主權者是沒有任何侵犯一個人或幾個人財產的權利；但是，它可以制定法律去奪取所有人的財產，例如在萊喀古士時代的斯巴達就是這樣做的；反之，梭倫[28]廢除債務的做法就是不合法的。

既然只有全體意志才能約束一切屬民，那我們就要研究這種意志是怎樣表達出來的，我們要憑什麼標記才能把它認得出來，什麼叫法律，法律的眞正特性是什麼。這個問題還從來沒有人研究過，法律的定義還有待於我們來下。

當一個國家的人民專門針對一個或幾個成員考慮問題的時候，這個國家的人民就分裂了。在全體和部分之間就產生了一種關係，從而把它們分成兩個分離的存在：部分是一個存在，而全體在少去這一部分之後就是另一個存在。但是，全體在少去這一部分之後就不是全體了；只要存在著這種關係，那就不能稱爲全體，而只能稱爲兩個大小不等的部分。

反之，當全體人民爲全體人民制定法律的時候，那就是考慮到人民自己的情況；如果說產生了一種關係的話，那就是從一個觀點來看的整體對從另一個觀點來看的整體，而整體是沒有分裂的。法律的對象是全體，而制定法律的意志也是全體。我們在這裡需要研究的是，其他的法令是不是可以冠上「法律」這個名稱。

如果說主權者只能夠通過法律來表述它的意志，如果說法律只能有一個對國家所有的成員都有同樣關係的目的，那麼，主權者就沒有針對一個特殊的目的制定法律的權力；然而，爲了保存國家，也必須

[28] 梭倫（西元前六四〇－前五五八），雅典的立法者。

處理一些特殊的事情，因此，我們要研究怎樣才能做到這一點。

由主權者制定的法令，只能夠是全體意志的法令，即法律；然而，爲了執行這種法律，也需要有一些明確的條例，強制的即政府的條例；在另一方面，這些條例是只能夠針對特殊的目的來定。所以，主權者在確定人民選舉首領的時候所依據的法令，就是法律，而我們在選舉執行法律的首領的時候所依據的法令，只不過是一個政府的條例罷了。

這是第三個關係，按照這個關係，我們可以把集合的人民看作是行政官或他們自己以主權者的身分所制定的法律的執行者[19]。

我們要研究人民是不是可以自己剝奪自己的主權，以便把它交給一個人或幾個人；因爲，選舉的條例並不是一種法律，按照這個條例來說，人民並不就是主權者，因此我們不明白他們怎能把不是屬於他們的權力轉交給別人。

既然主權的實質就是全體的意志，那我們還不明白要怎樣才能夠使個別的意志和全體的意志形成一致。我們倒是應該假定它同全體的意志是相矛盾的，因爲，個人的利益總是占先，大衆的利益總是相等的；即使說兩者形成一致是可能的，但是，除非它是必然和不可摧毀的，否則，統治權是不可能由此產

⑲ 這些問題和提法大部分是從《社會契約論》中摘錄出來的，而《社會契約論》的本身又是另外一部長篇著作的提綱：要寫那樣一部長篇的著作，我的力量是不夠的，所以早就放棄不寫了。我從這部長篇著作中摘錄出來的短短論文將另行發表，這裡所講的只是它的大要。

生的。

我們要研究在社會契約未被破壞的時候，人民的領袖，不論他們是以什麼名義當選，是不是僅僅是人民的官員，而人民是在命令他們執行法律；我們要研究這些領袖是不是應當向人民彙報他們施政的情況，他們自己是不是也應當服從他們要人家服從的法律。

如果說人民不能夠把他們的最高權力讓給別人，他們是不是可以把它委託給別人行使一個時期？如果說人民不能夠找一個人來做自己的主人，他們是不是可以找一些人來做自己的代表？這個問題很重要，值得我們加以討論。

如果說人民既不能夠有一個最高的統治者，也不能夠有代表，那我們就要研究他們怎樣給自己制定法律，他們是不是應當有許多的法律，他們是不是應當經常改變他們的法律，一個人口衆多的大民族是不是能夠自己做自己的立法人？

羅馬人是不是一個人口衆多的大民族？

形成人口衆多的大民族，是不是好？

根據前面闡述的幾點，我們可以看出：在一個國家的屬民和主權者之間有一個中間體，這個中間體是由一個或幾個人組成的，他們負有掌管行政、執行法律和維持政治和公民自由的責任。

這個中間體的成員稱爲行政官或國王，也就是說他們是統治者。整個中間體按組成的人來說，稱爲執政者；按它的行爲來說，則稱爲政府。

如果我們根據整個中間體對它自己的行爲來看，也就是說根據全體對全體或主權者對國家的關係來看，我們可以把這個關係比作一個以政府為中項的兩個比例外項之間的關係。行政官從主權者那裡接受命令，並把他所接受的命令發給人民；兩邊一算，他的乘積即他的權力和公民（他們一方面是屬民，另一方面又是主權者）的乘積即權力是相等的。你改變三項當中的任何一項，將立刻打破它們之間的比例。如果主權者想實行統治；換句話說，如果他想頒布法律，又如果屬民拒絕服從他所頒布的法律，則原來的秩序即告消失，跟著就會出現一片混亂，結果，這個分崩離析的國家不陷入專制政治，就會陷入無政府狀態。

現在假定一個國家是由一萬人組成的。主權者只能被看作為一個集合的整體，而每一個個人作為屬民來說是可以單獨和獨立地存在的。因此，主權者對屬民是一萬對一，這就是說，儘管主權是完全受國家成員的支配，但每一個成員所享有的主權實際上只有萬分之一。假如人民的總數有十萬，又假定屬民的地位沒有什麼變化，但是，由於他所投的票的效力已減到十萬分之一，因此，他那一票在法律的制定方面的影響也就會縮小十倍。所以，由於屬民始終是一，主權者的權力是必然會隨著公民人數的增加而擴大的。由此可見，國家愈大，個人的自由就愈少。

個別的意志和全體的意志愈不符合，也就是說，人民的動向和法律愈不符合，就愈要增加壓制人民的力量。另一方面，由於國家的幅員大，就給了社會權力的執行者更多濫用權力的念頭和機會，因此，政府控制人民的權力愈大，主權者便愈是應該有反過來控制政府的權力。

根據這種雙重關係，我們可以斷定，主權者、執政者和人民之間的比例並不是人們隨隨便便確定的，而是由於國家的性質必然產生的結果。我們還可以看到，由於兩個外項之一，即人民，是固定不變的，所以複比每增加或減少一次，單比就要跟著增加或減少一次；但是，不論是增或是減，每一次都非要改變中項不可。我們由此可以得出結論說，唯一無二的絕對的政治制度是不存在的；按大小來說有多少個不同的國家，在性質上就有多少種不同的政府。

如果說人民的人數愈多，人民的意向和法律的關係便愈少，那我們就要研究是不是可以這樣類推：行政官的數目愈多，政府便愈沒有力量。

爲了要闡明這一點，我們就需要指出每一個行政官的身上是具有三種本質上不同的意志：第一個是傾向他自己利益的個別意志；第二個是專門以維護執政者的利益爲目的的行政官的共同意志，這種意志可以稱爲集團的意志，對政府來說是普遍的，對國家（政府是國家的一個組成部分）來說是特殊的；第三個是人民的意志，即主權者的意志，這種意志無論對作爲總體的國家或者對作爲總體的一個組成部分的政府來說，都同樣是普遍的。在一個十全十美的立法機構中，個別的特殊意志幾乎是沒有的，政府固有的集團的意志也是十分次要的，因此，作爲主權者的全體意志是衡量一切其他意志的標準。反之，按照自然的秩序來說，這幾種不同的意志愈集中，它們便愈趨活躍；全體的意志始終是最弱的，集團的意志是居於第二位的，個別的意志是勝過一切的；所以，每一個人首先是他自己，其次是行政官，然後才是公民。這個次序的先後和社會秩序的先後是恰恰相反的。

闡明了這一點以後，我們再進而假定政府是掌握在單獨一個人的手中。在這種情況下，個別的意志和集團的意志便完全地結合在一起了，因此，集團的意志也就達到了它可能達到的最高強度。由於暴力的使用要依靠這種強度，由於政府的絕對權力就是人民的權力，是始終不變的，因此可以得出結論說，最活躍的政府是由單獨一個人執掌的政府。

反之，把政府和最高的權力結合在一起，以擁有主權的人民為執政者，有多少公民就委多少行政官，這樣一來，集團的意志便同全體的意志完全混淆，不能夠像全體的意志那樣活躍，並且還讓個別的意志各行其是。所以，儘管政府的絕對權力沒有任何減少，但這樣的政府是最不活躍的。

這些法則無可爭辯，其他的論點只不過是用來闡明它們罷了。舉例來說，構成一個集團的各個官員就比構成一個整體的各個公民活躍得多，因此，個別的意志是可以對整體起很大影響的。因爲，每一個行政官差不多都擔任了政府的某種特殊職務，而每一個公民是不能以個人的身分運用主權。此外，國家的幅員愈大，政府的實際權力也愈大，雖然它實際的權力並不是因爲國家幅員擴大而擴大；但是，如果國家的幅員不變，即使是增加行政官，那也是沒有用處的，政府是不可能因增加行政官而獲得更多的實際權力，因爲政府只不過是國家（我們假定它的大小是不變的）權力的保管者。所以，行政官的數目一多，政府的權力不僅不因此而增加；反之，它活躍的程度還會因之而減弱。

論證了政府將因行政官的增加而趨於鬆弛之後，論證了人民的人數愈多，政府的壓力也應當愈大之後，我們就可以得出結論說，行政官和政府的比例應當同人民和主權者的比例成反比；這就是說，正如人民的人數增加，領袖的人數就愈應減少一樣，國家愈是龐大，政府的機構便愈應緊縮。

爲了以後能夠用更確切的名稱闡述各種形式的政府，我們首先指出，主權者可以把政府交給所有的人民或大部分人民去掌管，從而使充當行政官的公民比普通的公民還多。這種形式的政府，我們稱它爲「民主政府」。

其次，主權者可以把政府交給比較少的人去掌管，從而使普通公民的人數比行政官的人數多；這種形式的政府，我們稱它為「寡頭政府」。

最後，主權者可以把整個的政府集中地交給單獨一個人去掌管。現今最普遍的就是這種政府；我們稱這種形式的政府為「君主政府」或「王權政府」。

我們認為，所有這幾種形式的政府，或者，至少前兩種形式的政府，在掌管政府的人數方面是可以或多或少的，甚至有相當大的增減餘地。因為民主政府可以包括所有的人民，或者，可以縮小到包括一半的人民。寡頭政府則可以從一半的人民縮小到包括一小部分人民。即使是王權政府，有時候也可以在父子之間或弟兄之間或其他人之間分成幾部分。在斯巴達經常有兩個國王；在羅馬帝國甚至同時有八個皇帝，而人們也並不因此就說羅馬帝國遭到了分裂。每一種政府必然在有一點上是同另一種政府相混淆的，正如國家有許多公民一樣，政府在實際上也可能有許多不出這三種基本類型的形式。

還有，由於每一種政府在某些方面都可以劃分成幾部分，一部分按這種方式治理，另一部分又按另一種方式治理，因此，把這三種形式結合起來，就可以產生許多混合式的政府，而每一種混合式的政府都可以用所有一切單一的形式的政府去乘它。

人們常常爭論哪一種形式的政府是最好的，而沒有想到每一種形式的政府都可以在某種情況下成為最好的政府，而在另外一種情況下又成為最壞的政府。在我們看來，如果承認各個國家行政官[20]的人數

---

[20] 大家應當記住的是，我在這裡所說的是最高的行政官即國家的領袖，其他的行政官只不過是他們在這一

應當同公民的人數成反比這個看法是正確的，那我們就可以得出這樣的結論：一般地說，民主政府適用於小國，寡頭政府適用於中等的國家，而君主政府則適用於大國。

只有根據這樣一個探討的線索，我們才能徹底瞭解公民究竟有哪些權利和義務，權利和義務是不是可以分開；才能瞭解什麼是祖國，它實際上是由什麼組成的，每一個人憑什麼來判斷他有祖國還是沒有祖國。

我們就每一種文明社會的本身對它們進行了這樣一番研究之後，我們還要把它們加以比較，以便探討它們之間種種不同的關係：它們之中有大有小，有強有弱；它們彼此攻擊、互相侵犯和互相摧殘；在這接連不斷的一來一往的侵害行爲中，造成了許多的悲慘事件和喪失了許多人的生命，所以，如果讓人們保持他們原始的自由，也許還不至於遭到這樣大的犧牲。我們要研究：我們在社會制度中行使的自由是太多還是太少；當各個社會各自保持其自然獨立的時候，受法律和多數人制約的個人是不是就既不受兩種狀態的害處，也得不到兩種狀態的益處；在這個世界上是不是與其有幾個文明社會，毋寧連一個文明社會都沒有還好些。這種混合的狀態豈不是本想使人分享兩種狀態的益處，結果是一種狀態的益處都得不到，「既不讓人做戰爭時期的準備，也不讓人享受和平時期的安寧[21]」嗎？這樣一種部分的和不完全的聯合，不是要產生暴政和戰爭嗎？而暴政和戰爭不是人類最大的災難嗎？

部分或那一部分的代理人。

㉑ 塞涅卡：《心靈的平靜》，第一章。

最後，我們還要研究：要醫治這些弊病，是不是可以採取聯盟和聯邦的辦法，讓每一個國家對內自主，對外以武裝去抵抗一切強暴的侵略。我們要研究怎樣才能建立一個良好的聯盟，怎樣才能使這種聯盟維持久遠，怎樣才能使聯盟的權利儘量擴大而又不損害各國的主權。

聖皮埃爾神父主張歐洲所有的國家聯合起來，以便在它們之間保持持久的和平。這種聯合辦得到辦不到？即使說辦得到，我們能不能夠斷定它可以維持長久㉒？這樣去探討，必然會直接地促使我們去研究國際法，從而達到闡明我們在國內法中難以闡明的問題。

最後，我們還要闡述戰爭法的眞正原理，並且要研究爲什麼格勞修斯和其他人所說的原理完全是錯誤的。

我一點也不奇怪：正當我闡述這些問題的時候，聰明的愛彌兒會打斷我的話向我說：「當我們按照法則，十分嚴密地一步一步地修起這座大廈的時候，也許人們還以爲我們用的是木材而不是人哩！」

「是的，我的朋友；不過你要知道，法則是不會向人的欲念屈服的，對我們來說，問題首先是要論證政治學的眞正原理。現在，我們的基礎已經打好了，且來看一看人們在這個基礎上修建的東西，你將看到許多有趣的情景！」

於是，我叫他閱讀《太累馬庫斯奇遇記》，走太累馬庫斯所走過的路，我們尋找快樂的薩郎特和幾

㉒ 我一開始論述這個問題，就在這本著作的提要中列舉了「贊成」的理由；至於「反對」的理由，至少在我看來是一些顚撲不破的反對理由，將緊接著這篇提要在我的著作中加以闡述。

經憂患而變得很聰明練達的伊多梅內。一路之上，我們發現了很多的普洛太西拉斯，而菲洛克勒斯則一個也沒有找到。像多尼人的國王阿德臘斯特那樣的人並不是沒有的†。不過，我們且讓讀者去想像我們旅途的經過，或者，像我們這樣隨身帶著一本《太累馬庫斯奇遇記》去遊歷；至於作者本人想避免或者在不知不覺中所走的一段彎路，在這裡就不提了。

不過，愛彌兒並不是王子，而我也不是神，所以，儘管我們不能模仿太累馬庫斯和門特那樣施恩於人，我們也不感到難過，因爲沒有哪一個人比我們更善於按自己的身分做事，也沒有哪一個人比我們更不願意作不符合我們身分的行爲。我們知道所有的人都負有同樣的使命，任何一個人，只要眞心愛善和全力爲善，就能完成他的使命。我們知道太累馬庫斯和門特都是虛構的人物。愛彌兒在旅途中並不是那樣懶懶散散、一點事都不做的，假如他是王子的話，他還做不出他所做的那些事哩。如果我們都是國王，我們就不能成爲行善的人了。如果我們既是國王又是行善的人，我們就會每做一件好事（其實是我們從表面上看來認爲是好事），就會做出千百件眞正的壞事。如果我們既是國王又是賢人，則我們要爲我們自己和爲別人所做的頭一件好事，就是放棄王位，重新變成我們現在這樣的人。

我已經講過爲什麼遊歷對許多人是有害的。對青年人來說，遊歷之所以更加有害，是我們使他們

---

† 有些人企圖使盧梭同富有的元帥發生糾葛，使他失去弗雷德里克的保護，就告訴前者說《愛彌兒》中所講的阿德臘斯特就是弗雷德里克；盧梭不但沒有否認，而且還同意了這種說法。見《懺悔錄》，第十二卷。

在遊歷的過程中採取的方法不對。由於一般的教師所關心的是遊歷的樂趣而不是遊歷對青年人所給予的教育，所以他們帶著青年人從這個城市跑到那個城市，看了這個宮廷又看那個宮廷，會見了這一界的人又會見那一界的人；或者，如果教師是一個學者或文學家，他就會使青年人把他們的時間消磨於涉獵圖書，消磨於觀賞古跡，研究古老的碑文和抄錄古老的文獻。他們每到一個國家，就去鑽研前一個世紀發生的事情，以爲這樣就是在研究那一個國家。因此，他們花了許多旅費，跑遍了整個歐洲，研究了許多雞毛蒜皮的事情，或者把自己弄得十分厭倦之後回來，仍然是沒有看到任何一樣可能使他們感到興趣的東西，沒有學到任何一樣可能對他們有用的事情。

各國的首都都是差不多的，在那裡混雜不清地居住著各種各樣的人和流行著各種各樣的風氣，所以是不能夠到首都地方去研究一個國家的人民。巴黎和倫敦在我看來是一個樣子。居住在巴黎和居住在倫敦的人儘管有某些不同的偏見，但他們彼此相同的偏見卻也不少，而他們實際的做法也完全是一樣的。我深深知道出入於這兩個地方的宮廷裡的是一些什麼樣的人。我也知道人口的聚集和財富的不平等將產生怎樣的風氣。只要你把一個擁有二十萬居民的城市的名字告訴我，我馬上就知道那裡的人是怎樣生活的。即使說那裡還有一些我不知道的事情，那也值不得我跑到那裡去研究。

在邊遠各省，人民的活動比較少，通商和外邦人士的往來沒有那麼頻繁，同時居民的流動也沒有那樣多，財產和社會地位的變動也沒有那樣大，所以，我們要研究一個民族的天才和風尙的話，是應該到邊遠的省分去研究的。在首都地方，你可以走馬看花地看一下；但在遠離首都的地方，你就要仔仔細細地觀察了。眞正的法國人不在巴黎而在土倫；麥西亞的英國人比倫敦的更具有英國的風味；加利西亞的西班牙人比馬德里的更帶有西班牙的特點。正是在遠離首都的地方才能看出一個民族的特性和沒有混雜一點外國色彩的地地道道的樣子，正如在最大半徑的尖端才能最準確地量出一個弧形的面積一樣，我們在邊遠的省分才最能看出一個政府的好壞。

關於風俗和政府的必要的關係，在《論法的精神》一書中有極其詳細的闡述，所以，要研究這種關係的話，最好是閱讀這本著作。但一般而言，我們可以用兩個明顯的標準來判斷政府相對的好。一個標準是人口。凡是人口日見減少的國家，它就是在趨向於滅亡；而人口日見興旺的國家，即使是很貧窮，它也是治理得很好的㉓。

不過，這裡所說的人口，必須是由於政府和風俗而自然達到的結果；因為，如果人口的數位是由於殖民地的人民湊起來的，或者，是由於偶然的或暫時的原因而達到的，則殖民地和這些偶然的和暫時的原因正好表明那個國家是治理得不善的。當奧古斯都頒布種種取締單身漢法律的時候，這些條例的本身就表明羅馬帝國在衰亡了。正當的做法是，應當用政府的善政去促使人民結婚，而不能用法律去強迫他們結婚；用暴力的辦法而達到人口的增長，我們是用不著去研究的，因為人們對違反天性的法律會想辦法逃避，使它變成一紙空文。我們要研究的是因風俗的影響和政府的自然傾向而達到的人口增長，因為只有風俗和政府才能產生永恆的效果。好心的聖皮埃爾神父主張對每一個個別的弊病採取小小的補救辦法，他不追究它們共同的根源，看是不是能夠把它們一下子同時加以糾正。對於一個病人身上的爛瘡，

㉓ 就我所知，只有一個國家是例外，不符合這個標準，這個國家就是中國。

我們不能採取一個一個地分別去治療的辦法，而應當使他生長那些爛瘡的血液通通變得很乾淨。據說，英國用獎勵的辦法去發展農業，我看不出這個辦法有什麼好處，這恰恰證明那個國家的農業是不能長久發達的。

第二個表明政府和法律相對的好的標準也是體現在人口上的，不過體現的方式有所不同，也就是說，它不體現在人口的數量上而體現在人口的分布上。兩個面積和人口都完全相等的國家，很可能在力量上是極其懸殊的；其中比較強盛的那個國家，其人口是很均勻地分布在它的領土上；沒有大城市，因此也沒有那種表面繁華的國家，終究是能夠打敗它的對手。一個國家之所以弄得很貧窮，正是由於它有大城市的緣故，因爲大城市所生產的財富是一種表面和虛假的財富，也就是說，金錢雖多，而實際的益處卻很少。有些人說巴黎這個城市抵得上法蘭西國王的一個省，而我卻認爲它反而是花掉了他幾個省的收入；巴黎在各個方面都是由外省供給的，外省的收入大部分都流入了這個城市，而且一流入之後，就再也不能到達老百姓和國王的手中了。說來也眞是想像不到的，在本世紀的理財家中，竟沒有一個人看出：要是把巴黎這個城市毀掉的話，法國要比它現在這個樣子強盛得多。人口分布得不均勻，不僅對國家沒有好處，而且甚至比人口減少對國家的害處還大，因爲人口減少最多是不產生什麼作用罷了，而人口分布不均勻則將產生負作用。如果一個法國人和一個英國人都以他們的首都很大而感到十分驕傲，而且還互相爭論到底是巴黎還是倫敦的居民衆多的話，我認爲，這兩個人無異乎是在那裡爭論到底是法國還是英國的政治最糟糕。

你走出城市去研究一個國家的人民，才能對他們有所瞭解。如果你只對政府的表面形式，只對它那龐大的行政機構和許多官吏的官腔官調進行研究，而不同時通過那個政府對人民產生的影響，不通過它的各級行政機構去研究它的性質，那也是研究不出一個所以然來的。形式的差別實際上在各級行政機構之間是存在著的，所以，只有把它們全都考察一番，才能把這種差別看出來。在某一個國家裡，你可以通過一個部的下級屬員的行爲去研究那個部的風氣；在另一個國家裡，你可以通過國會議員的選舉情形而研究那個國家是不是眞正的自由；不過，無論在哪一個國家，如果你只看城市的話，那是不可能瞭解那個國家的政府，因爲政府在城市和農村中的做法是不一樣的。然而，構成一個國家的是農村，構成一個民族的是農村的人口。

在邊遠的省分按照各個民族原始天才的質樸狀態進行研究，就會得出一個整體看法，充分證明我在本書內封頁上引錄的那一句話是說得很對的，可以使人類的心靈感到極大的安慰；這個整體看法就是用這樣的方法去研究，結果發現所有一切的民族都是很好的；它們愈接近自然，它們的性情便愈是善良；只有在它們聚居城市、受到文化的薰染而敗壞的時候，它們才趨於墮落，才把某些儘管是很粗俗然而是沒有害處的缺點變成看起來很文雅而實際上是非常有害的惡習。

根據以上的論述，又可以看出我所提倡的遊歷方法還有一個好處，那就是：由於年輕人在極其腐化的大城市停留的時間少，所以一方面不容易沾染那種腐化的習氣，另一方面還可以在十分樸實的人們和人數較少的社交場合中養成一種更準確的判斷力、更健康的審美觀和更誠實的作風。不過，對我的愛彌兒來說，城市的不良風氣是沒有什麼可怕的，他具有保護其自身所需要的一切能力。我在這方面還採取了種種預防的手段，而其中最可靠的一個手段就是利用他心中深厚的愛。

大家不知道眞正的愛情對青年人的傾向可能產生的影響，因爲，管教青年的人並不比青年們對眞正的愛情有更好的認識，所以結果使青年們在愛情上走入歧途。一個年輕人是應該有所鍾愛的，否則他就會趨於淫亂。在表面上不准許他們追逐愛情，那是很容易的。有些人向我舉出了千百個年輕人的名字，據說，他們都是規規矩矩、不談情說愛的；但是，能不能夠舉出一個成人，一個眞正的成年人，能夠說他年輕的時候也是規規矩矩、不談情說愛的，而且是由於有了眞正的認識而不談情說愛的。在一切涉及道德和天職的事情中，人們只圖一個表面，而我則要講究實際，而要取得實際的效果，除了我的辦法以外，如果還有其他辦法的話，那我算是錯了。

在安排愛彌兒去遊歷以前，先使他成爲一個鍾情的人，這個主意並不是我自己想出來的。我之所以採取這個辦法，是由於以下的一件事情。

我有一次在威尼斯去拜訪一個英國青年的老師。那時候是冬天，我們圍坐在火爐旁邊。老師收到了郵局送來的一些信件。他看完那些信以後，便把其中的一封大聲地念給他的學生聽。那封信是用英文寫的，我一點也聽不懂，但在他念那封信的時候，我看見那個英國青年從他衣袖的袖口上撕下許多十分漂亮的花邊，把它們一個接一個地扔到火爐裡，而且，在扔的時候，動作是那樣隱秘，生怕被大家看了出來。我對這種任性的行爲感到吃驚，於是便注意地看了一下他的臉，而且確實發現他內心是動了感情的。儘管所有一切人的內心形之於外的表現都是相同的，但由於民族的不同而有其差別，而且這種差別從表面上看是容易看錯的。正如各種民族的人口中所講的語言有所不同一樣，各種民族的人面上顯露的表情也是有所不同的。我等那個老師把信念完以後，便把他的學生想方設法不讓大家看見的光禿禿的兩個袖口指給他看，我問他：「能不能夠告訴我這是什麼意思？」

那個老師把事情的經過一看，就笑了起來，歡歡喜喜地去擁抱他的學生；在徵得他的學生同意以後，便向我講述我很想知道的這當中的原因。

他告訴我說：「約翰先生剛才撕掉的那些花邊，是本城的一位女士不久以前送給他的。可是，你知道，約翰先生是已經在本國同一位小姐訂了婚的，他很愛那位小姐，而那位小姐也確實是值得人愛。這封信就是他的情人的母親寫的，現在我把其中的一段話譯給你聽，因爲正是這一段話引起你所看到的那種撕掉花邊的行爲。」

「露西一刻不停地替約翰爵士做衣袖的花邊。蓓蒂小姐昨天來陪著她玩了一個下午，並且儘量幫著她做花邊。當我知道露西比平時起身得早的時候，我就去看她在做什麼事情，我發現她在拆蓓蒂昨天替她做的那一部分花邊。她不願意在她所送的禮物中有一針一線是另外一個人而不是她親手做的。」

過了一會兒，約翰先生就到另外一個房間去拿另外的花邊，於是我便向他的老師說：「你的這個學生的天性很優秀，不過，請你眞實地告訴我，露西的母親所寫的這封信是不是事先經過一番商量和安排的？是不是你用來拒絕那位送花邊的女士的手段？」「不是，」他說：「一切都是眞實的；我在我施行的教育中並沒有採取什麼巧妙的手段，我所依靠的是天眞和熱情；上帝幫助我完成了我的工作。」

這個青年人的形象一直記在我的心中，沒有忘懷過；它在一個像我這樣愛幻想的人的頭腦中是不會一點兒影響都不產生的。

現在是應該結束我們遊歷的時候了。讓我們把約翰爵士帶回給露西小姐，也就是說，把愛彌兒帶回給蘇菲。他將給她帶回去一顆跟從前同樣溫柔的心，而且還會給她帶回去一個比從前更加聰慧的頭腦；由於他研究了各種政府的弊害，研究了各國人民的美好德行，因此他回國的時候，還將給他的祖國帶回他從這些研究中所取得的教益。我還做了特別的安排，使他在每一個國家中受到一些有才德的人以古人殷勤好客的方式款待他；將來，我也不反對他同那些人書信來往，增進交情。再說，和遙遠國家的人士通信，也是一件很有意義和非常有趣的事情，是防止產生民族偏見的一個好辦法。因爲在我們的生活中時時刻刻都將遇到民族偏見的襲擊，所以遲早會使我們受到它們不良的影響。要消除這種影響，最好的辦法莫過於同我們所尊敬的人進行誠懇的交往，因爲他們既沒有我們的民族偏見，而且還反對他們的民族偏見，所以能夠使我們獲得以一種偏見去抵制另一種偏見的方法，從而使我們不受兩種偏見的影響。這跟住在我們國家的外國人或者跟住在他們國家的外國人交往是完全不同的。首先，一個外國人對他僑居的國家總是有顧慮的，他不敢眞實地表達他對那個國家的想法，或者，當他還住在那個國家的時候，他對那個國家是不能不說好話的。要等到他已經回到了他自己的國家，他才能打消顧慮，對那個國家作出公正的評價。我倒是喜歡同那些曾經到過我們國家的外國人談一談他們對我們的看法，不過，我要等到他們已經回到了他們自己的國家，我才去問他們。

用去差不多兩年的時間遊歷了歐洲的幾個大國和許多小國之後，學會了兩三種主要的語言，並且在那些國家中親眼看到了自然風光、政治制度、藝術和人物方面眞正奇異的景象之後，愛彌兒感到很不耐煩了，並且告訴我說我們遊歷的期限已經到了。於是我告訴他說：「啊！我的朋友，你是知道我們這次遊歷的主要目的；你已經看見和研究了許多的東西，你研究的結果怎樣呢？你打算怎樣辦呢？」要麼，我所用的方法是不對的，要麼他會這樣回答我：

「我打算怎樣辦？我要按照你對我的教養做人，除了大自然和法律的束縛以外，就不再給自己戴上任何枷鎖。我愈是對人們在社會中所做的事情加以研究，我愈是認爲：由於他們都想各自獨立，他們反而成了奴隸，而且還不能達到用自由去保證自由的目的。他們爲了不受各種事物的洪流衝擊，便想了種種辦法使他們有所依附；此後，當他們想走動一步都不可能走動的時候，他們才驚奇地發現他們對一切都要依賴了。我認爲，要想使自己得到自由，是用不著特別地做什麼事的，只要你不願意失去你的自由就行了。我的老師，是你教導了我要服從需要的法則，從而使我獲得自由的。不論在什麼時候得不到我所需要的東西，我都可以毫無困難地忍受；由於我不違反需要的法則，所以用不著依附什麼東西也可以維持我的存在。在我們遊歷的過程中，我曾經想過：在這個世界上，是不是可以找到一小塊地方讓我絕對地自由自主地過我的生活；然而，在人世間，我們在什麼地方才可以不受人們貪欲的影響呢？經過仔細的研究以後，我發現我這個願望的本身就是矛盾的；因爲，即使我無須依賴任何一樣東西，但我至少要依靠我所居住的土地；正如森林女神的生命要依靠樹木一樣，我的生命也是要依靠這塊土地的；我發現『統治』和『自由』是兩個意義正好相反的詞，我只有不做我自己的主人，我才能做一間茅屋的主人。

『我的願望嗎？我的願望是：有一塊不大不小的土地。』

「我知道我們是爲了怎樣處理我的財產而進行這一番研究的。你已經確有依據地論述了我爲什麼不能夠同時保持我的財富和我的自由；不過，當你希望我既要有自由而又不要有所依賴的時候，你豈不是在希望我取得兩種互相矛盾的東西嗎？因爲，我只有回頭去依賴自然，否則我就不能夠擺脫我對人的依賴。我怎樣處理我的父母遺留給我的財產呢？我首先要從不依賴財產做起，我要擺脫一切使我同財產發生關係的因素；如果他們把財產遺留給我，我就讓它保持它原來那個樣子；如果他們不給我，我反而能不受財產的牽制。我決不會爲了保存我的財產而操心，我要堅定地按我的本分行事。不論我是窮是富，我都要保持我的自由。我不只是在這樣的國家和這樣的地方才過自由的生活，我在世界上的任何一個地方都要這樣。就我來說，我是把一切偏見的束縛都打破了，我只知道服從需要的法則。我從出生的時候起就開始學習怎樣忍受這個法則的束縛，我將繼續受它的束縛直到死亡。因爲我已經是成年人了，在做奴隸的時候，除了奴隸的枷鎖以外，我尚且能忍受這個法則的束縛，在自由的時候我哪裡會反而不能忍受呢？」

「我在這個世界上究竟有怎樣的地位，那有什麼關係？我究竟居住在什麼地方，那有什麼關係？不論在什麼地方，只要有人，我就認爲我是在我弟兄的家；如果沒有人，我就認爲我是在我自己的家。只要我能夠保持獨立和富裕，我就有生活的手段，我就能夠活下去。如果我的財富要奴役我，我就毫不惋惜地拋棄它；只要我有做工的手，我就能夠生活。當我的手不能做工了，別人供養我，我就活下去；別人拋棄我，我就死掉好了；即使別人不拋棄我，我也是願意死的，因爲死亡並不是貧窮造成的一種痛苦，而是一個自然的法則。不管死亡在什麼時候到來，我都不把它看在眼裡，在它的面前，我決不作偷生的打算；然而在我活著的時候，它也是永遠不能夠妨礙我的生活的。」

「我的父親，我今後就是要這樣做的。如果我不產生什麼欲念的話，在成人以後，我就能夠像上帝那樣獨立地生活，因爲，我既然是滿足於我現在的地位，我便用不著同命運作鬥爭。充其量我也只有一條鎖鍊，而且也只有這一條鎖鍊我才永遠要受它的束縛，並且以受到它的束縛而感到光榮。現在，你把蘇菲給我，我就可以自由了。」

「親愛的愛彌兒，我很高興地從你的口中聽到了一個成年人所說的話，很高興地從你的話中瞭解到你心中的思想。在你這樣的年紀能夠這樣不存一點私心，我是很喜歡的。在你有了子女的時候，這種不爲自己打算的精神會減少，但是在那個時候，你的爲人會完全合乎一個慈父和智者的標準。在你未遊歷以前，我已經知道這一番遊歷將產生什麼結果了，我已經知道你在嚴密地觀察了我們的種種社會制度以後，是不會對它們寄予它們不配受到的信任。要想在法律的保護之下尋求自由，那是徒勞的。法律！哪裡有法律？哪裡的法律是受到尊重的？你到處都看到，大家正是藉法律的名義追逐個人的利益和欲念。然而，自然的和秩序的永恆法則是存在著的。對睿智的人來說，它們就是成文的法律；它們通過良心和理智而深深地刻畫在人們的心裡；要想自由，就必須服從這些法則；只有做壞事的人才會變成奴隸，因爲他在做壞事的時候，總是違背了他自己的心。不管在什麼形式的政府之下，都是沒有自由的，自由是存在於自由的人心裡，他走到哪裡就把自由帶到哪裡。一個壞人不管走到哪裡都是受到束縛的。即使在日內瓦，壞人也是奴隸；而自由的人，即使在巴黎也能享受他的自由。」

「如果我向你談到公民的義務，你也許會問我哪裡有祖國，也許會認爲這個問題將把我難倒。你的想法錯了，親愛的愛彌兒，因爲，一個人即使沒有祖國，至少也有一個居住的地方。一個人總是要在一個政府和法律的幻影之下才能安寧地生活。只要個人的利益也像全體的意志那樣保護了他，只要社會的暴力保障了他不受個人暴力的侵犯，只要他所目睹的惡事教育了他要愛善，只要我們社會制度的本身使他看到和憎恨其中不公平的事情，那麼，即使社會契約沒有受到人們的尊重，那又有什麼關係呢？啊，愛彌兒！哪一個人沒有受過他居住的地方的一點恩惠呢？不管他所居住的是怎樣一個地方，他都是因爲有了它才能獲得人類最珍貴的東西：行爲中的美德和對美德的愛。如果是生長在森林裡，他當然是可以生活得更快樂和更自由，但是，由於他在聽任他天性的發展過程中，他沒有什麼事情需要他去進行鬥爭，因此，他雖然可以成爲一個好人，但不能成爲一個有德行的人，他絕不可能像他現在這樣克服他的欲念而成爲有美德的人。單單是秩序的表像就已經使他能夠對秩序有所認識，對它表示喜愛了。公衆的福利儘管被他人用來作爲行爲的藉口，但對於他卻是眞正的行爲動機。他已經學會了怎樣同自己進行鬥爭，怎樣戰勝自己，怎樣爲公衆的利益而犧牲個人的利益。所以，不能說他從法律中一點好處都沒有得到，因爲法律使他即使同壞人在一起也有爲人正直的勇氣。不能說法律沒有使他能夠自由，因爲法律教育了他怎樣克制自己。」

「所以，不能說『我在什麼地方住跟我有什麼關係呢？』這關係到你是不是能夠盡你所有的義務，其中之一就是熱愛你的出生地的義務。當你是一個孩子的時候，你的同胞保護過你，而你長大成人以後，你也應該熱愛他們。應該生活在他們當中，或者，你至少也應該生活在盡可能對他們有幫助的地方，以便在他們需要你的時候可以找到你。也有這樣一種情況，即一個人生活在國外也許比在國內對他的同胞更有用處。在這種情況下，他便應當唯一無二地聽從他的熱情驅使，毫無怨言地忍受亡命國外的痛苦；亡命國外這種做法的本身就是他的義務之一。不過你，可愛的愛彌兒，還沒有什麼原因一定要你作出這樣重大的犧牲，你還沒有擔負向人類闡述眞理的艱巨使命，你應當到他們中間去同他們一起生活，在同他們親密的交往中培養友情，爲他們行好事，做他們的模範；對他們來說，你的榜樣比我們所有一切的書籍都更有用處，他們親眼看到你所做的好行爲，將比我們所說的一切空話更能感動他們的心。」

「可是，我並不因此就硬要你到大城市中去住；反之，善良的人應該爲別人樹立的榜樣之一就是過居家的田園生活，因爲這是人類最樸實的生活，是良心沒有敗壞的人的最寧靜、最自然和最有樂趣的生活。我的年輕的朋友，在一個國家裡，只要你用不著跑到深山曠野就能得到安寧，這樣的國家就是很美好的！但是，這樣的國家在哪裡呢？一個善良的人在城市中是很難滿足他的嚮往，因爲在城市中他的一切心血都要用來對付奸人和騙子。有些人歡迎那些百無一能的人到城市中去，而這些人到城市去的目的也只是在於追求財富，所以結果是必然會使那個國家遭到毀滅；反之，我們倒是應該以城市的人口去增加鄉村的人口。所有那些從大城市隱居到鄉村的人之所以對國家有用，恰恰就是在於他們離開了城市，因爲城市的種種弊病都是人口太多造成的。如果他們能夠把活潑潑的生活，把文化和對自然的愛帶到窮鄉僻壤去，他們對國家就更有用處了。當我一想到這種情景的時候，我心裡便感到十分的歡喜：愛彌兒和蘇菲在樸素的環境中爲他們周圍的人做了許多好事，使鄉間的生活趨於活躍，使可憐的村民重新燃起他們已經熄滅的熱情。我在想像中看到了那裡的人丁興旺，田野富饒，大地上覆滿了綠茵茵的作物；幹活的人多，收穫的東西多，大家做起活來好像是在辦喜事，在這一對可愛夫婦的周圍響起了鄉民們歡樂和祝福的聲音，因爲是他們倆使鄉間又重新充滿了活潑的生氣。有些人把黃金似的年歲看作一場春夢。

是的，任何一個人，只要他的心和他的愛好遭到了敗壞，他如花似錦的年華就會像春夢似地消磨過去的。有些人並不是眞正悔恨他們這樣消磨他們的歲月，因爲他們只能口頭上說一些後悔的空話。要恢復已經消磨的年華，應該怎樣辦呢？唯一的，但也是不可能實踐的辦法是：你要愛它。」

「看來，在蘇菲居住地方的周圍已經出現了這種恢復新生的景象，你只需和他們一起去完成由她可敬的父母開始的工作就行了。不過，親愛的愛彌兒，如果人們要你去承擔艱巨的義務的話，你就不要因爲過著那樣甜蜜的生活而不願意承擔！你要記住：羅馬人是先做耕田的農民，然後擔任執政的。如果國王或國家要你去爲你的祖國服務，你就要拋棄一切去接受人們分派給你的職務，完成公民的光榮使命。如果你覺得你擔任的職務很繁重，你可以採取這樣一個既誠實而又可靠的辦法去擺脫它，這個辦法是：很忠實地執行你的任務，以致別人再也不願意把這個任務交給你。不過，你不要害怕這樣的任務會落到你的頭上，因爲只要這個世紀的人還存在，他們是不會要你這樣的人去爲國家服務的。」

我很想描寫一下愛彌兒回到蘇菲身邊的情形，描寫一下他們的愛情結局，或者說得更確切一點，描寫一下他們夫婦之愛的開始！他們的這種愛是建築在終生相敬的基礎上，是建築在不隨美麗的容顏消失而消失的道德上，是建築在性情相投的條件上的；而性情相投可以使他們友愛相處，使他們到了老年還能過著初婚那樣的甜蜜時光。不過，所有這些細節敘述起來也許是很有趣，然而是沒有什麼用處的；到現在爲止，我一直規定著我自己即使要敘述有趣味的細節，也必須要它們在我看來有用處，我才敘述它們。在快要完成我的使命的時候，我會不會違背這個規定呢？不，我也像我手中的這一支筆一樣，已經感到很累了。拿這樣一種需要窮年累月地花費時間的工作來說，我的力量太弱，本來是不能夠承擔的，要不是已經進行到了現在這種程度的話，我也許會放手不做。爲了不至於使它落個半途而廢，現在是應該把它最後完成的時候了。

我終於看到愛彌兒最甜蜜的日子和我最快樂的日子到來了，我終於看到我的一番心血取得了成就，現在，我已經開始領略到這種成就的樂趣。這一對可敬的夫婦是牢不可破地結合在一起了，他們的口說出了，而且他們的心也證實了他們的誓言是一點也不虛假的：他們結成了一對夫妻。當他們從教堂中走回他們的家的時候，他們讓人們領著他們走回去；他們不知道他們現在在什麼地方，不知道他們到哪裡去，不知道他們周圍的人在做什麼。他們什麼也聽不見，他們糊裡糊塗地回答人家的問題，他們眼花繚亂，什麼也看不見了。啊！樂得心醉神迷啦！唉，這正是人類的弱點！幸福的感覺沖昏了這個人的頭腦，他還不夠堅強，還受不住這種快樂感情的迷醉。

很少有人知道在舉行婚禮那一天應該用怎樣的語氣向新婚的夫婦說話才算適宜。有些人死氣沈沈地板著面孔講，而有些人則隨隨便便把話說得十分的輕浮，在我看來，這兩者同樣都是不適當的。我寧可讓這一對年輕人的心自己去體會他們的樂趣，自己去感到激動和感到陶醉，也不願意人們糾纏不休地去分散他們的心，用空洞的好話使他們感到煩惱，或者，用一些粗俗的笑話使他們感到難堪，儘管這些笑話在另外一種時候說來可以使他們感到很有趣，但在舉行婚禮那一天來說，就會使他們感到不愉快了。

我發現愛彌兒和蘇菲帶著快樂的倦容，對人家向他們所說的話根本就不用心去聽。我，我既然主張他們每天都要享受他們的生活，會不會讓他們把這樣珍貴的一天浪費掉呢？不，我希望他們領略這一天的滋味，體會這一天的樂趣，盡情地享受這一天的美。我把他們從亂哄哄的人群中拉開，帶他們到另外一邊去散步，我向他們談他們自己的事情，使他們的頭腦恢復清醒。我不只是希望他們的耳朵聽，我最希望的是他們的心要聽我向他們所講的話；我當然知道在這一天唯一能夠引起他們的興趣的話題是什麼。

「我的孩子」，我拉著他們兩個人的手，向他們說道：「我在三年前就看見你們燃起這股旺盛而純潔的火焰，它在今天果然鑄成了你們的幸福。這股火焰曾經繼續不斷地高漲過，現在，我從你們的眼睛中看出它已經達到了最激烈的程度，而今後它就要愈來愈減弱了。」讀者諸君，你們難道想像不到愛彌兒先是狂喜，繼而是激動，最後竟慎重其事地發起誓來！難道想像不到蘇菲顯得很不高興，把她的手從我的手中縮回去！難道想像不到他們彼此相視，流露出一種微微反對的神情，表明他們直到最後一口氣都是彼此相愛的！我不管他們的表情怎樣，我繼續講我的。

「我常常想，如果我們在結婚之後仍然能保持愛情的甜蜜，我們在地上也等於進了天堂。這一點，迄今還沒有人做到過。但是，如果說這一點並不是絕對做不到的話，你們倆是配得上去樹立這樣一個他人未曾有過的榜樣，而能夠學你們這種榜樣的人也是不多的。我的孩子，你們願不願意聽我告訴你們一個在我看來是唯一能夠樹立這種榜樣的辦法？」

他們微笑地交換了一下目光，顯然把我這種直率的說法不當一回事情。愛彌兒簡單地說了一聲他感謝我這個辦法，同時又說他相信蘇菲還有一個更好的辦法，說在他看來，只要採用蘇菲的辦法就行了。蘇菲馬上贊成他的說法，並且現出一副很有信心的樣子。不過，我從她那種嘲笑的神氣中看出她是有一種好奇心的。我仔細地觀察愛彌兒，他火熱的目光虎視眈眈地凝視著他的妻子的美，他唯一感到興趣的就是這種東西，因此對我所說的話蠻不在乎。我也微微地笑了一下，並且自言自語地說：我馬上有辦法使你注意聽我的話。

男女兩性之間的內心秘密衝動的差別從表面上幾乎是看不出來的，然而正是這種差別突出地表明男女兩性在個性上是有所不同的，並且同一般人所抱的看法是完全相反的：大體上說，男人是不像婦女那樣始終如一的，總是比婦女更易於對愛的甜蜜失去興趣。婦女們早就料到男人的心是容易變的，並且因此而感到不安[24]，這就是她們比較妒忌的原因。當他開始冷淡下去的時候，她就不得不像他從前對她那樣關心地反過來對他表示關心，因此她時時哭泣，畢恭畢敬地對他，而且還不容易次次都做得成功。對人表示愛和關心本來是能夠贏得人心的，可是她現在即使是愛他和關心他，也很難奪回他的心了。我要回頭來談一談我防止結婚以後愛情漸趨冷淡的藥方。

「這個辦法又簡單又容易，」我繼續說道：「那就是：在結爲夫婦之後繼續像兩個情人那樣過日子。」「實際上，」愛彌兒一邊在暗暗微笑，一邊說道：「對我們來說，要做到這一點並不困難。」

「你說這不困難，但也許比你所想的困難得多。現在，請你們讓我把這一點闡述一下。」

「你如果把一個結子打得太緊，結子就會斷掉的。婚姻的結合就是如此：你想使婚姻的結合愈緊

㉔在法國，首先離心離德的是女人，這是必然的，因為她們的脾氣壞，只是要丈夫聽她們的話，當丈夫不聽她們話的時候，她們就不理他們了。在其他的國家正好相反，首先離心離德的是丈夫，這也是必然的，因為婦女們儘管是很忠實，然而是很粗魯的，她們硬要他們滿足她們的欲望，所以使得他們對她們感到厭煩。這是很普遍的真實情形，這種情形也可能有許多的例外，但我相信它確實是普遍存在的。

密，結果它反而會不緊密的。婚姻的結合要求夫婦雙方都要忠實，忠實是一切權利中最神聖的權利；不過，一要求忠實就必然會使一方把對方管束得過嚴。強制和愛情是不能融合在一起的，要命令一方給予快樂是辦不到的。蘇菲！妳別害羞，妳別逃跑。上帝爲證，我絕不會傷害妳的羞恥心！不過，這件事情關係到妳一生的命運。爲了這樣重大的一件事情，妳必須站在妳的丈夫和我這位長輩中間聽我講這一番話，儘管這一番話在其他的場合妳聽起來是受不了的。」

「不論是採用占有或控制的辦法都是不能夠束縛一個人的心，一個男子對一個同他私通的女子的愛比對他自己的妻子的愛深厚得多。要怎樣才能夠使溫存的關心變成一種義務，把最甜蜜的愛情變成一種權利呢？要使它成爲一種權利，就需要雙方有共同的願望，除此以外，在大自然中是找不到其他辦法的。法律能夠對這種權利加以限制，但不能夠使它擴大。肉體的快樂本身當然是很甜蜜的！但能不能夠用強迫的辦法去取得這種應該由肉體快樂的本身產生的美妙感覺呢？不能，我的孩子，結婚以後兩個人的心是連在一起了，但身體不能受到管束。你們應當採取的辦法是彼此忠實而不是互獻殷勤、討取歡心。你們中間每一個人都不能再許身給另外一個人，但你們兩人除了自願以外，誰也不應該強迫誰。」

「如果是這樣的話，親愛的愛彌兒，我便希望你始終做你妻子的情人，希望她也永遠做你的情婦和她自己的主人；你必須成爲一個歡歡喜喜的，但是是很尊敬她的情人；一切快樂都要從愛情中去取得，而不能夠強要對方把使你快樂作爲一種義務，即使她對你做的是一件很小的事情，你也千萬不可把它看作是你應享受的權利，而應當把它看作是她對你的恩情。我知道她將因爲害羞而不願意公開表示她愛你，因此，需要你去克服她那種害羞的心。如果一個男人既溫存體貼又眞正地愛一個女人，他哪裡會看不出她秘密的心意呢？他哪裡會不知道當她的心和眼睛已表示樂意的時候，口頭上的拒絕完全是假的？我希望你們兩個人都各自支配各自的身體和愛情，只有在自己心甘情願的時候才把這一切給予對方。你們始終要記住：即使結婚之後，也只有在兩相情願的時候，做快樂的事才是合法的。我的孩子，你們別擔心這個法則會使你們彼此疏遠；相反地，它將使你們兩個人都更加有意地互相取悅，並且防止過多地做快樂的事情。只要你們彼此忠實，單單依靠天性和愛情就已經足夠使你們互相親近了。」

聽完了這些話，愛彌兒很不高興，嘰嘰咕咕地表示反對；蘇菲羞答答地用扇子遮著她的眼睛，一句話也沒有說。也許，在這兩個人當中，最不高興的並不是那位嘰嘰咕咕滿腹牢騷的人。然而，我還是硬著心腸繼續講下去，我指出愛彌兒缺乏溫存而使他臉兒羞得通紅，我相信蘇菲是願意承擔條約中的她那一份義務的。我故意挑她說話，而大家都知道，她是不敢向我說假話的。愛彌兒顯得不安，注視著他年輕妻子眼睛的表情；他從她慌亂的神情中看出一種嬌媚的羞態，從而深深相信他是可以信賴她的。他跪在她的腳邊，歡天喜地地吻著她向他伸出的手，並且發誓說，他除了已經發誓忠實於她以外，還放棄他對她的一切權利。「親愛的妻子，」他對蘇菲說道：「正如妳現在是我的生命和命運的主宰一樣，請妳也主宰我的一切歡樂。即使妳硬不給我快樂，因而使我死去，我也願意把我最可貴的權利交給妳。我不需要妳對我處處殷勤，我需要的是妳的一片眞心。」

誠實的愛彌兒，你放心吧！蘇菲這個人是非常的豪爽，她絕不會讓你因爲對她慷慨反而成爲犧牲品的。

晚上，當我準備離開他們的時候，我以儘量嚴肅的語氣向他們說：「你們要記住：你們兩個人都是自由的，你們之間根本就不存在什麼夫婦的權利問題。你們要照著我的話做，彼此不要在表面上假意順從。愛彌兒，你現在願不願意同我一起回去？蘇菲是允許你同我一塊兒回去的。」愛彌兒很不高興，想反對我。「蘇菲，妳的意見呢？我可不可以把他帶走？」這個撒謊的女子紅著臉兒說：「可以。」多麼令人歡喜的甜蜜謊話啊，它比眞話還好！

第二天……人們對喜氣洋洋的景象不再感到興趣了，不良的惡習既敗壞了他們的心，也敗壞了他們的審美力。動人的事情他們感覺不到，可愛的事物他們看不到。你，爲了描寫肉體的快樂，只知道去想像這兩個幸福的情人怎樣沈浸在甜蜜之中，你想像的這幅情景是很不完善的！你只描繪了其中最簡單的那一部分景象，而最細膩的快樂神情，在你的圖畫中是一筆也看不到的。啊，你們當中誰觀察過美滿地結成一對夫婦的年輕人，第二天離開他們新床的時候，在困倦而純潔的目光中還流露著他們剛剛才嚐到的迷人的美，還流露著可愛的天眞，流露著表明他們這一生要偕同到老的極其可貴的信心！這才是人心最感到神往的東西，這才是肉體快樂的眞正圖畫；你已經看見過一百次，可是你就不能夠把它認出來，因爲你那僵硬的心是不愛這種情景的。蘇菲顯得又快樂又穩重，在她母親的懷抱裡度過白天的時光，在她丈夫的懷抱裡度過了黑夜之後，在母親的懷抱裡休息是很舒適的。

一天以後，我發現了某種變化，愛彌兒故意做出有一點兒不滿意的樣子；不過，從這種假裝的神情中，我注意到他那種急躁的心情顯得很溫柔，而且明明顯得是出於服從對方的意願，所以我料想這當中並沒有什麼不愉快的事情。至於蘇菲，她比前天更顯得高興，我在她的眼睛中看出了一種滿意的神色，她使愛彌兒入了迷，她簡直是在捉弄他，逗他生氣。

這個變化是不容易看出來的，但還是沒有逃過我的眼睛；我感到不安，我私下去盤問愛彌兒；原來，使他很感歉然的是：前天夜裡，儘管他再三請求，蘇菲都不答應他跟她同睡一床。這個威嚴的女人急於要行使她的權利。我要他把經過的情形談一下；他說，他曾經苦苦地哀求，但蘇菲卻拿他開玩笑；最後，她看見他快要生氣的時候，才用充滿了溫柔和愛的目光看著他，拉著他的手，用動人心弦的聲音說了一句「忘恩負義的人！」愛彌兒是這樣的愚蠢，竟一點也不懂得她說這句話的意思。至於我，我當然是明白的。我離開愛彌兒，又私下去盤問蘇菲。

我向她說：「我已經看出他這樣任性的原因。其實，再沒有人比愛彌兒更溫柔的了，然而也沒有哪一個人是像他那樣不善於使用他的溫情。親愛的蘇菲，妳放心吧！我給妳的是一個男人，妳要把他當作一個男人來看待，妳已經得到了他青春的精華；他從來沒有把他的青春浪費於別人，而將來，他也要永遠為妳保存他的青春。」

「親愛的孩子，我需要把我前天在我們三個人中間所講的話解釋一下。妳也許從其中領會到了一種控制你們快樂行為的辦法，以便使妳們的快樂能保持長久。啊，蘇菲！我所說的那一番話還有另外一個我勞心苦思地想達到的目的哩。愛彌兒在成為妳丈夫的同時，也就成了妳的首領；妳應當服從他，這是大自然這樣安排的。如果說婦女們都像蘇菲的話，叫男人聽女人的話，那當然是很好了，這也是符合自然法則的；我之所以要妳對他的行樂加以節制，是為了使妳能夠像他作為男性而控制妳的身子一樣地控制他的心，這是需要妳花很多心血才能做到的。但是，如果妳能夠控制妳自己的話，妳就能夠控制他了；從這幾天的經過來看，我認為妳是有勇氣採取這樣一個困難做法的。如果妳過了相當時候再給他一次恩情，使他覺得妳的恩情很珍貴、很稀罕，如果妳能夠把妳的恩情運用得很適宜，妳就可以藉愛情的力量而長久地控制他了。如果妳想看到妳的丈夫拜倒在妳的腳下，妳就要始終使他同妳的身體之間有一點距離。不過，在妳嚴肅的做法中，要帶一點兒羞怯，千萬不能任性，要使他覺得妳是穩重而不是胡鬧。妳要注意的是：在控制他的愛情的同時，不要使他對妳的愛情產生懷疑。妳要透過妳的恩情而使他愛妳，妳要採取拒絕的辦法而贏得他的尊敬；要使他讚美他妻子的貞潔，但是不要使他抱怨他的妻子太冷淡無情。」

「我的孩子，這樣，他就會對妳寄予信任，聽從妳的意見，有事和妳商量，凡事不和妳研究就不做決定。這樣，妳才能夠在他越軌的時候喚起他的理智，很溫存地說服他，使他回到正路；為了使妳對他有用，就需要使妳在他看來可愛，要使用嬌羞的美態去達到道德的目的，要使用愛情的力量去增益理智的行為。」

「不要做到了以上幾點，妳就認為這個辦法始終是有效的。不管妳多麼小心謹慎，愉快的事情最終還是要使快樂的心逐漸消失的，所以最需要注意的還是愛情。當愛情經過很長的時期之後，就會產生一種彌補愛情空隙的美好習慣；享受了情欲的美妙樂趣之後，就會產生深厚的信任。孩子們將在給予他們生命的兩個人之間建立一種甜蜜而且比愛情本身還牢固的聯繫。即使妳不再是愛彌兒的情人，但妳是他的妻子和朋友，是他的孩子的母親。所以，不要再採取妳原來那種矜持的態度，而應當在妳們之間建立最親切的情誼，不要再同他分床而睡，不要再拒絕他，不要再任性。這樣，妳就會變成他自己的半個身子，使他不能夠沒有妳，使他一離開妳就覺得是離開了他的本身。妳在妳父母家中的時候，把他們的家管理得很有條理，使家庭生活很有樂趣，現在也要把妳自己的家管理得像那個樣子。當一個男人在他家裡感到很快樂的時候，他是一定會愛他的妻子的。妳要記住：如果妳的丈夫在妳的家中生活得很幸福，妳也必然會成爲一個幸福的妻子。」

「至於目前，不要對妳的情人這樣嚴肅，他是値得妳去殷勤待他的；如果妳嚇他的話，他是會生氣的；不要因爲照顧他的健康而犧牲了他的快樂，而妳自己也是應該享受妳的快樂。妳千萬不要讓他產生厭惡的感覺，不要讓他有打消欲望的念頭；妳不要爲拒絕他而拒絕他，而只能在妳爲了使妳給他的恩情更有樂趣才採取拒絕的做法。」

然後，我把他們兩個人找在一起，我當著她面向她年輕的丈夫說：「你應當好好地忍受你自己願意承擔的枷鎖，你應當採取良好的行爲，才能使你承擔的枷鎖輕鬆一些。你特別要爲了恩情而作出犧牲，不要以爲用發脾氣的辦法就可以使對方愛你。」要恢復和平是一點也不困難的，每一個人都可以猜出他們達成和平的條件。他們互相親了一個吻，從而便簽訂了他們的和約；簽完和約以後，我便向我的學生說：「親愛的愛彌兒，一個男人一生當中都需要別人給他的忠告和指導，我已經盡了我最大的力量把我對你的義務一直履行到現在；到這裡，我這耗費了許多歲月的任務便結束了，而另一個人便應該從這裡開始把這個任務承擔下去。今天，我便放棄你賦予我的權威，今後，管理你的事務的人就是她了。」

最初那種樂得發迷的心情逐漸地平靜下來，讓他們安安靜靜地享受他們這種新的生活環境的美。快樂的情人，可敬的夫婦！爲了讚頌他們的德行，爲了描寫他們的幸福，便需要敘述他們一生的歷史。當我一再在他們身上看到我工作的成績時，我的心高興得怦怦地跳了起來！我曾經多次把他們兩個人的手握在我的手裡，從心底裡熱烈地感謝上帝！我曾經多少次吻過他們兩人互相握著的手！他們快樂的眼淚有多少次掉落到我的手上！他們深深地被我快樂的心情所感動，同我一起分享這令人陶醉的樂趣。他們可敬的父母在他們孩子的青春生活中再一次享受到青春的美，他們可以說是在他們孩子的身上再開始生活一次，或者說得更確切一點，他們第一次認識到了生命的價值，他們詛咒他們過去的財富沒有讓他們在年輕的時候享受到這樣美妙的生命。如果說在這個世界上確有幸福存在的話，那就應當到我們所居住的地方去尋找了。

過了幾個月，有一天早晨，愛彌兒走進我的房間，擁抱著我說：「我的老師，祝賀你的學生吧！我不久就要做父親了。啊，我們即將擔負多麼艱巨的責任，我們是多麼地需要你呀！不過，我絕不要你在撫養了父親之後再撫養他的兒子！除了我以外，我絕不讓另外一個人來承擔這樣一個如此神聖和如此可貴的責任；即使我能夠像我的父母爲我選擇老師那樣地爲他選擇一個老師，我也不願意把這個任務交給別人！但是，我希望你仍然是繼續做我們這樣年輕的老師的老師，指點我們，教導我們，我們將乖乖地聽你的話。只要我活著，我就是需要你的。我比以往任何一個時候都更需要你，因爲現在我已經開始承擔成人的任務了。你已經完成了你的任務，請你指導我學習你的榜樣；你好好休息吧，現在應該是你休息的時候了。」

附錄

愛彌兒和蘇菲

或

孤獨的人

書柬一

我生活得很自由，我的生活很幸福，啊，我的老師！你給我培養了一顆能感受幸福的心，你使我得到了蘇菲；在一個興旺的家庭中，不僅充滿著甜蜜的愛和洋溢的友誼，而且還充滿著父親對子女的慈祥。這一切表明我的生活是很幸福的，表明我將得到一個愉快的晚年，能夠無牽無掛地死在我子女的懷抱裡。唉！這充滿快樂和幸福的時刻，這使人展望將來便覺得現在是十分美好的時刻，這使我的心在無限快樂的情景中每天每日都陶醉於一個百年至福的時刻，變成了什麼樣子呢？所有這一切都像夢幻似地消逝了。在我年紀尚輕的時候，我便失去了一切，失去了我的妻子、孩子和朋友，失去了所有的一切，甚至失去了和同胞的聯繫。我的心已經被它依依不捨的東西撕得粉碎了，在所有這一切當中，它只有極其微小的一點點依戀了，只淡淡地還愛著那雖無樂趣但也無所悔恨的生命了。如果在我失去了一切之後，我還能活一個很長的時期的話，我必然是孤孤單單地老死的，而且在死的時候，身邊連一個人的影子也見不著的；那時候，只有上帝來闔上我的眼睛了。

既然是這樣，誰還能使我對這可悲的生命（我沒有愛它的理由了）操什麼心呢？然而，由於對往事的記憶，由於生活在這個世界的秩序中而感到的安慰，我不能不毫無怨言地服從這永恆的裁決。我死在我所喜愛的一切事物中，我不急不躁和無憂無慮地等待著我的餘年同我失去的生命再結合起來。

可是你，親愛的老師，你怎樣生活的呢？你還能和你的愛彌兒一起死在這茫茫的土地上嗎；或者，你是不是已經和蘇菲一起安居在那薈萃著正直的人的地方呢？唉！不管你在什麼地方，你都是因爲我而死的；我的眼睛再也看不到你了，可是我的心無時無刻不想念你。只有在嚴酷的需要如此無情地使我感覺到它的壓力，而且使我除我自身以外全都失去以後，我才清楚地認識到你對我的教育意義。我現在是孑然一身，失去了所有的一切；然而，我仍然是原來那個樣子，灰心失望的事不能消滅我這個人。這幾頁書信也許是達不到你眼前的，我也未抱有它們達到你眼前的希望；毫無疑問，它們在未得到任何一個人的閱讀以前就會毀掉；不過，沒有關係，我把它們寫出來，我把它們收在一起，我繼續寫下去。我的信是寫給你的，我是向你追述那既培養了我的心，然而也使我的心爲之傷感的珍貴記憶；我要向你講述我自己，講述我的思想和我的行爲，講述你給我培育的這顆心。我什麼都講，好事、壞事以及我的痛苦、歡樂和我的過失，全都要講，但是我相信，在我所講的事情中，沒有任何一件事情是有辱於你。

我的幸福是享受得過早了，從我出生的時候起，我就開始享到幸福，所以它應當在我死去以前先行結束。我整個的童年時期是過得挺愉快的，是在自由、歡樂和天眞無邪的狀態中度過；我所受的教育同我的遊玩從來沒有分開過。所有的人回想起他童年的快樂時候都是感到很甜蜜的，然而，說到在甜蜜的回憶中想不出任何一件傷心事情的，也許只有我一個人。唉！如果我在兒童時期就死了的話，我就可以說是一個既享受了生活而又不知道生活辛酸的人。

我長成了一個青年人，我仍然過著幸福的生活。當我達到心有欲念的年歲，我用我的感官培養了我的理智；使別人走入歧途的欲念，對我來說正是通向眞理的道路。我學會了如何才能頭腦清醒地判斷我周圍的事物，判斷我應當從我周圍的事物中取得什麼樂趣；我是根據又眞實又簡明的原理去判斷的，權威和他人的議論是不能改變我的看法。爲了要發現事物同事物之間的關係，我就對每一件事物同我之間的關係進行研究，通過兩個已知項，便可以找到第三項；爲了要通過所有一切同我有關的事物去認識宇宙，我只需認識我自己就夠了；把我的地位一加明確，其他的地位就可以找到了。

這樣，我瞭解到最明智的方法是渴求現在的東西，並按照自己的命運去節制自己的心。你告訴我說：「能夠由我們作主的就是這一點，其他一切都是受需要的制約。」同自己的命運拼命鬥爭的人是最不明智的，而且始終是最不幸福的。他對他的境遇所作的種種改變，雖減輕了他的痛苦，但減輕的程度還不如他爲了改變他的境遇而遭受的內心折磨多。他成功的次數是很少的，而且，即使成功，也是得不到什麼收穫的。不過，哪一個有感情的人能夠始終是那樣毫無欲望和毫無依戀地生活呢？這不是一個人，這是一頭牲畜，或者是一個神。由於我不能夠保證我不對所有一切同我有關的事物寄予愛，你便教導我至少對這些事物要有所選擇，教導我只愛最高尙的事物，只愛同我一樣高尙的人，把「我」擴及於整個的人類，這樣，就可以保持我不受我周圍邪惡的欲念侵害了。

由於年齡增長，我的感官也開始活躍起來，它們要求我尋找一個伴侶；你用情感使我感官的火焰趨於純潔；我正是通過促使感官衝動的想像力學會如何抑制我的感官。我還沒有認識蘇菲以前，我就愛她了；這種愛保護了我的心沒有落入邪惡的陷阱，它使我的心對美好和誠實的事物感到樂趣，它用不可磨滅的字跡在我的心中刻上神聖的道德法則。當我最後看到我所崇拜的這個高尚的人，感受到她的魅力時，所有一切令人心醉神迷的美使我的心浸透了一種無法形容的甜蜜感覺。初戀時期的美好日子，甜蜜的日子，但願你們能夠再次地重新開始，充實我今後的整個生命！我是不奢望什麼來世的幸福的。

悔恨是沒有用了！願望是不能實現了！所有一切都完了，都一去不復返了……熱情的愛慕之後，我獲得了我的代價，所有的心願都滿足了。作為她的丈夫，而且始終作為一個情人，我在寧靜的生活中享受到了另外一種幸福，但是，它跟在狂熱的貪欲中享受到的幸福是同樣的眞實。我的老師，你以為你已經瞭解了這個迷人的女子。啊，你簡直是大錯而特錯了！你所瞭解的是我的情人，是我的妻子，可是你並未瞭解蘇菲。她的種種魅力是無窮無盡的，每時每刻她的魅力都好像有所更新，直到她生命的最後一天，我還發現我對她的魅力是不瞭解的。

作為兩個孩子的父親，我把我的時間分別用之於我所鍾愛的妻子和她所生育的可愛孩子；你幫助我為我的兒子實行一種同我所受的教育完全相似的教育；我的女兒，在她母親的教養之下，也在學她母親的樣子。我成天所做的事情，就是經管蘇菲的產業；我已經忘記了我自己的財產，為的是享受我最大的幸福。虛假的幸福！我已經再三地感覺它是變幻無常的。它不過是曇花一現，轉眼就要消失的；當一個人達到最高峰的時候，他馬上就要往下坡走了。家庭的衰敗，是不是由你這位忍心的父親開端的呢？是什麼嚴重的原因使你離開我們，不同我們一起過恬靜的生活呢？我的殷勤侍候怎麼會討不到你的歡心呢？你以完成了你的事業而感到滿足，這我是看出來的，意識到了的，完全相信的。你以我的幸福而感到幸福；蘇菲的溫情照護使你慈父般的心感到十分喜歡；你愛我們，你和我們在一起感到很快樂，然而你畢竟還是離開我們了！如果你不離開我們的話，我也許還要更幸福的；我的兒子也許就會活著，或者說別人就不會來葬送他的生命。他賢良可愛的母親也不會離開他父親的懷抱。你的隱退給我造成了嚴重的後果，使我不斷遭到可怕的命運打擊！不，在你的監護之下，罪惡和痛苦是不會來到我家的；由於你離開了我家的，你給我造成的痛苦遠比你給我這一生創造的幸福多得多。

老天爺不再保佑你不居住的這個屋子了。痛苦和悲哀的事情一個接著一個地不斷發生。在短短的幾個月中，蘇菲的父親死了，母親也死了，最後，她的女兒，她盼望了許久才生育的這個美麗的女兒，她當作寶貝看待的這個女兒，她願相伴一生的女兒，也死去了。最後這個打擊，使她堅毅的心受到動搖，而且終於完全消失。到這個時候爲止，由於在孤獨中過著滿意和寧靜的日子，她還不知道生活的辛酸，她還沒有使她聰敏善感的心具備抵抗命運打擊的武裝。親人的死是她遇到的頭幾件痛苦的事情，然而這只不過是我們痛苦的開始。她成天流著眼淚，她女兒的死，使她對她母親的死更感到傷心；她悲哀地時而呼喚她的女兒時而呼喚她的母親；她每到一個曾經同她們天眞無邪地親密相處的地方，她都要呼喚她們。所有一切能夠引起她回憶她們的事物，都使她感到傷心。我決定使她離開這個令人悲哀的地方。我在首都有一些事情需要處理，這些事情我以前是不打算去辦的；我建議她跟她的一位女友一起到首都去，這位女友是我們的鄰居，要到首都去同她的丈夫在一起。她贊同我的建議，以便不至於和我分離，不過她並沒有瞭解我的動機。她的心是太痛苦了，必須得到平靜。只有分擔她的悲傷，和她一起哭泣，才能使她得到一點安慰。

在走近首都的時候，有一種我從來沒有經驗過的可怕感覺使我爲之震驚。我心中湧現了許多不祥的預感，我所看見的一切景象，我從你口中聽到的關於大城市的一切看法，使我一想到住在首都便感到膽寒。我害怕把我們如此純潔的一對夫婦曝露在那些將敗壞我們關係的危險前面。當我看到憂鬱的蘇菲，當我想到是我自己把這樣賢良和這樣美麗的妻子帶進這處處都將使她失去天眞和快樂的偏見和罪惡的陷阱，我便爲之戰慄。

然而，由於我對她和對我自己深具信心，便忽視了這樣一個要我事事必須謹愼的預感，把它看作是沒有意義的；我一方面爲這預感所苦惱，一方面又把它當作無稽的夢幻。唉！我沒有想到不久之後果然就成了無情的事實。我雖然不是有意到首都去尋求危險，然而在首都卻處處有危險跟在我的身邊。

你對我們在這個不良的城市中所度過的兩年時間，對居住在首都沾染的毒素給我的心靈和命運帶來的嚴重後果，作怎樣的估計呢？你對這個悲慘的結局必然是十分清楚的。這種結局在快樂的日子裡未露端倪，而在今天回憶起來，倍加感到傷心，因爲它使我想起了造成這些傷心之事的根源。我對人的殷勤，使我同一些人取得了密切的聯繫，久而久之便同他們結成了朋友，這樣一來，就使我這個人有了很大的變化！你曾經使我的心具備了很好的武裝，使它能夠抵抗他人行爲的影響，不去學他人的樣子，然而他們怎麼會終於使我在不知不覺中去喜歡那些在我的青年時期不屑爲之的無聊事情呢？我懷著其他的目的去看待這些事情，同心有專屬的時候去看待這些事情，其間是有多大的差別啊！現在，我活躍的想像力不再像從前那樣只追逐蘇菲了，不再像從前那樣厭惡那些不像她的人了。我不再追逐她，我已經占有了她；當我年輕的時候，我覺得她的美使其他的人大爲遜色，而現在我覺得她的美使其他的人也同樣美起來了。不久以後，我對那些人也感到欣賞，因而我的鑑賞能力便大大爲之降低。正因我的心思一點一點地花費在那些無聊的事情上，我的心在不知不覺中便失去了它原來的活力，變得沒有熱情和力量了。我懷著不安的心情享受了這種樂趣又去享受那種樂趣；我追逐一切，然而我也厭惡一切；我只有在我失去了本來面目的時候才感到快樂，我爲了得到快樂，就糊裡糊塗地過日子。我感覺到了一種巨大的變化，然而我也不願意承認這種變化是危險的；我不讓我自己有片刻的反省時間，怕的是在反省中再也認不得我自己了。我對一切人都沒有那麼迷戀了，我對一切人的愛都冷淡了，我信口開河地空談感情和道德而不談眞理了。我成了一個缺乏溫情的風流紳士，成了一個缺乏美德的禁欲者，一個做傻事的智者。在我的身上只保留著你的愛彌兒的名字和某些語言。我坦率的心、我的自由、我的歡樂、我的天職以及我的兒子、蘇菲和你，所有這些，在從前都激勵著我的心靈，使我的生活達於至善，而現在，卻逐漸逐漸地同我分離了，從而使我自己也好像在背離自己，在我消沈的心靈中只留下一種空虛和紛亂的感覺。最後，我什麼也不愛了，或者說，我覺得我沒有什麼可愛的了。可怕的火焰，表面上看起來好像是熄滅了，原來它是掩蓋在灰燼下面，爲的是在不久之後以空前兇猛的火勢更熾烈地燃燒起來。

變化之大，簡直是想像不到的！使我一生感到光榮和幸福的她，怎麼竟會成爲我生活中的恥辱和失望呢？我怎樣來描述這如此可悲的誤入歧途呢？不，我的筆和口絕不去敘述那些醜惡的情節；這會損壞留在我心中的這個最莊重的婦女的形象，是令人想起往事就感到難過和害怕的，是使人對美德缺乏信念的；也許我還沒有把它寫完，我就死一百次了。社會的風氣，惡習和他人行爲的引誘，虛僞的友情陷害，人類心靈的脆弱和變化無常，我們當中誰經受得住這種考驗呢？唉！如果說蘇菲也使她的美德蒙受了污點的話，哪一個婦女還敢相信她自己的品德呢？一個人要有多麼獨特的性格，才能在走了那麼遠的歧路之後，又回頭保持他從前的樣子！

我要向你敘述的，是你獲得新生的兒女。他們所有的不正當行爲，你是知道的，因此，我在這裡只談一下促使他們認識前非和能夠把前後經過加以連貫的事情。

蘇菲得到了安慰，或者說得更確切一點，被她的女友拉去參加的社交活動分散了心，從此以後，她再也不喜歡那種深居簡出的生活；她把她死去的親人完全忘記了，她把還活在她身邊的人也忘記了。她的兒子一天天地長大，也不像從前那樣依賴她，而母親也學會了如何擺脫兒子的拖累。至於我自己，我也不再是她的愛彌兒，而僅僅是她的丈夫了；在大城市中，一個誠實的婦女在公開的場合對她的丈夫是很端莊的，可是私下裡是見不到她有端莊的樣子。日子一久，我們這幾個人也是這樣做法了。我們在不知不覺中都變了。我們兩個人彼此都在想遠遠地避開對方的監督，以便愛怎麼活動就怎麼活動了。我們再也不像從前那樣結合成一個人，我們是兩個人了，因爲社會的風氣使我們互相分離，我們的心再也不互相親近了，只有我們在鄉下的鄰居和城裡的朋友來看我們的時候，我們才偶爾聚在一起。那個女人常常向我暗送秋波，而我也確實是苦苦地克制自己才抵住了她的引誘；此後，由於她看見對我無法可想，便反過去專門親近蘇菲，同蘇菲形影不離。她的丈夫同她是常常在一起的，因此同我的蘇菲也常常在一起了。他們的外表是很規矩和正派的，但是他們所奉行的行爲準則卻是令人十分害怕的。他們之所以相處得很和諧，其原因不是由於他們有眞正的愛，而是由於他們對各自應盡的本分都同樣地漠不關心。由於他們把夫婦間的權利看作是無所謂的，因此他們認爲讓每一個人無拘無束地隨興趣去玩，反倒能夠使他們更加相愛，認爲彼此都不約束，反倒能夠互不干擾，河水不犯井水。「我的丈夫生活得很快樂，對什麼都感興趣。」這句話就是那個女人說的！「我把我的妻子看作是一個朋友，我這樣才感到高興。」這句話就是那個男人說的。他們還說：「我們的感情不取決於我們，但是我們的做法是由我們決定的：每一個人都盡可能使對方感到快樂。我們親愛的人愛怎麼就怎麼，還有什麼辦法比這樣做更能對我們所愛的人表示愛呢？這樣就可以免得那樣躲躲藏藏的了。」

這種毫不隱晦的做法，使我們感到害怕。但是，這一點是我們不知道的，即：熱情的友誼將使我們放鬆對某些事情的注意，而這些事情，在沒有友誼的時候是會引起我們反感的；我們還不知道：這樣一種極其投合人心的邪惡說法，將使我們把我們的心思、行爲、端莊的外表，把我們的自由、誠懇和信念，全都犧牲於我們無法控制的情感，犧牲於使人痛苦和對雙方都沒有好處的秘密義務；我們不知道：當兩個人已離心離德的時候，這樣一種維繫結合的方法，對天性善良的人是有其魅力的，是能夠在「達觀」這個詞兒的掩蓋下引誘人的，如果沒有良心的幫助，即使有理智，也很難保護自己不受它的危害。正是這個緣故，蘇菲和我才羞於表現我們已不再具有的殷勤。這兩個男女把我們征服以後，就肆無忌憚地彼此侮弄，而且以爲他們這樣做是在彼此相愛；然而，由於蘇菲和我從前是互相尊重的，這種互相尊重的態度我們是不能拋棄的，因此，我們在做有辱對方的事情時，還不能不互相躲避。當我們表面上顯得彼此是一個累贅的時候，我們實際上是比那形影不離的人更結合得緊密。然而，當我們到了互相侮弄也用不著迴避的時候，那就表明我們永遠也不能夠再互相親近了。

當我們之間的疏遠達到最明顯的程度時，情況也一下子起了變化，而且變得很奇怪。蘇菲突然間足不出戶，不同人相往來，其情形同她在此以前的貪玩好樂恰成對比。她的心情一向是不平衡的，現在更是變得成天憂憂鬱鬱的了。她從早到晚都待在她的房間裡，既不說話，也不哭泣，對誰也不理睬，更不許任何人去打擾她，甚至連她那位女友她也不願意見面了。她把這一點告訴了那個女人，而且在那個女人來看她的時候，她表現得很不耐煩，雖然她沒有表示拒絕；她不止一次地請求我爲她擺脫那個女人。我批評她這種任性的做法，我認爲這是出於嫉妒的心理；有一天，我還以開玩笑的方式向她表明我這種看法。「不，先生，」她冷冷淡淡地但語氣是很果斷地說道：「我是一點也不嫉妒的，不過，我很厭惡那個女人，我只請求你幫我做一件事情，那就是不要讓我再看到她。」聽完這些話，我大吃一驚，很想弄清楚她恨那個女人的原因，但是她拒絕回答。她向她的丈夫關上了大門，於是我也只好向那個女人關上大門，從此我們就不再見他們了。

然而她依然是那樣的憂鬱，這使人十分不安。我開始感到焦急：要怎樣才能知道這當中的原因，她爲什麼堅持不講呢？像她這樣一個驕傲的人，是不能用權威去逼著她講的。我們已經有很長一個時期彼此都不互相信任了，所以，她不向我吐露她心裡的話，我是一點也不覺得奇怪的。必須取得她的信任。不論她令人惋惜的憂鬱樣子是不是能感動我的心，也不論我心裡的創傷是不是能如我想像的那樣得到醫治，我覺得這樣做對我是沒有任何損失的，即：對她表示關切，以期最後能打破她的沈默。

我一步也不離開她。可是，儘管我回到了她的身邊，而且表現得極其殷勤，但結果也是徒然，我痛苦地發現，我並未取得任何進展。我想行使我做丈夫的權利，這個權利，我已經有很久沒有行使了，但是我遇到了她堅決的抵抗。不過，她所表現的，不再是那種令人焦急難熬的拒絕，這種拒絕是更能夠使她給予的愛有新的意義；她所表現的，也不是那種婉轉羞怯而是絕對的拒絕，這種拒絕是令人感到愛的甜蜜的，是應當尊重的；她所表現的，是一個意志堅定的人的嚴肅拒絕，她對別人懷疑她，是感到很憤慨的。她著重指出我從前當著你的面所許下的諾言。「即使我做得不對，」她說道，「你也應當尊重你自己，應當永遠遵守愛彌兒的話；你絕不能因為我做了錯事，就認為你有權利違背你的諾言。你可以處罰我，但是你不能管束我；你要明白，我是絕不允許你這樣做的。」對她的話怎樣答辯呢？除了盡力使她屈服，使她受到感動，堅決地戰勝她的頑強抵抗以外，又有什麼法子呢？我的一番努力儘管沒有得到成效，卻激勵了我的愛和我的自尊。要做到以上幾點是很困難的，然而也正因為有這些困難，我心中反而產生了火熱的情感，我認為能夠克服這些困難是一件很光榮的事情。在同她結婚十年之後，在經過這麼一段長時期的冷淡之後，我從來沒有產生過如此激動和熱烈的情感；甚至在我同她初戀的時期中，我也沒有在她跟前流過這麼多的眼淚；然而這一切都沒有一點用處，她依然是絲毫不動搖。

我既感到驚奇也感到痛苦，因為我知道，她這樣的心腸狠硬，是不符合她性情的。我沒有失望，雖說我沒有戰勝她那種頑強的態度，然而我認為我至少在她的態度中發現，她還不是那麼冷淡無情。她也表現了一些遺憾和同情的樣子，從而也緩和了她那種生硬的拒絕語氣；我有時候發現，她這樣做，內心是很難過的；她投在我身上黯淡的目光雖顯得憂鬱，然而不顯得兇惡，還帶有溫柔的神情。我想，正是因為她對那種極端任性的行為感到羞愧，她才未能恢復清醒；而她之所以這樣地任性，是由於她還缺乏申辯的能力，也許只要對她略加強制，就可以使她服從她本來是不願服從的壓力。我抱著這種充滿希望的想法，我滿心高興，覺得我這種想法是很對的，這也是我對她尊重的一種表示，使她在頑抗了這麼久以後，再對我屈服也不覺得爲難。

有一天，我特別地興奮，我既婉轉地對她表示懇求，而且還對她表示熱情的關心，我發現她已經有所感動了，我想獲得完全的成功。她顯得又難過又心情激動，馬上就要屈服了；然而，她的語氣、舉動和神情突然一變，怒沖沖地把我猛然推開，用又忿恨又失望、令人害怕的目光看著我說：「愛彌兒，住手，你要知道，我不再是你的了，我已經和另外一個人同宿過了，並且已經懷孕了；你在我這一生都不能再接近我的身子了。」她說完就猛地衝進她的房間，把房間的門關上了。

我驚得呆若木雞……

我的老師，我在這裡敘述的，並不是我生活中所經歷的事情，這種事情是不值得寫下來的；我所敘述的，是我的欲念，我的感情，我的思想。我應當詳詳細細地敘述一下我的心從未經歷過的極其可怕的變化。

身體和心靈的巨大創傷在當時是不痛苦的，它們並不是即刻就令人感到難過的；天性之所以那樣恬靜，爲的是可以忍受猛烈的打擊，而且往往是在受了致命的打擊以後，要好久好久才開始感覺到受了創傷。見到這種預料不到的情景，聽到這種不堪入耳的話，我一動不動地待在那裡，好像死了似的；我閉著眼睛，連血管裡也感到一陣寒冷；儘管我沒有昏倒，然而我的感官全都停止活動。我所有的各種器官的機能也陷於麻木，我破碎的心簡直是一片混亂，像舞臺上改換新布景時那樣混亂。

我不知道我這樣地在那裡待了多久，我依然跪著，幾乎連動也不敢動一下，生怕把剛才經過的情形不當作一場夢幻。我很願意這種昏迷的狀態長久地持續下去。我終於清醒過來，這時候，我的第一個感覺是：我對周圍的一切感到害怕。我突然站了起來，衝出房間，跑下樓梯，什麼也不看，也不向任何人說一句話；我走出屋子，大步大步地向前走去，宛如一隻已經被箭射中腰部的鹿，帶著箭向前飛奔，以為快快地逃跑，就可以不至於被箭射著似的。

我這樣地向前跑去，不僅在路上停也不停一下，而且還始終保持那樣的速度，一直跑到了一座公園。天空的陽光使我感到難受，我尋找著樹蔭；最後，我連氣也喘不過來了，像一個半死的人一樣倒在一塊草地上……「我在什麼地方？我變成什麼樣子了？我聽見的是什麼話？多麼可悲的結局！愚蠢的人啊，你在追逐什麼幻影？愛情、榮譽、忠誠和美德，你們在什麼地方？高尚的蘇菲竟是一個無恥的女人！」我在心情激動的情況下說出了這些感歎的話，跟著就感到心如刀割，哽哽咽咽地連喘息和呻吟的聲音都發不出來了；即使是不一再地忿怒不息，我這樣突然地心情激動，也一定會使我窒息的。啊，誰能夠分析和解釋這羞愧、愛、忿怒、悔恨、溫情、嫉妒和極度的失望使我同時產生的錯綜複雜的心情？不，這種情景，這種心亂如痲的樣子，是無法描寫的。歡欣喜悅的心情是一種均勻的衝動，它可以擴展和純潔我們的人生，所以是容易想像的。但是，當過度的悲傷把地獄的種種怨恨集中到一個可憐的人的心裡的時候，當千百種煩惱的事情碎裂了他的心，而他竟連其中的一件事情也弄不清原委的時候，當他感覺到自己被種種力量拉向相反的方向，從而被撕得粉碎的時候，他就不再是一個單獨的個體了，在每一個痛苦的時刻，他都是一個完整的個體，似乎他正是為了受苦才變成許多的個體似的。我的情況正是這樣，而且一直延續了好幾個鐘頭。這種情形怎樣描繪呢？我不打算長篇累牘地敘述我每一個時刻的感受。幸運的人啊，在你們狹小的靈魂和冷漠的心中是只能看到境遇的變化無常的，是只能產生低級趣味的欲念，即使你們能夠理解我這種可怕的夢幻似的情景，你們也永遠不能體會那顆能感受高尙的眷戀之情的心，在斷絕了這種情誼時所感到的劇烈痛苦！

我們的力量是有限的，一切激烈的心情總是有間歇性的。當我的心爲了忍受痛苦，趁體力疲竭而休息片刻的時候，我突然想起了我的青年時期，想起了你，我的老師，想起了我所受的教育；我想到我是一個人，我馬上問我自己：「我的身體受了什麼創傷？我犯了什麼罪？我本身有何損失？如果在這個時刻，像我現在這個樣子，我意想不到地又開始了一番生活，我還是一個可憐的人嗎？」這個想法勝似閃電地在我的心中投下了一道光明，儘管它轉瞬之間又歸於消逝，但它已足夠使我重新對自己有一個認識。我清楚地認識到了我所處的地位，這剎那之間的理智，使我瞭解到我還是缺乏推理的能力。由於我的心靈是十分的激動，因此對任何一件事物都無暇分析；我已經失去了觀察、比較和研究的能力，我對任何事物都不能做出我的判斷了。老是在那裡空想我應該做什麼，這等於是在使自己白受罪。這樣加深自己的痛苦，是沒有什麼好處的，我唯一應該做的事情是：爭取時間，使我的意志得到堅強，使我的幻想回復平靜。如果你當時在場親身指導我的話，我想，你自己也只能採取這種做法的。

既然我不能夠克服我狂烈的心情，我就決定讓它儘量發洩，我瘋狂地聽任這種心情的擺布，然而在我的瘋狂中也帶有幾分不知道是從哪裡產生的興奮，好像是決心要悲傷就悲傷個痛快似的。我一下就站了起來，像方才那樣向前走去，然而卻沒有一定的路線；我奔跑，向東跑一會兒又向西跑一會兒，我讓自己受我自己激動心情的驅使；我自由自在地按照我的想法跑，我跑得氣也喘不過來了；由於我時而哀嘆時而悶悶地吐一口氣，我有幾次差一點兒窒息了呼吸。

我這樣急急忙忙地向前奔跑，也許可以使我感到麻木，減輕我的痛苦。激烈的情緒使人出自本能地發出叫聲和做出種種的舉動，使精神得到舒暢，心情爲之轉移；只要一個人在動著，他就處在興奮的狀態中，靜靜地休息，倒是十分可怕的，因爲這表明他已經到了心灰意亂的邊緣了。當天晚上，我從這兩種情況的差別中得出了一個可笑的看法：曝露瘋狂和人間痛苦的種種行爲，會不會引起人們取笑那個受瘋狂和痛苦折磨的人。

我不知不覺來回地走了千百次，最後來到了城市的中心，我發現周圍都是華麗的馬車；這正是看戲的時候，在這條街上有一個戲院。如果不是有一個人拉我一下胳臂，叫我當心危險的話，我會被亂跑的馬車軋死的。我跑進一個打開著門的屋子，這是一家咖啡館；我的近旁都是一些相識的人，他們向我說話，把我拉到了什麼地方，我也不知道。一個樂器的聲音和一道燈光使我震動了一下，我又清醒過來，我睜開眼睛注意地看，我在一個戲院的大廳裡，這一天正演一場新戲，大廳裡擠滿了人，戲已經演到了尾聲，觀衆已快要走出去了。

我戰慄，但是我拿定了主意。我一句話也不說，我保持安詳，不管要費多大的勁才能做出這種安詳的樣子，我也要這樣做。人們鬧鬧嚷嚷的，說個沒完沒了的；他們向我說話，我什麼也不聽，我有什麼可回答的呢？但是，在那些把我拉到這裡來的人當中，有一個人偶然提到了我的妻子的名字，一聽到這個嚇人的名字，我立刻發出了尖銳的叫聲，使整個大廳的人都聽見，喧嘩起來。我立刻鎭定，大家又都安靜了。然而，由於我的叫聲引起了周圍的人注意我，我就想找機會逃跑；我逐漸逐漸地走近門邊，終於在戲還沒有演完以前走出去了。

我走上了大街，我無意識地抽出我在戲院的時候揣在我懷裡的手，我發現我的手指上沾滿了血，而且，我似乎覺得血正在我的胸膛上流著。我解開胸口的衣服，我發現我的胸膛宛如我胸中的心一樣，已經破裂，正淌著鮮血。可以想像得到：一個花了這麼大的代價才保持安詳的觀眾，對他剛才所看到的戲，是不能夠做出良好的判斷。

我急忙地逃走，生怕又被人家碰見了。趁黑黑的夜色正好逃走，我又開始從這條街走到那條街，好像要這樣才能補償我剛才所受到的那一番拘拘束束一點也不自在的損失，我不停地走了幾個小時，最後由於我幾乎連站也站不穩了，由於我發現已經走到我的住宅附近，我才回到自己的家，然而這時候我的心仍然是怦怦地跳著；我問我的兒子在做什麼，他們告訴我說他已經睡了；我一句話也不說了，我嘆息；家裡的人想向我說話，但是我制止了他們；我倒下床去，吩咐他們都去睡覺。我休息了幾個小時，然而休息時候的情況是比昨天夜裡的激動情形更爲糟糕的；休息了幾個小時以後，天還沒有亮我就起床了；我一聲不響地走近蘇菲的房間，在那裡，我未能久停，我懷著可羞的懦弱的心情把蘇菲的門檻吻了又吻，在上面灑滿了我的眼淚；然後，像一個罪人似的，又害怕又十分小心地離開她的房間，走出我的住宅，決心我這一生也不再回去。

我瘋狂愚蠢的行爲是很激烈的，不過，爲時不久，到這裡就結束了，我又恢復了清醒。我認爲我這樣做是做得對的，即：在我無法克服我的情緒的時候，我就屈服於它，以便讓它有了某種發展以後，再對它進行有效的控制。我剛才經歷的那種衝動，使我變得易動情感，我前此的忿怒心情，到現在變得很憂鬱了；我開始在我內心深處發現，這沈痛的悲哀已經用不可磨滅的字跡刻在我的心中了。我繼續向前走去，我要離開這可怕的地方；儘管我行走的速度沒有昨夜快，但我一步也沒有回頭。我走出這個城市，順著我所見到的第一條大路走去，我的步子又慢又不穩當，表明我已經是神思恍惚，心意消沈了。隨著陽光愈來愈照亮眼前的景物，我好像看見了另外一個天，看見了另外一個地，看見了另外一個宇宙，因爲對我來說，一切都變了。我不再是昨天那個樣子了，或者說得確切一點，我再也不存在了；我感到悲哀的，正是這種眞正的死亡。啊，爲什麼會有那麼多甜蜜的回憶湧入我悲哀的心，爲什麼硬要它回想起那麼多可愛的形象，從而使它深深地陷入無益的悔恨呢？我過去的種種歡樂，使我對我的犧牲更感到痛心，它在今天給予我的痛苦，比它過去給予我的肉欲享受多得多。唉！從過度的快樂一下就轉移到過度的悲哀，不讓你作片刻的準備，就要越過那長長的距離，誰能說出這樣一種前後對照的景象是多麼可怕嗎？昨天，就在昨天，當我依偎在我所鍾愛的妻子身邊時，我可以說是人類當中最幸福的人。是愛情促使我服從她的法律，使我從屬於她，她之所以有暴君似的威力，是由於我的溫情造成的，我甚至以她對我嚴酷而感到快樂。我爲什麼不在這可愛的情景中度過幾個世紀，始終是那樣地尊敬她，那樣地鍾愛她，在她的暴虐之下呻吟，想折服她而又不可能，我不斷地向她請求、哀告、訴願，但從來沒有達到過我的目的！這樣的時刻，這使人等待它去而復來、充滿著空幻希望的迷人時刻，也相當於我占有她的那一段時間一樣的珍貴。可是現在，她恨我了，她對我變節了，使我蒙受恥辱了，使我沒有希望和辦法了，使我甚至於不敢抱什麼心願了……我感到恐懼，因此我要尋找一個能夠代替那曾經令我如此迷醉的對象。把蘇菲想像得很卑鄙下賤，誰的眼睛能忍心看這個褻瀆的形象？我最感到痛苦不堪的，不是我遭受了不幸，而是在不幸的事情中看到了那個造成這種事情的人的羞愧樣子。我唯一不忍心觀看的就是這幅令人心酸的圖畫。

昨夜，由於我的心情極端痛苦，才使我沒有想到這可怕的情景；我除了忍受以外，就不想別的了。但是，隨著我的不幸遭遇一幕幕地湧現在我的心中，遂使我不能不追溯產生這些遭遇的根源，從而也使我不由自主地要回想到那個不祥的人物。在出城的時候，我沒有產生這些想法，這正表明這些想法的傾向是很不正確的。我恨她，這固然使我感到難過，但更使我難過的是，我在恨她的同時，又不能不對她表示輕蔑；最使我痛心的，並不是同她斷絕關係，而是我不能不對她表示鄙棄。

我開頭對她的看法是很壞的。如果一個普通婦女的不忠實行為是罪惡的話，她的不忠實行為又是什麼呢？邪惡的人做了卑鄙的事情也是不認罪的，他們依然是那個樣子，他們根本就不懂得什麼叫羞恥，因為他們也根本不懂得什麼叫高尚。在社交界中與人通姦的婦女，不過是一些風流的女人而已；可是同人私通苟合的蘇菲，那就是一切怪物之中最可惡的怪物了，因為現在的她和過去的她是多麼不同啊；不，再也沒有什麼人的行為是像她那樣卑鄙和罪惡的了。

可是我，我既然指責她，而且有充分的權利指責她，我既然受到了她的污辱，要被她這個忘恩負義的人置之死地，那麼，在沒有對我自己進行批判以前，在沒有弄清我在她所犯的過錯中，哪些事情應當歸咎於我以前，我憑什麼權利對她進行如此嚴酷的批判！你指責她不再像從前那個樣子！啊，愛彌兒！難道說你一點都沒有變嗎？在這個大城市中，我發現你在她身邊表現的樣子和你從前的樣子是多麼不同啊！唉！她之所以不忠實，正是由於你自己不忠實而造成的。她曾經發誓要忠實於你，而你不也是曾經說過你要永遠愛她嗎？你拋棄她，然而卻希望她忠實於你！你輕視她，但是卻希望她始終尊敬你！是你自己的冷淡無情使你失去她的心，你想爲她所愛，你就不應當有任何時候不值得愛。她只是在你違背了你的誓言以後，才學你的樣子違背誓言的；你不對她有片刻的冷淡，她就永遠不會對你變節的。

在你當初遇見她，而且應當讓她永遠在那裡生活的幽靜環境中，她哪裡做過使你抱怨的事呢？你在她的溫存體貼中，哪裡看見過冷淡的表示呢？是她請求你把她帶離那個幸福的地方的嗎？你很清楚，她離開那個地方是感到很傷心的。對她來說。她在那裡哭泣，也比在這個城市中荒荒唐唐地玩樂更舒服得多。她在那裡過著天眞無邪的生活，從而給你帶來了幸福：她愛你勝於愛她自己的心靈寧靜。她想把你留在那裡，可是沒有成功，此後她才拋棄一切來追隨你。正是你把她從安寧和美德薈萃的地方拖進你自己也深深陷入的罪惡和痛苦的深淵。唉！要她始終是那樣的賢淑，要她始終使你過得幸福，那是完全要取決於你自己的。

愛彌兒啊！你已經失去她了，你應當恨你自己而對她表示同情，你有什麼權利輕蔑她？你自己沒有一點可指責的地方嗎？社會生活對你的性情一點影響都沒有嗎？你不對她不忠實的行爲分擔責成，但是，由於你自己也不尊重美德，因此，你的行爲不就是在爲她提供辯詞嗎？在這樣的地方，誠實的事物受到嘲弄，婦女以貞潔爲可羞，婦女愛美德反而受到取笑和懷疑。到這樣的地方來居住，豈不是在鼓勵她不忠實嗎？你不違背信約，信約哪裡會遭到這樣的破壞？你是不是也像她那樣具有既能形成巨大的美德也能形成巨大的弱點的烈火似的氣質呢？你的身體是不是由於追逐愛情而過分地加以裝飾，是不是由於美妙的風姿而易遭危險，是不是由於感官的衝動而易受引誘？啊，這個婦女的命運是多麼値得同情！她要繼續不斷地對別人和對她自己進行多麼多的鬥爭！她需要具有多麼大的不可戰勝的勇氣，多麼頑強的抵抗能力，多麼堅定的英雄氣概！她每天都要經過許多危險才能取得勝利，然而，對於她的勝利，除了老天爺和她自己的良心以外，是沒有其他見證的！多麼美好的歲月就是這樣在痛苦中度過的，不斷地進行鬥爭和取得勝利，但是，只要有一剎那間的軟弱，有一剎那間的疏忽，就會永遠糟蹋那無可指責的一生，就會玷污她的種種德行。不幸的女人啊！唉！一失足就給你和我帶來了許許多多的痛苦。是的，她的心仍然是純潔的，我完全有理由相信這一點，因爲我對她的心是太瞭解了，絕不會不明白這一點的。一個邪惡的女人嫉妒她的美德，用詭計布置巧妙的陷阱去破壞她的天眞，這一點誰曾料到呢？我在她的眼睛中不是看到了悔恨交集的神情嗎？難道不是看到她那麼憂傷的樣子，我才回到她的身邊嗎？難道不是看到她那種痛苦的表現，我才產生體諒的心嗎？一個忠實的婦女是不會那樣矯揉造作去欺騙她的丈夫和以出賣丈夫爲樂的。

我又把她的行爲和她所講的使人震驚的話拿來更仔細地想了一下，我既然看見這個羞怯的女人能夠克服害羞的心而坦率地曝露她所做的事，能夠拋棄那種違背良心的自尊，儘管誰也沒有強迫，也不願意隱瞞她的過錯，不願意用她早已失去了的殷勤態度去掩飾她的過錯，以求保持我的信任和她的名聲，同時還生怕那個不是出自我的骨血的孩子篡取我的父愛，我既然看到這一切，我怎麼能沒有一點感觸！在這不可屈服的高尚勇敢行爲中，我怎麼不欽佩她那巨大的魄力，甘願犧牲榮譽和生命，也不願意爲人虛僞，甚至在自己的犯罪行爲中也表現了道德的勇氣！「是的」，我暗暗歡喜地說道，「儘管是做了不名譽的事，但是，這個心靈堅強的人還保持著她的毅力；她是有過錯的，但是她這個人並不邪惡；她可以犯罪，但是她並不怯懦。」

這樣，我的內心便漸漸地對她產生了一些好的看法，對她的批判就比較溫和和恰當。我不說她做得對，但是我爲她的行爲辯解；我不原諒她對我的侮辱，但是我贊同她坦率的做法。我以這種心情來安慰我自己。我不能夠完全解除我心中的愛，如果心中保持愛而又不珍視愛的話，那是太無情了。當我認識到我還爲她所愛的時候，我的心就感到意想不到的輕鬆。人類對於保持過度的運動是太軟弱了。甚至在極度失望的時候，上帝也給我們以適當的安慰。儘管我的命運很可怕，但是，當我一想到可敬又可憐的蘇菲的樣子，我心裡就感到愉快；我喜歡這樣對她不斷地表示同情。我不僅不像從前那樣空自煩惱，損傷身體，我反而感到甜蜜，以至流下了眼淚。我是永遠失去她了，這一點我是知道的；但是，我至少還敢於想她，敢於對她表示同情，有時候，我還敢於呻吟和嘆息，然而我又不感到赧顏。

我繼續前進，由於這種想法在路上分散著我的心，以致我不知不覺地走了整整一天，到了最後，我終於清醒過來，完全失掉了昨天夜裡的那種怨恨之心；這時候，我感到精疲力竭，極其困乏，需要吃東西和休息了。由於我在青年時期受過鍛鍊，所以我的身體很結實，我不怕餓又不怕累；儘管我的心靈病了，折磨著我的身體，但是，你不僅曾經教導過我要忍耐強烈的欲念，而且還更加注意地教導過我要防止產生這種欲念。我又走了四公里才走到一個村子。由於我差不多有三十六小時沒有吃任何東西了，我便略進晚餐，而且吃得很香；我去睡覺，完全消除了那種摧殘身體的忿怒心情，我高興的是，我敢於想蘇菲，而且正如我所希望的，把她想像得相貌可鄙的時候少，把她想像得值得同情的時候多。

我安靜地睡到天明。憂慮和苦惱是容易使人入睡，讓心靈得到休息的；只有在悔恨交集的情況下，心靈才永遠得不到休息。我起床的時候，精神是十分的平靜，能夠考慮我應該做的事情。這是我一生之中最值得紀念同時又是最痛苦的一段時期。我所有的種種依戀全都破裂或起了變化，我所有的天職也改變了；我對一切都不再像從前那樣地執著了，我可以說是變成了一個新人。重要的是，我必須愼重考慮我應該採取的辦法。我採取了一個臨時的辦法，以便從長考慮今後應該做什麼。我終於走完了到最近的那個城市的一段路程，我走進一個師傅的家，開始幹我會做的手藝活兒，以便等待我心靈的躁動完全平靜，可以觀察事物的本來情形。

我從來沒有像在這樣一種嚴酷的情況中更感覺到我所受的教育的力量了。儘管我生來有一副軟弱的心，對一切都懷抱溫情，容易煩惱，優柔寡斷，然而在起初那一會兒按照我的天性行事以後，我便立即克制自己，儘量冷靜地考慮我目前的處境。我聽從需要法則的支配，不再是那樣白費氣力地怨天尤人了；我讓我的意志忍受那必然的枷鎖約束；我擺脫自己，作爲另外一個人去觀察我的過去；我假定我剛剛誕生，從我目前的境況中得出了指導行爲的準則，而我自己受到了這些準則很大的教益，這樣一來，我便心靈平靜地開始工作，宛如人類當中最快樂的人。

自我的童年時候起，我從你的教導中受益最多的莫過於做什麼就專心於什麼，絕不一邊做一件事一邊又想另一件事，因爲這樣，結果必然是事不成，心也不專的。所以，我白天就專心於工作，夜裡便反躬沈思；我這樣交換地使用我的精神和身體，不僅使我尋出了可行的最好辦法，而且使精神和身體兩者都不感到疲憊。

從第一個晚上起，我就按照昨夜的思想線索考慮我是不是過於把一個婦女犯的罪看作是了不起的事情了，我認爲是我一生的悲慘結局，是不是就是那樣大不尋常，以至値得如此地認眞看待。「當然，」

我心裡想道，「在尊重風俗的地方，婦女們的不貞潔行為是會使她們的丈夫喪失體面的，然而在所有的大城市，在男人更加敗壞反自以為開明的地方，人們會把前面那種看法當作笑話和沒有意義的。」「一個男人的榮譽，」他們說，「決定於他的妻子嗎？他碰上了這種事情就是恥辱嗎？別人幹了壞事怎麼說他不光彩呢？」其他的道德訓條再嚴格也沒有用，這種說法反而似乎更有道理。

此外，不管人們對我的做法的評判如何，我這樣做，難道不是本著我的原則而超然於公衆的議論行事嗎？只要在我的良心上做一個好人，做一個正直和誠實的人，別人對我抱怎樣的看法，又有什麼關係呢？對他人心懷同情就是罪惡嗎？原諒別人對自己的污辱就是懦弱嗎？我應該本著什麼天職來規定我的行為呢？我是從來不把人們的偏見看在眼裡的，難道說最後還要因為別人的偏見而犧牲我的幸福嗎？

即使說這種偏見是有根據的，然而對一個和他人迥然不同的人又有什麼影響呢？一個失去希望的不幸的女人和那些不誠實的女人有什麼相似之處呢？前者只要內心一感到悔恨就會承認她的過錯，而後者是反倒會用謊言和欺騙的方式來掩蓋她們的罪行，不僅不坦率誠懇地承認，反而表現得厚顏無恥若無其事的樣子，甚而把她們丟人的事情拿去矜誇。有惡習的女人，不是違反而是根本輕視她的婦女天職，這樣的女人是不值得敬重的，容忍她就等於是在同她一起做醜事。然而一個婦女雖然是犯了錯誤，但她之所以犯錯誤，是由於過失而不是由於她有那種惡習，而且她已感到悔恨，對於這樣的婦女，是應該憐憫而不應該恨她的，我們可以毫不羞愧地同情她和原諒她；人們所指責她所做的壞事，其本身就可以保證她將來不再做那種壞事。蘇菲雖然是犯了罪，但仍然是值得尊重的，當她表示悔恨以後，她仍然是值得欽敬的；她的心生來就是愛美德的，因此，當她意識到她違反她的本心做事花了多大的代價以後，她就會比從前更加忠貞的；她將同時養成又堅毅又質樸的性格，從而使她能夠保護她的身體，成爲一個可愛的人；由於良心責備而感到的羞辱，將使她驕傲的心變得溫柔，使她從前出於愛我而對我施加的控制不至於再是那樣的專横；她將更加對我表示關心，而不再像從前那樣傲慢；今後，也只有在爲了糾正一個缺點的時候，她才會犯錯誤的。

當情欲不能按它們本來的面目征服我們的時候，它們就會戴著智慧的假面具來襲擊我們，它們將模仿理智的語言，達到使我們喪失理智的目的。前面所講的那些詭辯之所以能迷惑我，是由於它們迎合了我內心的傾向。我倒是願意能夠回到不貞潔的蘇菲身邊，想聽到她說一些贊同我行爲懦弱的話。然而，我想這樣做也不行，因爲，我的理智是不像我的心那樣容易對付的，它是不會採取這種荒謬的做法的。我不能隱瞞我自己：我不是爲了啓發自己而是爲了蒙蔽自己才推論這一番道理。我痛苦地然而是很堅定地對我自己說，世人的準則對一個爲自己而活的人是沒有約束力的；而且偏見總是袒護偏見，崇尙善良風俗的人總是有一個偏見來肯定他們的偏見；他們把一個婦女傷風敗紀的行爲歸咎於她的丈夫，是有道理的，因爲，其原因或者是他選錯了她，或者把她管得不嚴；我自己的事例就能證明這種責備是正確的，要是愛彌兒始終很有見識，蘇菲就絕不會墮落。人們有權利這樣設想：一個不尊重自己的女人，是更不尊重她丈夫的，儘管他値得她的尊重；如果他知道應該保持他的權威，但他不預先防備一個婦女有不規矩的行爲，那他就錯了；又如果在那個婦女做了醜事以後他還表示容忍，那他就是錯上加錯了。應該懲罰的不懲罰，是必然會產生可怕的後果，對自己妻子不規矩的行爲採取聽之任之而不譴責的辦法，正足以表明他本人就是不尊重良好的風俗，表明他的靈魂卑賤，不配做男子。

拿我個人的事情來說，我尤其感覺到：使蘇菲更加值得尊敬的地方，對於我正是更加令人失望的地方，因爲，我們可以對一個軟弱的心靈給予鼓勵和援助，對一個忘卻了天職的人，也可以通過他的理智而使之履行他的天職；然而，要是一個人就性情來說仍然是十分勇敢的，在犯罪的過程中也知道應該保持他的美德，而他之所以要做壞事，只不過是覺得壞事好玩，像這樣的人，你有什麼辦法使他恢復理智呢？是的，蘇菲是犯罪了，因爲她願意做一個罪人。當這個高傲的女人克服了害羞的心以後，她就可以克服一切其他的欲念；她能夠對我曝露她的罪過，她就能夠對我表示忠貞。

我再去對我的妻子表示愛，也是沒有用了，她不會再愛我了。既然這個十分愛我的人，這個曾經是我如此鍾情的人，已經侮辱過我了，既然我的蘇菲已經斬斷了她心中最純潔的聯繫，既然我兒子的母親已經破壞了夫婦的信約，既然一個沒有犯過任何過失的男人的熱情和一個美德沒有遭到敗壞的女人的高尚情操尚且不能預防她第一次犯罪，那麼，她再去做那種墮落的事，又有什麼困難呢？又怎麼能加以預防呢？在走向罪惡的道路上，也只有第一步路才難走，過此以後，就一直走下去，連考慮都不考慮。她再也不管愛情不愛情，美德不美德，名聲不名聲了；她侮辱我的時候，已經是沒有什麼可顧慮的，甚至在侮辱我以後，連一點點後悔的心也沒有了。她是懂得我的心的，她已經使我悲慘到了極點，再進一步使我悲慘到不可收拾的程度，也是用不著她費多大的氣力。

不，我也是懂得她的心的，蘇菲是絕不會愛一個有輕蔑她權利的男子，儘管這個權利是她給他的……她不再愛我了……這不是這個忘恩負義的女人自己說的嗎？這個負心的人，她再也不愛我了！啊！這才是她最大的罪惡，我什麼都可以原諒她，只有這一點我是不能夠原諒的。

「唉！」我又痛苦地說道，「我一再地談到原諒，而沒有想到：儘管受侮辱的人再三原諒，而侮辱我的人是從來不原諒我的。毫無疑問，她是存心給我這一番罪受的。啊！她是多麼恨我啊！」

愛彌兒，你按照過去來判斷將來，這簡直是大錯而特錯了！一切都變了。即使你是同她生活在一起的，那也是沒有用了；她從前給你的幸福日子是一去不復返了。你再也見不到你的蘇菲，而蘇菲也是再也見不到你了。兩個人相處的情況是以兩個人的愛情爲轉移的：心一變，全都變了；儘管一切都是原來的樣子，那也是枉然；當我們不拿同樣的眼光看事物的時候，我們就覺得它們都不是從前的樣子了。

她是一點也不會灰心喪氣的，這一點我是知道的；她仍然值得敬重，值得我愛；她也可以把她的心交給我，然而她是不可能一步錯路都不走，是不可能不失足，是不可能使我忘記她已做的錯事。忠貞、美德和愛，一切都可以重新獲得，而不能重新獲得的是信任，沒有信任，在夫妻生活中就只能產生反感、苦惱和厭膩，天眞迷人的美已經消失了。一切都完了，一切都完了；不管怎樣，蘇菲是不可能再得到幸福了，而我，是只有在她幸福的時候，才能得到幸福的。正是這一點決定了我的行動，我寧肯遠遠地離開她去受苦受罪，也不願意讓她受罪；我寧肯憐惜她，也不願意折磨她。

是的，我們的一切聯繫都斷了，是她斷掉這些聯繫的。她破壞了她的誓約，因而使我也可以破壞我的誓約。她已經不是我的了，她不是這麼說過嗎？她不再是我的妻子了，我再見著她的時候，會不會把她看做路人呢？不，我絕不再見她了。我現在是自由的，至低限度應當是自由的，但願我的心也如同我的信念一樣的自由！

怎麼！我受到了她的侮辱，不給她以懲罰嗎？如果這個不忠實的女人去愛另一個男人，我就把她交出去，這樣做對她有什麼損害呢！我所懲罰的是我而不是她，因爲我犧牲我自己去完成她的心願。這樣做是不是由於榮譽受到污損而發洩氣憤呢？哪裡有正義？哪裡去報仇？

唉！可憐的人，你要向誰報仇？向她報仇，可是你又認爲你最感痛心的是，你不能使她得到幸福。不管怎樣，你都不能使她成爲你報仇之心的犧牲品。如果可以的話，使她受一些連你自己也感覺不出來的痛苦好了。有一些罪過，是應當讓犯罪的人自己去受良心責備的；對他們加以懲罰，這差不多等於是認可他們的罪行。一個殘酷的丈夫配娶一個忠實的妻子嗎？再說，憑什麼權利懲罰她呢？以什麼身分懲罰她呢？做審判她的法官而不做她的丈夫嗎？當她違背了她做妻子的天職時，她就不再保有她做妻子的權利了。從她同另外一個人發生關係的時刻起，她就斷絕和你的關係了，這一點她是絲毫沒有隱瞞的；她沒有用她本來就沒有的忠貞樣子來蒙混你的眼睛，她既沒有出賣你，也沒有向你撒謊；由於她不再是屬於你個人，這就意味著她對於你已經沒有意義了。你對她還有什麼權利？如果還有什麼權利的話，你應當爲了你自己的利益而放棄那些權利。你要相信我的話，運用你的聰明就能成爲善良的人！報了你的仇就能成爲仁慈的人。你在忿怒的時候要當心啦，別讓你在一怒之下又回到她的身邊。

我受到了兩方面的考驗：一方面愛情在召喚我，另一方面怨恨之心又在煽惑我，因此，在拿定主意以前，我是要做一番鬥爭的，當我覺得我已經拿定主意的時候，一個新的考慮又使我的一切決定全都動搖了。一想到我的兒子，就使我對他的母親產生了前所未有的溫情。我覺得有了這個結合點，就永遠不會使她在我的心目中成爲一個同我不相干的人，孩子們在生育他們的人之間構成了一個無法分解的紐帶，構成了一個不能離婚的天然的和不可辯駁的理由。多麼可愛的孩子啊，兩個大人之中，誰也是不能離開這些孩子的，他們是必然會把兩個大人聯在一起的；這種共同的利益是如此的可貴，以致當兩個人之間沒有其他聯繫的時候，孩子們就成了他們的聯繫。怎麼能把這個為我兒子的母親辯護的理由，拿去為那個孩子（他不是我的孩子）的母親辯護呢？怎麼！天性也允許她犯罪啦！我的妻子既然把她的溫情分給兩個兒子，那她是不能不把她的愛分給兩個孩子的父親的！想到這一點（這個想法比任何一個在我心中產生過的想法都可怕），我又狂怒起來；一想到一個女人分心愛兩個男人的醜惡情景，我的心眞是忿怒到快要破裂了。的確，我情願看著我的兒子死去，也不願意看見蘇菲和另外一個男人生一個孩子。一想到這點，我就感到忿怒；儘管在此以前有許多的想法使我感到痛苦，然而只有這個想法才使我決心要遠遠地離開她。從這個時候起，我下定決心不再回去；為了使我不至於產生猶豫不決的心，我決定從此不再考慮這件事情。

經過一番考慮而下定這個決心之後，我胸中的怨恨就消除了。對我來說，她已經是死了，我再也不把她看做是罪人了；我只把她看做是一個可敬和可憐的婦女，我再也不去想她的過錯，我懷著憐憫的心情回憶一切使我對她感到惋惜的事情。由於產生了這一系列的傾向，因此我想採取一切我認為是可以安慰一個被遺棄婦女的好辦法；因為，儘管我在心情忿怒的時候一想到她就感到痛苦，儘管她說的話使我感到灰心，但是我毫不懷疑在她內心深處，她對我還是有依戀之情的，她想到我的損失的時候，一定是很激動的。我們的分離所產生的頭一個結果是：她將不能夠再做我兒子的母親。我一想到這點，我就感到戰慄；費了許多周折才決定報一次仇，可是現在一想到這點，我就十分難過。儘管我很生氣地說，這個孩子不久就要被另一個孩子代替，儘管我用盡了嫉妒之心來看待蘇菲用另一個孩子來代替我的兒子，我也鼓不起報仇的勇氣；我這一切想法，在蘇菲看著人們奪去她的兒子而感到失望的形象面前，都不能堅持了。我一再地克制自己，我是經過了一番痛苦才做出這個不合理的決定，我把這個決定看做是我經過一番深思熟慮而得出的第一個決定的必然結果，要不是一件想像不到的事情促使我把這個決定再仔細考慮一下的話，儘管我不願意，我也一定會把它付諸實施的。

我還有一點需要考慮的，儘管這一點在我剛才做出那個決定之後，我認爲是無關緊要的。我的決定是針對蘇菲採取的，但是在採取這個決定的時候，還需要考慮到我，還需要考慮一下我再成爲孤單一人的時候將變成什麼樣子。我已經有好長一個時期不是孤獨一人地生活在地球上了；正如你曾經向我預言過的，我的心對它所愛的事物是十分依戀的；它長期以來都是只有在同我的家人一起的時候才是一顆完整的心；因此，必須使我的心同我的家庭脫離，至低限度要部分地脫離，然而部分地脫離反倒比完全脫離更令人痛苦。我們曾經依靠過許多的事物，而現在要依靠自己了，或者，更壞的是，我們所依靠的事物使我們不斷感到其他一切都在同我們分離，這時候，我們是多麼的空虛，我們失去了多麼多的生存能力！我必須考慮我是否依然是那個在任何人都不重視自己在人類中的地位時，還能牢牢地站在他的地位的人。

但是，對一個一切關係都已中斷或改變的人來說，這個地位在哪裡呢？我做什麼？我將變成什麼樣子？我走向什麼地方？我這一生不應該再用來謀求我的幸福了，也不應該再用來謀求曾經是我愛過的人的幸福了，同時，命運已完全剝奪了我有爲任何人謀求幸福的希望，既然這樣，我這一生還有什麼用呢？因爲，既然許多準備用來謀求我幸福的工具最終是給我造成了一場災難，我哪裡還能比你對我更加歡喜地去對待別人呢？不能，因爲儘管我還愛我的天職，但是我已經不知道我有哪些天職了。要重新記取這些原則，並把它們用之於我新的情況，那不是一時就可以考慮好的事情，我困倦的精神需要休息一會兒，以便能專心地重新思考。

我好好地休息了一會兒。由於我擺脫了希望的煩惱，確認我這樣做是逐漸地在失去一切希望，覺得過去的事情對我來說已經是沒有什麼意義，因此，我儘量使我完全處在一個開始生活的人的境地。我心裡想，實際上我們永遠都僅僅是在開始，在我們的生活中，除了連續的眼前時刻以外，便沒有其他的聯繫；而在眼前的時刻中，始終要把採取行動的時刻當作第一個時刻。在我們生命的每一個時刻，我們都在死亡和誕生，死亡能給我們帶來什麼好處呢？如果說除了將來的事情以外，其他的事情對我們是沒有什麼意義的，那麼，我們就只有根據未來才能斷定我們是幸福還是不幸福了。用過去的事情來折磨自己，那就等於是無病呻吟，自尋煩惱。愛彌兒，你要做一個新人，對於你的命運，也像對你的天性一樣，不能有更多的埋怨。你不幸的遭遇，都是虛幻的，渺茫的深淵已經把它們全都吞沒了；但是，眞實的東西，爲你而存在的東西，是你的生命，你的健康，你的青春，你的理智，你的才智，你的美德，最後，如果你願意的話，是你因爲有了前面那些東西而取得的幸福。

我又開始工作，靜靜地等待著我頭腦中的思想理出一個相當的條理，以便給我指出我應該做些什麼；我把我現在的情況同過去的情況一加比較，我就感到坦然了：這完全是我的行爲符合理智的好處，並不是由於經過的事情使然。如果一個人儘管有財產也不愉快的話，那麼，只要他能夠使他的心保持常態，則不論命運如何，他起碼是能夠心靈寧靜的。不過，在一個有情感的人心中，這種寧靜的狀態是不大牢靠的！他可以很容易地把他的心納入常態，然而他卻難於使它保持常態。正是在我認爲我所有的決定都極其堅決的時候，我差一點兒把我的全部決定通通推翻。

我走進師傅的屋子，但是沒有引起人們太大的注意。我的衣服始終是很樸素的，因爲你曾經教導過我要衣著簡樸；我的一舉一動也不是那樣裝模作樣的，一個到處都覺得很舒適的人，他的樣子必然是很平易近人的，因此，他在一個木工師傅家裡是不會引起人注意的；反之，他到了貴族的家裡，倒是會引起大家留心觀察的。從我的裝束看，人們覺得我不像一個工人，然而從我幹活的手腳看，覺得我又好像是的確當過工人的樣子，他們認爲我曾經是小小地發過一點財，然後才墮落到現在又來幹我的本行。一個墮落的小暴發戶，是不會得到人家看重的；我說我能幹什麼活，他們馬上就答應我幹什麼活。突然，我發現他們一家人對我說話的語氣都變了，由親熱變得很尊敬；人們在看我幹活的時候都帶著一種驚訝的樣子；我在工廠所做的東西（比師傅做的東西還好）得到他們的稱讚；他們好像是在窺察我的一切動作和姿勢似的；他們想用對待普通工人的辦法來對待我，不過要想得到他們的這種待遇也是不容易的；他們也可能是出於尊重的緣故才沒有給我高過普通工人的待遇。由於我心裡在想事情，所以沒有像往常一樣立刻發現這種變化；不過我已經養成了細察形勢的習慣，所以我不久就注意到我周圍的情形，不用多久的工夫，我就看出，我在這些善良的人的心目中已經成了稀奇的人物，使他們很感興趣。

我特別注意到：師傅的妻子老是那樣目不轉睛地看著我。對於跑江湖的人，女人是有權利帶著好玩的樣子看他們。我使起鑿子來，每鑿一下，她就嚇一跳。我發現：她看見我一點傷也不受，是非常吃驚的。「師娘，」我有一次對她說道，「我覺得妳對我的技術是不信任的，妳擔心我對我這門手藝不精通嗎？」「師傅，」她向我說道，「我認爲你對於你的手藝是很精通的，不過，我想，你這一生當中是只有這幾天才幹這門活兒的。」一聽這句話，我覺得他們對我是很有認識的，我想知道我是怎樣被他們看出來的。弄清了許多神祕的情況以後，我才明白，兩天以前有一個坐著馬車的婦女在師傅的門口下了車，她不讓人家告訴我說她想看我，她躲在一個鑲著玻璃的門後面，從這裡可以瞧見我在工廠盡頭處工作的情形；她跪在門後面，旁邊有一個小孩子，她不時地把那個孩子緊緊地抱著，憋著聲長長地嘆一口氣，流下一把一把的眼淚，她那種痛苦的樣子，使所有看見的人都十分的感動；人們有幾次看見她幾乎想跑進工廠，看見她費了好大的勁才克制著自己，才壓下了這種想法；末了，她更加全神貫注地仔細細把我看了一個很長的時間以後，突然站起來，抱著孩子，把孩子的臉緊緊地貼著她的臉，低聲說道：「不，他永遠不會使你失去你的母親，走吧，我們用不著再待在這裡了。」說完就急急忙忙地走出去；之後，她在得到大家答應說閉口不向我談這件事情時，她就登上馬車，飛也似地走了。

他們說，由於他們對這位可敬的太太感到由衷的同情，因此他們不能不按照他們答應的話做，何況她還一再地要求他們遵守諾言；要是不履行諾言的話，他們是一定會後悔的；他們從她的裝束，特別是她的相貌，一眼就可看出她是上流社會的人物，而且，從她的言談和舉止來看，她一定是我的妻子，而不會是別的什麼人，因爲，他們是怎麼也不會把她當作我的姘婦。

請你想一想當我記述這一段事情的時候，我是怎樣的心情？所有這一切說明了多少問題啊！爲了尋找我的蹤跡，心中是如何的焦急，花了多少工夫打聽我啊！所有這些，是一個不再愛我的人做得出來的嗎？旅途是多麼辛苦！是多麼高尙的動機促使她這麼長途跋涉！她看見我在做什麼事情！啊！這不是第一次了，不過那時候她不是跪著看我，她也沒有一把一把地流眼淚。啊，幸福的日子，幸福的日子！這個天使變成了什麼樣子？……不過，這個女人到這裡來做什麼呢？……她把她的兒子……把我的兒子也帶來了……爲什麼？……她是來看我，向我說什麼話嗎？……爲什麼又悄悄地走了呢？她是來奚落我嗎？……爲什麼又流眼淚呢？這個負心的女人，來看我的目的何在呢？趁我受苦的時候來侮辱我嗎？難道說她已經忘記了她對於我已經是沒有意義了？我儘量從她這一次來看我的經過中挑她的碴兒，以便壓制我心中產生的溫情，打消我想去追趕這個不幸女人的念頭，這個念頭，儘管我一再克制，也攪得我心緒不寧。然而，我依然停在那裡不動。我認爲，她這個行動除了表明她仍然愛我以外，不會有別的意義；儘管我做了這個假設，但也絲毫不能改變她促使我採取的決定。

我仔細地把她這次來的種種情況加以研究之後，特別是把她離開這裡之前所說的最後那句話加以分析之後，我認爲，我已經找到了促使她到這裡來的動機，找出了促使她不讓我看見而突然離去的原因。蘇菲的話說得很簡單，但是她所說的話使我的心受到了啓發，使我恍然大悟。她說：「他永遠不會使你失去你的母親」，她擔心我使孩子失去母親，這就是促使她來的動機，她深深相信這種事情不會發生，這就是她之所以回去的原因。她是根據什麼而有這種信心的呢？她看見了什麼呢？愛彌兒泰然自若，愛彌兒在工作。愛彌兒在這種情況下絲毫沒有爲他的情欲所屈服，他所做的事情都是很合理的，她除了這兩個結論以外，還能得出什麼別的結論呢？使她同她的兒子分離，這個辦法在她看來是不合理的，但是在我看來卻是合理的。誰的看法不對呢？拿蘇菲的話就可以判斷這一點。的確，單單拿孩子的利益來說，這個辦法本身是不是有什麼可懷疑的地方呢？我只考慮到使孩子脫離他的母親，但是也應當爲失去孩子的母親著想。這樣看來是我錯了。從一個母親的手中奪走她的孩子，這個損失是沒有辦法補償的，特別是在她那樣的年齡，更是無法補償的，這等於是爲了報母親的舊怨而拿孩子做犧牲；這是感情用事，而不是訴諸理智的行爲，除非孩子的母親是瘋子或者是喪失了天性的人，否則是不能這樣做的。蘇菲正是我兒子所需要的一個母親，即使他可以得到另外一個母親，那也是不如這個母親好。當我們不能共同撫養我們的孩子時，那就應當由她或我撫養了；否則，爲了發洩我的怨氣，就要使他成爲孤兒。但是，從我目前所處的境地來看，我應當怎樣處理我的兒子呢？我還有相當的理智，可以看出我能夠做或不能夠做的事情，雖然不能看出我應當做的事情。把這樣一個年紀小小的孩子帶到外地，或者，爲了蔑視這個女人，我就親自撫養給她看？啊！爲了我的安全，我應該離開她愈遠愈好。然而，把孩子交給她，又擔心最後會終於把孩子的父親也拉回去了。爲了報我的仇，就讓他單獨在她那裡好了，讓他在這個不忠實的女人一生中，每天使她想起以他爲保證的幸福，使她想起失去的丈夫。

當然，從她手中奪走我的兒子，這個決定是我在一怒之下做出來的。只有在這件事情上，感情使我陷入了盲動，也只是在這件事情上，我才改變了我的決定。如果我家裡的人按照了我的心意去做，蘇菲也撫養了這個孩子，他就會生活得相當好；但也有這樣的可能：蘇菲會因爲我而死去；或者安於做我的妻子，不再同另外一個人結合，要是這樣的話，我就會失去我一生當中最美好的歲月，我們要用多少傷心的眼淚去洗刷我們的錯誤，然後才能通過我們的再次結合而忘記這些錯誤啊！

我們是如此地互相瞭解，所以，只要我能說出她預料到如果我們互相見面將產生什麼後果，我就可以說出她突然離去的原因。我很有理智，但心地軟弱，這一點她是知道的；我很清楚，這個高尙而驕傲的人甚至在做錯事的時候也是十分剛強的。蘇菲得到寬恕之後才回去，這是她絕不願意的。她知道她的罪過是不會被人們遺忘，她寧肯受人的懲罰也不願意求人的寬恕；寬恕的做法對她是不相宜的，倒是加以懲罰反而使她難受的程度要少一些，更合她的心。她認爲，即使能彌補她的過失，但也不能把它洗刷清白；即使受盡一切應受的苦，也不能公平地償清她欠的債。正是這個緣故，她在坦率之中仍顯得那樣的果敢和粗獷；她向你，向我全家的人講出她的罪過，但是絕口不談一切可以原諒她和對她有利的理由；她是那樣固執地隱瞞不講，一字不提，以致我要等她死了以後才能知道這個理由。

由於她不再擔心失去她的兒子，所以她也就不想要我對她說什麼話。來感動我，等於是來敗壞我；她愈不體面，她就愈要珍惜我的榮譽。蘇菲可以成爲一個犯罪的人，但是她所選擇的丈夫是不應當有怯懦表現的。只有她才有這種過分的自尊心，同時，也許也只有我才能看穿她這種心理。

即使在離開她以後，我也是很感謝她的，因爲她使我明白了我出於報復之心而採取的這個決定是不明智的。她在這一點上，是因爲觀察錯誤才對我抱良好的看法；不過我一加考慮，就覺得她的看法並沒錯；單單從我兒子的利益著想，我認爲也應當把他交給他的母親，我決定這樣做了。由於我的看法已定，我便決定不讓他可憐的父親再遇到剛才經歷的那一番危險。既然我不應該再接近她，我能不能遠遠地離開她呢？全靠她，全靠她這一次來，我才得到了這點啓發；要按照這個啓發去做，我就絕不能再待在這裡讓她來第二次啓發我。

必須逃走，這才是我應做的一件大事，是我從前面所講的那一番道理推演出來的結論。不過，逃到什麼地方？在這一點上我老是在那裡考慮，我沒有看到，地方的選擇是一個極其次要的問題，因爲，只要我能離開她就行了。既然是哪裡都可以生或死，既然是我只能到哪裡就生活在那裡或死在那裡，幹嘛要那樣猶豫不決地考慮去的地方呢？經常曝露關心生活小事的天性，這表明我們的自愛心是多麼的愚蠢！我對到哪裡去隱居拿不定主意，其實，誰曾說過我到這個地方而不到那個地方是人類的一件大事，說我的體重將打破地球的平衡？如果我只從我的生存對我的同胞有什麼價値這個角度來看待我的存在，我就不會這樣急急不安地去探求我應盡的天職了，它們並不是我到哪裡就跟到哪裡的，喜歡自己的天職的人，是能夠盡多少天職就盡多少天職的；我認爲，不管我生活在什麼地方，不管我處在什麼環境，我都要努力盡我做人的使命；如果每一個人都是很合適地爲自己而生活，就不會有人感到他需要什麼人才能生存了。

明智的人是過一天算一天的，他在他的周圍盡他每天應盡的天職。千萬別超過我們的能力，別超出我們的生活。我唯一關心的是，我今天應該做什麼，至於明天應該做什麼，那還不知道咧。目前我應該做的事情是離開蘇菲，我應該選擇能使我馬上就遠遠地離開她的道路。我們就按照這一條道路走吧。

我一打定了這個主意，就按照我的想法有次序地處理我留下的事情；我給你寫信，給我家裡的人寫信，給蘇菲本人寫信。我一切都安排好了，但就是沒有安排我自己的事情；我什麼都不需要，我沒有僕人，沒有錢，沒有行李，特別是沒有什麼願望和心事，我單獨一個人徒步行進。我在許多民族中間生活過，我航行了許多大海，走過了許多沙漠，東奔西跑地流浪了許多年，我感到惋惜的只有一件事情，然而，正是這件事情我是要逃避的。如果我的心讓我得到寧靜的話，我的身體就不會感到有所匱乏了。

書束二

我喝了能使人忘掉往事的水，過去的一切已經從我的記憶中消逝，廣闊的宇宙已經展現在我的眼前。這一段話是我在離開我的祖國的時候說的。提到我的祖國，我就感到赧顏，對於它，我心中懷抱的是輕蔑和恨，因爲我是靠我自己而取得幸福和人家的尊敬；我的祖國和它邪惡的人民給予我的是災禍，使我淪爲犧牲，是恥辱，使我深深感到害羞。我打斷了同我的國家的一切聯繫，我要把整個世界當作我的國家；只有不再做公民，我才能夠成爲一個世界的人。

在長長的旅途中，我們之所以覺得旅途是十分的艱難，完全是由於我們的終點很遙遠的緣故；要是從我們目前所在的地方，一天就可以走到終點的話，我們就不覺得旅途艱難了；如果我們能夠一天一天地走到世界的盡頭，我們爲什麼要那樣多趕路程呢？當我們把兩端連起來看的時候，我們就埋怨這段距離是太長，覺得最好是一下就跳過去；可是沒有想到，如果把這段距離分成一部分一部分地走，那就等於是在散步，而最後也是會到達終點的。旅行家們總是有自己的種種習慣、成規、偏見和人爲的需要，因此，在他們周圍可以說是有一個氣圈把他們同他們所到的地方隔離起來，使他們覺得處處都同他們原來的地方有所不同，是兩個世界。一個法國人總想把整個的法國都隨身帶著，當他缺少他在法國所有的某種東西時，他就不能用其他相等的東西來代替，就會弄得一籌莫展。當他把眼前的東西同他過去的東西拿來一比較，不能照原來的樣子做事的時候，他就覺得不舒服；在印度，如果他所睡的床不做得同他在巴黎的床一個模樣，他就睡不著覺。

至於我，當我想逃避什麼東西的時候，我就轉過身去，同它背道而行，正如從前我在蒙莫朗錫鎮的樹林中同太陽的陰影背向而行一樣。我在路上所走的速度雖然不快，但是，由於我的心很堅決，絕不後退，所以就能夠彌補速度不快這個缺點。走了兩天，就走過了邊境的關卡，而且在想辦法通過關卡的時候，也有時間考慮我的事情。我愈走得遠，便愈感到心情舒暢，在我逃脫了危險以後，我在路途中愛怎樣走就怎樣走了。就整個計畫來說，我能夠執行多少就執行多少，我唯一遵守的一條規定是：要順風而行，我有時候走得快，有時候又走得慢，這要以我的健康、心情和體力為轉移。我不是隨身帶著，而是我本身具有謀生的手段，因此，我既不愁沒有車坐，也不愁沒有東西吃。我也不擔心遇到什麼強盜，因為我的錢包和護照不是別的，就是我的兩隻胳臂，我的衣服就是我放東西的櫥櫃；對一個做工的人來說，這種衣服穿起來很舒服，即使穿舊了，也容易把它收拾得如同新的。由於我既不帶著旅行家的那一套裝備，也不像他們那樣急急忙忙的樣子，所以我就不會引起人家的注意；我走到哪裡，人家都把我當成一個鄉下人。在邊境上被人家扣起來，這種事情是絕不會有的；即使是被扣起來，那也沒有關係，我待在那裡一點也不著急，我在那裡也能像在別的地方一樣地勞動；如果要永遠把我扣在那裡的話，我待一輩子也不難；由於我沒有慌慌張張趕路的樣子，結果，我想到哪裡，人家就可以讓我到哪裡。如果焦慮不安，好像有什麼大事似的，那倒會引起人家的懷疑；一個人要是態度安詳的話，那就會得到人家的信任；當人們發現，怎麼對我都不會使我生氣，就會讓我自由活動。

當我找不到我這門手藝的工作時（這種情況是很少的），我就做其他的活兒。你已經使我得到了一個萬能的工具。我有時候做農民，有時候做手工匠人，有時候又做藝術家，甚至有時候還能夠做有才幹的辦事人；我到哪裡都有拿出來應用的知識，不過，由於我不急於顯示我的知識，所以是不是把它們拿出來使用，可以由我自己掌握。我所受的教育成果之一是：我說我能幹什麼活兒，馬上就會使別人相信我能專心幹那種活兒，因爲，我爲人十分的單純，有了一個職位就不覬覦另外一個職位。所以，我做事始終合乎身分，而人家也就會永遠讓我做下去。

如果我病了——像我這樣性情的人，既不吃過量的飲食，也不過多地憂慮，不過多地勞累，不過多地休息，生病的時候是很少的——我就一聲不吭地躺著，既不急於求醫，也不怕死。動物生病的時候，就不吃東西，靜靜地待在一個地方，或者病就好了，或者就死去；我也是這樣做法的，而我的病也就好起來了。如果我不安於我的地位，如果我再三再四訴苦訴怨地糾纏人家，人家也許就會討厭我，就不會像現在這樣，看見我非常耐心便對我十分親切和照顧。他們看見我不打擾任何一個人，看見我一點怨言也沒有，他們反倒會對我表示關心，而這樣的關心，要是我去苦苦求他們的話，他們反倒會拒絕。

我曾經說過一百次，你愈是硬要人家這樣那樣地對你，你反而會愈使人家不理你；人家是喜歡自由行事的，其所以儘量對你好，是在於想取得應得的好處。求人家做好事，等於是占取人家的權利，向人布施等於是在還債；自私的人是寧肯白送人情而不願意還債的。

我這樣宛如香客似地長途跋涉，不像一個闊綽的旅行家那樣，走到哪裡都有一番排場，因此，人們也許會責備我，說我是一個流浪漢，在這種情況下，如果我有時候捫心自問：「我在做什麼？我到哪裡去？我的目的何在？」我自己就要這樣反問：「我生下來做了些什麼？是什麼原因促使我作這樣一次只有到死才能結束的旅行？」我在執行我的使命，我站在我的地位，我將質樸天眞地度過我這短暫的一生；我不在我的同胞中間做惡事，就等於是在他們中間做了一件巨大的好事；我滿足人家的需要，也就滿足了我自己的需要；我爲他們效勞而絕不損害他們，我給他們做出一個無憂無慮、快快樂樂爲人善良的榜樣。我放棄了遺產，我也照樣生活；我不做不公正的事，我也生活下去了；我不求人家的布施，我也能活命。我自己謀自己的衣食，對別人就有好處，因爲人家是絕不會無緣無故拿東西白送人的。

由於我不是要從頭到尾記述我旅途的經過，因此我把一切只不過是一時的事情都略去不提。我到了馬賽，爲了按照我原來的方向繼續前進，我登上了開往那布勒斯的船；坐船得付船錢，你早已給我準備好了，因爲你曾經教過我船上的作業；在地中海開船，也不見得比在大西洋開船更難，約略地交談幾句，就把這兩處開船的差別都弄清楚了。我做一名水手。這條船的船長是一個有背景的人，是敵方遣來的叛徒。他曾經被海盜捉住過，而且據說從海盜的手中逃了出來，沒有被海盜發現。有幾個那布勒斯的商人又叫他做另一條船的船長，這一次是他擔任船長以來的第二次出海航行；誰願意聽，他就願意講他一生的故事，他是如此地愛誇耀自己，以致你只要做出喜歡聽他的樣子，他就會把你當做知心。他的愛好，也和他所講的奇遇一樣，是十分的古怪：他時時刻刻都在想辦法使他的船員開心，分散精力；在他的船上有兩門旋轉炮，他成天打炮；夜裡，他通宵放槍；我從來沒有見過哪一條船的船長是像他那樣的快樂。

就我來說，我感到高興的是：我在航海的技術上得到了鍛鍊；當我不值班的時候，我也很少離開崗位或船舵。我專心操作，就彌補了我的經驗之不足；我不久就發現，我們的船大大地向西方逸出了航線。羅盤的方位線並不錯，但是在我看來，太陽和星星的運行同羅盤所指的方位是如此的大不對頭，以致我覺得，羅盤針必然是發生了巨大的偏差。我把這種情況告訴船長，他胡言亂語地說了一大通話來嘲笑我；由於這時候正是海浪大作，天空陰雲密布，所以我沒有辦法考慮他說的話究竟是什麼意思。我們遇著了一股大風，把我們刮到了大海的中心；風連續刮了兩天，第三天，我們遠遠地瞧見我們的左邊有陸地。我問船長那是什麼地方，他說那是「禮拜的聖地」，有一個水手認爲那是撒丁海岸，大家都吆喝起來，叫他的倒彩；因爲，儘管他是一個老海員，他也同我一樣，沒有見過這條海岸。

我們究竟到了什麼地方，對我來說沒有什麼關係；但是，這個人所說的話引起了我的好奇心，我開始在羅盤盒周圍窺察，看是不是有人不小心放了什麼鐵器，使羅盤針出了偏差。果然，我發現在盒子的一個角落裡藏有一塊巨大的磁石！我把那塊磁石拿掉，羅盤便轉回到它本來的方向了。在這同一個時候，有人叫喊起來：「帆船。」船長用望遠鏡一看，說那是一條小小的法國船。由於那條船向我們開來，而我們又沒有躲讓它，因此它轉瞬間就清清楚楚地出現在我們的眼前，這時候，我們每一個人都看出那是一條野人的船。我們船上的三個那不勒斯商人（他們的全部財產都在我們的船上）立時發出一聲叫喊，使天空也震蕩起來。這時候，我才明白了這個謎。我走到船長身旁，在他耳朵邊說道：「船長，如果我們被他們捉去的話，你會丟你的命的，等著瞧吧。」我顯得一點也不驚慌，我對他說這句話的時候，語調是那麼的沈著，以致沒有使他感到絲毫的害怕，而且還裝著沒有聽見的樣子。

他下令抵抗。但是，沒有一條槍是可以使用的，我們消耗了那麼多的火藥，以致到眞是要使用那兩門旋轉炮的時候，剩下的火藥只夠打兩炮了。我們的抵抗簡直是沒有用，當我們的船進入他們射程的時候，他們連槍也不屑於打，乾脆叫我們把船靠過去，而且，話剛說完，他們的船就到了我們的船邊。從開頭到現在，船長毫不掩飾地帶著懷疑的目光看著我，但是，當他一看見海盜已經上了我們的船時，他就不再注意我了，放心地向海盜走去。這時候，我認爲，我應該充當法官，充當法律的執行人，爲我的同伴報仇，爲人類除掉這個叛逆，爲大海消滅一個怪物。我向他跑過去，向他大聲說道：「我早就向你說過，我怎麼說就怎麼幹。」我用我手中拿著的佩刀，一下就砍掉他的腦袋。此刻，我看那個海盜的頭子氣勢洶洶地向我走過來，我牢牢地站著等他，並且把刀倒過來，把刀柄向他送去，「拿著，頭目，」我用法蘭克話向他說道，「我剛才主持了正義，現在輪到你來主持正義了。」他抓過刀去，把刀舉在我的頭上，我一聲不響地等著他砍下來；可是，他微笑了一下，把手向我伸過來，並且不准海盜們把我像對其他的人那樣用鐵鏈鎖起來；他也不問一問我，剛才爲什麼要那樣迅雷不及掩耳地把船長幹掉；從這一點看來，我覺得他是十分瞭解我那樣做的道理。一直到阿爾及爾，他們對我都是這樣的特殊待遇，到了港口，我們就兩個一對兩個一對，如同獵狗似地被他們帶下船去，押送到監獄。

到現在爲止，我的全部注意力都集中在我所看到的事情上，因此，對我自己反而不大關心了。但是，當激動的心情一停止，我就轉而考慮我目前情況的變化，我心中有種種的感想，使我懷著一種滿意的心情對我自己說：「這件事情使我失去了什麼呢？失去了做蠢事的能力。我比以前更自由了。」「愛彌兒成了奴隸！」我繼續說道，「啊！從哪種意義上說來是奴隸？在我原始的自由中，我失去了哪些自由？我生來不就是需要的奴隸嗎？他們在我的身上還有什麼新的桎梏可加呢？叫我做工嗎？當我自由的時候，我不也是在做工嗎？叫我吃不飽嗎？我心甘自願地挨過多少次餓！叫我受苦嗎？把所有人類的暴力都加在我的身上，在我看來，也只不過是像掉在我身上的一粒沙子。約束我嗎？難道說他們的約束比我當初的鎖鍊約束還緊嗎？當初的鎖鍊把我約束得那麼緊，我還不願意擺脫。既然我生來就受到人類欲念的束縛，就得由別人或我自己給我戴上這種鎖鍊，因爲反正不是要戴上這種鎖鍊的嗎？誰知道戴哪一個人的鎖鍊更輕鬆呢？帶別人的鎖鍊時，我至少可以用我的理智來緩和我的欲念；她不是有許多次讓我受我的欲念約束嗎？誰能夠使我戴兩條鎖鍊呢？我以前不是已經戴過一條鎖鍊了嗎？只有自然的奴役才是眞正的奴役，人只不過是執行它的奴役的工具罷了。被一個主人所宰割，或者被一塊岩石所壓死，在我看來是一回事；在奴隸生活中，從最壞的方面來說，我屈服於暴君的程度也不會比屈服於岩石的程度大。最後，如果我有了自由，我又怎麼使用它呢？在我現在的境地中，我有什麼可想望的？啊！爲了不至於陷入沮喪和潦倒，在我自己缺乏意志的時候，就需要得到另外一個人意志的激勵。」

我從這些想法中得出了一個結論，那就是：我情況的變化，是表面的而不是眞實的；如果說自由的意義是在於一個人想做什麼就做什麼，那麼，任何人都不會得到自由；一切都要依靠事物，以嚴酷的需要爲轉移，所以，每個人都是很軟弱的；誰最能夠按照需要行事，誰就是最自由的，因爲他從來不勉強去做他不願意做的事情。

是的，我的父親，我可以這麼說，我受奴役的日子，恰恰就是我享有聲望的日子，而我在戴上海盜鎖鍊的時候，我倒是最能夠支配我自己。由於我爲他們的欲念所左右，但不同他們一起產生那樣的欲念，因此我才最能夠瞭解我有哪些欲念。在我看來，他們的荒謬行爲，比你對我的教育還生動得多，我在這些嚴酷的老師的管理下，所學到的哲學，比從你那裡學到的哲學還有用得多。

我做他們的奴隸，可是我還沒有嚐到我所料想的那種殘酷對待。我受到過一些不良的待遇，但是比起他們在我們中間受到的不良待遇還是少的；我知道，「摩爾人」和「海盜」這兩個詞本身就會令人產生偏見，這種偏見我也是難免不產生。他們為人並不仁慈，但是很公正，雖說我們不可能從他們那裡得到溫情和慈悲，但是也用不著擔心他們對我們有什麼壞心眼和任性的行為。他們要我們能夠做多少就做多少，但是不強迫我們做力所不能的事情；他們絕不會因為一個人能力不夠而加以處罰，他們處罰人，也僅僅是因為那個人有不好的居心。如果歐洲人在美洲也拿這種正直的心對待黑人的話，黑人的生活就會幸福得很，可是，由於歐洲人把可憐的黑人只看做是勞動的工具，因此，他完全看黑人對他有什麼用，他才決定怎樣對待他們；他心目中的公正，是拿他的利益做衡量的標準。

我換了幾次主人，因為據他們說這是把我賣出去了，人還可以拿去賣的嗎？他們可以賣我雙手做出的東西，但是，我的意志，我的智慧，我這個人，所有這些使我之所以為我而不是另外一個人的東西，當然是不能賣的；關於這一點的論據是：我第一次違反我所謂的主人的意志行事，我就取得了勝利。這件事情值得敘述一下。

起初，我受到的待遇是相當好的，他們以為我要贖身，可是我悠悠閒閒地待了幾個月，看我自己是不是能領略憂愁煩悶的滋味。最後，他們看見我和歐洲各國的領事和僧侶都沒有來往，不僅誰也沒有談論過我的贖金，而且連我自己也好像沒有考慮這個問題，因此，他們就想用其他的辦法從我身上得到好處；他們叫我去做工。我對他們在對待我的做法上的改變，既不感到吃驚，也不感到生氣。我對勞苦的活兒一點也不在乎，反而覺得很有趣味。我想了一個辦法走進一個工廠去，工廠的師傅馬上就看出我是內行。我幹這門活兒給我的主人賺得的錢，比他原先叫我幹的那種活兒賺的錢多，為了他的利益，他就把我安置在那裡，認為這樣做最好。

我發現，監牢中的老夥伴一個個都走了，有錢贖身的人就贖了身，而不能贖身的人，儘管同我的命運一樣，但是他們都沒有得到我這樣的優厚待遇。其中，有兩個馬耳他島上的貴族竟無人過問。他們的家裡很窮。教會是不贖這樣的俘虜的，神父沒有辦法贖回所有的人，因此同領事一樣，他們自然而然地有所偏心；這種偏心不能說不公正，因爲，贖回的人一定要給他們帶來更大的好處，他們才優先贖他的。這兩個貴族，一個年輕一個年老，他們都受過訓練，所以都有長處，但是這種長處在他們目前的處境是無法發揮的。他們有天才，又有手腕，懂拉丁文，還懂文學。他們有可以拿來炫耀和博得讚賞的才能，但是這種才能對做奴隸的人來說，是沒有多大用處的。最糟糕的是，他們帶著鐵鏈時表現得很不耐心；他們極端吹噓的哲學，也絲毫沒有使這兩位驕傲的紳士懂得，應當乖乖地服務於卑賤的人和匪徒；他們一直稱他們的主人爲卑賤的人和匪徒。我很同情這兩個窮人，他們是貴族，所以他們失去了人的地位，沒有人的地位，在阿爾及爾就一文不值了，不僅一文不值，而且比一文不值還不如，因爲，在海盜當中，一個原來是敵對的海盜，儘管成了奴隸，也不能被看做是一文不值的人。對於那個年老的貴族，我只能夠對他提一點勸告；其實我的勸告完全是多餘的，因爲他知道的東西比我多，至少就他所炫耀的那門學問來說，他是比我淵博的；他對爲人的訓誡是徹底瞭解的，他對種種箴言也是很熟悉，他所缺乏的是身體力行，他不願意受需要的桎梏約束。那個年輕的貴族，比年老的貴族還要急躁，不過，他爲人比較熱情、活躍和勇敢；他有幾次反叛的陰謀和計畫全都失敗，未能成功，而且，總是計畫還沒有實行，就被發覺，因此更加深了他的苦難。我竭力勉勵他學我的樣子，用他的雙手做工，以改善他的處境；但是，他把我的忠告當耳邊風，蠻不在乎；他驕傲地對我說，他懂得應該怎樣死法。「先生，」我對他說道，「更要緊的是應該懂得怎樣生活。」我終於想出了一些減輕他痛苦的辦法，而他也很樂意地懷著感激的心情採納了我的辦法，不過這些辦法並未使他領會我的意圖。他繼續搞他的陰謀，想拼那麼一下就完全取得自由；他浮躁不安的思想終於使他的主人（也是我的主人）失去了耐心；我們的主人對他和我都不相信了，對我們兩人的關係開始感到懷疑；當我和他談話的時候，我們的主人以爲我是在幫助他搞陰謀，其實我是在儘量勸他不要搞陰謀。我們兩個人被轉賣給一個公共建築的承造人，在一個野蠻的監工監督之下幹活；這個監工也和我們一樣是奴隸，但是，他爲了討好主人，就硬要我們去幹那些非人的力量所能勝任的事情。

開頭幾天，我把那些活兒看得如同兒戲。由於分給我們的工作是相等的，由於我比所有的人都強壯和手腳俐落，所以我總比別人先幹完我的活兒，幹完以後，我就去幫助那些體力最弱的人，減輕他們一部分工作。可是，那個狗腿子看見我幹活勤奮，體力又強，便不許我把這一股力量用去幫助別人；他把我的工作增加一倍，而且一直逐漸逐漸地往上增加，最後竟把我的活兒增加到那樣多，那樣重，以致儘管我的精力充沛，但在這樣多活兒的重壓之下，我馬上就有弄垮身體的危險；我的夥伴，不論身體壯的或身體弱的，都吃得很壞，受到惡劣的待遇，在過度的勞累之下，一個個都變得十分的消瘦。

這種情況簡直是不能再忍受，因此我決心冒一切危險，擺脫這種處境。我把我的決定告訴那個年輕的貴族，他很興奮地表示贊成。我很瞭解他，每當他在大衆的眼前時，他總表現出是一個有勇氣和有魄力的人，所以，要進行這種英勇的事情，我是很信任他的。我的策略全都是放在我的心裡，要把我的計畫付之實行，我也不需要任何人的幫助；不過，這一點的確是對的，即：同我的難友們齊心協力來實行我的計畫，其效果要好得多；因此，我決定在把我的計畫告訴這個貴族的時候，也同時告訴我的難友。

我費了很大的勁，才使他同意我事先不使用任何詭計而坦率地向夥伴們提出我的計畫。我們利用吃飯的時間來談這件事情，因爲吃飯的時候，我們比較集中，主人對我們的監視也比較鬆懈。我首先用我的本國話向在場的十幾位本國同胞講，我之所以不用法蘭克語講，怕的是被當地的人聽見。「夥伴們，」我向他們說道，「仔仔細細地聽我講一講，按他們加在我身上的工作來看，我剩下的精力還不夠兩個星期用了，儘管我是大夥兒當中最強壯的人之一；要馬上結束這種局面，只有採取一種極其猛烈的手段，要麼一下子就把身體徹底弄垮，要麼就採取一種防止這種情況的措施。我選擇了後一個辦法，我決定從明天起拒絕幹一切活兒，即使因此而犧牲生命和受到種種可能的對待，也在所不惜。我是算了一算，然後才選擇這個辦法的。如果我繼續像現在這樣幹下去，不用多久的時間，肯定會弄垮身體，一點辦法也沒有，可是，我這樣拼它幾天，就可以取得一個解決的辦法。我採取的手段可以嚇唬我們的監工，使我們的主人明白他眞正的利益何在。如果達不到這個目的，我的命運再壞也不過是這個樣子。如果等到我的身體已經弄垮，什麼活兒也不能幹的時候才採取這個辦法，那就爲時太晚，得不到效果了；現在，少了我這個人，他們就少得利益；結果我的性命，他們無非省一點糧食罷了。犧牲了我的性命，對他們來說是一項損失，因此，最好就選擇這個時候行事。如果你們當中，誰覺得我的話說得對，並且願意向這個勇敢的貴族學習，採取我這種辦法，那麼，我們人數一多，效果就愈大，就可以使我們的暴君規矩一點；不過，即使只有他和我願意這樣做，我們也一點不動搖我們的決心，仍然要堅決地拒絕爲他們幹活，那時候，請你們大家都來作證，看這個辦法靈不靈。」

我把這幾句簡單的話樸樸實實地說出來了，可是受感動的人不多。有五六個人叫我相信他們是可靠的，說他們也要像我那樣幹。其餘的人沒有發言，靜靜地站著。那位貴族對這種沈默的表示感到不滿，於是就用他的本國話向大家慷慨激昂地發表意見。由於人數很多，所以他就大聲地把我們目前的境遇以及主人和監工的殘酷做了一番動人的描寫；他通過對我們惡劣處境的描寫，引起了大家的憤慨，使大家產生了火熱的復仇心；最後，他對不懼苦刑、能戰勝強暴的人大大地讚賞了一番，從而把在場的人的勇氣鼓動到這樣的程度，以致大夥兒都喊叫起來，打斷了他的話，發誓要學我們的榜樣，至死也不動搖。

第二天，正如我們所料到的，當我們一拒絕工作，我們馬上就受到殘酷的虐待；可是我們兩個人，還有三四位老夥伴，對這些殘酷的虐待蠻不在乎，連氣都不吭一聲。那位貴族鼓動的效果並不十分持久。他那些鬧鬧嚷嚷的本國夥伴，幾分鐘以後就不能堅持，挨了一陣牛筋鞭子以後，就像羊羔似地又乖乖地去幹活兒。那位貴族對這種懦弱的表現感到憤慨，因此，當監工去打他的時候，他就破口大罵，可是那些人卻不聽他的。我竭力叫他逃跑，這個辦法我早就考慮過，而且也向他講過。我知道，漂亮的講話效果是很好的，不過是暫時的。容易受言辭激動的人，也同樣是容易冷下來的。冷靜而嚴正地講道理，是不能煽動人們的狂熱，但是，一旦這些道理深入人心，則產生的效果是永遠不會消失的。

那些可憐的人的懦弱表現，卻產生了一個我預料不到的結果，其所以會產生這種結果，我認爲是由於一種民族的好勝心，再加上我堅定而沈著的模範行爲。在法國人當中，有幾個人並沒有跟著我做，但是，當他們看見那些人又去做工的時候，便吆喝他們，同他們遠遠地離開，並且，爲了嘲弄他們的那種膽怯樣子，都來到我的身邊，這種行爲也帶動了其他的人，頃刻間到處都發出了一片造反的聲音，以致驚動主人親自來彈壓。

我們的監工說了些什麼話去開脫自己的責任和唆使主人來鎮壓我們，這你是可以想像得到的。他馬上指著我說是這次騷亂的主謀，是造反的人的頭子，說我企圖利用這種暴亂來嚇唬人。主人看著我，說道：「是你帶壞了我的奴隸嗎？剛才指控你的話，你已經聽見了；如果你有什麼話要分辯的，那就說吧。」一個貪得無厭的人面臨破產的危險，儘管盛怒已極，但也能顯得如此地克制，這一點，不能不使我感到驚異，因為，在這種情況下，要是一位元歐洲的主人的話，由於利欲薰心，不但不聽我分辯，反倒早已打了我一千皮鞭。「主人，」我用法蘭克話向他說道，「你不能怨我們，你對我們的情況一點不瞭解；我們也不怨你，我們所受的苦不是你造成的，你根本不曉得。我們知道要擔負需要的枷鎖，服從於你。我們毫不吝惜我們的氣力為你幹活，因為命運已經注定我們要幹這種活兒；可是，由於你那位監工叫我們超過我們的體力去幹，這就等於是在使我們喪失體力，等於是在用搞垮我們身體的辦法來搞垮你的財產。請你相信我的話，派一個比較賢明的人來管理，因為這個監工隨心所欲地濫用權力，對你不利。合理地分配工作，我們也不會少幹你的活兒，而且這樣，你的奴隸都會勤奮地幹，日子一久，你所得的利益，比他這樣用加重我們勞累的辦法給你帶來的利益多得多。我們的苦是應該訴的，我們的要求也是很微少的。如果你不理睬我們的要求，我們就照我們的計畫行事；你那位監工已經嚐到過那種滋味，你也可以嚐一嚐。」

我說完就不作聲，那個監工企圖答辯，主人不准許他講話。他用眼睛一個個地打量我的夥伴，他們蒼白的臉色和瘦弱的身體證明我的指控是眞實的，同時，他們堅定的神情表明他們絕不是害怕威脅的人。跟著，他又重新把我仔細地端詳了一下，說道：「你好像是一個明理的人，我想看一看你講的辦法對不對。你指責那個監工的行爲，好吧，讓我們瞧一瞧你做監工是怎麼做的。現在，我叫你去擔任他的工作，叫他來做你的事情。」他一下命令，人們馬上就取掉我身上的鐵鏈，並且把它拿去戴在那個監工的身上。這一切都是當場辦理，頃刻實現的事情。

我無須向你敘述我在我的新崗位上是怎樣做法的，因爲這不是我要在這裡論述的主要問題。我的勇敢的行爲傳出去了，主人是有意把它散布出去成爲阿爾及爾的一條新聞；最後，連總督也聽到我的事情了，因此他想見一見我。主人把我帶去見他，並且發現總督很喜歡我，於是就把我送給總督。這樣一來，你的愛彌兒又成爲阿爾及爾總督的奴隸了。

我在這個新的工作崗位上所遵循的辦事法則，是從我早已知曉的原理中推演出來的；這些原理，在我們遊歷的旅途中曾經討論過；儘管它們是應用在我所處的境地中，而且也應用得不完全，範圍也很小，但是，其效果還是十分可靠，一點不差的。經過的細節，我就不講了，因爲這在你和我之間是用不著講的。我的成功，贏得了我主人的尊敬。

阿桑奧格路是通過最光榮的道路而取得最高的權柄，因爲，他是一個普通的水兵，是一級一級地在海軍和國民軍中提升爲國家領導人之一的，並且，在他的前任死了以後，土耳其人和摩爾人，軍人和法官，都一致選舉他繼掌大權。他所治理的是一個野蠻不馴的民族，是時起兵變、唯恐天下不亂的雜牌軍隊，這些人，連自己要做些什麼也不明白，他們只知道騷動，不管事情搞得好不好，只要把事情搞個兩樣就行了，但即使這樣，阿桑奧格路也光榮地擔任了那個艱難的職位達十二年之久。在他的治理之下，儘管未滿足人們所預期的希望，但是人們對他還是無可指責的。在他執政期間，國家是相當的安定，一切都比從前好，商業和農業很發達，海軍很強盛，人人有飯吃。但是，從他成效卓著的措施中，人們絲毫沒有……*

摘錄

從普雷沃斯特教授自日內瓦致文學書稿編纂人的一封信中摘錄的有關讓・雅克・盧梭，特別

* 特別可惜的是，盧梭沒有把這封書柬繼續寫完；他在一七六八年七月六日給杜・佩魯寫了一封信，請杜・佩魯把這封書柬的手稿給他送去，因為他想再看一看這篇稿子，「以便消消遣，度過嚴酷的冬天。」「我對這封書柬，」他繼續寫道，「仍然是很喜愛的，這種喜愛的心，我也不想打消，因為我倒是覺得它有一個特殊的用處：使我不至於浪費我的時間，而且，它也不會同我現在所寫的東西混在一起，因為我目前寫作的，是對以往不幸遭遇的回憶，同這封書柬中所講的事情沒有聯繫。」從我們即將讀到的普雷沃斯特先生的信中就可看出，這篇稿子是送給盧梭的；但可惜的是，盧梭原先想分散的那些憂鬱的思想，竟完全占據了他的心，以致使他在寫作《對話錄》和《一個孤獨的漫遊者的夢幻》這兩部作品時，愈寫愈憂傷，愈寫愈發揮，騰不出手來，繼續寫完這封書柬。

是有關《愛彌兒》的續篇或《孤獨的人》的幾段話。

諸位先生：

在讓・雅克・盧梭年老的時候，我經常有機會見到他，因此，我有幾句話，想不揣冒昧地向你們說一下。這是有關一個偉大人物的幾件小事，最好是把它們收集起來，免遭遺忘……

我知道他曾經燒掉了幾篇手稿；他死後發表的幾部遺著，是我們得以讀到他保存下來的稿子中的最有意義的幾部作品……我聽他說過，在他離開倫敦的時候，把準備在一版《愛彌兒》中添加的大量注釋全都燒掉了，因爲那些注釋的稿子使他感到旅途累贅。

……………………………………

盧梭從來沒有讓我知道他在寫他的回憶錄，只是在有一次他擔心他會把它丟失的時候，才向我提到過它的名稱。但是，我感到特別高興的是，他曾經很樂意地把《愛彌兒》的補篇讀給我聽。這篇東西發表在日內瓦版的本子裡，標題是：《愛彌兒和蘇菲，或孤獨的人》。這是一個未完成的作品，寫到愛彌兒成爲阿爾及爾總督的奴隸就沒有寫了……盧梭一氣不停地讀完這篇東西，他的聲調是那樣的激動，感情是那樣的奔放，使人深受感染，可見這的確是一篇成功的新作。在讀的時候，他本人是很激動的，他好像又抓著了他在寫作這篇東西的時候使他激動不安的思想和感情的線索。他滔滔不絕地講著（這種情況是很少見的），他向我詳細地講述了他開始寫作的這個續篇的幾個情節，並且向我說明了它的結尾。以下就是我從所記的幾則筆記中綜合出來的這個故事的結局。如果在這寥寥幾筆的描寫中有什麼不妥帖的地方，有什麼該提而未提到的情節，我希望，讀者是相當的公正，不會把它說成是作者的過錯。

孤獨的人的結局

由於遇到了一系列的事情，愛彌兒最後來到了一個荒島。他在這個荒島的岸邊發現了一座教堂，教堂的周圍長滿了鮮花，樹上結滿了甜美的果實。他每天都去看這座教堂，他每天都覺得它裝點得更加美麗。蘇菲在這座教堂裡當修女，可是愛彌兒不知道。是什麼原因使他到這種地方來的呢？是他自己的過失和行爲使他忘懷了她的樣子。最後，他還是把蘇菲認出來了。愛彌兒使用了一些手段和暴力，使她終於屈服。但是，由於她感覺到，她今後不配做他的妻子，因而，她甘心做他的奴隸，服侍她的情敵。這個女人很年輕，由於別的緣故，使她和這一對原先的夫婦的命運連在一起了。她和愛彌兒結了婚，蘇菲參加了婚禮。婚後，愛彌兒和那個女子都表現得後悔不已，一天比一天痛苦，特別是看到蘇菲暗中對她很好，對她很尊敬，兩個人更是顯得難過，幾天以後，他們便向蘇菲承認他們的婚姻是假的。這個假裝的情敵是有丈夫的，她把他領來和蘇菲相見，於是蘇菲又得到了愛彌兒；愛彌兒原諒她並非出自本心而犯的過錯，而她已嘔盡了許多心血去補償她的過失，她痛改前非，從而恢復了她本來的爲人；不僅如此，她美好的德行，儘管在沒有機會表現以前，只約略地爲他所知，但是，當她的德行得到機會充分表現以後，便更加贏得了他的尊重和欽敬。

盧梭生平和著作年表

一七一二年 清康熙五十一年 誕生	▲六月二十八日：讓・雅克・盧梭①（Jean-Jacques Rousseau）誕生於瑞士日內瓦。他是法國基督新教教徒、鐘錶匠依薩克・盧梭②（Isaac Rousseau）和蘇珊・盧梭③（娘家貝爾納，本名Suzanne Bernard）夫婦家庭的第二個兒子。母親沒幾天就死於產後失調，他自幼得到姑母的撫育。 ⊙法國波旁王朝國王路易十四（一六三八－一七一五）在位（一六四三－一七一五）。 ▲十八世紀法國偉大啓蒙學者，是「在法國爲行將到來的革命啓發過人們頭腦的那些偉大人物」㊀，最初一批早在盧梭之前，在十七、十八世紀之交就相繼誕生：孟德斯鳩（一六八九），伏爾泰（一六九四），魁奈（一六九四），布豐（一七〇七），拉美特里（一七〇九），馬布利（一七〇九）。
一七一五年 康熙五十四年 三歲	⊙路易十四死。國王路易十五（一七一〇－一七七四）繼位，攝政王奧爾良公爵腓力蒲（Philippe II, *Due* d'Ovléans，一六七四－一七二三）掌政。
一七一九年 康熙五十八年 七歲	▲略識字，以後學習閱讀。

① 又譯：約翰紮克・盧梭（見沈起予譯：《懺悔錄》第七頁）和約翰・盧梭（見孔帕雷〔Gabriel Compayré〕著，梁天詠譯：《盧梭與自然教育》，中華書局，一九三九年，第一頁）。
② 又譯：伊紮克・盧梭（見《懺悔錄》，第五頁）。
③ 又譯：塞臧涅（見范壽康著：《盧梭》，商務印書館，一九三三年，第一頁）。
㊀《馬克思恩格斯全集》，第二十卷，第十九頁。

一七二〇年 康熙五十九年 八歲	▲啓蒙運動又一批重要思想家相繼出世；狄德羅（一七一三），雷納爾（一七一三），霍爾巴赫達朗貝爾（一七一七），愛爾維修（一七一五），孔狄亞克（一七一五），（一七二三），杜爾閣（一七二七）。
一七二二年 康熙六十一年 十歲	▲十月：父親和人發生糾紛，訴訟失敗，逃往里昂。 ▲由舅父貝爾納把自己兒子和他送到日內瓦附近布瓦錫（Boissy）。地方牧師郎貝西埃（Lambercier）處學習古典語文，兼學繪圖、數學。
一七二三年 清雍正元年 十一歲	⊙路易十五逐漸參與執政，以致後來獨立執政。
一七二四年 雍正二年 十二歲	▲由舅父把他和表兄領回日內瓦家中。 ▲到公證人馬斯龍家打雜。
一七二五年 雍正三年 十三歲	▲四月：轉到雕刻匠家做學徒。
一七二八年 雍正六年 十六歲	▲春季：不堪師父虐待，出逃。 ▲日內瓦近郊的神父介紹他投奔安納西地方德・華倫夫人④（Madame de Warens）。 ▲得到德・華倫夫人之資助，去義大利都靈，進公教要理受講所，改奉天主教（舊教）。 ▲秋季：到一個伯爵家當僕役，不久被逐。 ▲轉到另一貴族家當差，趁機學習拉丁文，接觸義大利音樂。

④ 又譯：瓦倫絲（見《懺悔錄》，第八十八頁）和華倫（見《盧梭與自然教育》，第一一六頁）。

一七二九年 雍正七年 十七歲	▲回到德・瓦朗夫人處寄食。 ▲同住的音樂家凱特（George Keith）傳授他許多音樂知識。
一七三〇年 雍正八年 十八歲	▲到神學校學習。 ⊙三〇年代：法國封建的土地關係呈現動搖，農村的土地兼併加劇；各地棉紡業（諾曼第、盧昂）、手工業（土倫、布羅瓦）開始得到發展，資本主義關係的發展，步伐較前加快。
一七三一年 雍正九年 十九歲	▲涉獵英國《觀察》雜誌等政治讀物；注意法語修辭，勤懇練習寫作。
一七三二年 雍正十年 二十歲	▲在尚貝里做土地測量工作，自學數學。 ▲結識一些樂師、音樂愛好者，常相過從。
一七三三年 雍正十一年 二十一歲	▲寄居德・華倫夫人家（已遷來尚貝里），涉獵所藏學術著作。
一七三四年 雍正十二年 二十二歲	▲辭測量工作。 ▲代德・華倫夫人管家，協助經營家庭製藥手工業。 ▲經常採集植物標本，奠定了研究植物學的興趣。

一七三五年 雍正十三年 二十三歲	▲在法國啓蒙運動中屬於年輕一批的啓蒙思想家出世：勒榮（一七三八），孔多塞（一七四三）。這個時候，最早一批啓蒙思想家已經開始發表著作，啓發人們頭腦，提出「不承認任何外界的權威」，不承認封建階級和宗教迷信，而要求在理性的法庭上檢驗事物：一七二一年，孟德斯鳩的《波斯人信札》；一七三三年，伏爾泰的《哲學通信》；一七三四年，孟德斯鳩的《羅馬盛衰原因論》；一七四七年，拉美特里的《人是機器》等等。
一七三六年 清乾隆元年 二十四歲	▲到尚貝里附近沙爾米特養病。 ▲選讀哲學著作，接觸洛克、萊布尼茨、笛卡爾的著作、王港教科書。 ▲寫詩《沙爾米特的果樹園》（Le Verger des Charmettes）。 ▲結識戈費庫（Gauffecourt，一六九一－一七六六）。這位研究文獻者使他熟悉文壇書肆歷史掌故。
一七三七年 乾隆二年 二十五歲	▲有意識地開展室內小型音樂會，經常作曲，鑽研音樂理論。 ▲學習解剖學。到蒙彼利埃聽英國醫師摩里斯（Fitz Moris）的解剖學講課一、兩個月。 ⊙日內瓦人民起義。
一七四〇年 乾隆五年 二十八歲	▲四月：到里昂，在貴族官員馬布里家擔任家庭教師。 ▲結識馬布里的弟弟、政治思想家、空想社會主義者馬布里（Gabriel Bonnot de Mably，一七〇九－一七八五）和其表弟、哲學家孔狄亞克（Etienne Bonnot de Condillac，一七一五－一七八〇）。 ⊙法國捲入奧國王位繼承戰爭（一七四〇－一七四八），法普共同反對英奧同盟。結果，法國在美洲的殖民地的勢力被削弱。 ⊙四〇年代：資本主義農場經營有顯著的發展。

一七四二年 乾隆七年 三十歲	▲八月：攜帶《新記譜法》（Un nouveau système sur les signes de la musique）去巴黎。二十二日，由音樂家拉摩（Jean Philippe Rameau，一六八三—一七六四）推薦到法蘭西學術院宣讀，未成。 ▲結識唯物主義哲學家狄德羅（Denis Diderot，一七一三—一七八四），兩人十分相投，很快成爲親密朋友。狄德羅交遊廣泛，介紹他認識一些啓蒙運動思想家，後來他稱之爲「哲人黨」（les philosophes），共同推動啓蒙運動。
一七四三年 乾隆八年 三十一歲	▲春季：歌劇《風雅的繆斯》（Les Muses galantes）寫成，他的音樂才能開始引起巴黎音樂界注意。 ▲教音樂、抄樂譜，以此維持生活。 ▲六月：離開巴黎，隨法國駐威尼斯使節赴義，任其秘書。 ▲《新記譜法》以《論現代音樂》（Dissertation sur la musique moderne）之名出版於巴黎。
一七四四年 乾隆九年 三十二歲	▲八月：辭秘書職，返巴黎，仍以爲劇團和個人抄樂譜度日。 ▲和特萊絲・德・勒娃瑟爾（Thrérèse de Le Vasseur）同居。 ⊙里昂爆發勞資大衝突。
一七四五年 乾隆十年 三十三歲	▲結識啓蒙思想運動老一輩思想家伏爾泰（Voltaire，一六九四—一七七八）。伏爾泰宣傳啓蒙思想，反對天主教會和僧侶，多年被迫流浪異國，去年得到默許回國，本年任宮廷史官。
一七四七年 乾隆十二年 三十五歲	▲秋季：喜劇《冒失的婚約》（L'Engagement téméraire）寫成。

一七四八年 乾隆十三年 三十六歲	▲經狄德羅介紹，結識從荷蘭來登學成歸國的梯德里希（Paul Heinrich Dietrich），即後來的霍爾巴赫男爵（*Baron* d'Holbach，一七二三—一七八九），唯物主義哲學家、無神論者。一個時期後，經常參加霍爾巴赫的沙龍家庭定期招待會。 ⊙奧國王位繼承戰爭結束，締結亞琛和約，條款對法國不利，而且英法在印度、北美繼續開仗，法國節節敗退。人民群眾對國王路易十五的專制統治十分不滿，國王經常發出所謂「密封御札」，不經過法院、檢察廳，不宣布懲治原因和刑期，把人投入巴士底監獄，以強化戰爭體系，這種動輒逮捕，一意孤行鎮壓人民群眾的暴行，戰後有增無已。
一七四九年 乾隆十四年 三十七歲	▲年初：開始爲狄德羅、達蘭貝籌備的《百科全書》撰寫音樂方面一部分條目，按期於三個月後交稿。 ▲十月：去巴黎郊外萬桑要塞[⑤]監獄探望狄德羅。狄德羅因發表《論盲人的信札》而被囚禁於此（七月至十一月）。他去探望，並把《法國信使》報上登載第戎[⑥]科學院有獎徵文事以之相商。得到鼓勵，隨即動筆撰文應徵。
一七五〇年 乾隆十五年 三十八歲	▲七月九日：應徵論文《論科學和藝術的復興是否有助於敦風化俗？》[⑦]得獎。 ▲經狄德羅介紹，結識德國文學評論家格林姆（Friedrich Melchior Grimm，一七二三—一八〇七）。在相當一個時期，兩人關係特別密切，相處極爲融洽。 ▲他對剝削階級社會文化腐朽、墮落一面的攻擊，是敘述在籠統批判文明社會的行文中，這種反對唯理論的觀點導致他和霍爾巴赫沙龍常客一些強調理性的朋友，在日常討論中經常爭辯。

---

⑤ 位於法國東部，在南錫（北）和里昂（南）之間。

⑥ 又譯：文新堡（《世界通史》，第五卷，第七六七頁）。

⑦ 中譯本：何兆武譯，商務印書館一九五九年出版。

	▲十一月：《百科全書》出版者發表狄德羅執筆的「說明書」八千份。「說明書」宣布出版八卷本的《百科全書，科學、藝術、工藝詳解辭典》，十年出齊，以介紹古典學術和當代科學工藝知識，使人類文明的成就得以總結、匯總而爲人們所用。「說明書」不但在巴黎散發，而且寄送全國，並通過各國貴族往來和貿易關係散寄到歐洲各國，廣泛徵求預訂。 ▲年底：得獎論文《論科學和藝術的復興是否有助於敦風化俗？》（Si le rétablissement des sciences et des arts a contribué à epurev les moeurs）出版於日內瓦，受到文壇普遍重視。
一七五一年 乾隆十六年 三十九歲	▲繼續爲貴族家庭、音樂團體抄樂譜度日。 ▲《百科全書》「說明書」立即引起極端反動的耶穌會士、冉森教派強烈反對，耶穌會雜誌宣判《百科全書》爲「魔鬼的新巴比倫塔」，在於宣傳無神論異端思想，要求政府和教會予以制止。與此相反，社會進步人士卻熱烈歡迎，寄來了訂單一千六百二十五份。 ★「法國的唯物主義者沒有把他們的批評侷限於宗教信仰問題；他們把批評擴大到他們所遇到的每一個科學傳統或政治設施；而爲了證明他們的學說可以普遍應用，他們選擇了最簡便的道路：在他們因以得名的巨著《百科全書》中，他們大膽地把這一學說應用於所有的知識對象。這樣，唯物主義就以其兩種形式中的這種或那種形式——公開的唯物主義或自然神論，成了法國一切有教養的青年的信條。」（《馬克思恩格斯選集》，第三卷，第三九四—三九五頁）。 ▲六月：《百科全書》第一卷（詞頭A字條目）出版於巴黎。編者是「一個文學家團體」，領銜的是狄德羅和達朗貝，略語表列出撰寫條目較多者，包括盧梭。最引人注目的是達蘭貝寫的「序言」，試圖以進步的唯物主義認識論觀點分析和介紹人類全部知識各門學科的基礎、關係和作用，首當其衝的是一些宗教和神學條目。 ▲天主教耶穌會首先反撲，指定三個教士秘密審查。抓住神學條目在他們的機關報上大做文章，自然神論者普拉德神父因爲參加撰寫神學條目成爲他們攻擊的目標，被迫逃往柏林。

	▲秋季：《論科學與藝術》遭到攻擊，寫《答波蘭國王兼洛林公爵對〈論科學與藝術〉一書的駁難》（Observations sur une réfutation du Discours pur le roi de Pologne）。
一七五二年 乾隆十七年 四十歲	▲一月：《百科全書》第二卷（詞頭B、C字條目）繼續出版。 ▲義大利巴姆比尼歌劇團到巴黎訪問演出，巴黎音樂界、社交界中反對喜劇的保守分子、貴族藝術擁護者從劇場到社會，從沙龍到街頭，從宮廷到商店，到處興風作浪。改革派針鋒相對迎頭痛擊，演爲一場大筆仗，持續兩年的所謂「丑角戰爭」（一七五二—一七五四），盧梭、狄德羅、霍爾巴赫等積極投入了這場「喜歌劇之戰」，支持論戰中比較民主的流派，對啓蒙思想在藝術領域、美學領域的勝利準備了條件。 ▲盧梭的父親死。 ▲十月二十八日：喜歌劇《鄉村巫師》（Le devin du village）在楓丹白露上演獲得成功。 ▲國王路易十五有意召見他，並準備給他年金，盧梭迴避。 ▲《論法國音樂的信》（Lettre sur la musique française）寫成。 ⊙里昂工人罷工，到一七八六年，前後六次。 ⊙一七五二—一七六八年期間，諾曼第地區農民起義此伏彼起，不下六次。
一七五三年 乾隆十八年 四十一歲	▲《略論語言的起源》（Essai sur l'origine des langues）寫成。 ▲十一月：《論法國音樂的信》出版。保守派對他實行抵制，居然「焚燒芻像」。 ▲《皇家音樂學院一位元樂隊隊員給樂隊同事的信》（Lettre d'une symphoniste de l'Académiè Royale de Musique à ses camarades de l'orchestre）出版。 ▲十一月：《百科全書》第三卷（詞頭C字條目）不顧當局搜查編輯部及所發出禁令，狄德羅等堅持出版。 ▲冬季：第戎科學院宣布有獎徵文，題目是「人類不平等的起源是什麼？人類不平等是否爲自然法所認可？」盧梭得訊後，抓緊時間動筆寫應徵文。

一七五四年 乾隆十九年 四十二歲	▲四月：《百科全書》第四卷（詞頭C、D字條目）出版。 ▲八月：厭棄封建地主階級統治集團腐朽、墮落的生活，離開巴黎，重皈新教，回到日內瓦，恢復日內瓦共和國公民權。 ▲十月：返巴黎。 ★「平等要求的資產階級方面是由盧梭首先明確地闡述的，但還是作爲全人類要求來闡述的」。（恩格斯：《反杜林論》。《馬克思恩格斯全集》，第二十卷，第六六九頁） ▲《論人類不平等的起源和基礎》[8]應徵文寫成，應徵結果落選。 ▲以耶穌會爲代表的宗教頑固勢力大肆攻擊，專制政府所代表的封建統治集團隨時製造障礙，《百科全書》的出版其困難未有稍減，百科全書派毫不退縮，既得到讀者熱烈支持，預約的印數原已達一千六百二十五部，實際印數竟突破二千零七十五部，而且，主編達蘭貝撰寫大量條目的霍爾巴赫分別於十二月和七月獲得學術榮譽，前者爲法蘭西學術院院士，後者爲柏林科學院院士。
一七五五年 乾隆二十年 四十三歲	▲四月：落選論文《論人類不平等的起源和基礎》[9]（Discours sur L'origine et les fondemens de L'inégalité parmi les hommes）出版於阿姆斯特丹。 ▲七月：德國啓蒙運動思想家、文學家萊辛（Gotthdd Ephrain Lessing，一七二九－一七八一）在《柏林特權者》報上撰文讚揚盧梭新著。 ▲萊辛向自己的朋友門德爾松（Moses Mendelssohn，一七二九－一七八六）推薦譯出盧梭這部新著。門德爾松的譯本不久就出版於柏林，在報刊上引起種種評論。

⑧ 又譯：《論人間不平等的起源和原因》（見《馬克思恩格斯全集》，第二十卷，第七二〇頁），《論不平等的原因》（見《世界通史》，第五卷，第七六一頁）。

⑨ 中譯本：李常山譯，商務印書館一九五八年出版。

	▲十月：沙爾·博內（Charles Bonnet，一七二〇—一七九三）在《法國信使》雜誌上匿名發表《日內瓦公民費洛波利斯的信》攻擊盧梭。 ▲十一月：《百科全書》第五卷（詞頭D、E字條目）出版。 ▲《論政治經濟學》⑩（Sur L'économie politique）發表於《百科全書》第五卷。 ⊙十一月一日（天主教萬聖節）：葡萄牙里斯本發生大地震，震後大火。在羅馬天主教占統治地位的葡萄牙，發生於宗教大節日的這場自然災難和所造成的社會混亂，在歐洲各國引起極大的震動。
一七五六年 乾隆二十一年 四十四歲	▲盧梭以新著《論不平等》奉贈伏爾泰，伏爾泰閱後大爲不滿，回信道：「我收到了你的反人類的新書，謝謝你。」 ▲四月：移居蒙特莫朗。開始寫《朱利，或新愛洛漪絲》。 ▲八月：以詩《天命書簡》對上年里斯本地震做了唯心主義解釋，來反對伏爾泰旨在嘲笑萊布尼茨的先定諧和說的詩《里斯本的災難》。 ▲《百科全書》第六卷（詞頭E、F字條目）出版。 ▲一個人匿名攻擊盧梭爲《百科全書》撰寫的音樂條目。《百科》編者在前言中爲盧梭做必要的辯護。 ⊙法國捲入七年戰爭（一七五六—一七六三）。法國和奧國結盟反對得到英國援助的普魯士。戰爭嚴重影響國家財政狀況。

⑩ 中譯本：王運成譯，商務印書館一九六二年出版。

一七五七年 乾隆二十二年 四十五歲	▲七月：對於狄德羅新作《私生子》（一七五六）的評價，和狄德羅本人的看法大相徑庭，爭辯結果終至鬧翻。盧梭的唯心主義哲學觀點，激烈的社會觀點使他和百科全書派一些思想家產生一些矛盾，這時，矛盾進一步擴大，後來遂至格格不入，連關係一直比較融洽的散文家格林姆也和他疏遠了。 ▲開始寫《愛彌兒，或論教育》（Emile, ou de L'éducation）。* ▲爲《百科全書》撰寫的條目「感覺主義倫理學，或賢者唯物主義」（La Morale Sensitive, ou le matérialism de sage）擱筆。 ▲十月：《百科全書》第七卷（詞頭F、G字條目）出版。本卷包括達朗貝寫的條目「日內瓦」。
一七五八年 乾隆二十三年 四十六歲	▲《論政治經濟學》（《百科全書》條目）單行本出版。 ▲三月：發表長信《和達朗貝先生論觀賞的信》（Lettre à M.D'Alembert sur les spectacles），批評達朗貝在《百科全書》第七卷上發表的「日內瓦」條目對於日內瓦城市建設和戲劇文化生活的意見。 ▲達朗貝對於日內瓦市政建設和文化藝術生活表示的意見，瑞士官方加爾文教會無理挑剔，法國耶穌會士和巴黎反動文人推波助瀾。
一七五九年 乾隆二十四年 四十七歲	▲《百科全書》受到封建專制政府和反動教會的鎮壓。在巴黎議會上，總檢察官奧美爾・若利誣衊《百科全書》「敗壞道德」，羅馬教皇克里門特十三世勒令焚燬《百科全書》，耶穌會則圍剿《百科全書》這批「不做彌撒」的進步思想家，「異教徒以及神和國王與教會的敵人的大集合」。

* 本書引起關心教育思想的讀者莫大注意，德國哲學家康得日常活動十分刻板，也因捧讀此書，打亂了生活次序。德國教育家巴澤道受此書啓發，創辦「博愛學校」於德紹。

	▲狄德羅、德‧若古等堅持鬥爭，在艱難的條件下，繼續秘密進行第八卷和以下各卷的組織、編寫、出版工作。 ★「……盧梭等人已經用人的眼光來觀察國家了，他們是從理性和經驗……引申出國家的自然規律」。（《馬克思恩格斯全集》，第一卷，第一二八頁） ▲開始寫《社會契約論，或政治權利原理》（Du Contrat social, ou Principes du droit politique）。
一七六〇年 乾隆二十五年 四十八歲	▲德國劇作家魏塞（Christian Felix Weisse，一七二六－一八〇四）來法國（一七五九－一七六〇），回國前，到蒙特莫朗拜訪盧梭，同時代表門德爾松把《論不平等》德譯本贈送盧梭。
一七六一年 乾隆二十六年 四十九歲	▲一月：《新愛洛漪絲》取名《阿爾卑斯山麓小城兩位相戀居民的信札》（Lettre de deux amants, habitants d'une petite ville au pied des Alpes）出版於巴黎，受到讀者熱烈歡迎。 ▲一七五六年編訂的《聖‧皮埃爾永久和平方案摘要》（Extrait du projet de paix perpétuelle de Saint-Pierre）出版。 ▲《新愛洛漪絲》德譯本出版於來比錫。
一七六二年 乾隆二十七年 五十歲	▲四月：《社會契約論》[11]出版於阿姆斯特丹。 ★「理性的國家、盧梭的社會契約在實踐中表現爲而且只能表現爲資產階級的民主共和國」。（恩格斯：《反杜林論》。《馬克思恩格斯全集》，第二十卷，第二十頁） ▲《愛彌兒，或論教育》出版於阿姆斯特丹和巴黎。 ▲六月：巴黎大主教博蒙出面干涉《愛彌兒》的發行，九日，發出禁令要人們不讀此書，十一日，巴黎高等法院發出有關此書的禁令。

⑪ 中譯本：何兆武譯，商務印書館一九六二年出版。

	▲盧梭從巴黎出逃，到日內瓦，適逢當局焚燒此書和《社會契約論》，並宣布追究作者；只得又逃往伯爾尼，亦見逐，於是輾轉流亡到普魯士管轄下的納沙泰爾（Neuchâtel）的莫爾季耶村。 ▲《百科全書、圖冊》突破重重阻力，得以首先在巴黎公開分卷出版，本年出版第一卷。 ⊙八月：在各省廣泛抗議所形成的浪潮衝擊下，巴黎高等法院通過決定，解散羅馬天主教會頑固的耶穌會教團。耶穌會士轉入地下，負隅頑抗，繼續爲非作歹。
一七六三年 乾隆二十八年 五十一歲	▲三月：發表《日內瓦公民盧梭給巴黎大主教克里斯托·德·博蒙的信》（J.-J. Rousseau, citoyen de Genève, à Christophe de Beautmont，寫於上年十一月），公開責問教會當局，抗議對他的迫害。 ▲四、五月：取得納沙泰爾州公民權，放棄日內瓦公民權。 ▲《百科全書·圖冊》第二卷、第三卷出版。
一七六四年 乾隆二十九年 五十二歲	▲出版《山中書簡》（Lettres écrites de la montagne），駁斥坊間流傳的《鄉間書簡》（Lettres de la campagne），並責問日內瓦當局。 ▲八月二十一日：科西嘉解放運動領袖德·布達福科（Butta Fouco）來邀請盧梭前往科西嘉協助起草憲法，盧梭未去，但是代擬了個草案。
一七六五年 乾隆三十年 五十三歲	▲《科西嘉憲法草案》（Projet de Constitution pour da Corsica）寫成，一八六七年第一次出版。 ▲九月：謝絕普魯士國王的年金。 ★「盧梭不斷避免向現存政權作任何即使表面上的妥協」（《馬克思恩格斯全集》，第十六卷，第三十六頁） ▲盧梭既未受到自詡爲「開明君主」的普魯士國王的眞正保護，也未得到納沙泰爾當局的諒解，不得不再度逃亡。弗里德里希·威廉二世對此事自我辯解道：「我所保護的是那些舉止有禮、思想健康的自由思想家」。

	▲十月：潛回巴黎。若干友好和舊相識正傳閱英國作家華爾甫捏造的普魯士國王給盧梭的信，信中暗諷盧梭有意托庇於普王並盼賜年金。 ▲《百科全書》[12]後十卷（第八至第十七卷）在狄德羅等慘澹經營下，在納沙泰爾秘密印刷十卷，同時發行，訂戶增至四千二百五十戶，遍及國內外，轟動歐洲。 ▲《百科全書．圖冊》第四卷出版。
一七六六年 乾隆三十一年 五十四歲	▲一月：隨英國哲學家大衛．休謨（David Hume，一七一一—一七七六）離開巴黎，到英國避難。 ▲夏秋：同休謨衝突，懷疑休謨等英國友人要謀害他，並誤以為華爾甫所捏造的信件是伏爾泰或達朗貝所寫。事實上，各國封建階級反動政府對他一直進行的迫害，使他多年顛沛流離，終於逐漸患上了被迫害狂，而於英國迸發了出來。 ▲開始編寫《植物學術語辭典》。 ▲年底：《懺悔錄》（Les Confessions）第一卷前篇，即前六章寫成。
一七六七年 乾隆三十二年 五十五歲	▲三月：英國友人設法替他領取英王喬治三世給他的年金一百英鎊，以後未再續支。 ▲五月：誤解英國友人的好意，終於改名易姓，從伍頓潛行回國。後化名勒努（Renou），避居於特里。 ▲十月：達朗貝、斯華合編《休謨先生和盧梭先生爭吵之簡要說明》（Exposé succinct de la contestation qui s'est élévée entre M.Hume et M.Rousseau avec les pièces justificatives），由達朗貝寫序，出版於巴黎。

⑫《百科全書》條目中譯（盧梭所撰者外）：第二卷狄德羅所寫「美之根源及性質的哲學的研究」，收於《文藝理論譯叢》，第一期，第一—三十二頁，人民文學出版社，一九五八年；第七卷孟德斯鳩所寫「論自然和藝術作品的鑒賞」未完篇，收於《羅馬盛衰原因論，附錄：論趣味》；商務印書館，一九六二年，第一三七—一六四頁。

	▲十一月：拉摩在《「百科全書」音樂條目的錯誤》（Erreurs sur la musique dans L'Encyclopédie，一七五五）中指出盧梭所寫音樂條目的錯誤。盧梭接受指正，修正有關音樂的短論等，以收於《百科》的條目爲主，彙編爲《音樂辭典》（Dictionnaire de musique）出版於日內瓦。 ▲《百科全書·圖冊》第五卷出版。
一七六八年 乾隆三十三年 五十六歲	▲七月：到格勒諾布進行植物學考察，以書簡形式寫下研究成果。開始和國內外（荷、英）植物學家通信。 ▲抄寫樂譜以維持生活。 ▲《百科全書·圖冊》第六、第七卷出版。
一七六九年 乾隆三十四年 五十七歲	▲《英雄所需要的道德》寫成。 ▲十一月：《懺悔錄》[13]第二卷寫成。 ▲重新使用眞姓名。
一七七〇年 乾隆三十五年 五十八歲	▲六月：返回巴黎，住在普拉特里埃街，後叫「讓·雅克·盧梭路」。 ▲六月：參加植物學家儒錫葉領導的採集標本旅行。 ★「盧梭的平等說……沒有黑格爾的否定的否定來執行助產婆的職務，也不能建立起來。」（恩格斯：《反杜林論》。《馬克思恩格斯全集》，第二十卷，第一五二頁） ▲八月二十七日：德國古典哲學家黑格爾誕生於德國。

⑬ 中譯本：張競生譯，《盧梭懺悔錄》（四五三頁），世界書局，一九二九年；章獨譯，《懺悔錄》，商務印書館，一九二九年；汪炳焜譯，《盧梭懺悔錄》，啓明書局，一九三六年；凌心渤編譯，《盧梭懺悔錄》（一一〇頁），自力出版社，一九四六年；沈起予譯，《懺悔錄》，第一冊，文風出版社，一九四七年。

年代	事項
	▲十二月：《懺悔錄》第一卷後編，即後六章寫成。手抄本開始在友人中間流傳。 ▲《百科全書．圖冊》第八、第九卷出版。 ▲邦庫克（Pankoucke）重版《百科全書》。出版前三卷後，遭政府禁止。轉而邀請哈勒（生理學家）、孔多塞（哲學家）等主持編輯出版《百科全書．補篇》。 ⊙七○年代：農民暴動、城市貧民風潮急劇頻繁，封建階級統治集團內部也發生嚴重傾軋。四○年代戰爭時期開始採用的「密封御札」，不僅已經成爲國王、王室、政府、教會共同鎮壓第三等級的工具，同時也成爲他們之間內訌、傾軋的手段，「上層」的分崩離析日益顯露加劇。
一七七一年 乾隆三十六年 五十九歲	★「盧梭曾爲波蘭人草擬過最好的政治制度，馬布利也曾爲科西嘉島上的居民草擬過最好的政治制度。」（《馬克思恩格斯全集》，第四卷，第三四八頁） ▲四月：應波蘭威爾豪斯基伯爵之請，寫《對波蘭政府及其一七七二年四月改革計畫的考察》（Considération sur le gouvernement de Pologne et sursa projet réformatrice en avril 一七七二）。 ⊙據記載，法國貴族達七萬之眾，有封號者三千人。 ▲半個世紀來，法國啓蒙思想運動有一大批啓蒙思想家、唯物主義者、無神論者、自然神論者、重農學派經濟學家，在反對封建愚昧政權和宗教迷信勢力目標下進行堅韌不拔的活動。他們有的在五○年代就去世了：拉美特里（一七五一）、孟德斯鳩（一七五五），這時，七○、八○年代，高令如伏爾泰（一七七八，八十六歲），布豐（一七八八，八十一歲），以及愛爾維修（一七七一）、魁奈（一七七四）、杜爾閣（一七八一）、達朗貝（一七八三）、狄德羅（一七八四）、霍爾巴赫（一七八九）也相繼凋零。 ▲《百科全書．圖冊》第十、第十一卷出版。

一七七二年 乾隆三十七年 六十歲	▲《百科全書》整套二十八卷，文字十七卷，圖冊十一卷，全部出齊。
一七七三年 乾隆三十八年 六十一歲	⊙七月：歐洲各國反對宗教和教會的進步階層持續進行聲勢浩大的抗議運動，迫於這個廣泛的反抗運動，羅馬教皇克里門特十四世簽署詔書，裁撤耶穌會教團。
一七七四年 乾隆三十九年 六十二歲	▲會見年輕的生物學家拉馬克（Lamarck，一七四四－一八二九），兩人開始往來。 ⊙路易十六（Louis XVI，一七五四－一七九三）在位（一七七四－一七九二）。
一七七五年 乾隆四十年 六十三歲	▲《對話錄，或盧梭批判讓・雅克》（Dialogues, ou Rousseau juge de Jean Jacques）寫成。 ▲十月：神話題材歌劇《匹克馬梁》（Pygmalion）在法蘭西歌劇院演出獲得成功。 ▲以全部植物學藏書、標本售予一英國友人。 ⊙「麵粉戰爭」爆發，糧食發生恐慌，城市居民紛紛抗議。
一七七六年 乾隆四十一年 六十四歲	▲開始寫《懺悔錄》的補篇《一個孤獨的漫遊者的夢幻》（Rêveries du promeneur Solitaîre），直至去世，未終篇。一七八二年出版。 ▲《百科全書・補篇》第一、第二卷出版於阿姆斯特丹。
一七七七年 乾隆四十二年 六十五歲	▲八月：健康惡化，停止抄寫樂譜，生計十分艱難。 ▲《百科全書・補篇》第三、第四卷和《圖冊・補篇》一卷出版。《補篇》五卷出齊。

一七七八年 乾隆四十三年 六十六歲	▲五月：移居巴黎附近埃爾默農維耳莊園（Erménonville）。 ▲凱特（George Keith，一六九三—一七七八）死。他寫遺囑時，向盧梭表示要把他作爲遺產繼承者，盧梭堅決反對。 ▲重病期間，青年羅伯斯庇爾（Robespierre，一七五八—一七九四，二十歲）慕名來訪。 ▲七月二日：病逝，葬於愛爾蒙維爾附近聖·彼得島他生前所心神嚮往的地點。法國大革命後，一七九四年，四月十五日，革命政府遷葬盧梭靈柩於巴黎國葬所。 生前未刊著作（除已說明者）和身後遺留的著作、稿件分別出版如下： ▲神話題材歌劇《達夫尼斯和克洛埃》（Daphnis et Chloé），一七八〇年。 ▲《我生平苦難的慰藉》（Les Consolations des Misères de ma Vie）（文學藝術創作片段），一七八一年。 ▲《盧梭的植物學》（La Botanique de J.-J.Rousseau），一八〇五年。 ▲《盧梭未刊著作書信彙編》（Extraits des ceuvres et Correspondances inédits de J.-J.-Rousseau），一八六一年。 一七八二—一七八三年《盧梭全集》（小開本、四十七卷）在日內瓦出版。 一八八七—一九〇八年《盧梭全集》（十三卷）出版。

陳慶若編

譯名對照表

（本表次序是按漢字筆畫數排列的，又本書註腳中的譯名主要也收錄在內。）

三劃

士倫　Touraine
大流士　Darius

四畫

內奧姆　Néaulme
太累馬庫斯　Télemaque
太提斯　Thétis
孔狄亞克　Condillac
孔東　Condom
尤利西斯　Ulysse
尤維納　Juvénalis
巴尼亞人　Banians
巴考士　Bacchus
巴耳博亞，努涅斯　Balboa, Nunès
巴勒克澤爾　Ballexerd
巴勒姆　Barrême
巴斯克人　Basques
文森茲　Vincennes
比昂基　Bianchi
牛頓　Newton

五劃

丘比特　Jupiter
代皮訥　d'Épinay
加利比人　Caraïbes
加利西亞　Galice
加拉太　Galatée
卡托　Caton
卡米路斯，朱利烏斯　Camillus, Julius
卡耳文　Calvin

卡利普索 Calypso
卡利奧珀 Calliope
卡提利納 Catilina
尼科利尼 Nicolini
尼祿 Neron
布瓦洛 Boileau
布瓦錫 Boissy
布里 Brie
布果涅 Bourgogne
布朗托姆 Brantôme
布爾曼 Burmann
布魯土斯・馬可・尤尼烏斯 Brutus, Marcus Junius
幼里皮底斯 Euripide
弗里烏爾 Frioul
弗朗斯瓦一世 François I
弗勒里 Fleury
弗雷德里克 Fré déric
瓦列里烏斯—馬克西姆斯 Valère-Maxime
瓦累 Valais
瓦魯士 Varus
瓦羅 Varron
皮埃蒙特 Piémont
皮特羅尼烏斯 Pétrone
皮魯士 Pyrrhus
皮羅 Pyrrhon

六劃

伊比利亞人 Ibériens
伊多梅內 Idoménée
伊思帕亨 Ispahan
伊撒克 Ithaque
伊壁鳩魯派 Épicuriens
伍頓 Wootton
休倫族人 Hurons
休謨，大衛 Hume, David
伏爾泰・弗朗斯瓦・瑪麗 Voltaire, François Marie
伏爾斯人 Volsques
吉西阿丹 Guicciardin
吉約姆 Guillaume
多尼人 Dauniens
多邦通 Daubenton
安東尼 Antoine

安納錫　Annecy
安德羅馬克　Andromaque
托爾尼歐　Tornea
朱西厄　Jussieu
朱農　Junon
米利都　Miletus
米納瓦　Minerve
米達斯　Midas
色諾芬　Xénophon
艾迪生　Addison
艾訥　Énée
西內阿斯　Cynéas
西塞　Scythie
西塞人　Scythes
西塞羅　Cicéron
西爾塞　Circé
西羅斯　Scyros

七劃

伯利耳　Belle-Isle
伯爾尼　Berne
克利奧帕特拉　Cléopâtre
克里蘇斯　Crésus
克拉克・賽米爾　Clarke, Samuel
呂卡斯・保羅　Lucas, Paul
呂底亞人　Lydiens
君士坦丁堡　Constantinople
希波米尼斯　Hippomène
希隆　Chiron
希羅多德　Hérodote
李維　Tite-Live
杜克洛　Duclos
杜・佩武　Du Peyrou
杜潘夫人　Madame Dupin
沙丹・讓　Chardin, Jean
沃頗耳・霍勒斯　Walpole, Horace
狄奧尼蘇斯　Dionysos
狄德羅・德尼　Diderot, Denis
狄摩西尼　Démosthène
肖利厄　Chaulieu
芒布累　Mambré
貝納丹・德・聖皮埃爾　Bernardin Saint-Pierre

貝寧　Benin
貝爾納　Bernard
貝爾納，蘇珊　Bernard, Suzanne
那不勒斯　Naples
里昂　Lyons
里斯本　Lisbonne

八劃

亞伯拉罕　Abraham
亞里士多德　Aristote
亞里斯泰提　Aristide
亞歷山大　Alexandre
佩里哥廷人　Perigordiens
佩達勒特　Pédarète
味吉爾　Virgile
孟德斯鳩　Montesquieu
尚貝里　Chambéry
帕米尼俄　Parménion
帕拉斯　Pallas
帕斯卡　Pascal
帕臘塞耳斯　Paracelse
彼得（沙皇）　Le czar Pierre
拉・孔達明　La Condamine
拉西第蒙人　Lacédémoniens
拉杜沙　La Duchapt
拉辛，讓・巴蒂斯特　Racine, Jean Baptiste
拉・封登　La Fontaine
拉美特利　La Mettrie
拉班　Laban
拉馬克　Lamarck
拉・莫特　La Motte
拉斐爾　Raphaël
拉普蘭　Laponie
拉普蘭人　Lapons
拉圖爾　La Tour
昆圖斯─庫修斯　Quinte-Curce
昆體良　Quintilien
昂利四世　Henri IV
昂其耳　Anchiale
林德爾　Léandre
波利畢烏斯　Polybe
波河　Le Po

波貢　Bourgoin
波爾多　Bordeaux
波爾哈維　Boerhaave
法沃蘭　Favorin
芝諾　Zénon
芝諾克拉底　Xénocrate
門特　Mentor
阿皮希烏斯　Apicius
阿耳西諾烏斯　Alcinoüs
阿耳邦　Albane
阿貝爾　Apelle
阿姆斯特丹　Amsterdam
阿波羅　Appolon
阿芙羅黛特　Aphrodite
阿洛布羅格人　Allobroges
阿桑—奧格路　Assem-Oglou
阿格里琴托人　Agrigentins
阿納森達臘克西斯　Anacyndaraxes
阿基米德　Archimède
阿基里斯　Achille
阿傑錫拉　Agésilas
阿斯塔納克斯　Astyanax
阿塔蘭特　Atalante
阿爾及爾　Alger
阿爾卑斯山　Les Alpes
阿爾果　Argos
阿德臘斯特　Adraste

九劃

哀傑克斯　Ajax
哈萊姆　Harlem
威尼斯　Venise
威爾豪斯基　Wielhorski
封特訥耳　Fontenelle
屋大維　Octavianus
思臘西布路斯　Thrasybule
查理二世　Charles II
查理・愛德華　Charles-Édouard
柏拉圖　Platon
洛克　Locke
洛克里斯　Locris
洛林　Lorraine

珀提坦　Petitain
科西嘉　Corse
科西爾　Corcyre
科里奧蘭努斯　Coriolan
科坦　Cotin
科林斯　Corinthe
科基　Cocchi
科敏斯　Comines
約翰　John
美迪斯　Méduse
胡頓　Houdon
若爾日　George
迪多　Didot
迪福　Defoe
郎貝西埃　Lambercier
郎佩勒爾　Lempereur
韋爾托特　Vertot
珈桑德拉　Cassandre
修昔底德　Thucydide

十劃

倫巴第　Lombards
哥特　Gothique
埃皮克提特斯　Épictète
埃皮魯斯　Epirus
埃里桑　Herissant
埃爾默農維耳　Erménonville
夏隆　Charron
峨吉磯　Ogygie
恩珀多克利斯　Empédocle
拿伯　Naboth
格林姆　Grimm
格勒諾布爾　Grenoble
格勒諾布爾　Grenoble
格勞修斯，胡果　Grotius, Hugo
格雷文　Gravem
泰米斯托克利斯　Thémistocle
海倫娜　Hélène
海格立斯　Hercule
海德　Hyde

十一劃

莫吉埃 Motiers
莫里哀 Molière
荷馬 Homère
都靈 Turin
麥西亞 Mercie
麥鳩里 Mercure

十二劃

傅爾涅 Furne
凱尤斯 Caïus
凱撒 César
博胥埃 Bossuet
博蒙 Beaumont
喬治三世 George III
提比利烏斯 Tiberius
提西亞斯 Ctésias
提步路斯 Tibulle
提勒里 Tuileries
斯布里加尼 Sbrigani
斯多噶 Stoïque
斯特拉波 Strabon
斯特臘達 Strada
斯華 Suard
斯蒂爾 Steele
普林尼 Pline
普洛太西拉斯 Protésilas
普雷沃斯特 Prévost
普盧塔克 Plutarque
普羅米修斯 Prometheus
普臘東 Pradon
絮耳唐 Sultan
腓希人 Phéaciens
華倫夫人 Madame de Warens
萊布尼茲 Leibniz
萊辛 Lessing
萊喀古士 Lycurgue
萊斯 Laïs
菲力浦 Philippe
菲力浦斯 Philippus
菲利普斯 Philippes
菲里吉亞 Phrygia
菲洛皮門 Philopoemen

菲洛克勒斯 Philoclès
菲洛克提提斯 Phyloctète
費訥龍 Fénelon
賀拉斯 Horace
雅典那 Athéna
甯錄王 Le roi Nembrod

十三劃

塞士庇斯 Thespius
塞加西亞人 Circassiens
塞利斯 Thalès
塞涅卡 Sénèque
塞斯托斯 Sestos
塞萊克 Selec
塔西佗 Tacite
塔昆尼烏斯 Tarquin
塔韋尼埃 Tavernier
塔索 Tasso
塔爾斯 Tarse
塔蘭特 Tarente
奧古斯都 Auguste
奧尼爾，巴特里斯 Oneil, Patrice
奧托曼 Ottoman
奧里利阿斯維克托 Aurélius-Victor
奧姆伐爾 Omphale
奧林匹斯山 Olympe
奧菲士 Orphée
奧維德 Ovide
愛爾維修，克勞德·阿德里安 Helvétius, Claude Adrien
愛彌兒 Émile
新幾內亞 Guinée
楓丹白露 Fontainebleau
聖丹尼 Saint-Denis
聖皮埃爾 Saint-Pierre
聖·朱斯汀 Saint Justin
聖·克累芒特 Saint Clément
聖馬可 Saint-Marc
聖馬特 Sainte-Marthe
誇美紐斯 Comenius
詹姆斯二世 Jacques II
路西塔努斯，阿馬圖斯 Lusitanus, Amatus
路伯爾 Loubère

路易十五 Louis XV
路爾·雷蒙 Lulle, Raimond
達姆約 D'Amyot
達朗貝 D'Alembert
達維拉 Davila
雷必達 Lepidus
雷居魯斯 Régulus
雷蘇士 Rhésus

十四劃

嘉拉 Galla
圖拉眞 Trajan
漢尼拔 Annibal
瑪麗 Marie
福爾梅 Formey
維納斯 Vénus
蒙台涅·米歇爾 Montaigne, Michel
蒙莫朗錫鎭 Montmorency
蓓蒂 Betty
赫米斯 Hermès
赫克托 Hector
赫拉 Hera
赫勒斯滂 Hellespont
赫羅 Héro

十五畫

德·布達福科 De Butta-Foco
德·克魯紮斯 De Crouzas
德利拉 Dalila
德·舍農索夫人 Madame de Chenonceaux
德美特 Demeter
德·郎克洛 De L'Enclos
德郎蓋 De Langey
德·馬布利 De Mably
德瑟薩爾 Desessarts
德圖 De Thou
德·圖倫 De Turenne
德·默拉勒德 De Mellarède
摩西 Moïse
摩萊里 Morelly
摩爾人 Maures
撒丁 Sardaigne

歐伊勒斯 Oileus
歐里庇德 Euripide
歐夏麗 Eucharis
潘伯夫 Paimboeuf
魯修斯 Lucius
魯修斯 Lucius

十六劃

盧克萊修 Lucrèce
盧梭・依薩克 Rousseau, Isaac
盧梭・讓・雅克 Rousseau, Jean Jacques
盧森堡 Luxembourg
穆罕默德 Mahomet
諾西卡 Nausicaa
諾德林根 Nordlingen
錫拉丘茲 Syracuse
霍布斯 Hobbes
霍洛威 Holloway, T.
霍爾巴赫・保爾・昂利 Holbach, Paul Henry
鮑桑尼阿斯 Pausanias

十七劃

彌爾頓 Milton
戴奧吉尼斯 Diogène
戴歇尼 D'Escherny
賽莫庇勒 Thermopyles
賽琳娜 Sirènes
賽麗斯 Cérès
黛安娜 Diane
薩瓦 Savoie
薩瓦大君 Le Duc de Savoie
薩伊德 Saïde
薩郎特 Salente
薩勒夫山 Montagne de Salève
薩路斯特 Salluste
薩德納佩路斯 Sardanapale
薩摩耶人 Samoïède

十九劃

龐奈・沙爾 Bonnet, Charles
龐倍 Pompée

羅伊希林　Reuchlin
羅伯斯庇爾　Robespierre
羅貝爾　Robert
羅謬拉斯　Romulus
羅蘭・沙爾　Rollin, Charles
臘姆塞　Ramsai
臘姆薩・阿蘭　Ramsay, Allan
蘇拉　Sylla
蘇埃東尼烏斯　Suétone
蘇格拉底　Socrate
蘇黎世　Zurich

二十一劃

露西　Lucy